# 《2022—2023中国区域经济发展报告》

## 学术委员会

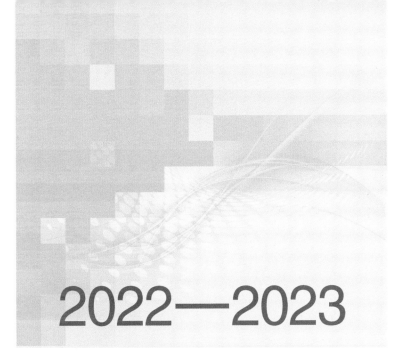

# 2022—2023

# 中国区域经济发展报告

## ——区域协调发展与中国式现代化

2022—2023 ZHONGGUO QUYU JINGJI FAZHAN BAOGAO

上海财经大学城市与区域科学学院
上海财经大学长三角与长江经济带发展研究院
国家区域重大战略高校智库联盟

张学良 主编

人民出版社

# 前　言

　　2003 年以来，上海财经大学根据我国区域经济发展的重大命题，邀请国内相关学者共同参与进行专题研究，每年编写并出版《中国区域经济发展报告》，针对中国区域经济发展中的重大理论及现实问题进行专题研究。2003 年的主题是"国内及国际区域合作"，2004 年的主题是"东北老工业基地振兴"，2005 年的主题是"长江三角洲区域规划及统筹发展"，2006 年的主题是"长江经济带区域统筹发展及'黄金水道'建设"，2007 年的主题是"中部塌陷与中部崛起"，2008 年的主题是"西部大开发区域政策效应评估"，2009 年的主题是"长江三角洲与珠江三角洲区域经济发展比较"，2010 年的主题是"长三角区域一体化研究"，2011 年的主题是"从长三角到泛长三角：区域产业梯度转移的理论与实证研究"，2012 年的主题是"同城化趋势下长三角城市群区域协调发展"，2013 年的主题是"中国城市群的崛起与协调发展"，2014 年的主题是"中国城市群资源环境承载力"，2015 年的主题是"中国城市群可持续发展"，2016 年的主题是"长江经济带建设与城市群发展"，2017 年的主题是"'一带一路'建设与城市群发展"，2018 — 2019 年的主题是"长三角高质量一体化发展"，2019—2020 年的主题是"长三角一体化与区域协同治理"，2020—2021 年的主题是"江南文化与长三角一体化"，2022 — 2023 年的主题是"区域协调发展与中国式现代化"。2007 年还以"区域发展总体战略与城市群规划"为专题撰写了《2007 年中国区域经济发展报告特刊》。2003 年至今这一系列报告已连续出版了 20 年共 20 本，在社会上形成了很好的口碑，成为上海财经大学的一大品牌。

2023 年是本报告持续发布二十周年，《2022—2023 中国区域经济发展报告——区域协调发展与中国式现代化》将全面贯彻党的二十大精神，围绕推进中国式现代化、构建新发展格局、实现区域协调发展等重要论述，率先提出"中国式区域合作"这一命题，探讨具有中国特色的区域合作与区域协调发展路径，并回应 2003 年《中国区域经济发展报告：国内及国际区域合作》的主题。

习近平总书记在党的二十大报告中擘画了中国式现代化的宏伟蓝图，对区域协调发展作出了更加长远、更加系统的战略部署和总体安排，指出要"促进区域协调发展，深入实施区域协调发展战略、区域重大战略、主体功能区战略、新型城镇化战略，优化重大生产力布局，构建优势互补、高质量发展的区域经济布局和国土空间体系"，为推动新时代我国区域协调发展明确了前进方向，也提出了更高要求。区域协调发展以人为核心，体现了中国式现代化的价值追求，同时区域协调发展也是实现中国式现代化的关键路径，推进中国式现代化需统筹区域协调发展关系。本报告正以此为着眼点，从区域协调发展与中国式现代化的内在逻辑入手，聚焦新时代中国式新型区域合作，研究了包括西部大开发、东北振兴、中部崛起、东部率先发展等区域协调发展战略，京津冀协同发展、粤港澳大湾区建设、长三角一体化发展、成渝地区双城经济圈联动、长江经济带发展、黄河流域生态保护和高质量发展等区域重大战略，以及主体功能区战略与新型城镇化战略等主要内容，努力为推进中国式现代化进程中的区域协调发展作出贡献。

本报告的研究思路和整体框架如下：第一部分即第 1 章和第 2 章，为总论部分，分析了区域协调发展与中国式现代化的内在逻辑，阐释了中国式区域合作的主要内容。第二部分为专题研究部分，是本报告的主体部分，包括第 3 章到第 14 章的内容。其中，第 3 章重点介绍了中国式现代化视角下西部大开发取得的阶段性成就、面临的机遇挑战以及形成新格局的路径取向，第 4 章介绍了东北全面振兴取得的新突破，第 5 章分析了中部地区加快实现崛起的历程，第 6 章重点分析了东部地区如何率先推进现代化发展，第 7 章介绍了京津冀协同发展进入快车道，第 8 章重点分析了粤港澳大湾区建设深入推进，第9章重点着眼于长三角更高质量一体化发展，第10章重点分析了成渝地区双城经济圈"双核联动"发展，第11章介绍了长江经济带发展取得的历史性成就，第12章分析了黄河流域生态保护和高质量发展取得的重要进展与显著成效，第13章以主体功能区战略的全面践行为研究重点，第14章则着眼于新型城镇化战略的纵深发展。第三部分为数据分析部分，即第15章，重点整理了中国城市群的主要统计资料。需要说明的是，本研究报告参考了许多文献资料，在此表示感谢，没有一一列出的，敬请读者谅解。

本研究报告的主题设计、框架确定、观点整合、团队组织由张学良负责，国家发改委原副秘书长范恒山、国务院发展研究中心发展战略和区域经济研究部部长侯永志均对本报告的研究内容给出了建设性意见。各章撰写工作如下：第1章，张学良、杨羊、王耀辉、韩慧敏；第2章，张学良、吴胜男；第3章，郭爱君、范巧、王健、谭君印、张永年、张娜；第4章，刘海军、李方喜、张文烨、闫莉；第5章，杨刚强、聂一鸣、李洪贵；第6章，张贵、黄旭；第7章，李国平、张洪鸣、吕爽、朱婷、李沅曦；第8章，贾善铭、覃成林；第9章，刘乃全、李一杰；第10章，欧璟华、姚树洁、杨敬屹、许蓝天；第11章，王振、尚勇敏；第12章，余东华、王梅娟、李云汉、孙萌璐、马路萌、王山、陈海谦、张恒瑜、黄念；第13章，豆建民、胡梦佳、王光丽、唐承辉；第14章，刘秉镰、周玉龙；第15章，张学良、李晨、崔悦。

张学良

2023 年 10 月

于上海财经大学红瓦楼

# 目　　录

## 第一部分　总　　论

## 第二部分　专题研究

# 第三部分  数据分析

# 第一部分　总　论

# 1

# 中国式现代化新征程上的区域协调发展

# 1.1 区域协调发展与中国式现代化的内在逻辑

党的二十大报告擘画了中国式现代化的宏伟蓝图，对区域协调发展作出了更加长远、更加系统的战略部署和总体安排，指出要"促进区域协调发展，深入实施区域协调发展战略、区域重大战略、主体功能区战略、新型城镇化战略，优化重大生产力布局，构建优势互补、高质量发展的区域经济布局和国土空间体系"，为推动新时代我国区域协调发展明确了前进方向，也提出了更高要求。

## 1.1.1 区域协调发展以人为核心，体现了中国式现代化的价值追求

回顾过去，我国区域发展不平衡具有一定的历史必然性。理论上，人口、产业聚集可通过学习、匹配、共享等微观机制降低企业生产成本，形成集聚经济。在工业化、城镇化发展初期，将有限的资源集中投放到部分地区，可迅速产生规模经济效应，提升资源利用效率。这一阶段，规模经济将进一步促进要素空间聚集，形成循环累积的正反馈，造成区域经济发展进一步失衡。但当集聚逐步提升至一定水平后，又会产生土地成本上升、交通拥堵、环境污染等一系列集聚不经济情形。要素开始由集聚区向周边地区扩散，区域经济最终在集聚中走向平衡，实现从局部增长转向全局增长。因此，在改革开放初期"让一部分人、一部分地区先富起来，先富带动后富，最终实现共同富裕"，符合当时国情，是提升生产力的重大战略抉择。特别是东部率先发展战略，为我国全面融入国际市场，带动国民经济整体发展水平迅速提升打下了坚实基础。

放眼当下，区域发展不平衡已经成为制约人民幸福感提升的关键因素。改革开放40多年来，我国社会生产力水平显著提高，取得了全面建成

小康社会的伟大胜利，创造了经济快速发展和社会长期稳定"两大奇迹"，为共同富裕奠定了良好基础。党的十九大报告站在新的历史高度，从我国社会主义发展所处的新的历史方位，明确提出"我国社会主要矛盾已经转化为人民日益增长的美好生活需要和不平衡不充分的发展之间的矛盾"的重大判断，标志着我国迈入共享发展成果、实现共同富裕的新时代。但从区域视角考察，目前我国省际边界地区、革命老区、生态退化地区、资源型城市和老工业基地在发展中仍面临诸多困难和制约。区域发展不平衡、不充分已成为我国社会主要矛盾的主要方面，必须重点关注和解决。

展望未来，区域协调发展将进一步体现中国式现代化的价值追求。习近平总书记强调指出，"全体人民共同富裕是中国式现代化的本质特征，区域协调发展是实现共同富裕的必然要求"。共同富裕承载了新时代人民对美好生活的向往和期盼，其一头连着中华民族伟大复兴的"大梦想"，一头连着每个家庭、每个中国人向往的高品质"小日子"。此外，中国式现代化还是中国共产党领导的社会主义现代化，中国共产党自成立之初，就肩负起为中国人民谋幸福、为中华民族谋复兴的历史使命。中国共产党人的初心使命和社会主义的性质宗旨，决定了中国式现代化道路的出发点和根本目的都是为了最广大的人民群众，即"发展为了人民，发展依靠人民，发展成果由人民共享"。未来，中国共产党领导的中国式现代化将"以人民为中心"作为价值依归，增强区域发展平衡性协调性，积极回应人民群众所想、所盼、所急，不断把为民造福事业向前推进。

## 1.1.2 依托政策集成，区域协调发展战略是实现中国式现代化的关键路径

从理论上看，区域协调发展以政府引导为重要特征，有利于解决自由市场机制缺陷问题。一方面，市场可能出现"失灵"现象，无法有效地分配资源，加速"循环因果累积"，形成区域经济"马太效应"，导致边缘区与核心区发展差距进一步扩大。此时，政府可结合不同地区比较优势，实施"融合化""协同化""一体化""同城化"等差异化区域合作策略，在不损害先发地区发展的同时促进落后地区发展，实现区域经济发展相对协

调。另一方面，"行政区经济"依然存在，一些地方政府会出于保护本地市场的目的，对商品和要素流动施加各类显性或隐性的行政限制，进而损害市场竞争。实施政府引导的区域协调发展战略，能够加快推进政府协商、经贸合作、协同治理、资源共享等机制构建，更好发挥市场在资源配置中的决定性作用，进一步提升资源的空间配置效率。

从政策上看，实现区域协调发展有赖于大量区域导向型政策支撑，是统筹兼顾效率与公平的战略选择。一方面，高质量发展需要构建高质量的国土空间布局和支撑体系，区域协调发展以优化经济资源的空间配置结构为主要目的，通过政府规划引导、市场机制主导的方式，促使经济资源在一定空间范围内形成相对有效的空间结构，推动各区域充分发挥比较优势，深度参与分工，形成"1+1>2"的聚合效应。另一方面，区域协调发展是一种可持续发展观，以发展为前提，经济带、城市群、都市圈等既是区域协调发展战略，也是区域导向型战略，其通过产业、交通、人才、公共服务等政策的系统集成，促进各类要素合理流动和高效集聚。因此，深入实施区域协调发展战略符合我国新时代高质量发展需要，是推进中国式现代化建设的必然要求。

从实践上看，区域协调发展战略已经取得显著成效，为实现中国式现代化探明了空间路径。一方面，西部大开发、东北振兴、中部崛起等区域发展总体战略，逐渐打通了区域协调发展的"经络"，构建起了中国区域协调发展的"四梁八柱"。中部和西部GDP占全国的比重已由2012年的21.3%、19.6%提高到2022年的22.1%、21.4%。东部与中、西部地区人均GDP之比分别从2012年的1.69、1.87下降至2022年的1.50、1.64，区域发展的协调性日益增强。另一方面，以都市圈、城市群为主体构建大中小城市和小城镇协调发展的格局不断深化，使得区域政策的精准性不断提升，经济发展潜力加速释放。2022年，京津冀、长三角、粤港澳大湾区（内地9市）地区生产总值分别达10万亿元、29万亿元、10.46万亿元，三大城市群经济总量占全国的比重超过了40%，充分体现了各区域战略发挥全国经济压舱石、高质量发展动力源、改革试验田的重要作用。

### 1.1.3 百年未有之大变局下，中国式现代化对区域协调发展提出了更高要求

从战略环境上看，当前经济运行的外部环境面临着高度不确定性，实现中国式现代化所要求的区域协调发展必须着力增强国内大循环的内生动力和可靠性。新时期，国际力量对比深刻调整，逆全球化思潮盛行，单边主义、保护主义抬头明显，地缘政治风险上升，给中国式现代化带来多重挑战。在此背景下，中央财经委员会第七次会议强调要"构建以国内大循环为主体、国内国际双循环相互促进的新发展格局"。但从现实来看，我国区域板块之间在功能定位、经济发展阶段和利益诉求等方面有着较大差异，往往存在利益藩篱，加之要素市场化改革滞后，严重制约了我国统一大市场的形成。未来区域协调发展战略优化需充分发挥社会主义制度的优越性，通过顶层设计增强区域发展的协同性和整体性，提高国内大循环覆盖面，在更大空间尺度上降低生产、分配、流通、消费各个环节的交易成本。

从战略设计上看，我国作为维护世界和平发展的负责任大国，实现中国式现代化所要求的区域协调发展必须彰显中国特色和大国特征。回顾人类历史，部分资本主义发达国家附庸的现代化道路是充斥战争、殖民、掠夺等方式的现代化道路，是以追逐资本超额利润为目的的现代化道路。我国独特的文化传统、历史命运和基本国情，决定了中国式现代化道路必定是一条和平发展、自主创新的现代化新路，并相应探索出一条具有中国特色的区域协调发展之路。目前，世界上尚无任何国家实现过区域绝对均衡增长，区域协调发展既没有成熟模式可以参照，也绝不能搞平均主义。中国式现代化是人口规模巨大的现代化，如何将新发展理念贯穿到大国区域协调发展的全过程、全领域，在和平发展的现代化进程中实现区域经济间相对平衡，仍是推动区域协调发展必须解决好的重大课题。

从战略重点上看，实现中国式现代化所要求的区域协调发展必须更加强调小尺度、跨区域、相对精准的区域合作示范效应。当前，我国已经相继实施了京津冀协同发展、粤港澳大湾区建设、长江经济带发展、长三角一体化发展、成渝地区双城经济圈建设、黄河流域生态保护和高质量发展

等一系列大尺度的国家重大区域战略，在全国范围内逐渐形成了多层次、多形式、全方位的区域协调发展格局。但是囿于传统的地方政府政绩考核体制，区域政策缺乏集体约束力，"以邻为壑"现象依然存在。未来区域协调发展战略优化须直面这些躲不开、绕不过的深层次的体制机制问题，基于小尺度空间推进行政边界、地理边界、经济边界和社会文化边界多维耦合，在物质文明和精神文明相协调、人与自然和谐共生等方面探索区域一体化新动能，推动区域合作走向"深水区"。

### 1.1.4　坚持分类施策，推进中国式现代化需统筹区域协调发展关系

处理好核心与边缘的关系，深入推动以中心城市和城市群为主体形态的城镇化发展。一方面，提升中心城市的核心能级，壮大先进制造业、高端服务业并前瞻布局战略新兴产业，同时引导大城市功能有序向周边中小城市疏解，以都市圈为重要载体推进区域交通共联、产业共兴、人才共享、服务共建、生态共保。另一方面，以城市群为空间载体，不断深化城市错位发展理念，建立网络化的产业集群组织，推动各城市在园区开发、要素供给、机制协同等方面拓展合作深度，充分发挥中心城市要素、资源的辐射功能。

处理好核心与核心的关系，深化区域战略联动发展。一方面，以核心城市"强强合作"为纽带，加快构建以京津冀、长三角、粤港澳大湾区三大城市群串联形成的沿海经济带为南北向发展主轴，以成渝地区双城经济圈和长三角城市群串联形成的长江经济带为东西向发展主轴，以郑（州）洛（阳）西（安）高质量发展合作带（以下简称"郑洛西高质量发展合作带"）为中西部地区联动轴的"大钻石菱形"区域协同发展格局。另一方面，以长江流域中上游的武汉、成都和重庆以及黄河流域的郑州和西安五个国家中心城市为支点，以相应都市圈与城市群联动为脉络的中西部地区"小钻石菱形"巨型城市区域，强化长江与黄河战略联动，推进区域协调发展全国一盘棋。

处理好边缘与边缘的关系，推进行政边界区域融合发展。一方面，加快推进相对落后地区和城市立体化交通体系建设，大力完善多式联运体系，推动商贸流通提档升级，以枢纽经济建设推动交通边缘城市向交通枢

纽城市跨越,为其融入国内国际双循环、实现功能跃迁夯实基本条件。另一方面,加快探索省际毗邻地区融合发展。系统总结长三角生态绿色一体化发展示范区等小尺度、跨区域、精准化的区域合作载体建设经验,积极谋划一批省际毗邻区域融合发展新样板,深入探索省际毗邻区域合作交流机制和利益协调机制。

# 1.2 中国区域协调发展的阶段划分及主要特征

作为一个幅员辽阔、人口众多、区域经济发展不平衡的发展中大国,我国各地区的历史、自然、社会经济条件存在显著差异,自中华人民共和国成立以来,党中央高度重视区域协调发展并出台了一系列重大战略与区域政策。依据各个历史阶段的社会矛盾以及区域发展战略的演变,中国区域协调发展大体上可以划分为 4 个阶段:从新中国成立到改革开放前的均衡发展阶段;改革开放到 20 世纪 90 年代初期向沿海倾斜的非均衡发展阶段;20 世纪 90 年代到党的十八大召开前的区域协调发展战略推进阶段;党的十八大以来的区域重大战略发展阶段。

## 1.2.1 从新中国成立到改革开放前:均衡发展阶段

新中国成立到土地改革完成前,我国社会主要矛盾是人民大众同帝国主义、封建主义和国民党残余势力之间的矛盾,随着土地改革完成,无产阶级和资产阶级的矛盾逐步成为国内的主要矛盾。为了解决当时的主要社会矛盾,1953 年 9 月 25 日《人民日报》刊发由毛泽东提出的过渡时期总路线,即实现国家的社会主义工业化和对农业、手工业、资本主义工商业的社会主义改造,随着 1956 年三大改造的完成,社会主义的基本经济制度在中国全面地建立起来。1956 年,党的八大召开,提出社会主义改造基本完成以后,中国社会的主要矛盾"已经是人民对于建立先进的工业国的要求同落后的农业国的现实之间的矛盾，已经是人民对于经济文化迅速发展的需要同当前经济文化不能满足人民需要的状况之间的矛盾"。为了发展社会生产力，同时基于国家安全的考虑，党中央借鉴马克思"大工业在全国范围内均衡分布"和列宁"生产力合理布局"的理念，将绝大多数工业项目安排在内陆地区。此阶段的中国区域协调发展属于低水平的均衡发展，主要特征是以中西部省份为重点发展地区，以计划经济的方式管理配置资源，区域发展不平衡的情况逐渐好转。

1956年4月25日，毛泽东在中央政治局扩大会议上首次阐述了十大关系，指出"我国全部轻工业和重工业，都有约百分之七十在沿海，只有百分之三十在内地。这是历史上形成的一种不合理的状况。沿海的工业基地必须充分利用，但是，为了平衡工业发展的布局，内地工业必须大力发展"。20世纪60年代，在中苏关系恶化和美国在东南沿海发起的军事威胁背景下，党中央开始了以备战为指导思想、以加强国防为中心、持续时间近20年的"三线建设"。"三线建设"于1964年决策，1965年开始实施，至1980年结束，跨越三个五年计划，涵盖13个省、自治区，共投入2050余亿元资金，初步改变了中国内地基础工业薄弱、交通落后、资源开发水平低下的工业布局不合理状况。到20世纪70年代末，共形成固定资产总值1400亿元，约占当时全国的三分之一。

## 1.2.2 改革开放到20世纪90年代初期：非均衡发展阶段

20世纪70年代末期国内国际形势发生变化，从国际环境看，和平与发展成为世界发展主流趋势；从国内环境看，党的十一届三中全会作出了"把全党工作的着重点和全国人民的注意力转移到社会主义现代化建设上来"的战略决策。1981年，党的十一届六中全会指出我国的主要矛盾是"在社会主义改造基本完成以后，我国所要解决的主要矛盾，是人民日益增长的物质文化需要同落后的社会生产之间的矛盾"。此阶段，党和国家工作的重点转移到以经济建设为中心的社会主义现代化建设上来，大力发展社会生产力。20世纪80年代，邓小平明确提出了"两个大局"的伟大构想："一个大局，就是东部沿海地区加快对外开放，使之较快地先发展起来，中西部地区要顾全这个大局。另一个大局，就是当发展到一定时期，比如本世纪末全国达到小康水平时，就要拿出更多的力量帮助中西部地区加快发展，东部沿海地区也要服从这个大局。"

1979 年 7 月，中共中央、国务院在深圳、珠海、汕头、厦门试办出口特区，次年更名为经济特区，经济特区以外向型经济为发展目标，以减免关税等优惠措施为手段，突破长期实行的高度集中的计划经济体制，以市场的方式发展经济，引进先进技术和科学管理方法。1984 年，大连、秦皇岛、天津、烟台、青岛、连云港、南通、上海、宁波、温州、福州、广州、湛江、北海被国务院批准为全国第一批对外开放城市，进一步放开这些港口城市的权限，允许在对外经济活动中实行经济特区的某些特殊政策。1985 年，中共中央、国务院把长江三角洲、珠江三角洲和闽南厦门、漳州、泉州三角地区开辟为沿海经济开放区。1988 年，国务院进一步扩大了经济开放区的范围，把辽东半岛、山东半岛、环渤海地区的一些市县和沿海开放城市的所辖县（共计 288 个市县，约 32 万平方公里）列为沿海经济开放区，至此中国初步形成"经济特区—沿海开放城市—沿海经济开放区—内地"的对外开放格局。

在这个阶段，东部地区依靠沿海区位优势和独特的政策优势，极大地提高了生产力，提高了人民的生活水平，与此同时，中西部地区与东部地区的发展差距也在逐渐拉大。此阶段，中国区域协调发展属于低水平的非均衡发展，主要特征是东部沿海省份是重点发展地区，以市场经济的手段发展社会主义经济，区域发展不平衡的问题逐渐凸显。

### 1.2.3 20 世纪 90 年代到党的十八大召开前：区域协调发展战略推进阶段

随着改革开放的进程逐步加快，东部沿海地区快速发展，中西部地区在其带动下也取得了一定的发展，但是区域发展不平衡问题依然存在。为了应对区域发展不平衡的问题，1991 年"八五"计划首次提出要"促进地区经济的合理分工和协调发展"，并指出"生产力的合理布局和地区经济的协调发展，是中国经济建设和社会发展中的一个极为重要的问题"。1992 年，党的十四大报告指出要"充分发挥各地优势，加快地区经济发展，促进全国经济布局合理化"，经济发展不平衡问题的解决"应当在国家统一规划指导下，按照因地制宜、合理分工、各展所长、优势互补、共同发展的原则，促进地区经济合理布局和健康发展"。同时十四大报告中也提到了要扶持沿边地区、少数民族地区、革命老根据地、边疆地区以及贫困地区的发展，经济比较发达地区要采取多种形式帮助这些地区加快发展。随着党中央越来越重视区域协调发展问题，区域战略部署也随之调整，在推动东部地区发展的同时，实施西部大开发、东北等老工业基地振兴、中部崛起等战略以促进落后地区的发展。

1999 年 9 月，党的十五届四中全会通过的《中共中央关于国有企业改革和发展若干重大问题的决定》明确提出国家要实施西部大开发战略，同年 11 月，中央经济工作会议部署实施西部地区大开发战略，并于 2000 年 1 月成立了西部地区开发领导小组，推动西部大开发战略实施。党的十六大报告进一步明确提出要"积极推进西部大开发，促进区域经济协调发展"，并提出"加强东、中、西部经济交流和合作，实现优势互补和共同发展，形成若干各具特色的经济区和经济带"等有利于区域协调发展的若干思路。2003 年 10 月，中共中央、国务院发布《关于实施东北地区等老工业基地振兴战略的若干意见》，明确了实施东北等老工业基地振兴战略的指导思想、方针任务和政策措施。2004 年 3 月，温家宝同志在政府工作报告中首次正式提出"促进中部地区崛起"的重要战略构想，2006 年《中共中央　国务院关于促进中部地区崛起的若干意见》正式出台，提出了促进中部地区崛起的总体要求、基本原则和主要任务。至此，中国形成了"西部开发、东北振兴、中部崛起、东部率先"的区域协调发展总体战略。党的十七大报告提出："推动区域协调发展，优化国土开发格局。缩小区域发展差距，必须注重实现基本公共服务均等化，引导生产要素跨区域合理流动。要继续实施区域发展总体战略，深入推进西部大开发，全面振兴东北地区等老工业基地，大力促进中部地区崛起，积极支持东部地区率先发展。"2012 年，党的十八大报告指出，"我国仍处于并将长期处于社会主义初级阶段的基本国情没有变，人民日益增长的物质文化需要同落后的社会生产之间的矛盾这一社会主要矛盾没有变"，同时"促进区域协调发展"成为"推进经济结构战略性调整"重点之一。

此阶段，中国区域协调发展机制基本形成，构建了西部开发、东北振兴、中部崛起、东部率先的区域发展战略框架，区域发展差距不断缩小，区域协调发展战略作用明显。

### 1.2.4 党的十八大以来：区域重大战略发展阶段

党的十八大以来，以习近平同志为核心的党中央进一步深化调整区域协调发展战略，创新区域政策，区域重大战略实施取得了显著成效。2015年，习近平总书记在党的十八届五中全会上提出创新、协调、绿色、开放、共享的新发展理念，将协调发展放在非常重要的位置。2016年，"十三五"规划提出"深入实施西部开发、东北振兴、中部崛起和东部率先的区域发展总体战略，创新区域发展政策，完善区域发展机制，促进区域协调、协同、共同发展，努力缩小区域发展差距"。2015年以来，京津冀、长江经济带、粤港澳大湾区、长三角、黄河流域等区域相继出台重大国家战略，中国区域协调发展的机制体制不断完善，政策体系不断完备，发展格局不断优化。2020年，基于国内发展形势和国际发展趋势，中共中央作出"逐步形成以国内大循环为主体、国内国际双循环相互促进的新发展格局"的重大战略部署。2023年1月31日，习近平总书记在中共中央政治局第二次集体学习时进一步强调，"要全面推进城乡、区域协调发展，提高国内大循环的覆盖面"。全面推进城乡、区域协调发展，提高国内大循环的覆盖面，就是进一步提升要素在区域间流通的效率，释放城乡融合发展的活力、区域空间结构优化的红利，让资源要素在不同区域空间充分涌流，有效解决区域发展不平衡不充分的问题。党的十九大报告指出，中国特色社会主义进入新时代，我国社会主要矛盾已经转化为人民日益增长的美好生活需要和不平衡不充分的发展之间的矛盾。社会主要矛盾的变化对区域协调发展提出更高的要求，十九大报告将"实施区域协调发展战略"作为"建设现代化经济体系"的重要任务，要求"建立更加有效的区域协调发展新机制"，对特殊地区、西部地区、东北地区、中部地区、东部地区的区域发展提出了更为明确的要求和任务。党的二十大报告指出"加快构建新发展格局，着力推动高质量发展"，并将促进区域协调发展作为重要任务之一，"深入实施区域协调发展战略、区域重大战略、主体功能区战略、新型城镇化战略，优化重大生产力布局，构建优势互补、高质量发展的区域经济布局和国土空间体系"。

# 1.3　中国区域协调发展的现状分析及趋势判断

作为新时代国家重大战略之一，区域协调发展是高质量发展的重要内容，是中国式现代化的重要表征，体现了中国式现代化的内在要求。伴随着我国经济由高速增长阶段转向高质量发展阶段，区域经济发展的空间结构正在发生深刻变化，区域合作模式由以竞争为主的单个城市独立发展向以竞合为主的跨行政区合作发展模式转变。以习近平同志为核心的党中央审时度势，作出"加快形成以国内大循环为主体、国内国际双循环相互促进的新发展格局"的重大战略部署，本着"全国一盘棋"的思路，积极探索新型区域合作，推动各区域间的协同和联动发展。进入新发展阶段，站在历史新的起点，对当前中国区域协调发展的现状分析及趋势判断有利于促进区域战略的有效实施、推动更高质量和更高效的区域合作，为实现区域协调发展、畅通国内经济大循环、构建优势互补高质量发展的区域经济布局提供有效保障。

## 1.3.1　圈城区域成为推进新型区域合作的重要空间载体

改革开放至今，我国区域经济的发展理念发生深刻变化，从以单个行政区为单元的个体城市发展的区域经济 1.0 模式，向以都市圈、城市群为平台载体的层次化、网络化城市分工协作的区域经济 2.0 模式转变。伴随着城市区域化和网络化发展趋势的演进，城市间的相互作用和联系会形成一种互为空间溢出的外部性，价值链、创新链、产业链逐渐突破城市边界进行延伸与布局形成空间链，产生城市集聚，进而构成城市群与都市圈的新型城镇化主体形态。相比单一城市的发展，集聚经济在城市群内会得到进一步的深化和拓展，已经从单一产业在城市集聚形成地方化经济、多个产业在城市集聚形成城市化经济，走向不同产业在城市群内聚集形成城市群经济。从学理上看，都市圈是以超大城市、特大城市或辐射带动功能强的大城市为核心，以核心城市经济辐射的时间距离为半径，所形成的区域经济、社会、文化联系十分紧密的城镇化空间形态。以小尺度、跨区域、相对精准的都市圈建设突破行政边界，促进资源要素自由流动，形成统一的劳动力、要素市场和产品市场，实现大城市与中小城市和小城镇的协调发展。而城市群是由多个经济社会联系相对密切的都市圈连绵所构成的城镇化空间形态，在一定空间内由不同规模等级的城市基于分工与协作形成的城市集聚，意味着生产要素能在更大范围城市体系内集聚、流动与整合。在城市集聚中，各个城市间的相互作用和联系会形成一种互为空间溢出的外部性，推动城市间集聚经济的共享，经济主体不仅能够获得本地区集聚的好处，还可以享受其他城市的市场和技术外部性，获得更大的规模效益和分工收益。

### 1.3.2  国家区域重大战略联动格局初步形成

党的十八大以来，我国相继实施了京津冀协同发展、长江经济带发展、粤港澳大湾区建设、长三角一体化发展、成渝地区双城经济圈建设、黄河流域生态保护和高质量发展等国家区域重大战略，西部大开发、东北振兴、中部崛起、东部率先发展的四大板块优化发展，革命老区、民族地区、边疆地区等特殊地区加快发展，内外兼顾、陆海统筹、南北互动、东中西协调的区域发展新格局逐渐形成。但高质量区域经济格局的构建，并非是若干独立的区域战略的简单叠加，而是需要区域战略间的有机串联、高效联动。未来，区域经济发展有望进一步向 3.0 模式演变，即突破区域战略和规划范畴，以都市圈与都市圈、城市群与城市群之间的衔接联通、融合互动，促进国家区域重大战略的融合发展。以强化都市圈、城市群等城市体系间的合作联动为突破，可以进一步放大区域重大战略的溢出效能，实现"1+1>2"的正向聚合效应，带动实现更大范围空间的协同、融合发展。在区域发展的实践中，区域板块间的协调联动发展早有端倪，国家区域重大战略间的联动格局初具规模，例如，成渝城市群、长江中游城市群和长三角城市群的协调发展串联起长江经济带发展，正在谋划的郑洛西高质量发展合作带联系起黄河流域的关中城市群与中原城市群，"中原—长三角经济走廊"建设更是离不开中原城市群与长三角城市群的互动合作，区域板块合作不断加强。

### 1.3.3 区域江河联动共筑中国"π"字形发展主轴

进入新发展阶段，我国区域发展的总体空间格局演化呈现出两个显著特征：一是国内大循环的主体地位不断凸显；二是新型区域合作已形成点线面相结合的发展体系。在以国内大循环为主体构建新发展格局的时代背景下，由京津冀、长三角、粤港澳大湾区三大城市群所串联形成的沿海经济带构成了我国的南北向发展主轴。自 2020 年成渝地区双城经济圈上升为国家战略以来，长江流域拥有长江经济带建设、长三角一体化发展、成渝地区双城经济圈等国家重大区域发展战略，是提振激发经济增长活力、推进新型城镇化建设、带动引领全国高质量发展、完善我国总体国土空间布局的重要东西向轴线，也是增强东中西部经济互动联系的通道命脉。继长江经济带发展战略之后，习近平总书记亲自谋划、亲自部署、亲自推动黄河流域生态保护和高质量发展战略，国家"江河战略"正式确立，中国区域板块格局开始由长江—沿海地带的"T"字形向长江、黄河—沿海地带的"π"字形转变。整体来看，以上海、北京、武汉、郑州、重庆、成都等中心城市为关键节点，以"京沪线""沪深线""京深线""沪渝线"等区域合作为"扇型"条线，以由京津冀、长三角、粤港澳大湾区三大增长极所串联形成的沿海经济带和由成渝地区、长江中游城市群、长三角所串联形成的长江经济带及由兰西城市群、郑（州）洛（阳）西（安）高质量发展合作带（以下简称"郑洛西高质量发展合作带"）、山东半岛城市群所串联形成的黄河经济带共同构成的"π"字形发展轴为发展主面，由点到线、由线及面地构成我国国内大循环发展格局的重要主体。

### 1.3.4 大小"钻石菱形"共构空间联动发展格局

从地图上看，京津冀协同发展、长三角一体化发展、粤港澳大湾区建设、成渝地区双城经济圈建设初步构成了中国区域发展国家战略的大"钻石菱形"潜在空间形态。所谓"钻石菱形"，既包括"钻石端点"起中心引领作用的战略核心区域，也涵盖"钻石内部"具有战略支撑作用的广袤腹地。作为新发展阶段链接重大区域发展战略、完善我国高质量区域经济格局的重要区域，郑洛西高质量发展合作带建设将成为补齐这一大"钻石菱形"空间格局的最后一块重要"西北拼图"。京津冀、长三角、粤港澳大湾区、成渝地区双城经济圈与黄河流域的郑洛西高质量发展合作带五大板块共同构成了中国大"钻石菱形"空间协同发展格局。以区域中心城市合作联动为引领，以上海为首的长三角城市群与京津冀、粤港澳大湾区、成渝地区、郑洛西高质量发展合作带之间的区域合作日益紧密，通过"新型飞地经济合作""蛙跳式对口合作""托管式合作"等多种区域合作模式推动区域协调互动，引领区域合作从城市合作延伸走向国家战略空间板块间的合作，从而在更大范围实现区域发展的协同配合、优势互补和资源共享。

作为中国中西部地区的主要核心增长极，长江流域中上游的成都、重庆和武汉以及黄河流域的郑州和西安五大国家中心城市受惠于海权文化和陆权文化双管齐下、海港城市和陆港城市比翼齐飞的新发展格局，在中国式现代化建设进程中具备建设全球城市的发展基础，"汉欧班列""郑新欧""渝新欧""蓉新欧""长安号"等国际铁路联运大通道的开通，为增强联结国内国际双循环的枢纽功能注入新的活力。以五大国家中心城市为核心节点，以区域内若干次中心城市为关键节点，联动相应的都市圈与城市群共同构成了中国中西部地区小"钻石菱形"的空间网络体系，成为连接欧亚大陆的窗口枢纽与重要增长极，已具备全球巨型城市区域的雏形。小"钻石菱形"的空间补齐意义重大。一方面，南北、东西区域经济差距客观存在，北方尤其是北方中西部地区的经济支点仍有所缺位；另一方面，建设全国统一大市场要求国内经济地理空间进一步扩大战略纵深。在此情境下，蓉渝镐郑汉"钻石菱形"巨型城市区域不但是立足中部、面向西北的重要区域战略支撑，还将为我国部分缩小"胡焕庸线"东西两侧经济差距、促进区域协调发展提供可行的空间载体，对在形态和功能上实现国内经济大循环、加速构建全国统一大市场也将发挥重要战略连接作用。

# 参考文献

［1］陈伟雄、杨婷：《中国区域经济发展 70 年演进的历程及其走向》，《区域经济评论》2019 年第 5 期。

［2］郝宪印、张念明：《新时代我国区域发展战略的演化脉络与推进路径》，《管理世界》2023 年第 1 期。

［3］孙久文、易淑昶：《中国区域协调发展的实践创新与重点任务》，《浙江工商大学学报》2022 年第 2 期。

［4］张可云：《新时代十年我国区域协调发展的重大成就》，《国家治理》2023 年第 2 期。

［5］张学良、杨朝远：《全面推进城乡、区域协调发展　提高国内大循环覆盖面》，《光明日报》2023 年 1 月 31 日。

［6］张学良、李培鑫：《城市群经济机理与中国城市群竞争格局》，《探索与争鸣》2014 年第 9 期。

2

# 区域协调发展与中国式区域合作

区域协调发展与区域合作相辅相成，区域合作是实现区域协调发展的重要途径，也是中国经济可持续发展的重要支撑，而区域协调发展则是区域合作深入的重要推动力，推进区域合作贯穿于区域协调发展的全过程，构成区域协调发展的重要内容。区域合作可以促使区域之间生产要素的合理流动与优化配置，可以缓解区域协调发展过程中出现的各种瓶颈与矛盾。为此，本章从普遍规律与中国特色的角度出发，在阐述区域合作普遍特征的基础上，对中国式区域合作的内涵进行分析，并总结了中国式区域合作的五种典型模式，以推动中国全方位、深层次、宽领域的区域合作向更纵深方向和更广阔领域发展，促进区域协调发展向更高水平和更高质量迈进。

# 2.1 区域合作的普遍特征与中国特色

## 2.1.1 区域合作的普遍特征

立足全球，区域合作是一个国家或者地区经济发展的重要途径，回顾历史，区域经济合作更是不可阻挡的潮流。经济全球化和区域一体化是世界经济发展的两大趋势，为了协调各国各地区之间的经济利益，区域合作成为区域经济发展的重要途径和主要特征。区域合作是指自然人、法人、经济组织、行业协会、地区政府为了共同的经济利益，在生产领域中以生产要素的移动和重新配置为主要内容，而进行的较为长期的经济协作活动，一般是在国家主导下或通过地方政府经济组织行业协会而形成的。

区域资源禀赋条件的差异形成区域不同的比较优势，从而导致了区域分工的产生，为了实现利益的最优化目标，区域之间必须利用各自的比较优势进行合作。生产要素在国际间能自由移动，各国就能更有效地利用各种生产要素，通过资源优化配置进行生产。但是由于生产要素的自然特性以及国际间各种错综复杂的利益关系，各国不能总是有效地利用处于比较优势的生产要素。而如果实现区域合作，通过贸易和经济合作则能更直接地把生产要素在各国间进行重新分配，国际间生产要素价格和商品价格就可以趋于相对均等化，各国福利水平也将得以提高并使全世界的产出达到最高水平。

目前区域合作主要有两种类型：一是国家层面的横向协调，主要发生在有地缘优势的相邻国家和地区之间，如北美自由贸易区（NAFTA）、欧盟（EU）、东盟（ASEAN）等；二是国内层面的区域合作，如长三角生态绿色一体化发展示范区、泛珠三角"9+2"区域合作、环北部湾（广西）经济区合作等。

## 2.1.2 区域合作的中国特色

改革开放 40 多年来，我国经济历经长期高速增长，创造了世界发展史上的经济奇迹。毋庸置疑，聚焦"市场化"和"对外开放"的改革开放政策是成就我国经济增长奇迹的重要推动因素。在过去以 GDP 为基准的政绩考核机制下，地方政府的利益驱动和相互竞争也成为地区经济增长的主要动力之一。但随着中国特色社会主义发展进入新时代，国内经济逐步向高质量发展阶段转变，中国经济发展的区域空间格局和结构正发生深刻变化，单个城市"单打独斗"的发展模式难以为继，地方竞争导致各种结构性扭曲引发的地区间市场分割、收入差距扩大、公共事业公平缺失等一系列社会经济问题亟待解决。进入 21 世纪以来，一方面，随着市场经济体制的逐渐完善，企业、劳动力等经济主体逐渐发力，通过自主进行区位选择，引导生产要素的合理分布，极大地推动了区域分工和资源跨区配置效率，区域合作产生了内生驱动力。另一方面，单个地方政府已难以完成高质量发展阶段资源、环境、公共服务等多维度、跨区域的联动发展目标，区域合作逐渐成为解决区域共同问题的政策手段，区域融合的发展格局逐步兴起。

从发展空间的协调性看，伴随着我国改革开放以来一系列区域协调发展战略的实施，包括西部大开发、东北振兴、中部崛起、东部率先发展等区域发展总体战略，以及京津冀协同发展、长江经济带发展、粤港澳大湾区建设、长江三角洲区域一体化发展以及黄河流域生态保护和高质量发展等国家战略，逐渐打通了区域协调发展的"经络"，不断优化了区域协调发展的空间格局。此外，以城市群为主体构建大中小城市和小城镇协调发展的格局不断深化，使得区域政策的精准性不断提升，同时新型城镇化与乡村振兴战略交相呼应，农业转移人口市民化、统筹城乡融合发展等举措的不断实施也进一步优化了城镇发展格局，释放了经济发展的新空间。

为促进区域协调发展向更高水平和更高质量迈进，2018 年发布的《中共中央　国务院关于建立更加有效的区域协调发展新机制的意见》指出，加强省际交界地区合作，探索建立统一规划、统一管理、合作共建、利益共享的合作新机制。2020 年以来，习近平总书记多次就如何科学认识和深刻把握国内外大势，统筹发展和安全作出重要论述，形成了关于加快构建以国内大循环为主体、国内国际双循环相互促进的新发展格局理论。新发展格局理论具有丰富的科学内涵，是马克思主义经济循环和社会再生产理论的最新成果。以国内大循环为主体，关键是要打通生产、分配、流通、消费各个环节内部和相互之间的障碍，加强城乡之间、城市之间、区域之间的合作与对内开放，从而获得规模经济降低生产成本、专业化分工降低服务成本、市场规模扩大增加产品多样性等一系列区域市场一体化收益。只有提高要素的市场化程度，按市场规律让资本、人才、技术、信息、土地等要素充分参与产品和服务的创造过程，才能实现供求与价格的相互反馈、资源的优化配置，市场规律才能有效发挥作用。

党的二十大报告进一步提出，"要深入实施区域协调发展战略、区域重大战略、主体功能区战略、新型城镇化战略，优化重大生产力布局，构建优势互补、高质量发展的区域经济布局和国土空间体系"。作为国家重大的发展战略之一，区域协调发展是构建新发展格局的基础，也是实现全体人民共同富裕的必然要求。在国内大循环的总体背景下，坚持实施区域重大战略和区域协调发展战略的一个关键结合点就在于区域间的协调发展、相互衔接，这就要求各地区不但要做好"小着眼点"下区域战略内部的分工协作、优势互补，更要做好"大蓝图"下重大战略之间的统筹协调、联动合作、协同发展，以确保国家战略在多层次、多空间、多尺度有序推进和有机融合，开创区域板块环环相扣、紧密衔接、共荣共生的国土空间格局新局面，由此可以进一步打消区域壁垒，释放高质量发展新动能，高水平推进国内大循环良性发展，真正形成全国统一大市场。

### 2.1.3　中国式区域合作的内涵

新发展格局下，为协调地区之间的经济利益，区域合作成为区域经济发展的重要途径和主要特征。中国式区域合作是指不同地区地方政府为获得共同的经济效益和社会效益，依据一定的协议章程或相关安排，将生产要素在地区之间重新配置、组合，而进行的较为长期的协作活动。

中国式区域合作的动力主要来自两个方面：一是单个地区所拥有的资源禀赋具有局限性和差异性，而区域合作通过充分发挥区域比较优势，可以促进资源跨地区优化配置，推动地区之间实现互利共赢和协调发展。二是城市不是孤立存在的，而是与周围地区存在着多方面的联系和交流，且这些联系和交流具有不可分割性。区域合作是生产力社会化和地区分工发展的必然结果，是经济社会发展的内在要求。

不同规模等级的城市基于分工与协作形成的密切联系，体现了生产从企业聚集到产业聚集再到城市聚集的延伸，能够实现要素在更大范围城市体系内的集聚、流动与整合。所以，相比于单一城市的发展，区域合作的优势在于各个城市间通过相互作用和联系所形成的"1+1>2"的空间外部性效应。在这些不同规模和功能的多个城市间相互整合、相互协作的过程中，形成了人流、物流、资本流、信息流的频繁流返，实现了要素和资源在市场规律下的跨区域流动与优化配置，从而使得各个城市不仅享受到了本地集聚经济带来的好处，还享受了其他城市的市场和技术外部性，获得了更大的规模效益和分工收益，最终促进区域整体经济社会的进一步发展。

# 2.2　中国式区域合作的主要特征

随着区域经济发展和区域经济一体化水平的提高，区域合作日益向纵深发展。在中国，区域合作主要是由政府具体推动的，地方政府间的跨区域经济合作有力地改变了传统的通过地方政府间竞争达到体制创新和经济发展这一目的的制度安排，开启了扩大开放、横向合作、共谋发展的"双赢"之路，由此，也凸显了中国式区域合作"以政府之手为引导、以市场经济为主导、以互利共赢为目标"的重要特征。

## 2.2.1　以政府之手为引导

实践中，中国式区域合作往往受制于行政级别不对等、地方发展意愿不统一、成本分担和利益分享机制不完善、考核机制不健全等问题，出现各地区合作意愿强烈但实际行动不足的现象。为保证区域合作的顺利进行，需要加强顶层设计，制定相应的区域合作政策，打破跨区域协调发展中面临的制度障碍。因此，区域合作是在国家宏观政策的调控基础上进行的，政府往往会通过出台相关规划和政策来引导区域合作，来协调各地区发展定位和功能衔接。例如，党的十八大以来，在继续贯彻区域发展总体战略的同时，为适应新的形势要求，中央先后提出京津冀协同发展、长江经济带发展、粤港澳大湾区建设、长江三角洲区域一体化发展以及黄河流域生态保护和高质量发展等重大战略，区域协调发展空间格局不断优化。

具体地，区域合作政策是指由政府发布的、用来规范区域合作关系的权威性指令，是各类区域合作章程、区域规划的制定都必须遵循的。它的使命是引导区域合作向纵深发展，实现区域合作关系的规范化、有序化、制度化。区域合作中的重大项目，特别是跨区域的基础设施建设，都需要国家宏观调控来安排和规划，如高铁的建设，需要国家、铁路部门、地方政府共同投资建设，其中起到决定性作用的是中央政府。而地方政府作为区域利益的主体代表，通常也会通过与其他地方政府之间的往来就双方进行经济合作的范围和行为规则达成若干协议，并制定一系列区域经济政策来指导和协调区域合作。

## 2.2.2　以市场经济为主导

政府引导与市场机制是经济发展过程中的两个重要力量，市场代表着高效率和成本节约，政府则通过制定规则和预防市场失灵发挥作用。政府倡导发挥地区比较优势制定的相关制度和规则是区域合作所需要的制度保障，其所提供的公共服务是推进区域合作的必要条件。但是，这并不意味着企业这一市场经济的重要行为主体在区域合作的实践中处于听之任之的境地。随着社会主义市场经济体制的逐渐完善，充分调动企业区域合作的积极性，寻找跨地域的产业横向或者纵向合作，将是区域合作的持久动力所在。

事实上，市场配置资源是最有效的方式，市场决定资源配置是市场经济的一般规律。通过市场化的手段，企业自主进行区位选择，引导生产要素的合理分布，将直接推动区域分工和提高资源跨区配置的效率，能够发挥出要素的最大价值。市场机制下，企业在进行区位选择时，往往倾向于选择能够使资本最快增值而风险较小的地区。而由国家宏观调控和法律法规所规定的关于环境保护、资源利用、营商环境与公益事业等方面的问题，也是企业在进行区位选择时重点考虑的制度因素。因此，区域合作必须坚持市场在资源配置中的决定性作用，以市场经济为主导，以政府之手为引导，以统一开放、竞争有序的现代市场体系保证经济循环畅通。

### 2.2.3 以互利共赢为目标

区域合作的根本目的在于通过各地区在资源、技术、人才、投资、信息等方面加强合作，充分发挥各自的优势，促使资源的优化配置，从而推动地区之间实现互利共赢和协调发展。实践证明，不同地区在区位条件、人力资本、交通、历史文化等本身的差异性、互补性所带来的驱动力，特别是东部区域的资源要素与中西部的资源要素形成区域的互补性，是中国区域合作的基础动力所在。只有立足区域特色和优势互补，各区域对区域利益的不断追逐才能推动区域合作，才能实现区域利益的帕累托最优，因此，能够促进双方共同发展的合作才是可行的和可持续的。

不同于各地单纯追求自身利益最大化的传统发展方式，区域合作把互利共赢作为出发点。社会主义市场经济的发展，使中国经济体系的整体性和连带性明显增强，深化区域合作也成为必然，但单纯从自身利益考虑的合作在这种情势下是无法进行的。市场经济条件下，各利益主体逐利的基本特征，决定了区域合作中每个参与者必须能通过区域合作获得部分增加的利益。因此，进一步提升区域合作水平，要从仅仅立足于自身利益考虑或期求单赢的传统观念中解放出来，真正把优势互补、互利共赢作为开展合作的基本目标，通过共同做大"蛋糕"来分享合作带来的红利。也就是说，在区域合作中，各地区不能仅考虑自身利益的增长，而要立足高处、着眼长远，统筹规划、整体考量，从而不断创新合作形式、拓展合作内容。

# 2.3　中国式区域合作的典型模式

从中国区域合作发展历程来看，立足于中国特殊的经济发展背景，全国各地根据各自区位特点，积极创新、探索了多种区域合作模式，呈现出合作类型多样、合作领域多元、合作层次丰富的特点。根据不同的划分依据，可以将区域合作分类为不同的模式，如根据合作区域所属省级行政区的不同，可以将区域合作的地方利益协调组织划分为省内与跨省两种类型；根据推动区域合作政府层级的不同，可以将其划分为上级政府主导型与地方政府自发型；根据参与区域合作地方政府数量的不同，则可以将其划分为双边合作型与多边合作型；等等。本书则以区域合作依托的空间载体为划分依据，基于"点、线、面"相结合的空间联动发展格局，在毗邻区层面具体划分为"省际—市际—县际"多层次以"面"为主的交界区域合作体系以及依托交通轴线以"线"为主的跨区域合作模式，在非毗邻层面则以"点"状开展的对口合作为主要方式，对我国区域合作的典型模式进行介绍。

## 2.3.1　以城市群为载体的省际毗邻区合作模式

在区域协调发展的新时期，由地域上相近的不同规模和功能的多个城市聚合而成的城市群，逐渐成为中国区域发展的主要空间组织形式和国家参与全球竞争与国际分工的主要载体。城市群的本质是要素在超越单个城

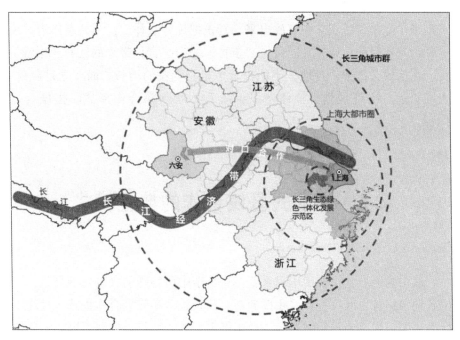

**图 2-1　"点、线、面"相结合的中国式区域合作示意图**

市的更大范围的城市体系内的集聚与空间配置。相对于地方化经济和城市化经济对单一城市发展的好处，功能互补、联系密切的不同等级规模的城市在一定空间地域范围内的集聚，可以使大中小城市和相关小城镇充分发挥各自在促进产业发展和推进城镇化方面的优势，取得新的更强的集聚经济效应和正外部性，使城市群获得比单个城市更大的分工收益和规模效益。城市群作为一种空间组织形式，城市群不只是简单的城市的集合体，"群"的概念蕴含着城市群内部各个城市之间相互整合、相互协调，进而产生"1+1>2"的聚合效应。这种由城市彼此空间临近所产生的正外部性即城市群经济效应，它突破了单一城市空间的范围，是城市群的核心优势和城市群竞争力的主要来源，也是城市群竞争力区别于城市竞争力和一般区域竞争力的主要方面。

　　现阶段，由京津冀城市群、长三角城市群、粤港澳大湾区三大增长极串联构成了我国的沿海南北发展主轴，由成渝地区双城经济圈、长江中游城市群和长三角城市群所串联形成的长江经济带则构成了我国的东西发展主轴。全国层面陆续出台了各类国家级城市群发展规划，一批中西部地区城市群迅速崛起，显示出蓬勃旺盛的增长活力。长三角城市群、粤港澳大湾区和京津冀城市群作为中国最具竞争力的三大城市群，其城市体系发育完善、区域内经济紧密联系。粤港澳大湾区建设、长三角一体化发展、京津冀协同发展三大国家战略的出台，充分体现了其在国家发展大局中的特殊地位和巨大的发展潜力。粤港澳大湾区的科技创新能力已经超越了部分世界级城市群，这主要得益于其发达的市场经济加之完备的政策保障。通过人员交流、城市间优势互补、产业分工、技术合作开发等方式，最大限度地优化资源配置、提高经济运行质量，从而形成了优势互补、联动发展、互利共赢的新格局。从整体上来看，长三角城市群目前也已形成以实现全面对接为主要目标的政府协商机制、以促进市场一体化为主要目标的经贸合作机制、以规范市场运行秩序为主要目标的区域协同治理机制以及以实现区域共享发展为主要目标的资源共享机制，在"行政区经济"向"区域经济"转变的道路上引领前行。同时，京津冀协同发展在区域产业对接、共建园区等诸多方面也取得了积极的成效，尤其通过将北京的科技创新资源优势、天津的研发转化能力与河北的产业化资源条件有机融合，成为全国创新驱动经济增长的重要引擎。因此，通过深化推进长三角地区经济一体化、泛珠三角区域经济合作、京津冀地区经济协作，突破行政边界，以经济联系为纽带，以要素流动为支撑，发展跨区域大交通大流通，可以使内部各城市间相互整合、相互协同，实现正的空间溢出，进一步释放区域合作的红利。

## 2.3.2 以都市圈为代表的市际毗邻区合作模式

都市圈的出现以中心城市发挥其集聚经济效应为基础，随着中心城市集聚效应的扩大，其辐射能力逐渐增强，使得要素开始向外分散，作为核心的中心城市与周围地区由于分工、协作的关系形成了紧密的社会、经济联系，构成了都市圈。都市圈是相邻城市构成的网络，都市圈的发展能够优化城市间的资源配置，提高资源利用效率，凸显不同城市的功能。从全球范围来看，都市圈的发展源于城市功能的向外扩展，是城镇化进程中的重要空间组织形态。美国早在 1910 年就开始大都市区建设，日本、欧洲也相继出现世界级都市圈，如东京都市圈、大阪都市圈、巴黎大都市区、大伦敦都市区等。都市圈作为介于城市与城市群之间跨区域的体系，是突破城市行政边界、促进生产要素跨区域优化配置的又一空间尺度，是以某个大城市为中心，以经济、社会联系为纽带，以发达的交通通道为依托，以时间距离为标尺划分的大城市及其毗邻区域。

在现实经济社会中，随着高速铁路、城际铁路等现代交通方式的不断发展，中心城市与毗邻城市的时空距离被快速拉近，加快了生产要素突破城市行政边界、实现跨区域的优化配置，也加速了核心城市和周边地区融合发展的进程。与此同时，现阶段城市群内部不同地区发展水平差异仍然较大，联系尚不够紧密，利益诉求不一致，而从都市圈这一新的空间层面出发，可以更好推进较小空间尺度的区域协调发展。因此，与单个城市相比，都市圈具有超越单个行政城市的资源配置能力和区域治理能力；与城市群相比，都市圈往往空间尺度相对较小、圈内城市联系更为紧密，区域经济的整体性和协调性也相对更高，可以说，都市圈是"城市—都市圈—城市群"空间尺度中的重要一环，是城市合作突破行政边界、区位导向性政策精准施策、城市群建设稳步推进的重要空间单元。

### 2.3.3 以次区域合作为代表的县际毗邻区合作模式

中国代表性县域层面的毗邻区合作多位于省际交界区域，按照相邻省份数量的不同，可以划分为两省交界区域、三省交界区域、四省交界区域等。处于省际边界的毗邻区域既是中国区域协调发展的重点和难点区域，也是跨行政区域合作的重要实践区域，更是提高国内大循环覆盖面的重要突破口。受行政区划体制的影响，省际边界地区的发展具有明显的"切变"和"分割"特征，面临自然地理和行政壁垒对资源要素的双重阻隔。在地方实践的过程中，省际交界区域合作往往受制于行政隶属关系不同、政策标准不统一、成本分担和利益共享机制不完善、合作机制不健全等问题，出现各地政府合作意愿强烈但实际行动不足的现象。如何聚焦县际毗邻区发展的难点痛点堵点，推动小尺度、跨区域、相对精准的省际交界区域合作，是落实国家战略、促进区域协调发展向更高质量更深层次迈进的重要突破口。

随着市场化改革的深入推进，为推动省际交界区域合作，进一步打破要素流动障碍，地方政府通过加强顶层设计，引导制定相应的区域合作政策，建立相关的区域合作组织等手段，着力打破跨区域协调发展中面临的制度障碍。以《晋陕豫黄河金三角区域合作规划（2014—2025年）》《湘赣边区域合作示范区建设总体方案》《苏皖合作示范区发展规划（2018—2025年）》《安徽省支持省际毗邻地区新型功能区建设若干政策措施》为代表的省际交界区域合作与发展规划相继出台，引导以竞争为主的单个城市独立发展的模式向以竞合为主的跨行政区合作发展的模式转变。不同类型的省际交界区域以成立联席会、协调会、新型功能区等交界区域合作组织的方式，积极探索多样化的政府协调合作机制，一批县域层面省际交界次区域合作的典型案例涌现出来。如安徽省设立宁马省际毗邻地区新型功能区管委会，长三角地区设立长三角生态绿色一体化发展示范区执行委员会，晋陕豫黄河金三角建立市长联席会议制度，渝鄂湘黔四省市设立武陵山片区乡村振兴合作联席会议等。其中，2014年《晋陕豫黄河金三角区域合作规划（2014—2025年）》首次提出开展省际交界次区域合作，成为推动县域层面省际交界区域合作的突破口。而实际上早在20世纪80年代，黄河流域就开展了跨省域区域协作的初步探索，在晋、陕、豫三省毗邻区由山西运城市、陕西渭南市和河南三门峡市共同组成了"晋陕豫黄河金三角经济协作区"，开启了省际交界地区产业、科技等方面的合作发展路径试验。随后，协作区进一步扩容涵盖山西临汾市。2012年由三省四市组成的"晋陕豫黄河金三角承接产业转移示范区"得到国家发改委批复。晋陕豫黄河金三角的经济协作是黄河流域小尺度跨省域合作的初步探索，为更高能级平台、更强动力载体实现黄河流域国家区域战略协同积累了宝贵经验。除此之外，2019年国务院批复成立长三角生态绿色一体化发展示范区，作为推动长三角一体化发展战略的先手棋和突破口，长三角生态绿色一体化发展示范区积极探索，从区域项目协同走向区域一体化制度创新，设立示范区执行委员会，推进发展规划、制度创新、改革事项、重大项目、支持政策的具体实施，在不破除行政隶属的情况下探索实现共商、共建、共管、共享、共赢，在省际交界区域协同发展方面取得重大突破。

### 2.3.4 以交通轴线为依托的跨区域合作模式

良好的交通基础设施是区域经济与社会活动的联系纽带，有利于促进生产要素在空间聚集与扩散，有助于推进区域经济一体化进程。在此基础上所形成的经济带则表现为资源、产业、人口、信息、客货流和城市在特定的大区域内沿交通线路呈带状布局的庞大空间系统，体现了经济开发沿最小阻力方向进行延伸的基本规律。经济带作为产业空间布局的一种典型形式，对地方政府的区域经济发展和宏观战略决策具有重大意义，按照交通线路性质的不同，可以进一步划分为沿海交通经济带、沿江（河）经济带、沿路经济带等。

世界各国诸多产业集群均沿交通走廊进行扩展，如美国的波士顿—华盛顿走廊、日本的大阪—东京走廊等。长江流域是我国提振激发经济增长活力、推进新型城镇化建设、带动引领全国高质量发展、完善区域战略版图的重要空间载体。长江经济带是经济带合作模式的典型区域，依托横贯我国东中西三大地带最重要的河流——长江，成为具有全球影响力的内河经济带、东中西互动合作的协调发展带、沿海沿江沿边全面推进的对内对外开放带、生态文明建设的先行示范带。对长江经济带进行统一规划，加强城市合作、优化区域联动、增进战略衔接，有利于在区域合作中释放经济增长新动能，加快构建形成优势互补、协作共赢的区域发展新格局。长三角地区则利用交通基础设施优势，通过以交通走廊为依托的经济带建设，促进"圈、带、点"协调联动发展，以走廊经济实现空间形态从圈层结构到"圈带结合"的转变。一方面，持续有序推进 G60 科创走廊建设，以产业深度融合发展为主线，加强沿途城市间的科技合作，共同打造长三角产业链、创新链一体化合作平台；另一方面，探索建设 G40 健康生态走廊，加强上海与南通、泰州、扬州、南京、合肥等地生物医药和健康产业深度合作，打造生命健康产业一体化发展的先行先试走廊，开辟产业分工与区域协调新路径。

### 2.3.5 以对口合作为代表的非毗邻区合作模式

对口合作是中国非毗邻区经济合作的核心内容，其中对口支援（帮扶）是早期东部发达地区参与和支持西部大开发的主要方式，体现了"强扶弱""好帮差""东部带中西部"的阶段性特征。随着非毗邻区经济合作的不断增多，跨区域合作出现了以"蛙跳式对口合作""新型飞地经济合作"等为代表的非毗邻区合作新模式，在实现区域间互补联动、共赢发展上探索出了新的路径，带来了新的发展红利。

"蛙跳式对口合作"主要应用于地理距离较远的城市，不同区域板块上重要城市之间进行合作，可以发挥地理空间广阔的优势，为经济发展提供新的支撑点。如 2017 年《东北地区与东部地区部分省市对口合作工作方案》要求沈阳市与北京市、大连市与上海市、长春市与天津市、哈尔滨市与深圳市建立对口合作机制。此次对口合作不再完全是传统上以投项目、给资金等方式进行的合作，更主要的是理念、人才、体制机制创新等方面的对接，这种模式很好地发挥出了我国地理空间广阔的优势，促进了产业、技术、制度等的跨区域梯度转移，为要素流动带来了腾转空间。

"飞地经济"合作模式则在破解发达城市经济发展中的土地要素瓶颈制约问题的同时，为欠发达城市突破资本、人才和技术的瓶颈制约提供了新平台。2020 年《中共中央　国务院关于新时代推进西部大开发形成新格局的指导意见》明确提出，"鼓励探索'飞地经济'等模式"，支持"毗邻地区建立健全协同开放发展机制"。对比来看，传统的飞地经济合作模式主要是发达城市在欠发达城市设置飞地园区，或者两地园区之间开展产业、技术等方面的合作，从而实现"强扶弱"。而"新型飞地经济合作"模式则强调欠发达城市在发达城市设置孵化器、研究院等，主动吸收发达城市的新技术，转化为自身发展的新动能。该种合作模式以市场导向、优势互补、集约化发展为原则，是在不涉及行政区划调整的条件下，以建立合理的税收分配、GDP 分成等合作机制为基础，以发达城市与欠发达城市互利共赢和长期稳定可持续发展为目标的有益尝试，是推动省际交界区域协同发展路径的重要探索。进入高质量发展新阶段，以"新型飞地经济合作"模式催生的"科创飞地""人才飞地"等合作模式在长三角地区、粤港澳大湾区等区域蓬勃兴起，大力助推了产业协作型、制度创新型等类型的交界区域发展。如浙江省嘉兴市以"创新飞地"为突破口，在虹桥建立嘉善国际创新中心（上海）、南湖智立方（上海中心）、平湖右先锋国际创新中心，充分依托在沪发展的"前台"窗口优势，有效实现了与上海优势资源的无缝对接，对于促进两地之间互利共赢的跨越发展具有重要作用。

## 2.3.6 中国式区域合作的重要意义

随着市场经济的发展，区域合作在推进经济社会发展中发挥着重要作用，区域合作是促进区域协调发展的必由之路，对于缩小区域差距、化解恶性竞争、提高资源配置效率、促进经济发展方式转变意义重大。当前，国际经济格局正在经历深刻变革，外部环境不确定性因素有增无减，在应对各种风险挑战的过程中，一个重要的方面就是以国内大循环为主体，将经济社会发展的重点转向开拓内需市场的潜力。中国是典型的大国经济，地理大国、人口大国、经济大国是中国经济的独特优势。遵循大国发展规律，利用好大国经济优势，有助于解决新时代我国发展中的不平衡不充分问题，拓展中国经济增长的空间。新中国成立 70 多年来，尤其是改革开放 40 多年来，中国实现了人类发展史上的两大奇迹，一是实现了持久而又快速的经济增长奇迹，另一个是实现了人类历史上最大规模的减贫奇迹。地理空间广阔的优势蕴含经济发展的巨大潜力，人口大国带来的生产优势和市场规模优势，经济大国带来的产业发展优势，是市场经济运行的基本要素条件，广阔的地理空间则提供了生产和消费等经济活动的良好载体。加强地区间开放合作，不仅有利于突破各地区自我空间的封闭循环，打破行政地域和资源禀赋限制，获得经济腾转挪移的广阔空间，而且有利于促进要素在更大的市场范围内自由流动和优化配置，进而提高资源配置效率，促进技术溢出和科技创新，最终释放经济增长新动能。

## 参考文献

［1］安树伟、黄艳、王慧英：《中国省际交界区域合作与发展的新态势和新特点》，《区域经济评论》2022 年第 1 期。

［2］范恒山：《关于深化区域合作的若干思考》，《经济社会体制比较》2013 年第 4 期。

［3］范恒山：《中国区域合作的理论、政策与操作》，中国财政经济出版社 2022 年版。

［4］上海财经大学区域经济研究中心：《2003 中国区域经济发展报告——国内及国际区域合作》，上海财经大学出版社 2003 年版。

［5］孙久文：《以区域合作促进区域发展新格局形成》，《开放导报》2021 年第 4 期。

［6］肖金成、马燕坤、洪晗：《我国区域合作的实践与模式研究》，《经济研究参考》2020 年第 4 期。

［7］张学良、洪旭东：《新时代建设郑洛西（晋陕豫）高质量发展合作带的现实基础与路径选择》，《重庆大学学报（社会科学版）》2022 年第 3 期。

［8］张学良、李培鑫：《城市群经济机理与中国城市群竞争格局》，《探索与争鸣》2014 年第 9 期。

［9］张学良、林永然：《打造现代都市圈　推进新型城镇化》，《经济日报》2019 年 2 月 28 日。

［10］张学良、吴胜男：《"双循环"新格局下长三角一体化发展的若干重要关系探讨》，《安徽大学学报（哲学社会科学版）》2021 年第 3 期。

［11］张学良、韩慧敏、许基兰：《新型区域合作背景下省际交界区域跨越式发展研究》，《经济纵横》2023 年第 6 期。

# 第二部分　专题研究

# 3

# 西部大开发形成
# 新格局

西部大开发是我国实施区域协调发展战略、全面建设现代化国家的重要内容，强化举措推进西部大开发形成新格局，是党中央、国务院总揽全局、面向新世纪作出的重大决策，必将大大增强我国经济发展的动力和抵御风险的能力，也将促进民族地区的发展进步，铸牢中华民族共同体意识，维护祖国统一，实现各民族的共同繁荣。

# 3.1 西部大开发的背景和发展历程

## 3.1.1 发展背景

西部地区是我国的资源富集区，生物资源、能源资源、矿产资源、旅游资源十分丰富，主要包括内蒙古、广西、重庆、四川、贵州、云南、西藏、陕西、甘肃、青海、宁夏、新疆12省（自治区、直辖市）和新疆生产建设兵团，总面积约687万平方公里，约占全国国土面积的72%，总人口3.8亿，占全国27%，与周边13个国家接壤，[①] 边境线长达1.8万多公里[②]，在维护国家生态安全、水安全、能源资源安全、国防边境安全等方面具有十分重要的战略地位。自古以来，东南沿海地区拥有良好的地理位置，气候温和、雨量充沛、土壤肥沃而且水陆交通极为便利，为经济发展提供了极为良好的基础，而西部地区由于自然、历史、社会等原因，经济发展相对落后。随着改革开放的深入，西部地区经济快速增长，但与东部

---

① 数据来源于中华人民共和国中央人民政府网站。
② 数据来源于国家发展和改革委员会网站。

地区的差距却在逐渐拉大。1999 年，西部地区以全国 27% 的总人口和 72% 的国土面积，却只贡献了全国 18% 的 GDP，人均地区生产总值不及东部地区的一半，相较改革开放之初人均地区生产总值相对差距扩大了 2.8 个百分点。[①]"八五"计划以来，为解决日益扩大的区域经济发展差距，党中央和国务院逐渐调整区域经济发展战略。1999 年 6 月，江泽民提出："在继续加快东部沿海地区发展的同时，必须不失时机地加快中西部地区的发展。从现在起，这要作为党和国家一项重大的战略任务，摆到更加突出的位置。"同年 11 月，中央经济工作会议作出"不失时机地实施西部大开发"的战略部署。

在此背景下，我国全面实施了"西部大开发"等区域发展战略，有力地促进了各区域经济的协调发展。党的二十大报告提出："以中国式现代化全面推进中华民族伟大复兴。"西部地区是实现中国式现代化的重要攻坚之地，在新形势和新背景下，如何立足西部地区的资源禀赋与区位优势，走出一条中国式现代化的创新实践之路，成为一个重要而迫切的理论和现实问题。

## 3.1.2 发展历程

西部大开发战略是我国在改革开放后实施时间最长、影响范围最广的一项区域发展战略。[②] 回顾西部地区的发展历程，根据重大政策和事件时间节点，可以分为以下三个阶段。

（1）前期准备——奠定基础阶段（1949—1999 年）

早在新世纪西部大开发战略实施前，我国已经在西部地区进行了一系列系统性开发。[③] 第一次开发是在 20 世纪 50 年代，当时新中国刚成立不久，东西部地区资源配置不合理、区域经济发展不平衡，尤其是工业发展极不平衡，70% 的工业设施和 80% 的钢铁产业集中分布在沿海地区，西部地区几乎没有重工业基础。[④] 1956 年，毛泽东在《论十大关系》中强调：

---

① 数据来源于《中国统计年鉴》。

② 刘瑞明、赵仁杰：《西部大开发：增长驱动还是政策陷阱——基于 PSM-DID 方法的研究》，《中国工业经济》2015 年第 6 期。

③ 杨旭、何山河、黎岩：《中国共产党西部大开发重大举措研究》，《贵州民族研究》2022 年第 4 期。

④ 陈东林：《中国共产党领导的三次西部大开发》，《中共党史研究》2011 年第 9 期。

要处理好沿海工业和内地工业的关系，大力发展内地工业，使工业布局逐步平衡。"一五"和"二五"期间，国家将一批钢铁、有色、化工等重点项目和企业布局在西部，项目投资额约占全国的20%，初步改善了当时工业布局不合理的现象。第二次开发是在20世纪60年代至70年代，当时国际形势动荡，中苏关系恶化以及美国领导的越战军事干预，中国的内外部局势急剧恶化。另外，"大跃进"政策导致国内农业和工业生产急剧收缩，在1959—1962年造成全国性的粮食短缺和饥荒。考虑到国防建设和经济建设的需要，1964年8月中共特别会议提出"三线建设"。"三线建设"跨越三个五年计划长达16年，将大部分资金和新项目分配给西部地区，推进了西部城市化建设、改善了西部交通、发展了西部工业，改变了中国经济建设的战略布局和区域生产力布局，大大改善了我国西部工业发展落后的格局。1966—1975年的"三五"和"四五"期间，中国累计向"三线"地区投资1173.41亿元，"三五"期间"三线"建设投资额占全国基本建设投资的比重高达52.7%，到1978年，中西部地区的工业总产值约占全国的40.28%，达到了新中国成立以来的最高峰。[1]

1978年改革开放后，中国逐渐实施非均衡发展战略，全国经济发展重心东移，西部地区发展也随之放缓，东西部地区差距逐渐拉大。1988年前后，邓小平提出"两个大局"的构想，将东西部的共同发展与共同富裕紧密联系在一起，[2]而后在1992年南方谈话中，邓小平进一步指出："有条件的地方先发展起来，先富带动后富，最终达到共同富裕"。1995年，江泽民在《正确处理社会主义现代化建设中的若干重大关系》中提出："九五"时期，中央要更加重视中西部地区经济发展，要在中央财政转移支付、资源开发和基础设施建设等方面给予支持。

改革开放之后的20年，在党中央的领导下，西部地区发展取得了长足进步，农业、能源、交通、原材料等基础产业和优势产业进一步壮大，同时，中国经济和社会发生了翻天覆地的变化，国家的综合实力显著增强，为西部地区发展创造了有利的外部环境和充分的物质条件，为新世纪西部

---

① 陈东林：《中国共产党领导的三次西部大开发》，《中共党史研究》2011年第9期。
② 《邓小平文选》第三卷，人民出版社1993年版。

大开发奠定了坚实基础。

（2）加速发展——有序实施阶段（2000—2009 年）

世纪之交，以江泽民同志为核心的党的第三代中央领导集体认真总结我国历史上西部地区兴衰成败的经验和教训，充分考虑全面建设小康社会的需要和可能，着眼于应对国际风云变幻和国家安全与长远发展大局，作出了西部大开发的重大战略决策。1999 年 9 月，中央正式作出西部大开发战略决策，明确了新世纪西部大开发的重点是坚持生态环境优先，持续加强西部基础设施建设，优先发展地区特色优势产业和重点区域，推动西部地区经济和社会协调发展。

2000 年 1 月，国务院成立了西部地区开发领导小组。同年 10 月 26 日，国务院颁布《关于实施西部大开发若干政策措施的通知》，正式拉开了西部大开发的序幕。同时，青藏铁路和西电东送工程全面启动，西部公路建设、青海三十万吨钾肥以及西部退耕还林、还草工程等重点项目也相继开工，西部地区迎来了新中国成立以来最好的发展时期。2002 年，国家计委、国务院西部开发办出台了第一个西部地区发展五年规划——《"十五"西部开发总体规划》，提出集中力量在水利、交通、通信、能源、市政、生态、农业、科技、教育和农村基础设施等方面建设一批具有明显带动作用的重点工程。此后，国家相继印发了《国务院关于进一步推进西部大开发的若干意见》（2004 年）、《关于加强东西互动深入推进西部大开发的意见》（2007 年）等一系列文件，为西部大开发注入了强劲动力。2007 年以后，西部大开发战略从宏观政策调控逐渐向重点区域开发过渡，在 2007 年和 2009 年相继发布了《关于成渝经济区的批复意见》和《关中—天水经济区发展规划》，2010 年批复西部首个国家级新区——重庆两江新区，表明了西部大开发从全面布局转变到重点突破，培育内部增长点、打造增长极的发展阶段。

2000—2009 年，是西部大开发战略的有序实施阶段，10 年的发展为西部地区带来了翻天覆地的变化，天然林保护工程、退耕还林、退牧还草等一系列生态工程，使西部的绿色不断延伸。青藏铁路、西气东输、西电东送、国道主干线西部路段和大型水利枢纽等一批标志性工程相继建成，西部地区的 GDP 由 2000 年的 1.73 万亿元增加到 2009 年的 6.36 万亿元，年均名义增长达到 11.9%，① 高于全国同期增速，占全国 GDP 比重从 2000 年的 17.1%提升到 2009 年的 18.5%②，与东部地区经济差距扩大的趋势得到初步遏制。

（3）纵深推进——全面推进现代化阶段（2010 年至今）

2010 年，我国 GDP 总量大幅跃升，正式成为世界第二大经济体，但体量之大非筋骨之强，东西部地区差距依然较大，西部地区发展的不平衡、不充分、不可持续问题依然突出。为进一步推进西部地区发展，2010 年国务院出台《关于深入实施西部大开发战略的若干意见》指出，"第一个 10 年的良好开局，为新一轮西部大开发打下坚实基础，今后 10 年是深入推进西部大开发承前启后的关键时期"，要巩固上一个阶段的发展基础，培育特色产业，实施经济产业化、市场化、生态化和专业区域布局的全面升级，并提出了到 2020 年使西部地区综合经济实力、人民生活水平和质量、生态环境保护上三个大台阶的总体目标。2012 年，国家发改委出台《西部大开发"十二五"规划》指出："西部地域辽阔，实施西部大开发战略不可能各地齐头并举，更不能遍地开花，要注重发挥区域比较优势，培育和壮大新的增长极，辐射和带动周边地区发展。"

党的十八大以来，习近平总书记高度重视西部地区持续健康发展，多次赴西部省份考察，深入基层边疆一线，发表系列重要讲话，为新时代西部大开发把脉定向。此后，国家陆续出台了《国务院关于深入实施西部大开发战略情况的报告》《西部大开发新开工 30 个项目名单》《西部大开发"十三五"规划》《2017 年深入推进西部大开发工作要点》等政策文件，持续为西部地区发展赋能。2020 年 5 月，中共中央、国务院发布《关于新时代推进西部大开发形成新格局的指导意见》，翻开了西部大开发的新篇章，提出形成大保护、大开放、高质量发展的新格局，到 2035 年西部地区基本实现社会主义现代化。

2010 年以来特别是党的十八大以后，是西部大开发战略纵深推进的阶段，西部地区发展呈现崭新面貌。与前 10 年相比，新一轮西部大开发的阶

---

① 数据来源于《中国统计年鉴》。

② 数据来源于《开局良好 基础坚实——西部大开发 10 年成就回顾》，见 https://www.gov.cn/jrzg/2010-07/05/content_1646123.htm。

段特征和发展重心发生了明显转变，主要有以下六个特征：一是开发模式从全盘推进向重点突破转变；二是发展动力从要素投入向创新驱动转变；三是工业发展从初级加工向新型工业化道路转变；四是资源开发从传统能源向清洁能源转变；五是对外开放从国内为主向国内国外并举转变；六是经济增长方式从粗放型向集约型转变。在西部大开发战略纵深推进的同时，党的二十大擘画了中国式现代化的宏伟蓝图，对区域协调发展作出了更加系统、长远、明确的部署和要求，未来西部地区实现现代化要以共同富裕为目标，注重区域发展的协同性与整体性，与"中部崛起""东北振兴""东部率先发展"等重大区域协调发展战略相呼应，为实现中国式现代化贡献西部力量。

# 3.2　新时代推进西部大开发形成新格局取得的阶段性成就

## 3.2.1　经济发展迈上新台阶

西部大开发以来，西部地区依托劳动力成本优势、土地价格优势和政策红利，主动承接产业转移，现代化经济体系加快形成。

一是主要经济指标显著增长。2000 年到 2021 年，西部地区生产总值从 1.7 万亿元增加到 24 万亿元，增长 14.1 倍，占全国的比重从 18.6% 提高到 21.1%，三次产业结构由 2000 年的 22.26：41.51：36.23，转变为 2021 年的 11.44：38.6：49.9。2021 年人均可支配收入为 2.5 万元，城镇居民人均可支配收入为 3.7 万元，较 1999 年增长 6.1 倍，农村居民人均可支配收入为 1.4 万元，较 1999 年增长 7.5 倍。城镇化水平持续提升，2021 年底，西部地区常住人口城镇化率达到 58.25%。[①]

───────────────

① 数据来源于《中国统计年鉴》。

二是重点区域的引领带动作用不断增强。成渝地区双城经济圈已经上升为我国经济的第四级，关中—天水、兰州—西宁、北部湾、滇中、黔中等重点城市群、都市圈带动周边城市发展，甘肃兰州新区、陕西西咸新区、贵州贵安新区、四川天府新区等一批国家级新区以及宁夏、贵州内陆开放型经济试验区先后获批，广西东兴、云南瑞丽、勐腊（磨憨）、内蒙古满洲里和二连浩特5个沿边重点开发开放试验区的设立，成为西部产业发展的新引擎。

三是基础设施建设不断完善。西部大开发以来，国家不断加大对西部地区交通、水利、能源、通信、市政等基础设施建设的支持力度，截至2018年，西部大开发累计新开工重点工程335项，投资总额达7.33万亿元。① 截至2021年，铁路营业里程达到6.06万公里，是2003年的2.27倍，高速等级公路里程达到6.98万公里，是2003年的9.8倍，建成民用机场124个，占全国的51.5%。② 西气东输、西电东送等重大能源工程相继竣工，西部地区电力外送规模在"十三五"末达到2.6亿千瓦。青藏铁路、国道主干线西部路段和大型水利枢纽等一批重点工程相继建成，完成了送电到乡、油路到县等建设任务，西部地区基础设施建设取得了突破性进展。

四是特色产业快速发展。西部地区坚持以供给侧结构性改革推动产业转型升级，积极发挥比较优势发展特色产业，认真落实对鼓励类产业企业减按15%税率征收企业所得税的优惠政策，促进西部地区产业结构调整、产业布局优化。大数据、健康养生、旅游文创等新产业新业态蓬勃发展，互联网、大数据、人工智能和实体经济深度融合发展。能源资源产业转型加快，四川、青海、宁夏和甘肃成功入选国家清洁能源示范省（区）。2022年，西部地区可再生能源电力消纳量为11178亿千瓦时，占西部地区全社会用电量的44.64%和全国可再生能源电力消纳量的41.69%，非水电可再生能源电力消纳量为4114亿千瓦时，占西部地区全社会用电量的16.43%和全国非水电可再生能源电力消纳量的30.08%。③

---

① 数据来源于国家发展和改革委员会网站。
② 数据来源于《中国统计年鉴》。
③ 国家能源局：《2022年度全国可再生能源电力发展监测评价报告》，见国家能源局网站。

### 3.2.2 对外开放开创新格局

随着"一带一路"倡议、西部陆海新通道、亚投行等对外开放战略和平台的深入实施和建设，西部地区把握新机遇积极参与、深度融入，正在从开放的"末梢"走向"前沿"。

一是在彼此尊重中发展，共商合作共赢。"一带一路"建设、亚投行等为各国提供了可以面对面交流的平台，签署众多合作协议，构建一个更加紧密的伙伴关系网络，实现金融、贸易、法律、人文、标准等多领域的的软联通，促进互信，解决争端。十年来，各国对"一带一路"的政策、规则和标准的讨论日益增多，其中也包括一些误解甚至偏见，就像亚投行倡议提出后，得到了很多国家的热烈响应和支持，但也有一些怀疑和疑虑。事实胜于雄辩，亚投行在筹建和运营发展过程中体现出开放、合作和包容的精神，不断迈出稳健而扎实的步伐，赢得国际社会的广泛认可和赞誉。

二是经济地理格局重塑，共建沿线基础设施。近年来，中老铁路、中俄黑河—布拉戈维申斯克界河公路口岸大桥、中吉乌国际道路、中越北仑河公路二桥、中缅跨境光缆等基础设施网络的建设，边疆地区乃至周边一些内陆国家远离海港的经济地理格局正在被重新塑造。据统计，2022 年西部地区进出口总额 5.8 万亿美元，是 1999 年的 34 倍。[①] 西部陆海新通道累计开行铁海联运班列 27471 列，西部地区中欧班列开行 47000 列，其中新疆铁路出入境中欧班列年均增长 68%，中欧班列开行数量占全国的 52.2%，中老铁路开通运营 18 个月全线累计发送货物突破 2100 万吨，跨境货物运量超 400 万吨，货值达 177 亿元。[②]

三是贸易畅通程度大大提升，共享经济一体化红利。"一带一路"是开放的国际公共合作平台，已经吸引了世界上超过四分之三的国家、32 个国际组织和 338 个港口参与。作为世界第二大经济体，中国已成为全球经济增长的重要引擎，一系列跨境重大项目建设稳步推进，经济开发区、自

---

① 数据来源于《中国统计年鉴》。
② 数据来源于中国中铁集团，经作者整理得到。

贸试验区、综合保税区、中外合作产业园区、跨境经济合作区等开放平台作用持续发力，中国与世界各国共享发展机遇。据统计，"一带一路"倡议的全面实施可帮助 3200 万人摆脱中度贫困，使全球和"一带一路"经济体的贸易额增幅分别达到 6.2% 和 9.7%，使全球收入增加达 2.9%。[①]

### 3.2.3　生态安全展现新面貌

西部地区以"生态优先　绿色发展"理念为核心，将筑牢西部生态安全屏障放到突出重要位置，实施多项基础性生态建设工程，山水林田湖草沙冰的生态画卷进一步展现。

一是荒漠化面积大幅减少。我国是世界上荒漠化面积大、分布广、受荒漠化危害严重的国家，而西北地区是土地荒漠化最典型最突出的区域，西北荒漠化治理关系到中国中部和东部的长期发展。西部大开发以来，我国实施西北防护林和生态功能区政策，投入上千亿元资金治理荒漠化，荒漠化面积大幅度减少。

二是水土流失得到初步缓解。西部地区是我国水土流失最严重的区域，1999 年水土流失面积高达 294.5 万平方公里，占全国水土流失面积的 82.8%。[②] 西部大开发以来，国家实施多项水土保持基础性生态建设工程，西部地区水土流失问题得到明显缓解。据统计，2021 年西部地区水土流失面积 224.73 万平方公里，较 2003 年降低了 23.7%，其中治理水土流失面积 7.65 万平方公里，较 2003 年增加了 3.53 万平方公里，三峡库区、西南石漠化地区、高寒高海拔的青藏高原和三江源国家公园水土流失面积大幅减低，生态环境持续改善。[③]

三是森林和草原面积逐年增加。进入 21 世纪，中国政府更加重视林业建设，决定投资几千亿元在西部地区实施天然林保护工程、退耕还林工程等六大林业重点工程，极大地改善了西部地区生态环境。截至 2020 年底，西部地区累计实施退耕还林还草超过 1.37 亿亩，森林覆盖率从 1998 年的

---

① 世界银行：《"一带一路"经济学：交通走廊的机遇与经验》，见世界银行网站。
② 张金慧：《水土流失防治取得历史性突破》，《中国水利报》2005 年 12 月 29 日。
③ 《2021 年中国水土保持公报》，见水利部网站。

9.06%上升到 2020 年的 19.3%。①

四是生物多样性明显提升。西部地区是我国重要的生物资源宝库、物种资源宝库和基因宝库，是世界野生生物基金会列出的 200 个关键地区之一。但是，滥采、滥挖、滥捕及栖息地的破坏，导致不少野生物种濒临灭绝。根据中国环境部和中国科学院植物研究所编撰的《国家珍稀濒危保护植物名录》和《中国珍稀濒危保护植物名录》显示，西部地区的濒危动物有 12 纲 53 目 258 种，濒危植物有 188 种。西部大开发以来，我国大力推进野生动植物保护及自然保护区建设工程，2021 年西部地区自然保护区共993 个，总面积 12019.5 万平方米，其中国家级自然保护区达到 212 个，面积 8825.2 万平方米，省级自然保护区面积 343 个，面积 2313.51 万平方米。②

五是人居环境质量明显好转。西部大开发以来，我国先后实施生态蓝天碧水和净土保卫战，人居环境质量明显提升。据统计，西部地区 PM2.5浓度从 2004 年的 39.12 降低至 2021 年的 26.02，公园绿地面积从 2004 年的 4.13 万平方公里增加到 2021 年的 18.84 万平方公里，建成区绿地面积从 2004 年的 22.24 万平方公里增加到 2021 年的 74.76 万平方公里，③ 二氧化碳排放量从 2003 年的 785.6 万吨降低至 2020 年的 138.8 万吨。④

### 3.2.4 重点领域改革取得新突破

一是"放管服"改革纵深推进。西部地区深入推进"放管服"改革，取消和调整行政审批项目，加快政府职能转变，极大激发了市场活力和社会创造力，促进了经济社会发展。以甘肃省为例，甘肃省启动行政审批制度改革从精简行政审批事项、建立并公布政府工作部门权责清单、推行"一窗办、一网办、简化办、马上办"改革、持续推进行政许可标准化、促进行政审批规范运行等方面着手，2001 年至 2020 年，省级部门共计对行政审批事项二十四批次 2332 项进行了取消、调整和下放，其中 1582 项

---

① 《再闯新路看西部　持续奋斗开新局》，《人民政协报》2021 年 10 月 25 日。
② 数据来源于《中国统计年鉴》。
③ 数据来源于《中国统计年鉴》。
④ 数据来源于达尔豪斯大学大气成分分析组。

取消，186 项下放，19 项转中介，34 项转备案，9 项不列入，44 项调整，25 项新增和 13 项合并，并对中央在甘肃省的单位行政审批事项十六批次 227 项进行了取消、调整。① 甘肃省行政审批制度改革覆盖率达 99.78%，各市州行政审批事项减幅达 70% 以上，取得显著成效。②

二是要素市场化配置改革深入推进。西部大开发以来，西部地区探索集体荒漠土地市场化路径，以农村土地承包经营权确权登记颁证为基础，以放活土地经营权为重点，采取多项措施，创新土地流转模式，积极引导农村土地经营权规范有序流转。以甘肃省为例，截至 2022 年底，甘肃省土地流转面积 1419.2 万亩，流转率 21.8%。③ 樊纲市场化指数显示，西部地区要素市场发育平均得分从 2000 年的 1.72 提升到 2020 年的 6.73，年均增速高达 7.05%。④

三是科技体制改革赋能区域创新发展。西部大开发战略实施以来，西部地区形成了"技术追赶+自主创新""引领型创新+区域协同创新""区域特色创新+差异化创新""科技援西创新"等独特的创新模式，创新型城市已经成为西部经济发展的重要增长极，以城市群为代表的协同创新网络初步形成。据统计，西部地区的科技型企业数量从 2000 年的 3731 家增加到 2021 年的 70638 家，规模以上工业企业全时当量从 2004 年的 7.8 万人·年增加到 2021 年的 36.4 万人·年，技术市场成交额从 2000 年的 85.87 亿元增加到 2021 年的 5633 亿元，专利授权量从 2000 年的 1.1 万件增加到 2021 年的 53 万件。⑤

## 3.2.5 民生保障取得新进展

民生是人民幸福之基、社会和谐之本。民生稳，人心就稳，社会就

---

① 作者根据甘肃省政府行政审批制度改革工作领导小组办公室发布的《关于取消和调整一批行政审批事项的通知》（2001—2020 年），整理得到。

② 姜超：《"放管服"背景下兰州市行政审批制度改革研究》，西北师范大学硕士学位论文，2022 年。

③ 《甘肃省人民政府关于印发甘肃省"十四五"推进农业农村现代化规划的通知》，见甘肃省人民政府网站。

④ 樊纲、王小鲁、马光荣：《中国市场化进程对经济增长的贡献》，《经济研究》2011 年第 9 期。

⑤ 数据来源于企查查和国家统计局网站。

稳。西部地区政府统筹推进经济发展和民生保障，在医疗、养老、托幼、住房、教育等领域持续增进民生福祉，推出了一系列温暖人心的举措。

一是幼有所育，实现从"不入园"到"想入园"再到"入好园"转变。二十年来，西部地区学前教育资源总量迅速增加，幼儿园数量从2000年的3.49万所增加到2020年的9.14万所，在园幼儿数从2000年的610万人增加到2020年的1413万人，教职工从2000年的25.4万人增加到2020年的135.8万人。[①]

二是学有所教，实现从"没学上"到"有学上"再到"上好学"转变。近二十年来，西部地区国家财政性教育经费支出增速高达15.5%，其占国内生产总值比例连续保持在5%以上，教育投入扩张使优质资源的覆盖面逐步扩大，2020年西部地区小学、初中、高中和大学数量分别是51840所、15344所、4288所和791所，每十万人口在校小学、初中、高中和大学人数分别达到2514.23人、3709.82人、1976.83人和2278.6人。西部地区人口受教育水平明显提升，平均受教育年限从2000年的6.15年提高到2019年的8.77年，提高了2.62年，整体文盲率从2000年的16.38%下降到2019年的8.71%。[②]

三是劳有所得，实现从"有保障"到"节节高"转变。经过长期努力，西部地区基本实现了比较充分的就业。2021年西部地区城镇单位就业人数达3846万人，尤其是西部地区226万高校毕业生总体就业率高达86.77%。[③]

四是病有所医，实现从"看上病"到"保健康"转变。我国卫生与健康事业加快发展，医疗卫生服务体系和医疗保障体系不断完善，基本公共卫生服务均等化水平稳步提高，公共卫生整体实力上了一个大台阶。2021年，西部地区基层医疗机构29.57万个，较2010年增长6.48%，床位数55.87亿张，较2011年增长44%，另外，1亿人参与城镇职工基本养老保

---

① 数据来源于《中国统计年鉴》。
② 数据来源于《中国统计年鉴》。
③ 数据来源于西部各省份2021届高校毕业生就业质量年度报告，经作者整理得到。

险，0.69 亿人参加城镇职工基本医疗保险，0.41 万人参加失业保险。① 健全的医疗基础设施和医保体系提高了居民的平均寿命，2020 年西部地区全体居民人均预期寿命为 77.04 岁，较 2000 年增长 9.05 岁。②

五是老有所养，实现从"养儿防老"到"制度养老"转变。2008 年，西部地区开始推行新型农村社会养老保险（简称"新农保"）制度，2014 年新农保与城镇居民社会养老保险实现并轨，二者的统一让全体人民公平享有基本养老保障，沿袭几千年的"养儿防老"传统逐渐向具有基本性、公平性、普惠性的保障制度转变。据统计，2020 年西部地区共有 1.7 亿人参加城乡居民社会养老保险。③

六是住有所居，实现从"住有所居"到"住有宜居"转变。2008 年以来，西部地区相继开展城镇保障性安居工程，住房城乡建设部累计下达补助资金超过 5000 亿元，占全国的 40%以上，目前西部地区筹集公租房 957 万套，改造棚户区 1195 万户④，有效解决和改善了中低收入群体的住房困难问题。

七是弱有所扶，实现从"授人以鱼"到"授之以渔"转变。受自然环境、资源禀赋和其他制度性约束的影响，西部地区贫困问题突出，表现出人穷地也穷的现象。在 2012 年国务院扶贫办公布的 680 个集中连片特困县中，西部地区有 572 个，占所有特困县的 84.12%。⑤ 单纯依靠转移支付只能实现临时性扶贫，无法真正推动共同富裕，在东部地区精准扶贫帮助下，西部贫困县不断激发出自身发展潜力，从脱贫到巩固再到奔小康的持续发展道路越走越宽阔，越走越通畅。从 2013 年到 2020 年，西部地区农村贫困人口累计减少 5086 万人，占全国脱贫人口的一半多，区域性整体贫困得到解决，完成了消除绝对贫困的艰巨任务。⑥

---

① 数据来源于《中国统计年鉴》。

② 孙瑶瑶、黄院玲、丁仁船：《西部地区居民死因特征及去死因预期寿命分析》，《济宁医学院学报》2022 年第 6 期。

③ 数据来源于《中国统计年鉴》。

④ 作者根据西部各省份统计年鉴汇总整理得到。

⑤ 《扶贫办关于公布全国连片特困地区分县名单的说明》，2012 年 6 月 14 日，见中华人民共和国中央人民政府网站。

⑥ 数据来源于国家统计局网站。

# 3.3 中国式现代化视阈下推进西部大开发形成新格局的新要求、新挑战与新机遇

## 3.3.1 中国式现代化视阈下推进西部大开发形成新格局面临的新要求

党的二十大报告指出，中国式现代化的本质要求是："坚持中国共产党领导，坚持中国特色社会主义，实现高质量发展，发展全过程人民民主，丰富人民精神世界，实现全体人民共同富裕，促进人与自然和谐共生，推动构建人类命运共同体，创造人类文明新形态。"这为如何推进中国式现代化提供了明确的目标指引和实施路径。结合中国式现代化的重要特征及本质要求，立足西部地区区域特点、资源禀赋和战略定位，明晰中国式现代化视阈下推进西部大开发形成新格局面临的新要求，为扎实推进中国式现代化西部实践以及西部地区高质量发展提供实践指引。

一是把提升人口素质及优化人口结构作为西部大开发形成新格局的主要抓手。党的二十大报告指出："科技是第一生产力、人才是第一资源、创新是第一动力"。推进西部大开发形成新格局关键在"人"，而西部地区人口流失和高素质人力资本严重不足一直是制约西部地区经济发展的重要因素。西部地区普遍处于人口净流出状态，人口的流失导致人口规模的缩小，继而难以有足够的市场规模来支撑其地区经济的发展。尤其值得关注的是西部边境区县人口流失，边境地区人口的减少严重危及我国边境地区社会稳定与国家领土安全。伴随着人口的流失，更多是人才的流失，人才是西部地区提升综合竞争力的重要支撑，人力资本尤其是高素质人力资本持续流失，不利于西部地区实现平衡充分的发展。

二是把共同富裕作为西部大开发形成新格局的主攻方向。习近平总书

记指出，"共同富裕是社会主义的本质要求，是中国式现代化的重要特征"。西部地区实现共同富裕既要满足"协调性"，也要满足"包容性"；既要"做大蛋糕"，也要"分好蛋糕"；既要解决"分配失衡"，也要解决"区域发展不平衡"。自觉主动解决地区差距、城乡差距和收入分配差距，使人民的获得感、幸福感、安全感更加充实。

三是把人与自然和谐共生作为西部大开发形成新格局的主要内容。人与自然的关系是人类社会生存与发展的最基本的关系，人从来都不是超然于自然界的统治者，当我们违背自然规律掠夺自然的同时也是反噬我们自己。在"绿水青山就是金山银山"的理念下，西部大开发形成新格局要正确处理经济发展与生态保护之间的关系，对自然资源的开发利用必须控制在其承载能力的范围和限度之内，更加自觉地推动绿色发展、循环发展、低碳发展。实现人与自然和谐共生不仅仅是人民对美好生活的生态诉求，更是新时代生态文明建设和美丽西部建设的根本所在。

四是把持续对外开放作为西部大开发形成新格局的主切入点。西部地区的高质量发展离不开对外开放和经济全球化，在百年未有之大变局不断演进和经济全球化遭遇逆流背景下，西部地区应该更加自觉地以"一带一路"国际合作为立足点，更加深入地融入世界经济与区域经济，坚持更高水平的开放积极参与全球市场竞争与合作，坚持共商、共建、共享、共赢的理念推进区域经济关系的协调发展。

## 3.3.2　中国式现代化视阈下推进西部大开发形成新格局面临的新机遇

新时代新征程推进西部大开发形成新格局，就是要将西部大开发置于中国式现代化的总体框架，形成"大保护、大开发、高质量"的发展新格局。在世界百年未有之大变局加速演进的国际背景下，世界进入新的动荡变革期，世界之变、时代之变、历史之变正以前所未有的方式展开。西部地区经济社会发展面临的环境复杂多变，要实现西部更深层次开发、更高质量发展，必须遵循习近平总书记"在危机中育新机、于变局中开新局"的重要论述，精准把握中国式现代化视阈下推进西部大开发形成新格局面临的新机遇，加快建立更加有效的区域协调发展新机制。

从国际视野来看，世界百年未有之大变局向纵深演进，和平与发展的时代主题遭遇逆风逆流的冲击，逆全球化、单边主义、保护主义思潮甚嚣尘上，全球产业链、供应链、创新链、价值链发生深刻重组，世界经济前景的不稳定性、不确定性、难预料性增加。中国的发展逐渐受到全世界的关注，正如习近平总书记强调的那样，"今日之中国，不仅是中国之中国，而是亚洲之中国、世界之中国"[①]，中国正前所未有地走近世界舞台的中央，高质量共建"一带一路"，推动构建人类命运共同体为全人类发展提供了中国智慧和中国方案。新时代新征程推动西部大开发形成新格局，必须更加精准把握世界政治经济格局的变化，顺应数字经济、人工智能等新经济、新模式的发展趋势，围绕西部地区实现"大保护、大开发、高质量"的要求，推动"一带一路"沿线国家和人民分享西部大开发所带来的成果，把西部地区打造成陆海内外联动、东西双向互济互放的重要载体，积极参与全球经济治理。

从国内发展来看，随着疫情防控取得重大决定性胜利，经济社会全面恢复常态化运行，宏观政策靠前协同发力，需求收缩、供给冲击、预期转弱三重压力得到缓解，市场需求逐步恢复，经济发展呈现回升向好态势。一是经济实现恢复性增长，2022 年实现国内生产总值 1210207 亿元，比2021 年增长 3.0%，2023 年预计增速 5% 左右[②]，经济活力和信心稳中向好，但当前我国经济运行好转主要是恢复性增长。二是创新综合实力稳步增强，科技进步对经济高质量发展的贡献度不断提升，大数据、人工智能等新兴技术带动新产品、新业态快速发展，中国在全球创新指数中的排名稳步上升。三是改革开放深入推进，随着中国经济体制改革不断深入，财税金融体制改革扎实推进，西部陆海新通道多条铁路建成通车，全国统一大市场建设取得实质性进展，自贸区、海南自由贸易港建设扎实推进，我国对外开放水平不断提升，2022 年对"一带一路"沿线国家进出口总额达138339 亿元，比 2021 年增长 19.4%。[③] 四是国内大循环为主体、国内国际

---

① 习近平：《深化文明交流互鉴 共建亚洲命运共同体——在亚洲文明对话大会开幕式上的主旨演讲》，《人民日报》2019 年 5 月 16 日。

② 数据来源于国家统计局网站。

③ 数据来源于国务院新闻办 2023 年 1 月 13 日新闻发布会。

双循环相互促进的新发展格局逐渐形成，国内生产、流通、分配、消费各个环节循环畅通，超大市场的规模优势与内需潜力逐渐释放，国内经济供给质量稳步提升，国内经济循环"经络"畅通。

从西部自身来看，西部地区高质量发展取得显著成效。一是西部地区在"一带一路"建设中的作用逐渐凸显，逐渐成为中国内陆腹地向西开放的前沿，重庆、西安、乌鲁木齐等重要枢纽城市经济繁荣发展，形成了新的陆港城市，为发展多层次的口岸贸易、加工贸易、服务贸易等提供了新通道，2022 年中国与"一带一路"沿线国家贸易规模再创历史新高，中西部地区对外开放水平持续提升。二是西部陆海新通道建设扎实推进，为中西部地区货物进出提供了最便捷的通道，改变了西部地区长久以来面向东盟却"西货东出"的局面，有力地支撑了北货南下和南货北上，已形成重庆、成都、广西北部湾港、海南洋浦港等中西部地区重要节点城市和重要枢纽港口，为促进西部地区可持续发展提供了新路径。三是"美丽西部"建设提档增速，"绿水青山就是金山银山"的生态文明理念牢固确立，青海三江源生态保护和建设、祁连山生态保护与综合治理等有序实施，节约资源和保护环境的空间格局、产业结构、生产方式、生活方式逐渐形成，为西部地区高质量发展奠定了良好基础。

### 3.3.3　中国式现代化视阈下推进西部大开发形成新格局面临的新挑战

（1）经济高质量发展相对滞后

西部大开发战略的提出旨在推动西部地区经济社会发展，缩小区域发展差距，实现区域联动发展，历时二十余载，西部地区经济社会实现了跨越式发展，取得了有目共睹的历史成就。党的二十大报告将高质量发展单列一章，新时代新征程实现中国式现代化必须推动区域经济高质量发展迈上新的台阶。然而，与东中部地区相比，西部地区在创新动力、产业体系、乡村振兴等方面仍存在不少"短板"，成为制约区域经济高质量发展的"弱项"。

一是高质量发展创新动能不足。习近平总书记指出，"科技创新是提高社会生产力和综合国力的战略支撑，必须把科技创新摆在国家发展全局的核心位置"①，但当前国家重要科研平台主要分布在东部地区，创新资源配置也向东部地区倾斜，西部地区国家级科研平台缺乏、建设经费不足、研究设备落后，导致西部地区难以吸引和留住高质量人才，加剧了人才分布的东西部差距，严重阻碍了西部地区科技创新和高质量发展。新兴产业作为未来支撑区域发展的主导产业和自主产业，尽管西部新兴产业发展取得较大突破，但受制于多重因素，西部地区的新兴产业规模相对较小、数字经济发展相对不足，难以承担起推动经济高质量发展的重担。

二是现代化产业体系建设水平偏低。西部地区虽受历史和地理区位的限制，导致经济发展起步较晚，但在"西部大开发"等国家战略的引领下，资本、技术、劳动力等经济性生产要素逐渐向西流动，随着西部地区立足自身禀赋优势主动承接国内外产业转移，为西部地区产业结构优化升级和产业链高级化注入了新的动力。然而，承接的转移产业产品附加值低、竞争力不强。在产业发展配套方面，除西安、重庆、成都等区域重点城市外，大部分地区现代化产业体系发展的配套并不完善，难以规模化承接中高端产业转移，进一步弱化了西部地区发展新产业的能力。

三是乡村振兴与城乡融合发展难度较大。实现全体人民共同富裕的中国式现代化，占全国国土面积72%和全国人口27%的西部地区是难点，不仅表现为西部地区与全国其他地区发展的不平衡和不充分，而且从西部自身来看乡村发展不充分。虽然2020年西部地区消除绝对贫困，与全国一道进入小康社会，但西部地区仍存在大量贫困边缘群体和脆弱性群体，潜在返贫风险较大，巩固拓展脱贫攻坚成果、全面推进乡村振兴难度较大。西部地区虽有厚重的人文资源与丰富的自然资源，但整体上对这些资源的挖掘利用不充分，"资源变资产、能源变产业、潜能变财富"的机制不通畅，导致西部地区农业现代化发展水平较低，产业融合发展层次不高，难以满足全面推进乡村振兴、实现城乡融合发展的实践要求。

---

① 《习近平在会见嫦娥三号任务参研参试人员代表时强调　坚持走中国特色自主创新道路不断在攻坚克难中追求卓越》，《人民日报》2014年1月7日。

（2）美丽西部建设任重道远

西部地区是我国大江大河的源头，涵盖森林、草原、湿地、湖泊等生态系统要素，承载了防风固沙、水土保持、水源涵养和生物多样性等重要生态功能，对于维护我国生态安全具有独特而不可替代的作用。西部地区深居内陆，近一半的土地位于干旱半干旱区，降水稀少，水热条件不均，水土流失严重，严重影响植被的生长。同时，以人类活动为主的非可持续开发造成西部地区生态环境的持续退化。近年来，国家高度重视西部地区生态环境保护和建设，先后在西部地区实施了退耕还林、天然林保护、沙源治理、退牧还草及防护林建设等重大生态工程，生态环境质量得到明显的提升。但不可忽视的是，生态环境的治理和美丽西部建设需要持续推进，在此过程中也面临着诸多矛盾和问题。

一是生态建设偏重单一要素，忽视系统性、整体性与协同性。习近平总书记指出："人的命脉在田，田的命脉在水，水的命脉在山，山的命脉在土，土的命脉在林和草，这个生命共同体是人类生存发展的物质基础。"这反映出人与自然各要素之间不可分割地构成了生命共同体，但是，受到部门管辖权限、工程技术手段等限制，部分生态建设项目基本以单一或简单多个要素为对象目标，缺乏系统性的建设思维，造成了生态建设项目"头痛医头，脚痛医脚"的局面。

二是生态建设与绿色发展转型仍不协调。西部地区产业偏向资源和生态消耗型，结构偏向于农业和重工业。农业生产经营方式集约化程度有待提升，农民增收与经济发展的新动能仍较薄弱，工业生产中在传统产业升级、创新技术应用和新旧动能转换等方面与东中部地区仍存在一定的差距，生态环境污染与经济产出低效并存。

三是生态环境治理的广度和深度仍有待提升。青海南部和三江源地区过度放牧、长江上游森林资源滥伐、祁连山地区植被破坏、河套平原土地沙化和岩溶地区石漠化问题虽得到一定的缓解，但是整体而言，西部地区生态本底差，生态脆弱区分布广，草原植被以及湿地生态在遭受破坏后修复和恢复难度大。同时，水资源短缺、资源环境承载能力较低的客观实际并未得到根本性的改变，大气污染和土壤污染问题仍然较为突出，生态环境治理需要持续推进，未来仍有较大的提升空间。

（3）高水平对外开放动能不足

共建"一带一路"倡议提出十年来，西部地区的对外开放水平持续提升，一跃成为陆地经济开放的"前沿"。在取得了丰硕成果的同时，也应该清晰地认识到，西部地区在对外开放发展中仍存在一定的短板和不足。

一是开放平台建设总体水平偏低。西部地区对外开放平台数量整体较少，2020 年，综合保税区数量和自贸试验区数量仅占东部地区的三分之一左右，占全国的比重分别在五分之一和四分之一左右。平台总量的偏少，难以发挥规模优势。同时，西部地区举行国际展会的数量有限，高水平国际交往平台仍较为缺乏，国际交往平台的功能性、引领性和战略性还有待进一步提升。

二是开放通道存在堵点。一方面，对外运输"卡脖子"问题一定程度上仍然存在。航空货运成本较高，铁路由于沿线国家之间铁路轨道标准的不同导致运输时间过长。同时，沿线国家的基础设施相对滞后，严重削弱了货运班列的通行能力。除此之外，受到地缘政治的影响，货运班列运输不够稳定。另一方面，对内通道网络不够完善。西部地区由于受到地形地势的影响，交通基础设施的建设成本相对较高，公路和铁路路网密度和等级较低，水路航道等级低，港航基础设施建设滞后。同时，陆路交通和水路交通网络联通度均较低，通航能力较弱，在一定程度上阻碍了西部地区开放型经济的发展。

三是外向型企业核心竞争力不强。在新一轮科技革命与产业革命相互交错的背景下，西部地区部分外向型中小企业技术创新能力严重不足，企业对于科技创新与技术研发的重视程度不够，对于低价生产要素竞争优势的依赖仍较强，整体处于全球价值链的中低端，使得外向型中小企业"走出去"的动力仍然不够强，在国际市场中处在一个被动的位置。同时，随着我国人口红利的逐步消失，西部地区外向型企业同样面临生产成本升高的窘境，劳动力成本上涨成为外向型企业发展的难题之一。

（4）基本民生保障有待夯实

长期以来，西部地区因地理区位偏远、基础设施供给不足和生态环境脆弱等因素的制约，经济社会发展较为缓慢。经过 20 多年的西部大开发，西部地区经济社会发展取得了显著成效，西部地区高质量发展的步伐更加稳健。然而西部地区基础设施、基本公共服务等民生发展与发达地区相比还有不少差距，难以有效满足人民日益增长的美好生活需要，不能匹配共同富裕的中国式现代化的实践要求。

一是基础设施短板明显。西部地区基础设施投入力度不够，功能完备的现代化基础设施体系尚未形成，导致西部地区高质量发展的基础支撑不强，综合承载能力不高，交通、环保、水利、通信等基础设施建设需进一步统筹推进。川藏铁路、沿江高铁、渝昆高铁、西（宁）成（都）铁路等重大工程尚未建成通车，基础设施通达度、通畅性和均等化水平较低，无法全面提升区域贯通性和竞争力。数字基础设施建设与发达地区相比存在明显"鸿沟"，适应经济社会发展的信息网络基础设施尚不完善，公共服务、社会治理等数字化、智能化水平有待进一步提升。区位功能还不明确，经济社会发展空间有待进一步规划，绿色空间有待进一步拓展，距离实现"西部大开发形成新格局"的发展目标仍有差距。

二是公共服务严重不足。基本公共服务关乎民生、连接民心，党的二十大报告强调"健全基本公共服务体系，提高公共服务水平，增强均衡性和可及性，扎实推进共同富裕"。当前推进西部大开发形成新格局、推动西部地区高质量发展的公共服务供给严重不足。第一，就业作为最大的民生，西部地区受制于地理区位和经济发展的限制，创造的就业岗位有限，对青年人才的吸引力不足，高技能人才"东南飞"成为普遍趋势，导致西部地区高质量发展缺乏劳动力和人才支撑。第二，西部地区经济社会发展相对滞后，教育基础差，特别是农村、边远、贫困、民族地区优秀教师少、优质资源少，教育质量总体不高，难以满足中西部地区人民群众接受良好教育的需求，难以适应西部地区高质量发展对各类人才的需要。第三，西部地区医疗水平与东中部依然存在较大差异，医疗卫生资源供给不足，供给水平区域省域差距较大，优势医疗资源集中在西安、成都、重庆等重点城市，医疗产业发展滞后，人才队伍储备不足。第四，西部地区涉及民族区域较多，社会保障体系城乡分割和区域分割严重，养老保险、医疗保险省级统筹力度不够，失业保险制度不完善，公共文化服务设施网络建设滞后，难以满足人民群众对社会保障和公共文化服务的需求。

# 3.4 以中国式现代化引领西部大开发形成新格局的路径取向

中共中央、国务院《关于新时代推进西部大开发形成新格局的指导意见》明确了西部地区的发展定位："强化举措抓重点、补短板、强弱项，形成大保护、大开放、高质量发展的新格局，推动经济发展质量变革、效率变革、动力变革，促进西部地区经济发展与人口、资源、环境相协调，实现更高质量、更有效率、更加公平、更可持续发展。"中国式现代化对西部地区发展提出了新要求，推进西部大开发形成新格局也面临新的机遇和挑战。结合中国式现代化建设的主题，新时代新征程推进西部大开发形成新格局需要从区域联动推进经济高质量发展、加大美丽西部建设力度、构建西部全面开放新格局和强化民生保障实现西部公共服务均等化等方面入手，以中国式现代化引领西部大开发形成新格局。

## 3.4.1 统筹区域联动，推动西部地区经济高质量发展

一是加快实施创新驱动战略，实现发展动力转换。2006 年 7 月，习近平总书记在宁夏考察时指出："越是欠发达地区，越需要实施创新驱动发展战略。"首先，西部地区应立足区域禀赋优势，统筹创新资源配置，聚焦科技前沿引领技术、关键共性技术、现代工程技术，加快发展具有区域竞争力的高技术制造业和知识密集型服务业，培育适应经济发展阶段目标和需求的战略性新兴产业，探索数字经济发展新模式，实现创新链和产业链的深度融合，逐渐向产业价值链的中高端迈进，逐步缩小与东部地区的差距。其次，深化体制机制改革，营造有利于创新的环境和氛围，破除一切制约创新的思想障碍和体制机制约束，"允许科学家自由畅想、大胆

设想、认真求证"①，营造有利于创新的活跃氛围，进一步完善科技成果转移转化机制，逐渐构建产学研深度融合的创新体系。最后，加快建设一支高水平的创新人才队伍，积极推动教育改革与创新，着力培养学生的创造性思维和创新精神，提升西部地区对人才的吸引力，为创新驱动战略的有效实施提供人力资本支撑。

二是优化产业结构，培育现代化产业体系。党的二十大报告提出，"建设现代化产业体系，坚持把发展经济的着力点放在实体经济上"，充分表明建设现代化产业体系的核心是抓好实体经济。首先，不断优化西部地区产业发展的宏观环境，抢抓新一轮基础设施建设契机，加快传感终端、大数据中心、人工智能、云计算等数字基础设施建设步伐，以各省份优势产业、重点项目、龙头企业为依托，推动传统产业数字化、绿色化转型，重点培育一批引领区域经济高质量发展的优势特色产业和新兴产业。其次，以建设全国统一大市场为契机，统筹区域联动，有效破除各种区域壁垒，充分激活各类要素，形成高技能人才、高新技术、资本等要素跨区域流动的良好环境，不断降低产业集群化发展的制度性交易成本，加快构建资源优势突出、创新能力较强、产业链条齐备、生态承载合理的现代化产业体系，提升西部地区产业核心竞争力。最后，优化顶层设计，重塑地方政府在产业发展中的引导作用，通过规划引领、政策驱动、市场激励等方式，推动优势资源向高技术、绿色化、新兴产业倾斜，积极培育一批具有地方特色的"专精特新"企业，激发其引领示范效应。

三是巩固拓展脱贫攻坚成果，全面推进乡村振兴与城乡融合发展。"乡村振兴战略"旨在加快农业农村优先发展，破解城乡分割的二元结构，实现城乡融合发展，是推动西部地区经济高质量发展的客观要求。首先，严格落实"摘帽不摘责任、摘帽不摘政策、摘帽不摘帮扶和摘帽不摘监管"的"四个不摘"政策，保持现有政策的稳定性，统筹区域联动，积极承接东中部地区劳动密集型产业和加工组装产业的定向转移，协同做好劳动力职业技能培训，吸纳脱贫人口稳定就业，畅通产品销售渠道，积极探索"定向+定岗+订单"的产业发展模式，持续巩固脱贫攻坚成果。其次，

---

① 《习近平关于社会主义经济建设论述摘编》，中央文献出版社 2017 年版，第 152 页。

以新型城镇化建设为依托，深化农村土地制度改革，统筹城乡市政公用设施建设，推动基础设施建设向农村地区延伸，坚决破除妨碍经济性生产要素在城乡间双向良性流动的体制机制壁垒，引导人才、土地、技术、资本、信息等各类要素更多向农村流动，为乡村振兴注入新动能。最后，深化农业供给侧结构性改革，完善农业支持保护制度，积极培育现代农业，创新农村基本经营制度的多种实现形式，推动小农户与现代农业的有机衔接，实现农村经济多元化和农业全产业链发展。

### 3.4.2 加大美丽西部建设力度，筑牢国家生态安全屏障

美丽西部建设是美丽中国建设的重要组成部分，也是筑牢国家生态安全屏障的根本保障，美丽西部建设要以生态文明建设为引领，以统筹"一盘棋"、协同"两生态"、践行"三治理"为重要抓手，深入贯彻绿色发展理念，从功能到措施，从机制到保障实现人与自然的和谐共生。

统筹"一盘棋"就是以全局和局部统一的思想推进美丽西部建设，既要绿水青山，又要金山银山。一是以国土空间规划为导向，因地制宜，将生态保护红线、永久基本农田和城镇开发边界作为推进经济发展过程中不可逾越的红线，同时有效地促进生态空间、农业空间和城镇空间的有机互动。二是加强顶层设计，山水林田湖草沙冰是一个生命共同体，着力提升生态环境治理的系统性、整体性和协同性，建立跨区域、跨部门、跨学科的监测体系，优化信息数据共享渠道，编织全域生态保护"一张网"，提升多元主体协同治理的绩效。

协同"两生态"就是通过构建现代绿色产业体系，积极推动西部地区产业结构的优化升级，实现产业生态化与生态资源产业化。产业生态化重点从生态农业、生态工业、生态旅游业升级产业系统。积极推动循环农业产业化经营体系，加强现代农业科技的应用，在西部全域积极构建"集约、友好、循环、安全"的生态农业。大力推进工业基地建设，实现产业技术变革和生态化升级，以清洁和可再生能源逐步替代化石能源，降低"三高"产生的环境污染水平，以"低碳设计、循环技术、集约降耗、环境管理"为抓手，提高产业链绿色发展效率，培育壮大生态工业示范园

区。依托西部丰富的生态旅游资源，结合悠久的历史文化底蕴，青海、甘肃、四川、西藏、云南、贵州各省份充分利用优越的自然条件，做好"高原"的文章，贵州、四川和重庆等省份以山岳和历史文化旅游资源见长，做好"山"的文章，宁夏、内蒙古草原广袤，做好"草"的文章，结合"森林、草地、高山、湖泊、湿地"等优越的自然资源，讲好"西部生态故事"，发展全域生态旅游。同时，在满足自然和经济良性互动的条件下，将生态优势转变为经济优势。建立全域生态产权交易市场，规范交易行为，各省区建立健全碳排放权、水权、排污权等生态产权市场交易体系，培育生态产业化经营主体，以人民对美好生态产品的需求为导向，生产更多的生态产品，充分转化生态资源的经济社会价值。

践行"三治理"就是践行资源治理、水土治理和环境治理，使得资源高效利用，水土治理有效，环境向美而行。资源治理除了严控人类在资源环境承载能力范围内开展经济活动外，重要一点就是明晰自然资源产权主体，界定不同属性自然资源所有权、使用权和管理权，以清晰的"界限"支撑自然资源的合理利用和有效监管。积极进行水土治理，以提升生态水源涵养能力为目标，将三江源、祁连山区和青藏高原等作为重点区域，深入实施湿地保护、天然林保护和草地修复等工程。黄土高原地区生态环境有明显的改善，应进一步巩固提升治理成效，继续深入推进水土流失治理和退耕还林还草工程。环境治理应建立完善环境质量监测预警系统，推动大数据、卫星遥感新技术监测应用。进一步加强区域大气污染联防联控，提高重污染天气应对能力，多方位严守环境质量安全底线。

### 3.4.3 深入推进"一带一路"建设，构建西部全面开放新格局

在变乱交织、相互激荡的国际形势下，经济全球化的步伐遭遇了前所未有的阻碍和挑战，处于"一带一路"前沿的西部地区应坚持在多领域持续对外开放，提升双边和多边开放水平，广泛参与国际分工和全球协作，全面融入共建"一带一路"。

一是完善开放平台体系。开放平台是开放型经济发展的先行区和主阵地，在吸引要素资源集聚、推动产业转型升级、扩大外贸进出口等方面起

到重要作用，应充分利用政策平台、园区平台和活动平台，构建多元化对外开放新格局。主动对接"一带一路"、亚太经济合作组织和 RCEP 等政策平台，以主动、平等、互惠的形式推动贸易和投资的自由化、便利化，实现西部地区对外开放经济向纵深化发展。有效发挥自由贸易试验区、综合保税区、保税港区、边境经济合作区等园区平台作用，打造"境内关外"发展模式，进一步推进临港产业园、配套产业园和跨境电商产业园发展。全力打造高端展会等活动平台，逐步扩大各类投资贸易洽谈会、国际经济论坛、商品展销会等重要展会，促进地区间、行业间、企业间形成多层次、宽领域、全方位的合作交流，不断扩大西部地区的知名度与影响力。

二是积极发展通道经济。瞄准西北五省个性定位，找准"开放发展、共同富裕"的共性目标，以城市群和中心城市为载体，以原油管道、西气东输管道为支撑，以"渝新欧"国际铁路通道为依托，推动和支持西北经济走廊建设和高质量发展。[1] 同时，以西部陆海新通道、渝新欧国际铁路通道等发展机遇和贸易通道为基础，畅通综合交通运输网络，加快推进大通道大物流建设，构建陆海联运、空铁联运、中欧班列"三位一体"的联动发展模式，完善港口型、陆港型、空港型国家物流枢纽功能，在重点市场建立品牌营销推广中心、境外销售网点、售后服务中心，拓展对外贸易渠道，推动"通道经济"向"产业经济"转变，为西部地区开放型经济发展注入新动能。

三是培育壮大外向型市场主体。立足国内国际双循环，发挥地区比较优势，加大推动企业"走出去"力度，把满足国内、国际需求作为企业发展的出发点和落脚点，紧紧围绕中高端制造、数字经济和绿色低碳等领域积极融入全球产业链，不断提升在国际产业链及产业体系中的分工地位。西部各省区应着力培育和扶持一批创新能力突出、具有较强国内外市场开拓能力的大中小型企业，形成一批在国内外有较大影响力和较强竞争力的品牌。同时，加大招商引资力度，创新招商引资方式，提高招商引资质

---

① 郭爱君、范巧、张永年：《西北经济走廊建设与发展：战略构想、现实条件与有效路径》，《兰州大学学报（社会科学版）》2020 年第 1 期。

效，为本地外向型企业持续增添发展动力。

### 3.4.4　强化民生保障，实现西部地区基本公共服务均等化

一是加快西部地区基础设施建设步伐，推动新增基础设施建设项目向西部地区倾斜。首先，要抓住现代信息技术发展机遇，在"重点城市—都市圈—城市群"的空间梯度格局中统筹推进传统基础设施和新型基础设施建设，加快推进农村基础设施提档升级，新增公共基础设施建设向农村倾斜，健全城乡基础设施统一规划、统一建设、统一管护的一体化发展新机制，补齐西部地区高质量发展的基础设施"短板"。其次，优化基础设施布局网络，提高基础设施通达度、通畅性和均等化水平，加快川藏铁路、渝昆高铁、西（宁）成（都）铁路等重大工程规划建设步伐，依托西部陆海新通道完善国家物流枢纽布局，加强航空口岸和枢纽建设，不断提升西部地区的交通通达性和竞争力。最后，围绕5G、数据中心建设等新基建，进一步提高农村、边远地区信息网络覆盖水平，充分发挥西部地区的比较优势，为产业数字化、智能化转型奠定基础。

二是立足西部地区高质量发展实践，挖掘多元化的公共服务资源，做足增量、做优存量。补齐就业创业服务、教育高质量发展、医疗优质均衡发展、社会保障体系健全等短板弱项，不断增强人民群众获得感、幸福感、安全感。首先，着力强化公共就业创业服务，新时代推动西部大开发形成新格局对劳动者的职业技能和从业素质提出了新的更高要求，优化就业创业服务必须瞄准高质量发展，构建新时代劳动者职业培训体系，鼓励大学生到西部地区建功立业，加强东西部对口支援和劳务协作，引导本区域在外务工经商人员返乡创业就业。其次，支持西部地区教育高质量发展，加快改善贫困地区义务教育薄弱学校基本办学条件，有序增加县域义务教育供给，利用数字技术促进优质教育教学资源共享，增加对西部地区"双一流"建设的财政支持力度，推动相关人才引进平台建设向西部地区倾斜。再次，全面提升西部地区医疗服务能力和水平，依托西安、成都、重庆等重点城市医疗资源集聚优势建设国家级区域医疗中心，探索利用人工智能、互联网等开展远程医疗，不断强化西部地区县域医院建设，持续改善农村医疗卫生条件。最后，围绕人民日益增长的美好生活需要，加快

推进养老保险省级统筹制度改革，合理确定基本医疗保险保障水平和失业保障水平，健全养老服务体系，完善公共文化服务设施网络，健全多层次广覆盖的社会保障体系和文化体育服务体系，全方位提升公共服务质量。

# 参考文献

［1］刘瑞明、赵仁杰：《西部大开发：增长驱动还是政策陷阱——基于 PSM-DID 方法的研究》，《中国工业经济》2015 年第 6 期。

［2］杨旭、何山河、黎岩：《中国共产党西部大开发重大举措研究》，《贵州民族研究》2022 年第 4 期。

［3］陈东林：《中国共产党领导的三次西部大开发》，《中共党史研究》2011 年第 9 期。

［4］《邓小平文选》第三卷，人民出版社 1993 年版。

［5］姜超：《"放管服"背景下兰州市行政审批制度改革研究》，西北师范大学硕士学位论文，2022 年。

［6］樊纲、王小鲁、马光荣：《中国市场化进程对经济增长的贡献》，《经济研究》2011 年第 9 期。

［7］孙瑶瑶、黄院玲、丁仁船：《西部地区居民死因特征及去死因预期寿命分析》，《济宁医学院学报》2022 年第 6 期。

［8］习近平：《深化文明交流互鉴 共建亚洲命运共同体——在亚洲文明对话大会开幕式上的主旨演讲》，《人民日报》2019 年 5 月 16 日。

［9］贺灿飞、李志斌：《论中国式现代化进程中的区域高质量发展》，《社会科学辑刊》2023 年第 2 期。

［10］《习近平在会见嫦娥三号任务参研参试人员代表时强调 坚持走中国特色自主创新道路 不断在攻坚克难中追求卓越》，《人民日报》2014 年 1 月 7 日。

［11］《中共中央国务院关于新时代推进西部大开发形成新格局的指导意见》，《人民日报》2020 年 5 月 18 日。

［12］《习近平关于社会主义经济建设论述摘编》，中央文献出版社2017 年版。

［13］郭爱君、范巧、张永年：《西北经济走廊建设与发展：战略构想、现实条件与有效路径》，《兰州大学学报（社会科学版）》2020 年第1 期。

# 4

# 东北全面振兴
# 取得新突破

东北老工业基地是中国现代工业的根基和新中国工业的摇篮，为我国形成独立完整的工业体系和国民经济体系，为改革开放和现代化建设作出了重要历史性贡献。20 世纪 90 年代，受计划经济体制影响较深的东北地区，面对市场经济大潮和沉重的历史包袱，主导产业衰退，发展步履维艰。2003 年，党中央、国务院作出实施东北地区等老工业基地振兴战略的重大决策。东北地区认真贯彻落实中央部署，采取一系列有效举措，集中解决了一些突出问题，东北振兴取得重要阶段性成果。党的十八大以来，习近平总书记高度重视东北振兴，强调东北地区是我国重要的工业和农业基地，维护国家国防安全、粮食安全、生态安全、能源安全、产业安全的战略地位十分重要，关乎国家发展大局，为新时代东北全面振兴全方位振兴指明了前进方向。东北地区各级党委政府深入学习贯彻习近平总书记关于东北振兴重要讲话和指示精神，把握新要求，明确新任务，爬坡过坎、攻坚克难、稳中求进、扎实推进，新一轮东北全面振兴迈出了坚实步伐。党的二十大要求推动东北全面振兴取得新突破，东北地区必须遵循中国式现代化的实践要求，完整、准确、全面贯彻新发展理念，构建新发展格局，推进高质量发展，走出一条质量更高、效益更好、结构更优、优势充分释放的振兴发展新路，以更大担当和作为谱写中国式现代化的东北篇章。

# 4.1 东北振兴历程及阶段性特征

## 4.1.1 东北振兴战略的实施

东北地区是我国最早建立的以能源原材料和重工业为特色的老工业基

地。新中国成立初期，东北地区依托丰富的自然资源和区位优势，以"一五""二五"时期国家布局的重大项目为基础，集中建设了一批重工业和资源开采加工企业，集聚了一批关系国民经济命脉的战略产业和骨干企业，为全国提供了大量钢铁、煤炭、原油等战略产品以及资本积累和人才技术支撑。最辉煌时期，东北生产了全国 93% 的钢材、78% 的电力、五分之二的原油、二分之一的木材、三分之一的商品粮、四分之一的汽车，因此奠定了"共和国长子"的特殊地位。[①] 20 世纪 90 年代，受计划经济体制影响较深的东北地区，面对市场经济大潮和体制性机制性矛盾，技术设备老化，企业亏损严重，工人大量下岗，社会稳定问题凸显，曾经创造辉煌的老工业基地，陷入前所未有的困境，形成了所谓的"东北现象"。为了解决东北老工业基地的突出矛盾，2003 年 10 月，党中央、国务院决定实施东北地区等老工业基地振兴战略，印发了《中共中央 国务院关于实施东北地区等老工业基地振兴战略的若干意见》。国务院及有关部委也相继出台一系列指导性文件，进一步完善东北振兴战略政策体系。

## 4.1.2 东北振兴"黄金十年"

自 2003 年东北振兴战略启动实施以来，东北地区认真贯彻落实党中央、国务院战略部署，紧密结合本地实际，制定了推进振兴发展的具体举措，集中解决了一批突出问题。在解决历史遗留问题上，通过豁免历史欠税、减免银行欠款欠息、剥离不良资产、核销呆坏账等政策减轻债务负担；实施增值税转型、所得税优惠、降低资源税税额标准等政策减轻税负负担；分离企业办社会职能，把企业办的中小学、医院等移交政府主管部门；实施国有企业政策性关闭破产，使扭亏无望企业平稳退出市场。在解决体制性机制性问题上，通过推进国有企业公司制股份制改革，建立现代企业制度，鼓励非公经济参与国企改制重组；支持新型工业化综合配套改革试验，支持辽宁沿海经济带建成东北地区对外开放重要平台。在解决结构优化问题上，重点实施东北老工业基地改造国债项目和高新技术产业项

---

① 数据来源于国家统计局综合司编：《全国各省、自治区、直辖市历史统计资料汇编（1949—1989）》，中国统计出版社 1990 年版。

目，支持现代农业和现代服务业加快发展，加强能源、交通、水利等重大基础设施建设。在解决资源环境与可持续发展问题上，推进资源型城市经济转型，全面实施采煤沉陷区治理改造工程，实行土地使用和矿产资源开发利用优惠政策，支持推进节能减排和环境整治。在解决改善民生问题上，完善社会保障体系，辽宁率先开展城镇社会保障体系试点，促进国企下岗职工向失业并轨，确保"零就业家庭"至少一人就业；实施棚户区改造等民生工程，支持东北地区社会事业加快发展。

经过 10 年探索实践，东北老工业基地振兴取得了重要阶段性成果。2003—2012 年，东北三省地区生产总值年均增长 12.7%，公共财政预算收入年均增长 22.6%，全社会固定资产投资年均增长达到 28.8%，实际利用外商直接投资年均增长 15.6%，均高于全国平均水平。[①] 一是工业经济止跌企稳回升。国有企业改革重组取得重要进展，通过整合重组、企业上市、政策性关闭破产等形式，剥离不良资产 3110 亿元，企业活力明显增强。二是非公有制经济快速发展。2012 年，东北三省民营经济增加值占经济总量比重分别达到 64%、50.8% 和 51%，分别比 10 年前提高 17.7 个、21.1 个和 19.3 个百分点。[②] 三是产业结构优化调整。传统优势产业不断壮大，新兴产业率先增长，区域合作机制逐步形成，区域创新环境逐步改善，高新技术产业加快发展。四是科技创新能力不断增强。10 年间，辽宁的高档数控机床、新型船舶，吉林的轨道客车、商用卫星，黑龙江的燃气轮机、工业机器人等居全国领先水平，有的达到世界先进水平。五是基础设施建设全面加强。东北第一座核电站辽宁红沿河核电站并网发电，东北三省高速公路通车里程超过 1 万公里，高速公路网基本形成，连接东北三省的哈大高铁建成通车，长白山等一批新机场建成通航。六是社会保障体系逐步完善。国企下岗职工顺利实现并轨，基本养老保险、医疗保险、失业保险、工伤保险、生育保险全面建立，初步实现全覆盖，最低保障、新农合等制度进一步完善。辽宁、吉林、黑龙江三省城镇居民人均可支配收入分别增长 2.1 倍、1.8 倍和 1.6 倍；农村居民家庭人均纯收入分别增长 2

---

① 数据来源于《辽宁统计年鉴 2013》《吉林统计年鉴 2013》《黑龙江统计年鉴 2013》。
② 数据来源于辽宁、吉林、黑龙江三省 2012 年《国民经济和社会发展统计公报》。

倍、2.2 倍和 2.2 倍，城乡居民收入增幅均超过全国平均水平。①

东北振兴前 10 年，东北地区抓住我国进入工业化中期发展阶段的机遇，通过发挥重化工业的比较优势，挖掘潜力、顺势而为，加大投资力度，使传统优势产业迅速发展壮大，主导地位得到巩固，经济实力和竞争力不断增强。10 年间，东北地区的国内生产总值保持较高增速，连续多年领先全国，因此，被媒体称为东北经济的"黄金十年"。

### 4.1.3 新一轮全面振兴深入推进

党的十八大以来，习近平总书记高度重视东北振兴，多次到东北地区考察，主持召开深入推进东北振兴座谈会，就东北振兴发展发表一系列重要讲话，作出一系列重要指示。2016 年 2 月，党中央、国务院出台《中共中央 国务院关于全面振兴东北地区等老工业基地的若干意见》，这是党中央在新的历史条件和时代背景下对东北地区等老工业基地振兴战略的丰富、深化和发展，是新一轮东北振兴战略的顶层设计。上述中央文件紧紧围绕"四个着力"，明确了未来十年老工业基地振兴的总体目标、战略定位、主要任务和重点措施。2019 年，党中央、国务院出台《中共中央 国务院关于支持东北地区深化改革创新推动高质量发展的意见》，对东北地区深化改革创新推动高质量发展作出重要部署，为加快东北全面振兴全方位振兴提供了根本遵循和行动指南。

党的十八大以来，东北地区各级党委政府全面贯彻中央文件精神，深入落实习近平总书记关于东北振兴重要讲话和指示精神，按照党中央、国务院决策部署，结合本地实际，扎实推进全面振兴全方位振兴。

第一，坚持把全面深化改革扩大开放作为东北振兴的治本之策，着力构建充满内在活力的新体制新机制。一是加快转变政府职能。持续推进"放管服"改革，多轮次大幅取消调整行政职权，全部取消非行政许可审批。推行"多证合一"，推行网上审批和"双随机、一公开"监管方式。建立并动态调整省市县三级权力清单、责任清单，实施负面清单管理，再造审批流程。辽宁率先出台优化营商环境条例，集中整治突出问题，市场

---

① 数据来源于《辽宁统计年鉴 2013》《吉林统计年鉴 2013》《黑龙江统计年鉴 2013》。

环境逐步改善。二是深化重点领域改革。坚持以供给侧结构性改革为主线，全面抓好"三去一降一补"。分类实施国资国企改革，推动国有企业改革脱困，开展厂办大集体改革，加快处置"僵尸企业"，推进"三供一业"分离移交。深化财税金融改革，积极化解政府债务风险，妥善处置企业债务风险，开展市场化法治化债转股，金融服务实体经济能力增强。三是加快构建开放合作平台。辽宁自贸试验区、黑龙江自贸试验区、吉林图们江开发开放经济带等一批战略平台获批实施。积极参与"一带一路"建设，成功举办大连夏季达沃斯论坛、中国—东北亚博览会、中国—俄罗斯博览会等活动，开通中欧班列，港铁联运量快速增长。积极开展辽宁与江苏、吉林与浙江、黑龙江与广东以及城市之间对口合作，开放广度深度不断拓展。

　　第二，坚持把增强产业竞争力作为东北振兴的关键之举，努力构建战略性新兴产业和传统制造业并驾齐驱、现代服务业与传统服务业相互促进、信息化和工业化深度融合的产业发展新格局。一是推动工业产业转型升级。坚持"加减乘除"一起做，加快结构调整步伐，扎实推进装备制造、冶金、能源、石化等传统产业提质增效。二是积极培育新产业。加快发展新一代信息技术、高端装备、航空航天、新材料、生物制药等战略性新兴产业，高端装备制造业占比不断提高，新兴产业比重持续提升。推广应用新业态新商业模式，建设电商产业园、电商孵化器等平台，跨境电商、农村电商等电子商务交易额快速增长。三是大力发展现代服务业。以生产性服务业为重点的现代服务业比重逐步提高，支撑能力不断增强。加快发展金融业、物流业，港口货物吞吐量、集装箱吞吐量、快递业务量显著增加。积极发展旅游等优势产业，推动旅游养老健康体育文化产业融合发展，冰雪产业发展迅速崛起。四是扎实推进农业现代化。大力发展设施农业，建设高标准农田，粮食产量连年丰收。引导农民发展新型农业经营主体，开展农村土地确权登记，农村"两权"抵押贷款取得突破。大力发展现代畜牧业，推动现代林业产业发展。依托绿色生态农业基础发展食品加工业，农业综合生产能力显著提升。五是加快完善基础设施。建设京沈高铁，贯通东北地区快速铁路网络。辽宁红沿河核电二期工程竣工。黑河跨境公路大桥开工，同江跨境铁路大桥建成，中俄原油管道二线工程建成，中俄东线天然气管道加快建设，基础设施建设取得重大进展。

第三，坚持把提升创新引领支撑能力作为东北振兴的决胜之要，积极营造有利于创新的政策环境和制度环境。一是完善区域创新体系。调动全社会创新激情，推动科技创新、产业创新、企业创新、市场创新、产品创新、业态创新、管理创新，激发振兴发展活力和内生动力。二是鼓励创新创业。大力推动以科技人员、大学生等为重点的全社会创新创业，出台实施"互联网+"行动计划，建设创业孵化器和众创空间，鼓励自主创业就业。鼓励高校建立创业平台，吸引大学生组合式创业，推动新技术、新业态、新商业模式广泛应用。三是发挥创新平台引领作用。扎实推进沈阳全面创新改革试验区、沈大国家自主创新示范区建设。促进产学研融合，加快建设产业联盟。加快攻克重大关键技术。每万人有效发明专利量不断增加，登记技术合同成交额不断增长，创新能力稳步提升。

第四，坚持把不断提升人民群众获得感作为东北振兴的稳定之基，使振兴发展成果更好更公平惠及东北人民。一是解决重点民生问题。推动城乡居民收入持续增长，就业状况持续改善。持续提高企业退休人员基本养老金和城市低保、农村低保标准，统筹城乡的社会保障体系进一步完善。改善贫困地区义务教育薄弱学校基本办学条件。深化公立医院综合改革，基本完成城乡居民基本医疗保险整合。建设保障性安居工程，下大气力改造各类棚户区，改造农村危房，城乡居民住房条件得到改善。二是加强生态文明建设。实施蓝天、碧水、青山、净土和农村环境整治五大工程，妥善解决生态环境突出问题。吉林东北虎豹国家公园体制试点获批建设。黑龙江实施大小兴安岭生态功能区、三江平原湿地等保护和修复工程。建立五级河长制，主要河流水质逐步好转。土壤环境质量保持稳定，森林覆盖率稳步提高，森林蓄积量不断增加。全面完成节能减排任务，单位 GDP 能耗累计持续下降，生态环境进一步优化。

党的十九大以来，东北地区深入贯彻习近平总书记关于东北振兴重要讲话和指示精神，全面落实党中央、国务院支持东北地区深化改革创新推动高质量发展的部署要求，全力补齐"四个短板"、做好"六项重点工作"，东北全面振兴取得新的重大进展。综合经济实力稳步提升，创新活力得到释放，重点领域改革取得突破，区域发展协调性增强，生态环境进一步改善，开放合作持续深化，人民生活品质不断提升。2022 年，东北三省实现地区生产总值 57946.3 亿元，增长 1.3%；辽宁、吉林、黑龙江居民人均可支配收入分别增长 2.8%、0.7% 和 4.4%。[①] 东北地区走出了多年来的最困难时期，推动全面振兴全方位振兴迈上高质量发展新征程。

# 4.2　东北振兴典型经验

## 4.2.1　"大国重器"东北造

大国重器是指在国际上有影响力的国家所能独立研制和生产的大型工业机器装备，也泛指装备制造业。新中国成立后，国家集中力量在东北地区布局建设一批关系国民经济命脉的装备制造产业，集中一大批重点骨干企业，诞生了新中国第一炉钢水、第一架飞机、第一辆汽车等诸多第一，为我国形成独立完整的工业体系和国民经济体系作出了重大贡献。多年来，装备制造业一直是东北地区的优势产业，成套装备产品研发制造能力全国领先，重型装备产品国内不可替代，维护国家国防安全、产业安全的战略地位越来越重要。

中央实施东北振兴战略以来，东北地区始终把建成我国重要的现代装备制造业基地作为重大战略，紧密结合实际，制定具体举措，坚持引进消化吸收国外先进技术与自主创新相结合，坚持全面推进与重点突破相结合，大力振兴装备制造业，形成了众多具有特色的装备制造产业集群，重大技术装备制造能力不断增强，一批现代化高水平的国之重器不断涌现。

在大型船舶设备制造领域，我国第一艘航母、首艘国产航母、全球首艘 30 万吨超大智能原油船相继在辽宁问世。特别是国产航母山东舰的研

---

① 数据来源于《2022 年辽宁省国民经济和社会发展统计公报》《2022 年吉林省国民经济和社会发展统计公报》《2022 年黑龙江省国民经济和社会发展统计公报》。

制，不仅完全自主设计、自主建造、自主配套，而且形成了完整的航母建造、试验和工艺体系，建立了航母现代化造船模式，实现了从改建到自建航母的历史性跨越。在航空航天设备制造领域，"中国歼击机摇篮"沈飞集团生产的航母舰载机成功着舰起飞；沈鼓集团成功研制我国首台 2.4 米跨音速风洞主压缩机，打破国外垄断，实现重大技术装备国产化。"吉林一号"一箭九星海上成功发射，在轨运行卫星达到 83 颗，建成了我国目前最大的商业遥感卫星星座；哈尔滨工业大学多项技术支持我国首次嫦娥五号月球采样返回任务。在通用和专用设备制造领域，大型发电设备、特高压输变电设备、海上平台双燃料燃气轮机发电机组、"华龙一号"核反应堆压力容器、高档数控加工中心、重型数控机床等一批重大装备成功研制。在铁路运输设备制造领域，高铁变轨等关键核心技术取得突破，"复兴号"中国标准动车组、京张智能动车组下线运行，时速 400 公里跨国联运高速列车下线。在汽车制造领域，中国一汽红旗品牌汽车年销量突破 30 万辆，创造了红旗品牌复兴崛起新水平。另外，航天装备、新型直升机、核电装备、舰船动力等领域研发制造实现重大突破，为载人航天、火星探测、奋斗者号深潜等国家重大工程提供了技术支撑。

展望未来，东北装备制造业要依托厚重的基础优势，向高端制造、智能制造跃升，这是东北振兴战略的必然要求，也是我国工业实现转型升级的重要途径。

## 4.2.2 国企改革增活力

东北地区国有经济比重较大，国有企业比较集中，计划经济时期为国家经济发展作出了巨大贡献。改革开放以来，面对市场经济大潮的冲击，东北地区国有企业陷入困境。党中央实施东北振兴战略之后，东北地区各级党委政府始终把国资国企改革作为重要任务，着力破除体制机制障碍，推动国资国企改革走向纵深。一是瞄准建立现代企业制度抓改革。围绕"干部能上能下，员工能进能出，收入能增能减"深化"三项制度改革"，健全市场化经营机制，建立职业经理人制度，增强了企业内生活力和动力。二是瞄准混合所有制抓改革。大连冰山、东北制药等通过混改稳步推进企业员工持股，东北特钢、北方重工分别引入沙钢集团、方大集团等战略投资者，完成破产重整。黑龙江持续深化龙煤、农垦、森工"三大集团"改革，完善国有企业治理模式和经营机制，推动混合所有制改革取得实质性进展。三是瞄准解决历史遗留问题抓改革。在国家政策支持下，东北地区先后实施厂办大集体改革、"三供一业"移交、退休人员社会化管理，为国企卸包袱、减担子，破解历史性难题。

近年来，东北地区紧紧抓住国企改革三年行动"窗口期"，在深化国企改革上迈出新步伐。辽宁省积极推动国有资本向重要行业和关键领域集中，向前瞻性战略性新兴产业集中，持续优化工业经济布局。吉林省进一步巩固国有企业在基础设施建设和民生保障领域的主力军作用，增强国有资本的孵化、引领和带动作用。黑龙江连续开展三轮国企改革"十周攻坚战"，加大改革力度，提升改革质效。中国一汽以品牌创新为灵魂，以产品创新为主线，以技术创新为关键，通过自内而外的全方位改革，打造红旗品牌核心竞争力，迈入快速发展新阶段，赢得了习近平总书记"风景这边独好"赞誉。鞍钢作为全国特大型钢铁企业，2021年成功重组本钢，不仅重塑了中国钢铁行业产业格局，而且在央企重组地方国企、混合所有制改革、助力东北振兴方面取得重大改革成果，探索出我国特大型国有钢铁企业重组改革的新路径，已成为国企改革三年行动的一项经典案例。哈电集团旗下的上市公司佳电股份，一度面临巨大困难，通过对制度体系、组织架构、人员激励、产品质量、科技创新实施系统性改革，组织架构精简高效，制度体系健全实用，经营活力充分激发，公司业绩持续增长，实现了国有资产保值增值。中国一重、中国一汽、北大荒集团、吉林化纤集团、辽港集团等一大批企业，通过积极推进改革，优化资源配置，进一步做强做优主业，提升行业地位，增强了国有经济对重要产业的引领和带动作用。

党的二十大要求推动国有资本和国有企业做强做优做大，完善中国特色现代企业制度。东北地区新一轮国企改革将瞄准提升核心竞争力，加快建设世界一流企业，更好发挥国有经济主导作用和战略支撑作用。

## 4.2.3 粮食安全黑土地

东北平原是我国面积最大的平原，土地肥沃、集中连片，是全球仅有的三大黑土区域之一。东北地区不仅是我国重要的工业基地，也是重要的农业基地，号称"中国东北粮仓"，粮食总产量连续多年占全国五分之一，商品粮量占四分之一，粮食调出量占三分之一，在大国粮仓中持续贡献着东北担当。2022 年，东北三省粮食总产量 2866 亿斤，占全国粮食总产量的 20.9%。辽宁新建高标准农田 391 万亩，实施黑土地保护工程 1000 万亩，新增设施农业 10 万亩，粮食总产量达到 497 亿斤。吉林新建高标准农田 550 万亩，新增耕地 37 万亩，粮食总产量达到 816 亿斤，单产居全国第 1 位。黑龙江省粮食生产实现"十九连丰"，粮食总产量 1553 亿斤，占全国的 11.3%，连续 13 年位居全国第一。[①]

党的十八大以来，东北地区牢记习近平总书记"中国粮食、中国饭碗"的殷殷嘱托，从维护国家粮食安全的战略高度，深入实施"藏粮于地、藏粮于技"，不断提升粮食综合生产能力，为把中国人的饭碗牢牢端在自己手中作出重要贡献。一是坚持把稳定粮食生产作为头等大事，及时出台强农惠农富农政策支持粮食生产，促进责任落实和措施落实，农民生产积极性持续高涨，粮食播种面积连年稳定增长。二是大力发展科技农业、绿色农业、质量农业、品牌农业，构建现代农业产业体系、生产体系、经营体系，用现代科学技术提升农业，完善农业社会化服务体系，提高粮食生产机械化、科技化、信息化、标准化水平。三是严守耕地红线，着力提升耕地质量，深化"黑土粮仓"科技会战，分类实施黑土地保护工程，实施高标准农田建设。四是注重培育壮大新型农业经营主体，探索科学种植模式，加强田间科学管理，推进生产经营由粗放式向精细化、从分散式向集约化转变，切实提高粮食单产水平。五是高标准建设现代农业产业园区，大力发展高品质、高附加值农产品，做优叫响绿色有机农产品品牌，建设全国最大的绿色粮仓、绿色厨房。六是精心做好"农头工尾""粮头食尾""畜头肉尾"大文章，打造农产品精深加工产业集群，全产业链发展现代畜牧业，推动粮经饲统筹、种养加一体、一二三产业融合发展。七是深化农村集体产权制度改革，发展新型农村集体经济，推动资源变资产、资金变股金、农民变股东，依法保障进城落户农民土地承包权、

① 数据来源于国家统计局。

宅基地使用权和集体收益分配权，推动农民合作社和家庭农场由数量增长
向量质并举转变。

面向未来，东北三省坚决把粮食和重要农产品稳产保供放在首位，强
化为党分忧、为国种粮的政治站位和责任担当，全面落实播种面积，提升
单产水平，加强耕地保护和质量建设，持续提升粮食综合生产能力，夯实
国家粮食安全根基。

## 4.2.4　辽宁沿海经济带

辽宁沿海经济带是在辽宁沿海地区划分的经济发展区域，包括大连、
丹东、锦州、营口、盘锦和葫芦岛 6 市，陆域面积 5.65 万平方公里，占全
省面积的 38%；海岸线长 2920 公里，海域面积 6.8 万平方公里。[①] 辽宁沿
海经济带地处环渤海地区重要位置，是东北地区最便捷的出海通道和重要
对外开放窗口，是支撑东北全面振兴的重要区域，战略地位突出，资源
禀赋优良。2005 年，辽宁省委、省政府启动实施“五点一线”沿海经济
带开发开放战略。2009 年 7 月，国务院批准《辽宁沿海经济带发展规
划》，在空间布局、产业发展、城乡发展、社会事业、基础设施、开放
合作、资源环境和保障措施等方面明确了任务，标志着辽宁沿海经济带
正式纳入国家战略。

习近平总书记高度重视东北振兴，要求辽宁沿海经济带要充分发挥区
位和先发优势，坚持陆海统筹，以辽宁沿海经济带发展促进老工业基地振
兴。近年来，辽宁省委、省政府认真贯彻落实习近平总书记重要指示精
神，围绕构建“一圈一带两区”区域发展格局，全力推动沿海经济带发
展。2021 年 9 月，《辽宁沿海经济带高质量发展规划》获国务院批复，进
一步突出了新旧动能转换、改革创新、协同合作、绿色低碳等发展重点，
标志着辽宁沿海经济带发展进入新阶段。

为了全力推动辽宁沿海经济带高质量发展，大连市以加快建设现代海
洋强市为抓手，启动海洋强市建设三年行动，力争三年挺进“万亿 GDP 城
市”。百年港城营口，全面建设现代化沿海经济强市，不断提升服务腹地

---

　　① 数据来源于《辽宁沿海经济带高质量发展规划》。

水平，集装箱海铁联运量居全国前列。丹东作为沿海经济带东端起点和"黄海翼"重要组成部分，倾力打造开放型城市、创新型城市、幸福宜居城市。锦州市聚焦高质量建设区域中心城市，围绕枢纽、通道、标准、服务和产业五个方面提升东北陆海新通道能级，打造沿海经济带新增长极。盘锦市进一步提升盘锦港集疏运能力和智能化水平，畅通海陆通道，扩大石化、能源装备等优势产品出口，打造对外开放新高地。葫芦岛抓住辽宁沿海经济带和辽西融入京津冀协同发展战略先导区"双重战略定位"，不断推进开发开放再上新台阶。为了加强沿海经济带一体化发展，六市共同确定产业发展等"六项协同机制"，签署优化营商环境等"六项合作协议"，提出共建共享"八项倡议"，推动海洋、化工、装备制造等重点产业深化合作。2022 年，辽宁沿海经济带六市实现地区生产总值 1.4 万亿元，比 2009 年增长 181.9%，占全省比重达到 49.1%。①

在辽宁的战略版图上，一张新型的与腹地紧密相融的沿海开发开放蓝图已经形成，辽宁沿海经济带正在带动东北地区转身向海，融入共建"一带一路"，更好参与东北亚区域经济合作，打造对外开放新前沿，服务构建双循环新发展格局，面向海洋，拥抱世界。

## 4.2.5　宝马沈阳二十年

2003 年，是东北振兴战略启动之年，也是德国宝马入驻沈阳合资合作元年，从此开启了宝马集团与沈阳共成长的 20 年，见证了"宝马质量"与"中国智造"在辽宁深度融合的 20 年。

华晨宝马成立以来，从 2003 年 10 月推出首款车型，到 2006 年 11 月为中国消费者量身定做的第一代 5 系；从 2015 年 1 月第 100 万辆下线，到 2023 年 2 月第 500 万辆成功下线，年产能已达到 83 万辆。沈阳生产基地集研发、采购、整车和动力总成生产于一体，已成为宝马全球布局中规模最大的生产基地。其中 2022 年 6 月投产的里达厂区，总投资 150 亿元，创下宝马在中国单笔投资之最，并成为宝马全球第一座"精益、绿色、数字化"的 BMW iFACTORY 工厂。宝马集团在中国设立了德国以外最大的研

① 数据来源于《辽宁沿海经济带建设 2022 年工作要点》。

发和创新网络，分布在北京、上海、沈阳和南京，并与众多中国科技公司及电动化核心企业深入合作，在上海联合设立创新孵化基地。大数据、虚拟化等先进科技已在沈阳生产基地广泛应用，人工智能平台作为"超级大脑"为宝马在国内的所有生产和运营提供数字赋能。

宝马集团注重与沈阳携手同行，与中国供应商合作共赢。华晨宝马全国 430 多家零部件供应商中，120 家落户辽宁，近 100 家扎根在沈阳。在宝马的带动下，众多国内和国际领先汽车零部件企业包括巴斯夫、本特勒和采埃孚纷纷入驻沈阳，催生出中德（沈阳）高端装备制造产业园和大东汽车城两大产业集聚平台，形成了沈阳高端制造业产业集群。宝马还协同产业链上下游合作伙伴开发应用先进技术和商业模式，共同推动产业升级。宝马在中国累计为 30000 人提供了就业机会，其中 26000 人在沈阳工作。华晨宝马自 2010 年以来，累计投资近 1000 亿元人民币，2022 年在全国零部件采购额 730 亿元，其中 60%来自辽宁。2022 年，华晨宝马税收贡献达 485 亿元，占辽宁全省年度税收额近五分之一，成为振兴东北的重要支柱性企业。①

为了加强中国制造与"德国工业 4.0"战略对接，促进中国市场与宝马等德国技术优势互补，2015 年 12 月，国务院批复《中德（沈阳）高端装备制造产业园建设方案》。中德产业园顺应宝马"家在中国、家在沈阳"理念，探索打造国际合作产业服务生态，与德国工程院、宝马集团等共同组建中德高端装备制造创新委员会，搭建中德智能制造合作平台，并借鉴德国双元制教育模式，相继落成中德学院、跨企业实训中心和华晨宝马培训中心，为持续引进华晨宝马等项目提供优质服务，成为"中德工业融合的重要支点和标杆"。

随着新时代的到来，宝马集团正在向电动化、数字化、循环永续的未来迈进，将带动沈阳汽车产业转型升级和新能源产业集群发展。华晨宝马依托中国市场得天独厚的政策和市场环境，全力在新能源市场占领制高点，计划 2023 年内推出纯电动 BMW iX1，2024 年推出纯电动 BMW i5，2026 年起在沈阳投产具有划时代意义的纯电动 BMW 新世代车型。与之配

---

① 《携手同行 20 年　成就中德合作典范》，《辽宁日报》2023 年 5 月 30 日。

套的第六代动力电池项目总投资 100 亿元人民币，规划面积 24 万平方米，是现有动力电池生产面积的 5 倍。宝马集团已经宣布与多家国内公司签订超过百亿欧元的动力电池需求合同，并将在欧洲、北美和中国建设工厂，在国际大舞台进一步拓展业务。

宝马沈阳 20 年，不仅是宝马集团与中国市场合作的典范，也是中德两国在社会、经济、科技和产业发展深度融合的典范。宝马和中国伙伴必将继续携手同行，共创共建更加辉煌的未来。

# 4.3 新形势下东北振兴面临的挑战

## 4.3.1 东北振兴面临复杂外部环境

当今世界处于百年未有之大变局，国际局势持续动荡，冲突战乱此起彼伏，乌克兰危机久拖难决，粮食危机、能源危机、通货膨胀蔓延，世界经济复苏不确定性上升，我国经济下行压力加大。从东北地区周边看，东北亚地缘政治博弈加剧，日韩在政治上深受美国影响，朝鲜半岛局势不稳，中俄蒙经济走廊建设步伐缓慢。这些外部环境给东北振兴战略实施带来了新挑战。但从长远看，东北地区同俄罗斯、朝鲜、蒙古接壤，同日本、韩国隔海相望，同欧洲陆海通道相连，参与东北亚合作具有良好前景。东北地区作为我国向北开放的重要窗口，以其地缘优势打造对外开放新前沿，将为共建"一带一路"发挥重要战略作用。

## 4.3.2 东北地区与发达地区差距拉大

东北地区作为我国东部、中部、西部、东北"四大板块"之一，自实施振兴战略以来取得了明显成就，但与发达地区相比差距不断拉大。从省份之间对比看，2002 年，广东省地区生产总值为 1.36 万亿元，是辽宁省5458 亿元的 2.5 倍左右；到 2022 年，广东省地区生产总值已高达 13 万亿元，是辽宁省 2.9 万亿元的 4.5 倍。① 从东北经济对全国贡献看，2022 年，东北三省实现地区生产总值 57946.3 亿元，增速低于全国平均水平 1.7 个百分点，人均 GDP 低于全国平均水平 25878 元；东北三省地区生产总值占全国比重从 2012 年的 8.7% 下降到 4.79%。② 从全国区域发展趋势看，珠三角、长三角等地区已经走上高质量发展轨道，培育形成了经济发展的动力源，全国经济重心进一步南移。东北地区发展面临较大困难，经济发展相对滞后，常住人口尤其年轻人和科技人才减少，一些城市特别是资源枯竭型城市发展活力不足，与南方先进地区差距较大。

### 4.3.3 "四个短板"制约东北振兴进程

当前是东北经济转型关键期，也是矛盾困难凸显期，主要面临体制机制、经济结构、开放合作、思想观念等方面的突出短板。

一是体制机制短板。东北地区受计划经济影响较深，市场经济体制改革不够深入，政府管理职能存在错位、缺位、越位现象，服务意识不强，营商环境不优。市场化改革紧迫感不强，部分领域改革没有真正破题，市场活力没有充分释放。市场主体创新创业激情不够，缺乏大胆闯、大胆试，现代企业制度尚未完全建立，经营机制没有明显转变。

二是经济结构短板。东北地区产业结构过于单一、过于偏重，转方式、调结构繁重紧迫，资源能源消耗承载压力加大。战略性新兴产业培育滞后，新动能体量小，高新技术企业成长不快，民营经济总体偏弱。东北三省 R&D 经费投入总量仅占全国 3.5%，科技潜能未充分激发，创新引领产业优化升级活力不足，科技成果本地转化率和龙头企业本地配套率偏低。区域协调机制和企业合作机制缺乏，产业发展新增长点没有系统形成。

三是开放合作短板。东北地区地处东北亚中心地带，但开放进展不快、步伐不大，融入共建"一带一路"的大格局尚未形成。国际市场开拓能力不强，发挥地缘优势不充分，进口产品就地加工率低，出口产品多为初级产品，没有形成完整的产业链，贸易、投资、通道、平台之间缺乏统筹。

① 数据来源于 2002 年、2012 年辽宁省和广东省《国民经济和社会发展统计公报》。
② 数据来源于 2022 年辽宁省、吉林省、黑龙江省《国民经济和社会发展统计公报》。

东北地区内部缺少省区间、城市间合作机制，尚未形成协同开放合力。

四是思想观念短板。东北地区一些干部思想观念不够解放，干事创业激情不足，一定程度存在等靠要思想，振兴的内生动力不强。部分干部缺乏积极探索、勇于创新的精神，缺乏担当作为的劲头，缺乏主动为市场主体服务的意识，结合实际创造性谋划工作的成效不明显。因此，迫切需要扬长避短、扬长补短，发挥比较优势，补齐突出短板，奋力走出全面振兴新路子。

### 4.3.4 东北地区要素资源呈流出倾向

随着我国经济和人口向北、上、广、深等大城市和城市群集聚，中心城市和城市群正在成为承载发展要素的主要空间形态，东北地区要素资源呈流出趋势。第七次全国人口普查表明，近 10 年间东北三省总人口净减少 1100 万人，其中相当一部分是年轻人才的外流。2021 年应届毕业生人才吸引指数排行榜上，辽宁指数为-2.9，列第 21 位；吉林为-3.7，列第 25 位，黑龙江为-5.7，列第 28 位。东北三省著名高校和科研机构的科研成果只有 20%左右在当地实现产业化，大多数流向其他地区。

针对上述问题，东北地区必须通过深化改革，增强吸纳资金、技术、人才的能力，增强市场竞争的活力，同时国家应加大政策支持力度，引导要素资源向东北流动，缓解东北地区与发达地区在经济增长能力上的差距，促进区域协调发展，加快形成优势互补、高质量发展的区域经济布局。

# 4.4 新时代东北全面振兴思路及政策建议

## 4.4.1 中国式现代化为东北振兴指明新方向

党的二十大作出以中国式现代化全面推进中华民族伟大复兴的战略部

署，为新时代东北振兴明确了新方向，提出了新要求。

第一，中国式现代化要求始终从国情出发想问题、作决策、办事情。东北振兴必须充分考虑老工业基地振兴的艰巨性、复杂性和区域特色，既不好高骛远，也不因循守旧；既要迎难而上，又要自信自强；既要因地制宜，又要顺势而为；既要稳中求进，又要持续推进，加快实现全面振兴。

第二，中国式现代化要求全体人民共同富裕，把实现人民对美好生活的向往作为出发点和落脚点。东北地区一方面要不断缩小与先进地区的差距，努力向"富裕"地区迈进；另一方面要注重保障和改善民生，有效解决地区、城乡收入差距，让东北人民共同分享振兴发展成果。

第三，中国式现代化要求物质文明和精神文明相协调，把物质富足、精神富有作为根本要求。东北振兴既要不断夯实人民幸福生活的物质条件，又要充分利用红色文化资源，提升精神文明、增强文化自信，为东北振兴提供精神动力。

第四，中国式现代化要求人与自然和谐共生，坚持可持续发展，走生态优先、绿色发展之路。东北振兴要注重保护自然和生态环境，解决好老百姓身边的突出生态环境问题，特别要结合资源枯竭型城市密集的特点，提高环境治理水平，协同推进降碳、减污、扩绿、增长，促进绿色转型发展。

第五，中国式现代化要求走和平发展道路，在维护世界和平与发展中谋求自身发展，又以自身发展更好维护世界和平与发展。东北地区要切实履行维护国家国防安全、粮食安全、生态安全、能源安全、产业安全职责，提升保障安全发展能力，深度融入共建"一带一路"，在统筹发展和安全上体现东北担当。

## 4.4.2 新时代东北振兴总体思路

2023年9月，习近平总书记再次到东北地区考察，在哈尔滨主持召开新时代推动东北全面振兴座谈会并发表重要讲话。习近平总书记明确指出，新时代新征程推动东北全面振兴，要贯彻落实党的二十大关于推动东北全面振兴实现新突破的部署，完整准确全面贯彻新发展理念，牢牢把握东北在维护国家"五大安全"中的重要使命,牢牢把握高质量发展这个首要任务和构建新发展格局这个战略任务,咬定目标不放松,敢闯敢干加实干,努力走出一条高质量发展、可持续振兴的新路子,奋力谱写东北全面振兴新篇章。

新时代东北振兴,要坚持以习近平新时代中国特色社会主义思想为指导,全面贯彻党的二十大精神,深入落实习近平总书记关于东北振兴发展的重要讲话和指示精神,完整、准确、全面贯彻新发展理念,加快构建和融入新发展格局,推动高质量发展,以深化供给侧结构性改革为主线,以改革创新为动力,以满足人民日益增长的美好生活需要为目的,更好履行维护国家"五大安全"政治使命,找准定位、保持定力、扬长避短、扬长补短,着力破解体制机制障碍,激发市场主体活力,推动产业结构调整,构建区域动力系统,集聚各类人才,提振市场信心,有效防范化解风险,在中国式现代化引领下走出质量更高、效益更好、结构更优、优势充分释放的振兴发展新路,以更大的担当和作为推动东北全面振兴取得新突破,形成对国家重大战略的坚强支撑。

到 2025 年,东北全面振兴重点领域取得新突破,维护国家"五大安全"的能力得到新提高,综合实力明显增强,国有企业改革取得实质性突破,民营经济体量和比重持续提升,营商环境根本好转,融入国内大循环更加深入,创新创造活力充分释放,产业结构调整迈出重大步伐,城市群和都市圈辐射带动作用进一步增强,绿色转型逐步推进,生态环境质量明显提高,共同富裕扎实推进,民生保障能力稳步提升,社会大局持续稳定。

到 2035 年,支撑东北全面振兴的市场体系、产业体系、城乡区域发展体系、绿色发展体系、全面开放体系、民生保障体系基本健全,改革开放迈出更大步伐,统筹发展和安全能力、高水平科技自立自强能力显著增强,在国家发展大局中的战略地位更加巩固,人民群众获得感、幸福感、安全感明显增强,形成营商环境好、创新能力强、区域格局优、生态环境美、发展活力足、幸福指数高的东北全面振兴新局面,谱写中国式现代化东北新篇章。

### 4.4.3　推动东北全面振兴新突破重要举措

当前和今后一个时期，东北三省最重要的战略任务就是推动全面振兴新突破，关键要选准突破口，聚焦突破力，以超常规举措打赢振兴突破战。

一要以"五大安全"战略定位为引领，在谋划高质量发展上取得新突破。坚持把维护国家"五大安全"作为东北振兴的重要途径，主动对接国防、粮食、能源、生态和产业安全等国家战略需求，突出东北产业特色，谋划一批统筹发展和安全的高质量项目群，把东北地区战略定位落实到东北振兴各方面和全过程。完善扩大投资机制，拓展有效投资空间，适度超前部署新型基础设施建设，扩大高技术产业和战略性新兴产业投资。充分释放消费潜力，把握消费升级趋势，改善消费条件，创新消费场景，支持住房改善、新能源汽车、养老服务、教育医疗文化体育服务等消费。千方百计稳住对发达国家出口，扩大对新兴经济体出口，提升加工贸易水平，提高出口附加值，增强出口竞争力，支持企业抢订单、拓市场，让更多东北商品走向国内外。

二要以扎实做好结构调整"三篇大文章"为标志，在建设现代化产业体系上实现新突破。坚持以锻长板、扬优势为主攻方向，推动传统产业高端化、智能化、绿色化，促进优势产业延链、传统产业升链、新兴产业建链、短板产业补链。加快建设先进装备制造业基地，壮大战略性新兴产业，布局未来产业，在产业转型升级上取得突破。大力发展科技含量高、市场竞争力强、带动作用大、经济效益好的战略性新兴产业，打造先进产业集群。加快发展数字经济，以数字赋能倒逼改革、激活创新，推进产业数字化和数字产业化。坚持一、二、三产业协同发力，促进现代服务业同先进制造业、现代农业深度融合，形成多点支撑、多业并举、多元发展的产业发展新格局。

三要以深化重点领域和关键环节改革为重点，在激发市场活力释放发展动力上取得新突破。要全力打造市场化法治化国际化一流营商环境，支持优质民营企业发展壮大，引导各类民营企业稳预期、强定力、增信心，推动民营经济加快发展、健康发展、高质量发展。抓住央企与地方融合发展的契机，充分利用央企品牌、技术、市场竞争优势和东北地区资源禀赋优势，推动央地企业重组合作，深化国企改革，建立灵活高效的市场化经营机制。着力破解深层次体制机制障碍，激发市场主体活力，为企业松绑、为创新除障、为公平护航，让干部敢为、地方敢闯、企业敢干、群众敢首创。要以战略眼光、全球视野谋划对外开放，深度融入共建"一带一路"，统筹投资、贸易、通道、平台，落实自由贸易试验区提升战略，加快东北海陆大通道建设，不断提高对外开放水平。

四要以教育、科技、人才为基础性战略性支撑，在教育优先发展、科技自立自强、人才引领驱动上实现新突破。坚持教育发展、科技创新、人才培养一体推进，创新链、产业链、人才链一体部署，着力将科教人才资源优势转化为创新发展优势，为东北全面振兴新突破提供新动能。要以国家战略需求、产业升级需要为导向，突出关键核心技术攻关，聚焦高端装备制造、新材料、半导体芯片制造等优势领域，解决一批"卡脖子"难题。突出企业创新主体地位，构建一批以企业为主体、市场为导向、产学研用深度结合的创新联合体，引导创新要素向头部企业集聚，带动产业链上下游整体发展。完善科技成果转化服务体系，提高科技成果本地转化和产业化水平。进一步提高人才政策吸引力，创新人才服务保障政策，留住本地人才，引进外地人才，提供事业舞台，营造拴心留人良好环境，把科教人才的传统优势转化为创新发展的现实优势。

五要以补齐民生领域短板为目标，在保障和改善民生、提高人民生活品质上实现新突破。要自觉践行以人民为中心的发展思想，解决好就业、分配、教育、医疗、住房、养老、托幼等民生问题，特别要高度关注"一老一幼"。坚持把良好生态环境作为振兴东北的宝贵资源和优势，把绿色发展理念贯穿到生态保护、环境建设、生产制造、城市发展、人民生活各个方面，加快发展方式绿色转型。加快实施城市更新行动，抓好老旧小区改造，让群众生活更舒心、更安全、更美好。巩固拓展脱贫攻坚成果同乡村振兴有效衔接，推动农民持续稳定增收，扎实推进共同富裕。

### 4.4.4　强化东北地区合作机制

加快推进东北三省一区一体化发展，增强区域整体合力和聚合力，联手参与对外竞争、参与国内大循环，促进政策协同、产业协同、创新协同、开放协同。以沈阳、大连、哈尔滨、长春四大中心城市一体联动为动力源，依托哈大便捷交通网，构筑东北经济高质量发展轴。借助东北三省现有的高校、科研院所优势，发挥中心城市的区位、产业和功能优势，提升东北板块的竞争新优势，共同构筑面向东北亚的对外开放新前沿。

### 4.4.5 有关政策建议

一是建议国家有关部门在总结评估东北振兴政策成效基础上，充分考虑东北振兴的紧迫性和特殊性，强化政策支持的实效性，研究制定更加有效、更加治本的区域政策，塑造东北振兴新动能。

二是建议为东北振兴提供更多优质增量的政策工具，比如参照西部大开发政策，设立特殊财税政策区，对鼓励类产业减按 15% 征收企业所得税，按个人所得税应纳税所得额 50% 计征个税。特别对自贸试验区、综合改革示范区、国家级新区、国家级高新技术开发区和经济技术开发区等，赋予特殊优惠的企业所得税政策，以遏制企业外流、资金外流，促进东北经济恢复活力。

三是建议发挥东北比较优势，聚焦军工、航空、装备制造、冶金等底蕴丰厚的产业，布局更多战略性新兴产业，设立更多国家级创新平台，开展关键核心技术攻关，使优势更优、强者更强。

四是建议支持东北地区解决人才流出问题，设立东北人才发展专项资金，国家重大人才工程制定差异化标准并向东北倾斜，鼓励发达省份高层次人才直接或柔性到东北创新创业、进行成果转化。

## 参考文献

［1］习近平：《推动形成优势互补高质量发展的区域经济布局》，《求是》2019 年第 12 期。

［2］中国共产党辽宁省第十二次、第十三次代表大会上的报告。

［3］中国共产党吉林省第十一次、第十二次代表大会上的报告。

［4］中国共产党黑龙江省第十二次、第十三次代表大会上的报告。

［5］《中华人民共和国 2022 年国民经济和社会发展统计公报》。

［6］2002 年、2012 年、2022 年《辽宁省国民经济和社会发展统计公报》。

［7］2012 年、2022 年《吉林省国民经济和社会发展统计公报》。

［8］2012 年、2022 年《黑龙江省国民经济和社会发展统计公报》。

［9］《辽宁统计年鉴 2013》。

［10］《吉林统计年鉴 2013》。

［11］《黑龙江统计年鉴 2013》。

［12］国家统计局有关年度《中国统计年鉴》。

［13］国家统计局综合司编：《全国各省、自治区、直辖市历史统计资料汇编（1949—1989）》，中国统计出版社 1990 年版。

［14］周建平、程育、李天娇：《东北振兴战略总论》，辽宁人民出版社 2020 年版。

［15］迟福林、方拴喜、张飞：《东北振兴新动力》，辽宁人民出版社 2020 年版。

［16］张占斌等：《新时代与东北振兴》，辽宁人民出版社 2020 年版。

［17］《党领导东北地区振兴发展的历史经验与启示》，国家发展和改革委员会网站，2021 年 7 月 21 日。

5

中部地区加快
实现崛起

促进中部地区加快崛起，是我国加快构建优势互补、高质量发展区域经济布局和国土空间体系的重要内容。国家实施促进中部地区崛起战略以来，中部地区在重点领域和重点区域发展取得新突破，发展活力和可持续发展能力不断增强，高质量发展根基进一步夯实，为加快推进中国式现代化建设提供了重要的支撑。在高质量发展的新阶段，中部地区应充分发挥优势抢抓战略机遇加快崛起，在增强区域合作中开拓新格局，在构建新发展格局中贡献新力量，为推进区域协调发展和全面建设社会主义现代化国家发挥更大作用。

# 5.1　中部地区崛起历程与成就

改革开放以来，党中央、国务院不断完善和积极实施区域发展总体战略。基于优化生产力空间布局的要求，中部地区的功能定位经历了为东部地区率先发展服务，到促进区域协调发展实现现代化目标的历程。国家促进中部地区崛起战略实施以来，中部地区立足促进区域协调发展的战略要求，发挥优势加快高质量发展，"三基地一枢纽"地位更加巩固，综合实力大幅提升，正向更高水平和更高质量的发展阶段迈进。

## 5.1.1　中部地区崛起历程

（1）大力促进中部地区崛起

改革开放至 20 世纪 90 年代中期，我国区域发展战略先后经历了优先发展沿海地区、"三大地带"发展战略的阶段。改革开放之初至 20 世纪 80 年代，我国实施了沿海地区优先发展战略，带动国家综合国力大幅提升。

进入 20 世纪 80 年代中后期，随着全国生产力布局的全面展开，基于沿海与内地划分的空间尺度亟待进一步优化。[①] 1986 年我国"七五"计划首次提出了经济区域按东中西"三大地带"划分的模式[②]，并按地区经济布局实施差别化的区域政策，致力于促进区域经济合理布局和协调发展，这一时期中部地区的功能定位主要是服务东部沿海地区的快速发展。到 20 世纪 90 年代中期，中西部地区与东部地区的经济发展差距进一步扩大，中部地区发展不足的问题逐渐凸显。国家"九五"计划将"坚持区域经济协调发展，逐步缩小地区发展差距"作为国民经济和社会发展的九条重要方针之一，并就促进区域经济协调发展作了具体的部署。此后，国家相继实施了西部大开发战略、振兴东北地区等老工业基地战略、促进中部地区崛起战略，形成了完整的区域发展总体战略。

2004 年 3 月，第十届全国人民代表大会通过的《政府工作报告》中，首次提出"促进中部地区崛起"。国家"十一五"规划纲要，进一步明确了区域发展总体战略，部署了促进中部地区崛起的战略举措。2006 年 4 月，《中共中央　国务院关于促进中部地区崛起的若干意见》发布，明确了中部地区[③]"三基地一枢纽"的战略定位，即中部地区是全国重要粮食生产基地、能源原材料基地、现代装备制造及高技术产业基地和综合交通运输枢纽。同时，中部六省中 26 个城市比照实施振兴东北地区等老工业基地有关政策[④]，243 个县（市、区）比照实施西部大开发有关政策，标志着促进中部地区崛起战略进入实质性推进阶段，促进中部地区崛起的政策体系进一步完善。2009 年 9 月，国务院批复《促进中部地区崛起规划》，明确了加快中部地区"三基地一枢纽"建设的重点任务，有效解决制约中部地区发展中的突出矛盾和问题，推动经济发展方式转变迈出实质性步伐。2016 年 12 月，国务院批复实施了《促进中部地区崛起"十三五"规

---

① 张平、彭森、杜鹰：《中国改革开放（1978—2008）》，人民出版社 2009 年版，第 477—479 页。

② 这个文件中的"中部地区"包括：黑龙江、吉林、山西、内蒙古、安徽、河南、湖北、湖南、江西。

③ 这里的"中部地区"指山西、安徽、河南、湖北、湖南和江西六省。

④ 《国务院办公厅关于中部六省比照实施振兴东北地区等老工业基地和西部大开发有关政策范围的通知》，国办函〔2007〕2 号，2007 年 1 月 1 日。

划》，提出了中部地区"一中心四区"的战略定位，即全国重要先进制造业中心、全国新型城镇化重点区、全国现代农业发展核心区、全国生态文明建设示范区、全方位开放重要支撑区，体现了新时期中部地区发展的新特点新要求，同时也加强了中部地区与"一带一路"建设、京津冀协同发展、长江经济带发展等国家区域重大战略的衔接，推动形成东中西区域良性互动协调发展的新格局。

实施促进中部地区崛起战略，是继国家实施鼓励东部地区率先发展、实施西部大开发、振兴东北地区等老工业基地战略后，全面落实促进区域协调发展总体战略的重大任务。促进中部地区崛起战略实施以来，中部地区崛起成效显著。特别是党的十八大以来，中部地区发展全面加速，发展活力全面迸发，已进入经济发展的快速上升通道。但中部地区发展还面临周期性、结构性的问题，发展不平衡不充分的问题依然突出。

（2）发挥优势推动中部地区崛起

随着一系列促进中部地区崛起政策的实施，中部地区经济发展持续活跃，区域合作广度和深度不断拓展。武汉、郑州、合肥等中心城市的辐射带动能力不断增强，有效提高了资源空间配置的效率。长江中游三省全面融入长江经济带建设，在基本公共服务、交通基础设施、科技创新、生态环境联防共治等方面的协同发展能力显著增强。随着我国经济发展进入新常态，中部地区经济也由高速增长阶段转向高质量发展阶段，正处在转变发展方式、优化经济结构、转换增长动力的攻关期，区域比较优势的构成要素出现结构性变化，中部地区发展路径也将面临重塑。如何发挥优势增强创新能力，加快培育经济持续增长新动能、打造新引擎成为新时代中部地区崛起的重大战略要求。

2017年10月，党的十九大明确提出，中国特色社会主义进入了新时代，我国社会主要矛盾已经转化为人民日益增长的美好生活需要和不平衡不充分的发展之间的矛盾。习近平总书记指出，"我们要在继续推动发展的基础上，着力解决好发展不平衡不充分问题，大力提升发展质量和效益"。新时代促进中部地区崛起，要以供给侧结构性改革为主线，"发挥优势推动中部地区崛起"。2021年3月，国家"十四五"规划和2035年远景目标纲要提出，要"深入实施区域协调发展战略"，"努力开创中部崛起新局面"。2021 年 4 月,《中共中央 国务院关于新时代推动中部地区高质量发展的指导意见》发布,就中部地区构建现代产业体系、增强城乡区域发展协同性、形成内陆高水平开放新体制等重点任务进行了部署,为推动中部地区高质量发展指明了方向。

党的十九大以来,面对世界处于百年未有之大变局,我国提出了加快构建以国内大循环为主体、国内国际双循环相互促进的新发展格局,中部地区准确把握发展的良好基础和发展新优势,因地制宜构建发展的新思路、取得了新成效。在主攻方向上,深化供给侧结构性改革,充分发挥中部地区超大规模市场优势和内需潜力,正确把握整体推进和重点突破、生态环境保护和经济发展、破除旧动能和培育新动能、自身发展和协同发展的关系,切实担负起了中部地区在促进区域协调发展,推动落实长江经济带发展、"一带一路"建设等国家战略中的历史责任。在任务要求上,紧紧围绕高质量发展的主题,努力加快新旧动能转换,以动力变革推动经济发展质量变革、效率变革,加快建设现代化经济体系,全面实施乡村振兴战略,在发展中民生不断得到保障和改善,增强了中部地区经济创新力和竞争力。在实施路径上,进一步扩大对外开放,以开放促改革、以改革促创新、以创新促发展,补齐中部地区对外开放的短板。打造先行功能平台,构筑发展新优势,有效激发了创新驱动发展的活力。

(3) 促进中部地区加快崛起

2022 年 10 月,党的二十大明确提出了加快推进中国式现代化建设的目标,促进区域协调发展成为加快构建新发展格局、着力推动高质量发展的核心任务之一,中部地区进入加快崛起的新阶段。近年来,中部地区充分发挥优势,加快推进经济发展方式转变,发展格局更趋优化。中部六省积极融入国家重大区域战略,长江中游城市群发展的协同性明显提升,生态环境显著改善,协调发展的体制机制逐步完善,内陆对外开放呈现新格局。但与中国式现代化建设目标要求相比,中部地区推进高质量发展还面临着许多新挑战。

党的二十大着眼以中国式现代化全面推进中华民族伟大复兴,围绕加快构建新发展格局、推动高质量发展、促进区域协调发展,作出了一系列战略部署，这为中部地区加快实现崛起指明了方向。

## 5.1.2 中部地区崛起取得成效

（1）区域发展差距不断缩小

2006 年以来，中部地区经济总量持续增长，保持了较快的增长速度。图 5-1 为 2006—2022 年四大区域板块地区生产总值及占全国比重情况。2006—2022 年中部地区 GDP 平均增速为 12%，2006 年起平均增速超过东部地区（2020 年疫情影响除外），2007 年以来平均增速超过全国平均水平，是除西部地区外全国四大区域板块经济增速最快的地区。随着中部地区经济快速发展，经济总量占全国比重不断提高。由 2006 年的 19.81% 增加到 2022 年的 22.02%，提高了 2.21 个百分点，成为占全国经济比重第二大的区域板块。就人均地区生产总值差距而言，东部地区与中部地区之比由 2006 年的 2.23 缩小至 2022 年的 1.5，区域发展差距进一步缩小。

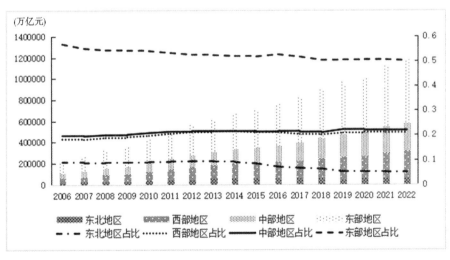

**图 5-1　四大区域板块生产总值及占全国比重**

资料来源：2006—2021 年数据来自 CSMAR（国泰安数据库），2022 年的数据来自各省份政府公报。

（2）"三基地一枢纽"建设取得新成效

中部地区全国重要粮食生产基地的地位进一步巩固，为保障国家粮食安全作出了重要贡献。中部地区高标准农田加快建设，农业现代化水平显著提升，粮食产量连年增加。从 2005 年的 14778.3 万吨上升到 2022 年的 20264.8 万吨，实现历史最高水平，占全国粮食总产量的 29.52%。① 能源原材料基地建设取得显著成效，山西、河南、安徽加快能源结构转型，深入推进能源生产和消费革命，煤化工产业迈向高质量发展新阶段。中部各省钢铁、有色等原材料产业结构转型升级取得显著成效，建成具有世界影响力的原材料制造业产业集群。现代装备及高技术产业蓬勃发展，工程机械、轨道交通、光电子信息、生物医药、高端装备制造、新材料等产业集聚程度显著提升，全要素生产率增长迅速，产业协同发展成效明显。现代综合交通运输体系不断完善，为综合资源优势转化为经济优势创造了条件，加强了中部地区与沿海发达地区等通道经济的建设，对加快中部地区开放发展、促进区域经济协调发展发挥了重要作用。

（3）城市群都市圈建设稳步推进

中部地区山西中部城市群、武汉都市圈、长株潭都市群、环鄱阳湖经济圈、皖江城市带承接产业转移示范区等城市群加快发展，人口和经济集聚能力进一步增强，经济总量占所在省份的比重不断上升，成为中部地区经济发展的重要增长点。其中，2021 年，山西中部城市群实现地区生产总值 1.13 万亿元，占山西全省的 50% 以上；长株潭都市圈经济总量达到 1.79 万亿元，占湖南全省的 38.9%。作为中部地区最大的城市组团之一，2022 年，武汉都市圈 GDP 达 3.22 万亿元，同比增长 4.3%，占湖北省 GDP 近 60%。长江中游城市群、中原城市群一体化进程加快，辐射带动能力不断增强，成为中部地区经济发展的重要引擎。2022 年，长江中游鄂湘赣三省经济总量占全国比重达到 11.1%，占长江经济带比重上升至 24%，呈现出绿色高质量协同发展的趋势。②

（4）区域合作和开放进程加快

中部各省区域合作的范围越来越广泛，山西、河南加强与沿黄省区的

---

① 数据来源于国家统计局。
② 数据来源于中经统计数据库。

合作，强化生态环境共保联治，积极推动黄河流域生态保护和高质量发展。湖北、湖南、江西和安徽省加强与长江经济带省市的合作，以共抓大保护、不搞大开发为导向，以生态优先、绿色发展为引领，不断优化生产力布局和区域经济结构，积极推动长江经济带建设。中部六省按照"一盘棋"思想，结合自身比较优势，深化与京津冀、长三角、粤港澳、成渝等区域的合作，加强在生态环境保护、现代产业体系构建、基本公共服务共建共享等方面的合作，在区域合作上取得新成效。省域间多层面多维度的协同合作机制和联席会议制度不断完善，有效增强了区域发展的协同性。

中部地区开放型经济加快发展，依托中欧班列、"空中丝绸之路"等，积极建设对外贸易和物流大通道，与"一带一路"沿线国家经贸合作取得显著进展。依托自由贸易试验区、内陆开放型经济试验区，加快推进制度型开放，打造形成了一批双向开放平台，内陆开放型经济高地建设成绩显著。中部地区进出口总额呈不断增长趋势，占全国的比重也不断提高，全方位开放格局基本形成。图5-2为2005—2022年四大区域板块进出总额占

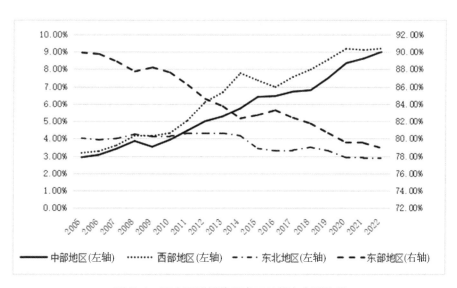

**图5-2 四大区域板块进出口总额占全国比重**

资料来源：中经统计数据库。

全国比重情况。2022 年中部地区外贸进出口总额达到 0.57 万亿美元，是 2005 年的 13.67 倍，占全国的比重比 2005 年提升了 6.08 个百分点。其中，出口 0.38 万亿美元，占比 10.71%；进口 0.18 万亿美元，占比 6.72%，分别较 2005 年提升了 7.51 个和 4.13 个百分点。

（5）生态建设和环境治理成效明显

中部地区坚持"生态优先、绿色发展"的理念，坚定不移推进生态环境保护修复，积极加快生态文明建设。2006—2022 年中部地区共完成造林面积 3.63 亿亩，占全国总造林面积的 24.11%。2022 年中部六省森林覆盖率达到 40.66%，森林面积达 5.89 亿亩，占全国森林面积的 17.83%。[1] 其中，江西全省森林覆盖率稳定在 63.2%，稳居全国第二位。主要污染物排放量持续下降，重点城市污染天数明显下降，空气质量得到改善。主要河流和湖库水质总体良好，洞庭湖、鄱阳湖等综合整治有序推进，水资源保护和水环境治理进一步加强，切实保护"一湖清水"，湖区水资源、水环境、水生态承载能力显著增强。长江流域湖北和安徽段完成 15548 个入河排污口整治，中部地区沿江四省干流水质均保持在 II 类。中部六省加快产业转型升级，推进绿色低碳发展，协同推进降碳、减污、扩绿、增长。截至 2021 年底，中部地区单位国内生产总值二氧化碳排放较 2005 年降低 71.62%。[2] 积极开展生态产品价值实现机制试点，深入推进流域上下游生态保护补偿试点。如湖北鄂州市积极探索开展自然资源资产核算，建立横向各区间责权利相一致的生态补偿机制，推进自然资源资产价值显化。新安江流域皖浙两省深入推进生态补偿机制试点，历经 10 余年已实施三轮试点，累计补偿资金 57 亿元，现已在全国 13 个流域、18 个省份、多个领域复制推广。[3]

（6）城镇化率和人民生活质量明显提高

中部地区农业转移人口市民化有序推进，以人为核心的新型城镇化建设实现历史性跨越。2022 年常住人口城镇化率达到 60.67%，比 2005 年提

---

① 数据来源于中经统计数据库。

② 数据来源于中经统计数据库。

③ 王清宪：《坚定不移走生态优先绿色发展之路 加快打造美丽长江（安徽）经济带》，《习近平经济思想研究》2023 年增刊。

高 24.12 个百分点。截至 2021 年底，中部六省全面放开了除省会城市外其他城市的落户限制，国家中心城市武汉和郑州的落户门槛也不断降低。中部地区居民收入增长与经济增长基本同步，人均可支配收入由 2006 年的9902.28 元提高到 2022 年的 31585.69 元。城乡收入倍差连续 14 年下降，从 2006 年的 2.97 下降到 2022 年的 2.26。① 民生投入持续加大，保障能力进一步提升。文化、卫生体育事业发展迅速，参加基本养老保险、基本医疗保险、工伤保险、生育保险的人数大幅增加，基本养老、基本医疗、社会救助等标准稳步提高。城镇发展空间不断拓展、协同性增强。城市新型基础设施建设加快推进，城市污水垃圾、化工污染等治理短板加快补齐，城市治理能力和治理水平持续提升。美丽宜居乡村建设、城乡统筹发展水平明显提高。

# 5.2 中部地区崛起典型经验

## 5.2.1 发挥中心城市和城市群的辐射带动作用

城市是区域经济发展的重要引擎，城市群是区域经济发展的主体形态。习近平总书记指出："我国经济发展的空间结构正在发生深刻变化，中心城市和城市群正在成为承载发展要素的主要空间形式。"② 中心城市往往人口集聚度高、交通发达、科教资源丰富，具有较强的资源配置能力和综合承载能力，也是各省份经济发展程度最高的地区。按照空间结构演进规律，产业和人口等要素向优势区域集中，形成以中心城市和城市群为主要形态的增长动力源。在区域经济增长动力空间上，形成了从分区域增长

---

① 数据来源于中经统计数据库。
② 习近平：《推动形成优势互补高质量发展的区域经济布局》，《求是》2019 年第 24 期。

极"单点突破"到大区域增长带"群带融合"的格局①，使得生产力布局不断得到优化。

国家促进中部地区崛起战略实施以来，积极增强武汉、郑州、合肥、长沙、太原、南昌等中心城市的发展活力。2012 年国家明确提出支持武汉、郑州建设国家中心城市，2022 年武汉获批国家级科创中心城市，加快打造具有全国影响力的科技创新中心。中心城市的高质量发展，离不开各类功能平台作用的发挥。中部地区经济技术开发区、高新技术产业园区、海关保税区等一批产业园区，集聚发展相关产业，产业集聚发展成效显著，形成了一批在国内外有影响力的产业集群。截至 2022 年，中部地区分别有国务院批准设立的经济技术开发区、高新技术产业开发区、海关特殊监管区 55 个、46 个、24 个，分别占全国总数的 23.91%、25.99% 和 14.12%；中部六省人民政府批准设立的开发区有 593 个，占全国的 27.96%。②"园区经济"和"块状经济"规模不断壮大、占比稳步提高，成为拉动区域经济的增长点。依托中部地区中心城市，加快推动武汉都市圈、长株潭城市群、中原城市群、长江中游城市群等的协同发展，不断增强区域经济发展的辐射带动作用，成为国家实施中部崛起战略的重要战略支点。

## 5.2.2  发挥中部地区的比较优势

推动区域发展既要尊重区域经济发展的客观规律和各地区的现实基础，也要与国家经济社会发展的总体要求相适应。改革开放之初到 20 世纪 90 年代，区域发展坚持以效率优先，实施非均衡发展战略，中部地区服务于东部地区率先发展的大局，为东部沿海地区发展提供要素支撑。20 世纪 90 年代以来，区域发展坚持效率优先、兼顾公平和更加注重公平，逐步缩小区域发展差距、统筹区域协调发展成为新的时代主题。中部地区充分发挥区位、资源、科技等综合优势，加快建设粮食生产基地、能源原材料基

① 郝宪印、张念明：《新时代我国区域发展战略的演化脉络与推进路径》，《管理世界》2023 年第 1 期。
② 数据来源于中经统计数据库。

地、现代装备制造及高技术产业基地和综合交通运输枢纽。随着我国中部地区发展格局的变化和差别化区域政策的实施，区域政策的空间尺度进一步细化，中部地区的发展活力和动力进一步增强。

党的十八大以来，中部地区可持续发展能力不断提升，成为促进区域协调发展和全国经济社会发展的重要支撑。进入新时代以来，国内外发展环境发生深刻变化，区域发展坚持统筹发展和安全，服务于建设社会主义现代化国家的目标。在高质量发展的新阶段，区域比较优势的构成要素会出现结构性变化，区域发展路径面临重塑。中部地区一些传统优势进一步拓展和增强，发展中面临的一些新挑战正在转化为新优势，现有的一些困难和不足正在转化为新的发展潜力。中部地区按照全国"一盘棋"的区域协调发展战略要求，加快在优势上有新的重塑，路径上有新的突破，制度上有新的优化，加快实现崛起，为构建新发展格局、全面建设社会主义现代化国家贡献力量。

## 5.2.3 发挥区域开放合作的积极作用

由于各区域要素禀赋差异和发展水平的不同，区域开放合作是区域经济发展的重要机制。党的二十大报告强调，要构建优势互补、高质量发展的区域经济布局和国土空间开发格局。国家促进中部地区崛起战略实施以来，中部六省找准各自定位，把自身发展放在协同发展大局中，主动融入国家区域重大战略，深化战略对接，实现错位发展、协调发展、有机融合。特别是随着市场在资源配置中决定作用的日益加强，区域间市场开放程度不断提高，以市场为导向的区域合作在促进中部地区崛起中发挥着越来越重要的作用。

中部六省在不断优化省内区域空间布局的同时，全面融入黄河流域生态保护和高质量发展、长江经济带发展，深化与京津冀协同发展、长三角一体化发展、粤港澳大湾区建设等区域重大战略对接，不断开拓发展新空间，推进区域联动发展。中部六省充分发挥国内国际双循环重要节点优势，不断优化营商环境，依托自由贸易试验区、内陆改革开放试验区等重要开放平台，积极融入共建"一带一路"和全球价值链，深化与欧盟、日韩、东盟等区域经贸合作，大力提升开放水平，以开放促合作，打造内陆开放"新沿海"。①

### 5.2.4 发挥区域协调发展新机制的促进作用

区域利益分割和制度障碍是影响区域合作和一体化发展的重要因素，政府对区域发展的引导和推动作用不可替代。区域协同发展体制机制在改革中不断完善，有效推动了中部地区的协同发展。特别是党的十八大以来，中部六省围绕省际协调机制、区域利益补偿机制、区域合作机制等取得新进展，中部地区开放合作的进程显著加快。

依托促进中部地区崛起工作部际联席会议，协调定期召开省际联席会议，共同协调解决中部地区发展面临的重大问题，加强对中部地区发展的协调指导。多层次地方政府间定期联席会议制度不断完善，实现由行政层面推动的合作向自主自发的合作转变。省际间交通基础设施、基本公共服务共建共享机制不断完善，促进了省际交界地区长足的发展。特别是长江中游鄂湘赣三省合作机制迈上新台阶，三省在市场一体化、产业协同发展、基础设施建设、生态环境联防联控、公共服务共建共享方面的体制机制不断完善，有序推进了长江中游协调发展。

# 5.3 新形势下中部地区崛起面临的挑战

高质量发展是全面建设社会主义现代化国家的首要任务。党的二十大明确指出，促进中部地区加快崛起，是我国加快构建新发展格局、着力推动高质量发展的重点任务。新时代新征程，新一轮科技革命和产业革命蓬勃发展，数字技术和数字要素向更深层次、更广领域渗透融合，推动经济形态由工业经济向智慧经济转化，由此带来整个经济运行模式的变革。面

---

① 王忠林：《深入贯彻落实党的二十大精神 奋力谱写长江经济带高质量发展荆楚篇章》，《习近平经济思想研究》2023 年增刊。

向党的二十大提出的新任务新要求，中部地区在中心城市辐射带动力、现代产业体系建设、绿色低碳转型等方面仍存在一些短板弱项，中部地区高质量发展面临一些新的挑战。

### 5.3.1 经济发展不平衡不充分依然存在

一是经济发展不平衡问题依然存在。从区域结构来看，中部六省普遍存在省会城市"一城独大"的问题，存在明显的"虹吸"现象，中小城市发展的活力有待增强，中心城市对非省会城市和城市群的辐射带动功能尚未充分发挥。2022 年武汉、长沙、合肥、太原、南昌和郑州的 GDP 分别占所在省份比重为 35.11%、28.70%、26.67%、21.73%、22.46% 和 21.09%[①]，亟待统筹好"强核培育"和"强核辐射"的关系，提升中小城市综合承载能力，增强城市群整体功能和一体化效应。从城乡结构来看，城乡在基本公共服务和居民收入方面差距依然较大。2022 年中部六省常住人口城镇化率低于全国平均水平 4.55 个百分点，农村居民人均消费支出、人均公共设施投资仅分别为城镇居民的 63.04% 和 27.34%。[②]

二是经济发展不充分问题突出。从经济总量来看，中部六省经济总量和增速存在明显差异，呈现出明显的经济格局分化现象。图 5-3 为 2018—2022 年中部六省 GDP 及其增速情况。山西省和江西省发展活力稍显不足，是中部地区实现协调发展亟待补齐的短板。从产业结构和能源结构来看，中部六省产业结构偏重，能源结构偏煤，产业数字化转型进程有待加快，新一代信息技术、新材料、新能源、现代医药等高新产业发展潜力有待释放。

三是新型基础设施体系建设有待加强。中部地区传统基础设施如铁路、公路、电力功能完善，但新型数字基础设施，如大数据中心、第五代移动通信、工业互联网、区块链等信息通信技术和数字化、智慧化平台建设投资规模不足，对数字经济的发展，以及数字经济派生的新业态、新生活场景的高质量发展产生影响。

---

① 数据来源于《中国城市统计年鉴》《中国统计年鉴》。

② 数据来源于中经统计数据库。

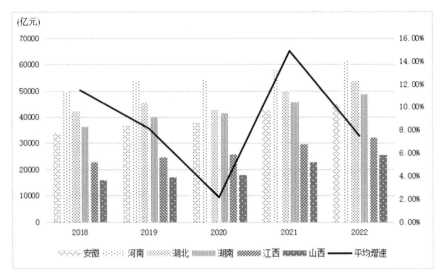

**图 5-3 2018—2022 年中部六省 GDP 和平均增速情况**

资料来源：中经统计数据库。

## 5.3.2 现代产业体系构建有待进一步推进

在新一轮科学技术进步以及工业革命的背景下，全球产业分工体系正在经历新一轮的变化与整合。如何营造创新生态环境，促进制造业转型升级，加快建设现代产业体系是中部地区面临的重要挑战。总体而言，中部地区创新能力还不能满足高质量发展的要求，制造业总体上大而不强，高新技术产业集群竞争力有待提升。

一是创新能力相对不足且内部差异较大。在创新投入方面，湖北省、湖南省和安徽省增长较快，2021 年全省规上工业企业研究与试验发展（R&D）经费投入分别为 1160.2 亿元、1028.91 亿元和 1006.1 亿元，但三省投入强度均低于全国平均水平；而河南省、江西省和山西省创新投入相对较少，分别为 764.01 亿元、502.17 亿元和 186.2 亿元。① 在综合创新能力方面，国家统计局根据各地区创新环境、投入、产出、成效等情况综合

---

① 数据来源于《中国科技统计年鉴》。

测算出 2021 年各省份创新能力指数①，仅有湖北省和安徽省进入全国前十且位次在 7—10 名，其他省份位次偏后。这表明中部地区创新资源联动不足，重要领域关键核心技术有待攻关，跨区域产学研创新体制机制有待完善。

二是高新产业发展分散，产业集群竞争力不强。尽管近年来中部六省都在为推动本地优势产业转型升级而积极努力，加快推动传统产业高端化、智能化和绿色化转型，大力培育壮大战略性新兴产业，积极塑造发展新动能新优势，但高新产业的总体规模和竞争力与东部沿海地区相比仍有较大差距。2021 年，中部地区高新产业总产值仅占全国的 17.82%，比东部地区低 46.87 个百分点。② 此外，中部六省高新产业发展也面临着一些共性问题，如人才短缺、技术创新能力不足、融资难等，制约着本地高新产业发展的速度和质量，阻碍了产业集聚效应的发挥。

### 5.3.3　绿色低碳转型任重道远

如何实现经济增长和环境质量之间的权衡一直是各国面临的最重要的政策挑战之一。党的二十大指出，"协同推进降碳、减污、扩绿、增长，推进生态优先、节约集约、绿色低碳发展"。高质量发展的新阶段，中部地区亟待推动传统产业绿色转型升级，加快构建绿色低碳产业链，为实现"双碳"目标贡献力量。

一是产业绿色转型滞后。当前，中部地区产业发展对能源供给存在路径依赖，低碳转型动力不足。2021 年山西省、安徽省和河南省原煤产量位列全国前十，山西省位列第一，建有大批煤电、煤化工、钢铁、大数据中心等高耗能项目，能源利用效率有待提升，碳排放量和碳排放强度大双控面临较大压力。同时，传统模式增长惯性也很大，短期内减污降碳面临较大压力。中部地区迫切需要在经济发展与减排增汇之间、在保障能源安全供应和经济社会发展之间找到平衡点，要在经济发展中促进绿色低碳转型，在绿色转型中加快崛起。二是产业数字化转型滞后。低碳发展必须

---

① 参见《中国区域创新能力评价报告 2021》。
② 数据来源于《中国火炬统计年鉴》。

通过关键碳排放部门（包括能源和非能源部门）的实质性转型来实现，需要与更广泛的技术变革相结合。数字化是推动传统制造业实现绿色转型的重要手段，但受设备生命周期、低碳技术创新能力等方面的制约，中部地区亟待加强人工智能、云计算、大数据等新一代信息技术在工业领域的深度应用。

### 5.3.4　对内对外开放水平仍待提升

党的二十大报告明确指出，要推进高水平开放，推进内陆开放型高地建设。中部地区拥有诸多国家战略叠加的优势，推进中部地区高水平开放，是全国构建新发展格局的重要战略支撑，在畅通国内国际双循环格局中发挥着重要作用。近年来，中部地区积极打造市场化、法治化、国际化的一流营商环境，依托扩大开放有效拓展发展空间。但与构筑内陆高水平开放新高地的目标相比，仍有亟待完善的空间。

一是中部地区开放格局有待加强。中部地区经济外向度普遍偏低，营商环境有待改善，内陆高水平开放体制还不健全。利用外资的层次和水平有待提高。制造业、服务业利用外资明显不足，外商投资向农业综合开发领域和社会化服务领域延伸不够。近年来，针对我国的贸易摩擦不断增多，对中部地区部分产业出口的影响也较大。

二是中部地区对外开放的外部环境复杂多变。中部地区发展面临着对外技术依赖、关键基础材料依赖、产业链部分关键环节受制于人，阻碍中部地区产业链向中高端迈进，迫切需要开拓国际开放合作的新路径。国际经济环境复杂多变，外部遏制压力增大，如何开拓新形势下中部地区内陆开放新局面面临新的挑战。

# 5.4　促进中部地区加快崛起思路与建议

在全面建设社会主义现代化国家的新时代，中部地区崛起的微观基础发生了积极变化，区域经济发展格局呈现出新变化，促进中部地区加快崛起需要开拓新思路新路径。新发展阶段，促进中部地区加快崛起，必须从区域协调发展的总体战略要求出发，坚持以高质量发展为主题，统筹发展和安全，着力加快发展方式转变、着力优化发展格局、着力完善发展机制、着力完善发展环境，在服务和支撑构建新发展格局中发挥更大作用，在全国高质量发展中更好发挥"压舱石"作用，为全面建设社会主义现代化国家作出新的更大贡献。

### 5.4.1  塑造创新发展新优势，增强高质量发展新动能

创新是引领高质量发展的第一动力，中部地区要加快实施创新驱动战略，完善科技创新体系，推动经济增长方式转换、建设现代化经济体系。一是加大科技创新投入。提高各地区研发经费占 GDP 比重，并在税收等方面给予优惠和支持。统筹推进区域科技创新中心、国家实验室、国家重点实验室和创新基地等建设，发挥科技创新对中部地区经济高质量发展的驱动作用。面向全球配置创新资源，提升科技前沿领域原始创新能力，提高科技进步对经济增长贡献率，提高全要素生产率。二是增强制造业技术创新能力。构建开放、协同、高效的共性技术研发平台，充分发挥各省自主创新示范区的引领作用，提升基础研究和关键核心技术攻关能力。健全需求为导向、企业为主体的产学研一体化创新机制，加强对中小企业创新支持，加强知识产权保护和运用，培育更多具有自主知识产权和核心竞争力的创新型企业。三是加大吸引创新人才的力度。人才是第一资源，中部地区各省要充分发挥大学和科研院所的人才优势，积极吸引更多创新型技术人才，完善科研人员激励机制，健全以创新能力、创新质量、创新贡献为导向的科技人才评价体系，让更多的优秀人才留在中部、发展在中部。四是加大科技创新支撑产业转型升级的力度。建设综合性国家产业创业中心、提升科技创新和产业创新能力。大力提升中部地区在光电子信息产业、生物医药、高端装备制造等领域的全产业链竞争力。前瞻性布局未来产业新赛道。

### 5.4.2 增强中心城市和城市群的引领,促进城乡区域协调发展

一是加快推进武汉、郑州国家中心城市建设,增强其在长江中游城市群、中原城市群的辐射带动作用。加快推进长沙、合肥、南昌、太原等省会城市的建设,不断提升城市经济实力,发挥在各自城市群发展中的支撑和引领作用,完善城市群空间结构和功能,培育壮大沿江沿线都市圈和城市群增长极。二是优化城市群内部城市发展的融合能力,包括功能分工、差异化发展、产业融合、公共服务共建共享等,提升城市群内地级城市的规模,增强产业集聚能力。三是推进城市群内先行功能平台的辐射带动作用。加大中部地区在自贸区、经济技术开发区、高新技术产业园区、国家级新区、海关保税区等方面的比较优势,优化营商环境,增强其对集聚要素、体制创新和培育新的增长极的作用。四是加快新型城镇化建设,加快构建大中小城市和小城镇协调发展的城镇格局。加快推进以人为核心的新型城镇化建设,完善户籍制度,促进农业转移人口市民化。加快推进数字乡村、宜居宜业和美乡村建设,全面推进乡村振兴。积极稳妥推进智慧城市建设,运用大数据提升城市精细化、智能化管理水平。推动新型城镇化与产业支撑、人口集聚有机融合,形成重要战略支撑区。

### 5.4.3 推动新旧动能转换,建设现代化产业体系

推进以供给侧结构性改革为主线,用新供给引领需求发展,增强中部地区内部经济联系,为经济持续增长培育新动力、打造新引擎。一是培育壮大新动能,推动制造业高质量发展。大力发展新产业和新业态。通过高端引领和市场导向,进一步完善中部六省的产业分工与合作,培育壮大新动能。推动中部地区具有良好发展基础和实力的高技术和战略性新兴产业,如新一代信息技术、集成电路、先进轨道交通、航空航天、新能源汽车、新材料、现代生物医药等,打造一批具有国际先进水平的优势制造业集群和先进制造业中心。二是促进数字经济与实体经济融合。加快推进传统产业的数字化转型,强化新型基础设施建设,推动更多行业之间的数字化合作和数据统筹,深入推进制造业数字化、网络化、智能化,加速普及

生产性服务业融合发展、生活性服务业多元化拓展、完善产业数字化转型的支撑服务体系。加强公共平台和产业化生态体系建设，强化邻近技术的互补与人才流动，统一行业间数据标准和技术规范，探索数字技术在更多领域的应用场景，打破因数据平台垄断行为导致的数据隔离、技术壁垒与技术分工失衡，以数据共享推进数字化转型。加快推进数字产业创新发展。打造世界级数字产业集群。三是大力发展现代服务业，积极拓展消费新增长点。着力提升现代服务业在经济结构中的比重，推动现代服务业和传统服务业相互促进，加快服务业创新发展和新动能培育。加快金融业、物流业、旅游业、文化创意的深度合作，打造各具特色的现代服务业集聚区，扩大服务业对外开放。

### 5.4.4  构建和谐优美生态环境，建设绿色低碳美丽中部

一是加快推进中部地区生态环境联防联控。着力完善区域大气污染联防联控机制，建立重污染天气监测预警体系，统筹推进区域大气污染防治。二是继续加强区域危险废物跨省转移的环境监管，研究推进区域危险废物处置利用设施的资源共享。进一步加强跨界环境污染应急联动，完善省市县三级环境应急联动机制，加强环境管理信息的互通共享。加强区域环境联合监管，联动执法。三是加快南水北调中线和长江中下游、黄河中下游、淮河、汾河等流域及交通通道沿线生态走廊建设。加快推进三峡库区、丹江口库区及上游和黄河、淮河、海河、巢湖、新安江等重点流域水污染防治力度，加快洞庭湖、巢湖、鄱阳湖等重点湖泊水污染综合治理，切实改善水环境质量。加快推进采煤沉陷区、采空区、水土流失区、矿山废石废渣堆采区煤矸石山的生态环境治理修复。据实核减矿山城市采煤沉陷耕地保有量。四是加快推进中部地区低碳发展。推动传统产业全方位、全链条绿色低碳转型。提高非化石能源占比，加快能源领域的技术创新，提高能源利用效率，优化能源综合服务体系、促进能源信息共享的新机制，加快构建以新能源为主体的新型电力系统和清洁低碳安全高效的能源体系，推动新型基础设施建设与能源基础设施的深度融合，充分释放节能增效的碳减排潜力。

### 5.4.5 健全基本公共服务体系，促进公共服务共建共享

一是增强高质量公共服务供给。中部各省应聚焦党的二十大对增进民生福祉作出的重要部署，以实现共同富裕为价值目标，以"健标准、补短板、提效能"为核心导向，加强顶层设计完善公共服务供给体系，推进中部各省教育、医疗卫生、就业、养老等各项公共服务政策迭代升级。提升重点人群基本公共服务的可及性，通过专项减免、定向补贴、定向援助等手段，减轻进城务工农民在教育、医疗、居住等领域的支出。二是加快城乡、城市群内、区域间基本公共服务的一体化，实现共建共享。加快实现城乡公共服务标准统一、制度并轨。要制定城乡公共服务资源配置事项清单，进一步细化实施标准。高度重视省际交界地区公共服务合作联动，制定基本公共服务一体化规划，强化责任分工和阶段性重点工作，促进这类地区以互利互惠、共商共建共享为原则展开多种形式的合作，协力推动省际交界地区基本公共服务一体化。重点推进武汉都市圈、中原城市群、长江中游城市群等公共服务资源协同配置。提升中部地区产粮大县、资源输出城市、重要生态功能区等基本公共服务统筹层级，推动跨区域便利共享高品质教育、医疗、文化等公共资源。三是加快推进公共服务的标准化和数字化。中部六省应积极打造高水平的数字基础设施，推动数字技术的全方位渗透或融合，推进教育教学、体育健身、医疗健康、文化服务等领域数字化，强化就业、社保、养老、托育、助残等重点民生领域社会服务供需对接，提高公共服务资源数字化供给和网络化服务水平。统筹推进智慧城市和数字乡村融合发展，加快远程教育、远程医疗等远程服务基础设施建设，把城市优质公共服务资源延伸到农村和偏远地区。

### 5.4.6 推进区域合作和开放，打造内陆高水平开放新高地

一方面深入推进区域合作，实现区域一体化。加强区域间要素对接对流，共建一体化市场。深化改革，打破行政壁垒，加强资金、人才、技术、商贸、物流等领域合作。推进中部地区在城乡、产业、基础设施、生态文明、公共服务等方面共建共享，推进长江中游城市群、洞庭湖生态经济区、汉江生态经济带、淮河生态经济带、三峡生态经济合作区的跨区域

合作。深化与长三角、珠三角等东部沿海地区合作，加强省际毗邻地区的商贸物流园区和农产品等商品市场建设，推动商贸、物流龙头企业跨省连锁经营。

另一方面要加快推进改革开放，积极发展内陆开放型经济，拓展开放合作新空间。一是深度融入区域发展国家战略，坚持"引进来"和"走出去"并重，开放发展，推动从制造业开放为主迈向服务业开放为主的新阶段，发展高水平开放型经济，加快从政策性优惠开放到公平开放、主动开放、双向开放，通过转变政府职能，构建公平竞争的法治化、国际化营商环境，创造开放型经济发展新模式。二是提升开放通道优势。充分释放区位与交通优势叠加效应，依托航空港（空中丝绸之路）、高铁网、中欧班列等，积极发展现代化立体化大物流。深度融入"一带一路"建设，全面提升"空中丝绸之路"的辐射力和影响力，在枢纽功能提升、航线网络拓展、特色产业培育等领域实现新突破，完善陆海统筹、东西互济、内外融合的全方位开放体系，形成横贯东西、连接南北的对外经济走廊。三是加快建设河南、湖北自由贸易试验区。全面推动投资便利化、贸易便利化和金融创新，有序承接产业转移，打造内陆开放新高地。

## 参考文献

[1] Nordhaus, W., " Can we control carbon dioxide? ( from 1975)", *American Economic Review*, 2019, 109 (6), pp. 2015-2035.

[2] 郝宪印、张念明：《新时代我国区域发展战略的演化脉络与推进路径》，《管理世界》2023 年第 1 期。

[3] 芮明杰：《构建现代产业体系的战略思路、目标与路径》，《中国工业经济》2018 年第 9 期。

[4] 推动长江经济带发展领导小组办公室：《2020 年长江经济带发展报告》，人民出版社 2021 年版。

[5] 王清宪：《坚定不移走生态优先绿色发展之路 加快打造美丽长江（安徽）经济带》，《习近平经济思想研究》2023 年增刊。

［6］王忠林:《深入贯彻落实党的二十大精神 奋力谱写长江经济带高质量发展荆楚篇章》,《习近平经济思想研究》2023 年增刊。

［7］习近平:《推动形成优势互补高质量发展的区域经济布局》,《求是》2019 年第 24 期。

［8］杨刚强、王海森、范恒山、岳子洋:《数字经济的碳减排效应:理论分析与经验证据》,《中国工业经济》2023 年第 5 期。

［9］杨刚强:《新时代区域经济研究迈向更高水平》,《未来与发展》2019 年第 8 期。

［10］张平、彭森、杜鹰:《中国改革开放（1978—2008）》,人民出版社 2009 年版。

［11］文中提及数据主要来源于国泰安数据库、中经统计数据库,以及《中国城市统计年鉴》《中国统计年鉴》《中国科技统计年鉴》《中国火炬统计年鉴》《中国区域创新能力评价报告 2021》和各省份政府公报。

6

# 东部地区率先
# 推进现代化

# 6.1 现代化的区域协调发展现状与特征

本节从东部地区率先推进现代化的现实基础与主要特征两方面分析东部地区率先推进现代化的必然性，从自然条件因素与经济社会条件因素多维度梳理区域发展差距的历史成因，旨在刻画现代化的区域协调发展现状与主要特征。

## 6.1.1 东部地区率先推进现代化是必然选择

东部地区率先推进现代化是 21 世纪国家区域发展总体战略的重要表现。2006 年，国家"十一五"规划纲要提出了"坚持实施推进西部大开发、振兴东北地区等老工业基地，促进中部地区崛起，鼓励东部地区率先发展"的区域发展总体战略。至此，东部地区率先发展成为我国区域发展总体战略的重要组成部分。立足于"两个一百年"奋斗目标交汇的历史关口，东部地区率先发展战略也有了新的历史使命，《"十四五"规划和2035年远景目标纲要》提出东部地区要"加快推进现代化"的要求，可见东部地区率先推进现代化成为实现区域现代化的必然选择。本节 9 从东部地区率先推进现代化的现实基础、主要特征来分析东部地区率先推进现代化的必然性。

### 6.1.1.1 东部地区率先推进现代化的现实基础

东部地区是我国经济的"压舱石"、发展的"动力源"、改革的"试验田"。2022 年，东部地区生产总值达 622018.19 亿元，占国内生产总值的 51.40%。根据《"十四五"规划和 2035 年远景目标纲要》的论述，"现代化"主要包括以下方面：进入创新型国家前列、建成现代化经济体系、实现治理能力现代化、对外开放新格局、国防和军队现代化等。鼓励东部地区加快推进现代化，应有之义是东部地区在经济、科技、治理能力等方面率先达到现代化水平。

首先，从人均 GDP 来看（见图 6-1），东部十省市中北京、天津、上海、江苏、浙江、福建、广东、山东超过全国平均水平，其中北京、上海、江苏的人均 GDP 达到全国人均 GDP 的 1.5 倍以上。根据国际货币基金组织（IMF）2021 年发布的《世界经济展望报告》，2020 年发达经济体人均 GDP 最高为 116820 美元，最低为 17550 美元。据此，依照人均 GDP 衡量对比，以当年汇率折算，上述六个东部省市均已达到中等偏上经济体的发展水平。

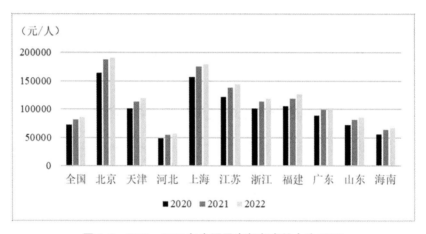

**图 6-1　2020—2022 年全国及东部各省份人均 GDP**

资料来源：2020—2022 年《中国统计年鉴》。

随着经济发展水平的提高，经济结构也发生了变化。根据配第—克拉克定理，第一产业的比重逐渐减少，而第二产业和第三产业等非农产业的比重逐步增加。产业结构的转型升级，尤其是以现代服务业为主导的第三产业逐渐崛起，是全面建设社会主义现代化国家的重要基础。以西方发达国家为例，第三产业占 GDP 的比重普遍在 60% 到 70% 之间。从东部省市来看，以北京和上海为代表的都市型经济早在 20 世纪末就实现了第三产业占 GDP 的比重超过第二产业，此后广东、浙江、江苏和山东四个省份也相继实现了第三产业对第二产业比重的超越。近年来，中国东部地区各省市的产业结构转型优化趋势明显，特别是第三产业发展态势较好。这一趋势表明，中国经济正逐渐转向更为多样化和服务导向的发展模式。如图 6.2 所示，除河北与福建以外，北京、天津、上海、江苏、浙江、山东、广东、海南八省市第三产业增加值占 GDP 比重均达到 50% 以上。相较于西方主要发达经济体，中国东部省市的产业结构已基本接近其水平。

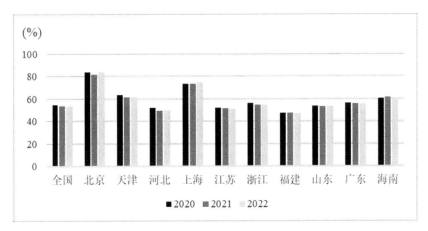

**图 6-2　2020—2022 年全国及东部各省份第三产业增加值占 GDP 比重**

资料来源：2020—2022 年《中国统计年鉴》。

创新是引领发展的第一动力，是构建现代化经济体系的重要支撑。东部地区率先实现现代化的关键基础在于科技创新能力强。本书选取了 2021 年全国及东部十省市人均有效专利数量来刻画东部地区的创新能力。从图 6-3 可以看出，东部地区大部分省份创新水平走在全国前列，其中北京、上海、浙江、江苏、广东、天津六省市人均有效专利数量分别是全国平均水平的 4.09、2.66、2.38、2.27、2.24、2.20 倍。总体来看，东部地区已具备率先实现现代化的科技基础。

除了经济实力、科技水平等物质基础以外，作为制度基础的治理能力现代化也是东部地区实现现代化的重要条件。本章选取 2019 年全国及东部各省市市场化水平来刻画东部地区治理能力的现代化水平，数据来源于《中国分省份市场化指数报告（2021）》。由图 6-4 可以发现，东部地区大部分省市的市场化水平处在全国前列。

根据以上分析，东部地区已具备率先推进现代化的现实基础。除了在经济发展水平上东部地区处于全国领跑地位，东部发达省市在科技和治理现代化方面也展现出了卓越的能力，超过了全国其他大多数省份。

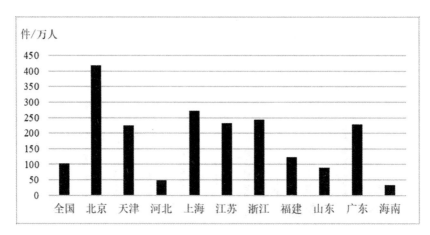

**图 6-3　2021 年全国及东部各省份每万人有效专利数**

资料来源：2021 年《中国统计年鉴》。

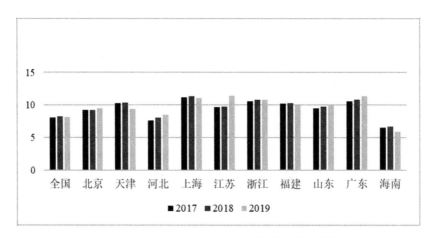

**图 6-4　2017—2019 年全国及东部各省份市场化指数**

资料来源：《中国分省份市场化指数报告（2021）》。

### 6.1.1.2　东部地区率先推进现代化的主要特征

根据党中央关于全面建设社会主义现代化国家的战略安排，结合东部地区经济社会发展优势和现实基础，东部地区率先推进现代化主要体现为以下五个方面的特征。

（1）在促进创新发展上走在全国前列

创新是引领发展的第一动力，是构建现代化经济体系的重要支撑。从创新发展的维度来看，东部地区率先推进现代化的主要特征包括：一是强大的经济实力和创新基础。东部地区拥有发达的产业体系和先进的科研能力，形成了以制造业、信息技术、金融等为核心的现代产业体系。二是积极引领科技创新与产业升级。东部地区注重科技创新的投入和引进，大力培育创新型企业和科技创新园区，推动科技与产业的深度融合，促进传统产业的升级和转型。三是高水平的开放和国际交流合作。东部地区积极融入全球创新网络，吸引外资和引进国际先进技术，加强与国际科技创新中心的合作，不断提升自身的全球竞争力。四是高效的政府支持和创新政策环境。东部地区政府注重提供优质的公共服务和创新环境，出台了一系列支持创新的政策和措施，为创新企业和创新项目提供了良好的政策支持和市场机制。

（2）在促进区域协调发展上走在全国前列

协调发展是新发展理念的重要内容，也是社会主义现代化建设的重要目标。东部地区在促进区域协调发展上走在全国前列的主要特点是，在统筹区域协调发展过程中通过构建新型区域合作关系和推动基本公共服务的区域均等化来积累经验。一是通过构建新型区域合作关系，依据合作共赢、利益共享原则，加快形成区域发展新格局。这意味着各省份在区域间建立起密切的合作关系，共同探索合作模式和机制，促进资源的共享和优势互补。通过这种区域合作，东部地区实现了更高水平的经济协同发展，推动了全国区域协调发展的进程。二是通过率先打破区域壁垒，推动基本公共服务的区域均等化。在医疗、教育、养老等基本公共服务领域，东部地区率先采取措施，推动服务的均等化，使得不同地区的居民都能够享受到高质量的基本公共服务。这种倡导基本公共服务均等化的做法不仅在东部地区取得了成效，也为全国其他地区提供了可借鉴的经验，推动了全国范围内的区域协调发展。

（3）在推进绿色发展上走在全国前列

绿色发展是全球共同的发展趋势，也是中国式现代化的必然选择。东部地区是我国经济比较发达的地区，但同时也面临着资源环境约束较为严峻的问题。因此，推进绿色发展是东部地区实现可持续发展的必由之路。

在推进绿色发展方面，东部地区具有以下三个特征：一是大力推进绿色低碳发展。东部省份通过调整能源结构、加强节能减排、发展新能源等措施，实现了从高耗能、高排放向绿色低碳的转变。二是加快推进生态文明建设。东部省份加强生态环保工作，积极实施水土保持、森林覆盖率提升等措施，推动生态文明建设和绿色发展深度融合。三是积极应对气候变化挑战。东部省份积极响应应对气候变化的国际倡议，通过加快推进碳排放权交易试点、加入全球碳市场等措施，积极参与国际气候治理。这些举措和特点为中西部地区提供了宝贵的经验和借鉴，有助于全国现代化进程的整体推进。

（4）在高水平开放上走在全国前列

在推进高水平开放方面，东部地区展现出以下突出特点：一是以改革开放先行为基础，积极探索创新开放模式。东部地区通过建设自由贸易试验区、自贸港和产业园区等重点开放平台，为国内外投资者提供更加便利和稳定的投资环境。东部地区以开放促创新，积极引进国际先进技术和管理经验，推动产业升级和创新能力提升，从而在全球价值链中发挥重要作用。二是致力于构建全方位开放型经济体系，加强与国际社会的交流与合作，推动文化交流、教育合作和科技创新，提高自身在全球事务中的话语权和影响力。

（5）在推进人民生活美好和社会文明进步上走在全国前列

人民生活美好和社会文明进步是现代化建设的重要标志和最终目标。东部地区在推进人民生活美好和社会文明进步方面具有以下三个特征：一是推进文明城市建设。东部省份积极推进文明城市建设，通过城市环境整治、市容市貌改善、城市文明素养提升等措施，不断提升城市品位和形象。二是推进人民健康事业发展。东部省份积极推进健康中国战略，加强基层医疗卫生服务、提升医疗服务水平等措施，为广大民众提供更好的健康服务。三是积极推进社会治理现代化。东部地区积极推进社会治理能力现代化，通过完善社会信用体系、创新社会治理方式等措施，提高社会治理水平，构建和谐稳定的社会环境。这些特征和经验对于中西部地区以及全国的现代化建设具有积极的示范和引领作用，为实现人民生活美好和社会文明进步目标提供了有益借鉴。

## 6.1.2 区域发展差距的历史成因

（1）区域自然条件差异

区域发展差距的历史成因之一是区域自然条件的差异。自然条件涵盖环境和资源，包括气候、水文、地理位置、地貌以及动植物等因素，其差异直接塑造着区域经济的发展格局。

首先，自然条件作为区域发展的物质基础，不同地区的自然禀赋差异导致资源分布的不均衡，从而影响了经济的发展。沿海地区拥有丰富的港口资源和海洋资源，便于发展海洋经济和国际贸易；而内陆地区面临着资源稀缺和交通不便的挑战，导致了经济发展的不平衡，并形成了区域差距。

其次，自然条件的差异影响着产业结构和经济空间结构。第一产业对自然条件的依赖性较高，自然禀赋的差异会直接影响第二、第三产业的发展以及整体产业结构。不同地区的自然环境和资源因素决定了经济发展的特色和优势产业的形成。例如，资源丰富的地区往往以能源、矿产等资源型产业为主导，而生态环境优美的地区则发展旅游和生态农业等绿色产业。

尽管科技进步减少了地区对自然禀赋的依赖程度，但自然条件仍然是影响区域发展的重要因素。特别是农业和采矿等资源型产业，仍然对自然资源的依赖性较大。工业生产逐渐向资本和技术密集型转变，自然条件的优劣差异不再是决定区域差距的唯一因素，但自然环境和资源因素仍为不同地区经济发展提供了物质基础，并对劳动生产率、产业结构以及经济空间结构产生影响。

综上所述，区域自然条件的差异是造成区域发展差距的重要成因之一。在考虑自然条件对区域发展的影响时，还需综合考虑科技进步、经济结构变化以及人口迁移等多个方面因素的综合作用，以实现区域经济的均衡与可持续发展。

（2）区域经济社会条件差异

区域发展差距的历史成因中，区域经济社会条件差异对其影响重要而复杂。资本、产业结构、教育和技术水平、基础条件、市场和城市化水平等是这些条件中最为关键的因素。

首先，资本条件对区域发展差距具有决定性作用。发达地区资本来源丰富，内部资金主要来自企业利润、财政收入和居民收入等，并且对外部资金的吸引力强。而欠发达地区资本相对匮乏，投资和储蓄能力较低，与发达地区的资金差异扩大了地区间发展差距。

其次，产业结构是造成区域发展水平差异的主要因素之一。发达地区通常以高科技、高附加值产业为主导，产业利润率较高；而欠发达地区往往以农业和基础产业为主，产业利润率相对较低。产业结构差异也导致地区发展水平不同。

教育和技术水平也是关键因素，对地区发展水平和创新能力产生深远影响。发达地区拥有丰富的科教资源和高素质人才，能够吸引更多高端人才和推动技术进步。缺乏教育和技术水平的地区经济发展和创新能力相对较差。

地区基础条件差异也是造成发展差距的重要原因。发达地区在基础设施、科研机构和金融发展等方面具有优势，而落后地区则面临基础条件不足的挑战。

市场因素是区域经济发展差距的重要影响因素之一。市场化水平和市场容量的差异影响着区域产业结构和经济发展。发达地区市场规模大、市场竞争激烈、商业活动多样化，而落后地区市场容量小、商业活动单一，限制了其经济发展和竞争力。

城市化水平差异也会导致区域发展差距。发达地区的城市化程度高，具有较强的创新能力和资源集聚能力，而落后地区的城市化水平较低，限制了其经济发展和竞争力。

综上所述，区域经济社会条件差异在区域发展差距中起到重要作用。资本、产业结构、教育和技术水平、基础条件、市场和城市化水平的差异共同作用，导致了地区经济发展水平的差异。为实现地区间的均衡发展，需要全面考虑上述因素的影响，因地制宜，采取差异化发展策略，既要加大对欠发达地区的扶持力度，也要发挥发达地区的示范作用与引领作用。

# 6.2 东部地区现代化指标体系构建

本节首先梳理我国区域发展战略由不平衡发展战略向平衡发展战略转型的现实背景，继而基于新发展理念提炼总结区域现代化的多维内涵，以阐述区域现代化的基本逻辑。最后，根据区域现代化的内涵特征，从创新、协调、绿色、开放、共享五个维度构建东部地区现代化评价指标体系。

## 6.2.1 区域现代化的基本逻辑

区域现代化是一定地域范围内率先出现的现代性并进而实现现代化的现象，全国现代化是各区域各具特色、各展所长、优势互补的现代化集合而成的有机整体。推进现代化的区域协调，要基于国情和经济发展规律，本着科学合理的逻辑。针对二元经济结构，从区域协调发展与共同富裕的要求推进现代化，不能仅仅关注城市和先发展地区现代化的先行，也要关注先发展地区对农村与后发展地区的溢出效应与区域合作，以高质量发展实现共同富裕的要求。

### 6.2.1.1 由不平衡发展战略转向平衡发展战略

根据发展经济学理论，区域发展有两种战略选择，一种是平衡发展战略，另一种是不平衡发展战略。平衡发展战略考虑到各区域生产要素之间的互补性，以及资本的供给和需求间的均衡性，主张在各区域均衡布局生产力，谋求各地区经济均衡增长。不平衡发展战略的理论根据是，发展中国家资源不足，不具备全面增长的资本和其他资源，再加上人们的投资决策能力存在缺陷，主张集中力量先推动发展基础好的区域的生产力发展，并以它们为动力逐步带动其他区域的发展，即强调某些区域的"重点"发展。要设法创造一些促使人们作出决策的激励条件，即有意使不同区域和部门之间出现不平衡，引导人们的投资决策，借助市场和区域间的联系，通过扩散效应带动其他区域发展。

我国改革开放初期采用的是不平衡发展战略，即允许一部分地区先富起来。东部沿海地区借助其较好的发展基础、优越的地理位置以及国家给予的率先改革开放政策，积极对接国际市场，引进国际投资和技术，率先发展起来。中西部基于自身的丰富资源条件和劳动力，在产业链上对接东部地区，为东部地区的生产提供原材料、初级产品和市场。

从理论上讲，随着东部地区经济发展，东部企业会主动向中西部投资，以获取更多的市场和资源。同时，从中西部地区流入东部的劳动力也可以获得人力资本投资的机会，并通过其收入回流中西部地区，为中西部资金积累提供重要的渠道。因此，不平衡发展模式下的生产力布局既促进了东部的率先发展，也带动了中西部的共同发展。然而，长期以来实施的不平衡发展战略已经逐渐显露出负面效应，特别是沿海地区过度依赖外向型经济，导致其发展对中西部的带动作用不如预期，而不同地区之间的差距也日益扩大。这种不平衡导致了区域发展的不可持续问题，阻碍了现代化进程。因此，我国应该转向平衡发展战略，以实现区域之间的协调发展。

#### 6.2.1.2　区域现代化多维表达

现代化建设是在技术的深度嵌入下，集成的多层次、多阶段的动态发展过程。开启基本实现现代化新征程，不仅是数量上的拓展与延伸，也是发展方式的变革与发展质量的优化，更是人的全面化和现代化发展。新发展理念管根本、管全局、管长远，明晰了我国现代化建设的指导原则。区域现代化的核心要义，在于通过贯彻新发展理念，从创新、协调、绿色、开放、共享五个维度发力，建设社会主义现代化强国。

（1）创新维度

创新是区域现代化的主要动力。首先，自立自强的科技创新体系是我国实行赶超战略的战略支撑。对于东部地区来说，一方面要在新能源、人工智能等核心关键技术领域与发达国家的科技创新并跑；另一方面，瞄准国际前沿技术取得突破式创新，逐渐实现科技创新的领跑，如量子计算等领域。其次，建立自主可控的现代化产业体系是区域现代化的重要前提，通过将科技创新与产业创新融合，快速实现知识创新—技术创新—产业创新的飞跃。最后，要围绕产业链部署创新链、围绕创新链布局产业链，重点在于完善区域层面的创新生态系统，如构建京津冀协同创新体系、共建长三角科技创新共同体等。解决好从"科学"到"技术"的及时、顺利转化，形成有利于创新成果产业化和市场转化的机制和通道。

（2）协调维度

协调是实现现代化的重要目的和手段。针对新时代的社会主要矛盾，东部地区在推进现代化的过程中需要着力解决发展的不平衡不充分问题。总体来说，协调维度的现代化主要包括区域协调、城乡协调、产业协调三个方面。区域协调需要着力解决的问题是既要补后发展地区现代化的短板，也要发挥先发展地区对后发展地区的带动作用，其路径是通过区域合作与统一大市场建设实现区域协调发展。城乡协调的核心要义是城乡公共服务的均等化，落脚点在于以人为核心的新型城镇化战略。产业协调要重视"四化同步"的新内容：包括工业化转型工业现代化；信息化进入数字化、智能化阶段，并为其他三化赋能成为协调发展的着力点。

（3）绿色维度

绿色是区域现代化的鲜明底色，标志着中国正在向生态文明转型的新时代迈进。现代化的绿色发展道路可以概括为以下方面：首先，将生态环境保护提升到保护和发展生产力的战略高度，体现在长江经济带发展中的生态保护和可持续发展理念，避免大规模开发对环境的不可逆破坏；其次，创新财富观，将绿色生态价值与经济发展相融合，强调绿色资源与经济增长的协同发展以及"绿水青山就是金山银山"的财富观；最后，积极推动节能减排，实现碳达峰和碳中和目标。中国式现代化不仅摒弃了西方模式的先实现现代化再进行治理的做法，更加强调在现代化过程中走绿色发展和低碳发展之路。这一理念体现在高效利用资源、环境保护、产业结构调整、技术创新以及有效管理等方面，旨在实现经济发展与生态环境的良性互动。绿色发展作为中国式现代化的核心，体现为经济繁荣、社会进步和生态平衡的统一发展。要通过加强环境保护、培育绿色产业、提升生态环境质量，并推动形成适应绿色发展的制度机制，实现可持续发展。

（4）开放维度

开放是区域现代化的重要途径，也是加快构建新发展格局、实行高质量发展的重要抓手。对于东部地区来说，不仅需要在开放中获取资源和市场，更要在开放中获取国际前沿高新技术。具体来说，现代化的开放道路可以概括为以下几个方面：一是培育新的比较优势和竞争优势，核心在于实现开放式创新，通过利用和引进国际创新资源以及建设世界重要人才中心和创新高地，着重形成创新层面的比较优势和竞争优势。二是以内循环促外循环。坚持出口和进口并重，依托超大规模的国内市场，以进口促出口；以高质量的"引进来"促高水平"走出去"，提高国际投资合作水平；以高质量的引资促引"技"和引"智"，重视引进促进现代化的发展要素。

（5）共享维度

共享维度是区域现代化的最终目标，旨在实现发展成果和机会的广泛共享，构建公平、包容与和谐的社会。共享发展理念作为新发展理念的归宿，深刻指明了创新发展、协调并进、绿色生态与开放包容的发展价值取向。共享理念要求在物质层面上减少贫富差距，普惠性提供基本公共服务，确保人民享有平等的发展机会和生活条件；在精神层面上提供高质量的教育、文化和医疗等公共服务，满足人们对知识、艺术和健康的需求，促进文化素养和幸福指数的提升。实现共享维度需要注重城乡融合发展和区域协调发展，以缩小城乡差距、促进均衡发展和消除不平衡现象。同时，共享维度强调物质文明和精神文明的同步发展，通过满足物质需求和提升文化水准，实现全面共享的现代化目标，构建一个公平、包容与和谐的现代化社会。

## 6.2.2 现代化指标选取

### 6.2.2.1 指标体系构建的基本原则

构建区域现代化评价指标体系是推动区域高质量发展、实现中国式现代化的重大现实课题。在构建过程中，必须遵循一系列基本原则，以确保评价指标体系具有科学性、客观性和可操作性。中国式现代化作为一个过程与结果相统一的历史范畴，其评价指标体系构建应遵循三大基本原则。

第一，构建区域现代化指标体系应贯彻理论性与实践性相结合的原则。区域现代化是理论指导与实践探索相结合的复杂过程。因此，在构建评价指标体系时，必须始终坚持马克思主义的理论指导，将其与实际操作相结合。这意味着要综合运用马克思主义的现代化思想，吸纳并汲取国内外先进经验和理论成果，同时结合具体区域的发展实际，制定适合该区域的评价指标。只有理论和实践相结合，才能确保评价指标体系具有科学性和指导性。

第二，构建区域现代化指标体系应遵循完备性与简明性相结合的原则。区域现代化涉及众多方面，包括经济、社会、环境等多个维度。因此，评价指标体系应具备综合性和系统性，能够全面反映区域现代化的各个方面。然而，过于庞大的指标体系可能导致数据收集和处理困难，降低操作性。因此，在构建指标体系时，应注意简化指标数量，保持指标体系的简明性和易操作性，同时确保所选指标能够全面准确地反映区域现代化的进展情况。

第三，构建区域现代化指标体系应坚持可比性与前瞻性相结合的原则。可比性是评价指标体系的重要特征，可以用来与其他区域进行比较和借鉴，发现差距和提升空间。在构建指标体系时，应参考国际通用指标，借鉴先进国家的经验，确保评价指标与国际接轨，使其具有国际竞争力。同时，评价指标体系也应具备前瞻性，能够预测和适应未来发展的需求和趋势。这要求评价指标体系不仅具备反映当前状况的功能，还能对未来的发展方向和目标进行合理预测和规划。

### 6.2.2.2　评价指标体系构建的说明

在构建东部地区现代化评价指标体系的过程中，理应对创新、协调、绿色、开放、共享五个维度的指标体系进行梳理和解读说明，为指标体系构建提供理论支撑。综合前文对区域现代化的基本逻辑解读，借鉴洪银兴等（2014）、任保平和张倩（2022）以及蒋永穆等（2022）的思路，选取以下指标以构建东部地区现代化综合评价指标体系。

（1）创新维度

创新是中国式现代化评价指标体系的首要维度，关乎区域现代化的动力源泉。本评价指标体系选取创新投入、创新产出与创新生态三项系统刻画现代化建设中的创新发展程度。其中，R&D人员全时当量、人均R&D经费内部支出为过程指标，反映创新发展过程中创新人力和创新资本投入；每万人专利申请授权数、《科学引文索引》篇数分别从专利与科研成果层面刻画创新产出水平；人均技术市场成交额、高技术产业新产品开发项目数、科学技术支持/一般财政支出则从创新生态系统构建过程中的技术市场发展（创新成果转化）、高新技术行业创新态势以及创新过程中的政府支持与制度保障层面描述创新生态完善程度。

（2）协调维度

协调发展是高质量发展的重要体现，同时也是破解发展不平衡不充分难题，实现区域良性互动、城乡融合发展的关键手段。本评价指标体系选取区域协调、产业协调、城乡协调以及信息化赋能四项系统刻画现代化建设中的协调发展程度。区域协调系统层面选取人均国内总产值、人均固定资产投资总额来体现区域协调发展过程中的经济增长与投资水平。产业协调系统层面除选取第三产业增加值占地区生产总值比重来刻画产业结构转型升级进程，还重点关注了各省市对农业现代化短板的弥补程度。为此，选取财政支农力度、农用机械总动力/农林牧渔总产值来刻画产业协调发展中的农业现代化水平。城乡协调系统层面聚焦以人为核心的新型城镇化建设，选取城镇化率、城镇居民人均可支配收入、农村居民人均可支配收入予以表征。信息化赋能是"四化同步"的新内容，要求通过信息化为新型城镇化、新型工业化以及农业现代化赋能，本书选取数字普惠金融指数来刻画这一现状。

（3）绿色维度

尊重自然、顺应自然、保护自然，是全面建设社会主义现代化的内在要求，也是东部地区率先推进现代化的根本保障。中国已迈入由工业文明转向生态文明的新时代。本评价指标体系选取生态环境、节能减排、污染治理、绿色生活四个系统层面来体现东部地区在推进现代化建设进程中的绿色发展水平。生态环境系统选取人均公园绿地面积、建成区绿化覆盖率反映"人与自然和谐共生"的绿色发展核心要义。节能减排是如期实现碳中和、碳达峰目标的重要手段，为此选取单位 GDP 电耗、单位 GDP 二氧化硫排放量、单位 GDP 工业固体废物产生量以刻画东部地区节能减排成果。污染治理系统刻画政府在环境治理方面的努力程度，选取工业污染治理完成投资额予以表征。绿色生活系统主要关注人们生产生活方式的绿色转型程度，选取生活垃圾无害化处理能力、人均用水量。

（4）开放维度

开放带来进步，在经济全球化背景下，开放发展既是构建以国内大循环为主体、国内国际双循环相互促进的新发展格局的内在要求，也是实现经济发展方式向高质量发展转型的动力源泉。本评价指标体系选取国内需求、国外需求、资本流动、技术流动四个系统层面刻画东部地区在推进现代化建设过程中的开放发展程度。超大规模的内需是大国国民经济顺畅内循环的基础，因此选取社会消费品零售总额占 GDP 比重予以表征。作为拉动经济增长的"三架马车"之一，国外需求也是开放发展的关键因素，此处选取外贸依存度即货物进出口金额占 GDP 比重来体现。资本流动系统层面选取人均外商直接投资、外商直接投资企业数以反映开放发展过程中的外资引进质量。技术流动系统是东部地区参与国际分工由比较优势转向竞争优势的关键举措，关乎开放发展能否由出口导向向创新导向转型，选取国外技术引进合同数、技术市场技术输出地域（合同数）两个指标来刻画。

表 6-1　东部地区现代化综合评价指标体系

| 基本维度 | 系统层面 | 基础指标 | 单位 | 指标属性 |
|---|---|---|---|---|
| 创新维度 | 创新投入 | R&D 人员全时当量 | 人年 | +，客观 |
| | | 人均 R&D 经费内部支出 | 万元 | +，客观 |
| | 创新产出 | 每万人专利申请授权数 | 件 | +，客观 |
| | | 《科学引文索引》篇数 | 篇 | +，客观 |
| | 创新生态 | 人均技术市场成交额 | 万元 | +，客观 |
| | | 高技术产业新产品开发项目数 | 项 | +，客观 |
| | | 科学技术支持/一般财政支出 | % | +，客观 |
| 协调维度 | 区域协调 | 人均国内总产值 | 元 | +，客观 |
| | | 人均固定资产投资总额 | 元 | +，客观 |
| | 产业协调 | 第三产业增加值占地区生产总值比重 | % | +，客观 |
| | | 财政支农力度 | % | +，客观 |
| | | 农用机械总动力/农林牧渔总产值 | 万千瓦/元 | +，客观 |

| 基本维度 | 系统层面 | 基础指标 | 单位 | 指标属性 |
|---|---|---|---|---|
| 协调维度 | 城乡协调 | 城镇化率 | % | +，客观 |
| | | 城镇居民人均可支配收入 | 万元 | +，客观 |
| | | 农村居民人均可支配收入 | 万元 | +，客观 |
| | 信息化赋能 | 数字普惠金融指数 | / | +，客观 |
| 绿色维度 | 生态环境 | 人均公园绿地面积 | 平方米 | +，客观 |
| | | 建成区绿化覆盖率_市辖区 | % | +，客观 |
| | 节能减排 | 单位 GDP 电耗 | 千瓦小时/元 | -，客观 |
| | | 单位 GDP 二氧化硫排放量 | 万吨/元 | -，客观 |
| | | 单位 GDP 工业固体废物产生量 | 万吨/元 | -，客观 |
| | 污染治理 | 工业污染治理完成投资额 | 亿元 | +，客观 |
| | 绿色生活 | 生活垃圾无害化处理能力 | 吨/日 | +，客观 |
| | | 人均用水量 | 立方米/人 | +，客观 |
| 开放维度 | 国内需求 | 社会消费品零售总额/GDP | % | +，客观 |
| | 国外需求 | 货物进出口金额/GDP | % | +，客观 |
| | 资本流动 | 人均外商直接投资 | 亿美元 | +，客观 |
| | | 外商直接投资企业数 | 户 | +，客观 |
| | 技术流动 | 国外技术引进合同数 | 项 | +，客观 |
| | | 技术市场技术输出地域（合同数） | 项 | +，客观 |
| 共享维度 | 成果共享 | 城市居民最低生活保障人数 | 万人 | -，客观 |
| | | 农村居民最低生活保障人数 | 万人 | -，客观 |
| | 社会保障 | 年末参加城镇基本养老保险人数 | 万人 | +，客观 |
| | | 年末参加失业保险人数 | 万人 | +，客观 |
| | | 职工基本医疗保险参保人数 | 万人 | +，客观 |
| | 公共设施 | 单位人口拥有公共图书馆藏量 | 个 | +，客观 |
| | | 每万人拥有公交车辆 | 标台 | +，客观 |
| | 公共服务 | 人均拥有道路面积 | 平方米 | +，客观 |
| | | 万人卫生技术人员 | 人 | +，客观 |

（5）共享维度

共同富裕是中国式现代化的主要目标，在共享发展中推动共同富裕反映社会主义现代化要求。本评价指标体系选取成果共享、社会保障、公共设施和公共服务四个系统层面反映东部地区现代化建设中的共享发展水平。其中，成果共享系统选取城市居民最低生活保障人数和农村居民最低生活保障人数；社会保障系统选取年末参加城镇基本养老保险人数、年末参加失业保险人数、职工基本医疗保险参保人数；公共设施选取单位人口拥有公共图书馆藏量、每万人拥有公交车辆；公共服务选取人均拥有道路面积、万人卫生技术人员。

# 6.3 东部地区现代化水平现状评价与比较分析

本部分运用上节构建的指标体系测算 2021 年东部地区的现代化水平，所用数据来源于中经网统计数据库、国家统计局、Wind 数据库、北京大学互联网金融研究中心发布的《北京大学数字普惠金融指数（2011—2021）》。首先采取极差标准化方法对指标进行无量化处理，因而评价结果为相对水平，体现的是东部各省市现代化水平的相对高低。其次，利用熵值法对创新维度、协调维度、绿色维度、开放维度、共享维度的基础指标进行分别赋权，得到东部各省市分维度的现代化得分。最后，通过主客观结合的评价方法，即对现代化各维度赋予等同权重并进行加总，最终得到东部省市 2021 年的现代化水平得分。

## 6.3.1 东部地区各省市现代化水平各维度指数比较

2021 年东部 10 省市现代化各维度指数及其排名如表 6-2 和图 6-5 所示。

表 6-2　2021 年东部 10 省市现代化建设各维度指数及其排名

| 东部省市 | 创新维度 | 排名 | 协调维度 | 排名 | 绿色维度 | 排名 | 开放维度 | 排名 | 共享维度 | 排名 |
|---|---|---|---|---|---|---|---|---|---|---|
| 北京 | 0.7581 | 1 | 0.6399 | 1 | 0.4525 | 5 | 0.5418 | 3 | 0.5755 | 1 |
| 广东 | 0.5781 | 2 | 0.2578 | 8 | 0.6859 | 1 | 0.5479 | 2 | 0.4672 | 4 |
| 江苏 | 0.4723 | 3 | 0.4508 | 5 | 0.6402 | 2 | 0.4916 | 4 | 0.5301 | 3 |
| 上海 | 0.4082 | 4 | 0.6277 | 2 | 0.4035 | 8 | 0.7926 | 1 | 0.4169 | 5 |
| 浙江 | 0.3899 | 5 | 0.4935 | 4 | 0.4258 | 6 | 0.3799 | 5 | 0.5383 | 2 |
| 天津 | 0.273 | 6 | 0.5309 | 3 | 0.2546 | 10 | 0.1887 | 7 | 0.3818 | 7 |
| 山东 | 0.2403 | 7 | 0.3124 | 7 | 0.4908 | 4 | 0.2927 | 6 | 0.4089 | 6 |
| 福建 | 0.1502 | 8 | 0.3186 | 6 | 0.5105 | 3 | 0.1738 | 8 | 0.3331 | 9 |
| 河北 | 0.0588 | 9 | 0.2543 | 9 | 0.2649 | 9 | 0.0851 | 10 | 0.1828 | 10 |
| 海南 | 0.0219 | 10 | 0.1925 | 10 | 0.4067 | 7 | 0.1311 | 9 | 0.3457 | 8 |

资料来源：根据中经网统计数据库、国家统计局、Wind 数据库、《北京大学数字普惠金融指数（2011—2021）》以及各省市统计年鉴，作者计算得到。

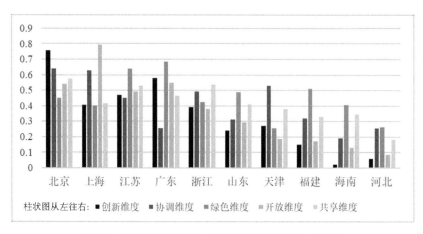

图 6-5　2021 年东部 10 省市现代化水平各维度指数

　　从创新维度来看，排名前 5 位的北京、广东、江苏、上海、浙江的创新现代化指数分别为 0.7581、0.5781、0.4723、0.4082、0.3899，这些省市在创新维度的现代化水平较高。北京 2021 年万人专利申请授权量达到

90.8076 件，且在创新投入、创新生态方面均处于前列水平，说明北京具有较强的创新优势，已具备实现创新现代化的坚实基础。后 5 位的天津、山东、福建、河北和海南的创新现代化指数分别为 0.273、0.2403、0.1502、0.0588、0.0219，这些省市的创新现代化水平与东部其他地区相比存在较大差距，尤其是排名后 3 位的福建、河北、海南与排名第五的上海得分差距达到 2 倍以上。因此，政策层面要着力推动东部城市群协同创新体系相关体制机制的完善，发挥中心城市的增长极效果，从而带动外围城市与相对落后地区的创新发展。

从协调维度来看，排名前 5 位的北京、上海、天津、浙江和江苏的协调现代化指数分别为 0.6399、0.6277、0.5309、0.4935、0.4508，这些省市的协调现代化建设效果较好。北京 2021 年第三产业增加值占地区生产总值比重已达到 81.6737，城镇化率达到 87.48%，基本达到中等发达国家水平，且得益于显著的数字化优势，在信息化赋能方面，北京地区也具备良好的数字化基础。后 5 位的福建、山东、广东、河北、海南的协调现代化指数分别为 0.3186、0.3124、0.2578、0.2543、0.1925，与东部其他省市拉开一定差距，且存在较大制约。尤其需要注意的是，广东的协调现代化水平较低，这意味着该省在实现高质量发展的过程中要补齐协调发展的短板。

从绿色维度来看，排名前 5 位的广东、江苏、福建、山东、北京的绿色现代化指数分别为 0.6859、0.6402、0.5105、0.4908、0.4525，这些省市的绿色发展水平较高。其中，广东在节能减排、绿色生活等方面排名前列，发展方式绿色转型进度较佳。后 5 位的浙江、海南、上海、河北和天津的绿色现代化指数分别为 0.4258、0.4067、0.4035、0.2649、0.2546。可以发现，除天津与河北以外，其他东部省市绿色现代化水平差距较小。因此，在东部地区率先推进现代化的过程中，天津与河北要补齐绿色发展的短板。

从开放维度来看，排名前 5 位的上海、广东、北京、江苏和浙江的开放现代化指数分别为 0.7926、0.5479、0.5418、0.4916、0.3799，这些省市在开放维度的现代化水平较高。上海 2021 年国内需求、国外需求、资本流动和技术流动方面均处于东部省市前列，在开放维度具有推进现代化的引领作用。后 5 位的山东、天津、福建、海南、河北的开放现代化指数分别为 0.2927、0.1887、0.1738、0.1311、0.0851，这些省市在开放维度的现代化水平与东部其他省市存在一定差距。因此，排名靠后省市要补好开放发展的功课，力求在开放发展上向前列省市靠齐。

从共享维度来看，排名前 5 位的北京、浙江、江苏、广东、上海的共享现代化指数分别为 0.5755、0.5383、0.5301、0.4672、0.4169，这些省市在共享发展方面取得了长足的进步。其中，北京 2021 年在成果共享、社会保障、公共服务方面基础较为坚实，相关体制机制较为完备，而其他省市与北京的差距较小，总体来看，东部地区在共享维度的现代化建设水平已具备率先推进现代化的基础。

## 6.3.2 东部地区各省市现代化水平综合指数比较

2021 年东部 10 省市的现代化水平综合指数如表 6-3 和图 6-5 所示。

表 6-3 2021 年东部 10 省市现代化水平综合指数及其排名

| 东部省份 | 现代化水平 | 排名 |
|---|---|---|
| 北京 | 0.5936 | 1 |
| 上海 | 0.5298 | 2 |
| 江苏 | 0.517 | 3 |
| 广东 | 0.5074 | 4 |
| 浙江 | 0.4455 | 5 |
| 山东 | 0.349 | 6 |
| 天津 | 0.3258 | 7 |
| 福建 | 0.2972 | 8 |
| 海南 | 0.2196 | 9 |
| 河北 | 0.1692 | 10 |

资料来源：根据中经网统计数据库、国家统计局、Wind 数据库、《北京大学数字普惠金融指数（2011—2021）》以及各省市统计年鉴，作者计算得到。

排名前 5 位的北京、上海、江苏、广东和浙江的现代化水平综合指数分别为 0.5936、0.5298、0.517、0.5074、0.4455，这些省市的现代化建设

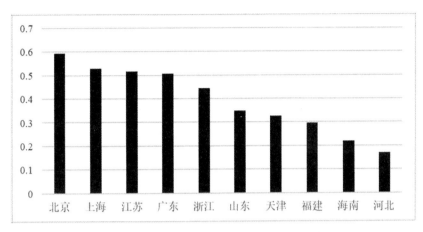

**图 6-6　2021 年东部 10 省市现代化水平综合指数**

在东部地区处于前列。其中，北京的现代化水平在各维度均处于较高水平，且各维度间差异较小，综合实力较强。上海在创新维度、协调维度、开放维度、共享维度的现代化建设取得了突出成绩，但绿色发展水平需要进一步加强。江苏在各维度的现代化建设均取得了显著成效，但值得注意的是，江苏在协调发展方面仍存在一定短板，需要后续补齐。广东在创新维度、绿色维度、开放维度的现代化建设均处在东部省市前列，但协调维度和共享维度的现代化建设仍需要注入新动力。浙江在共享维度的现代化建设水平较高，但在其余维度仍需加强。

排名后 5 位的山东、天津、福建、海南和河北的现代化水平综合指数分别为 0.349、0.3258、0.2972、0.2196、0.1692。可以看到，北京的现代化水平综合指数达到河北的 3.5 倍，存在明显差距。河北现代化建设的 5 个维度不平衡现象显著，尤其是开放维度和共享维度的现代化建设亟待加强。海南的现代化建设同样存在分化现象，在创新维度和协调维度的现代化建设需要补齐短板。福建的创新维度、开放维度和共享维度的现代化指数较低，产业结构转型和创新发展的动能不足成为其现代化建设的主要约束。山东和天津在绿色维度和协调维度的现代化建设分别取得了较好成绩，但其他维度的指数较低。

总体来看，东部地区大部分省市现代化建设均处于较高水平，但内部仍存在显著差异，在推进现代化的过程中更须贯彻区域协调发展，依托高质量发展推进中国式现代化的新征程。

# 6.4　东部地区率先推进现代化的对策建议

基于前文的理论基础与分析结果，本节分别从科技创新引领东部地区率先推进现代化、新发展格局中推进东部地区实现现代化、加强城市群协同发展指引现代化新征程以及东部地区现代化的政府推动与制度安排四个方面提出东部地区率先推进现代化的对策建议。

## 6.4.1　科技创新引领东部地区率先推进现代化

科技创新是中国式现代化的第一动力。当前，科技创新已成为世界各国竞争的核心要素，对经济社会发展产生深远影响。党的二十大明确提出实现高水平科技自立自强，强调了创新在我国现代化建设全局中的核心地位。目前东部地区已经具备走科技自立自强的创新引领现代化之路的主客观条件，需要重点关注以下四个方面。

第一，科技创新要顺应现代化的时代趋势。过去的现代化历程中，技术创新是推动机械化和电气化的核心驱动力。然而，如今的现代化进程与过去有所不同，科学发现与应用几乎同时进行，科技创新成为直接推动现代化的关键力量。因此，东部地区应充分认识到科技创新在现代化进程中的重要地位，加大对基础研究的投入，培养和吸引高水平科研人才，推动科研机构与企业的深度合作，提高核心技术创新能力。

第二，实现科学成果迅速转化为新技术的跨越。为了实现科技创新与产业发展的良性互动，应加强科技成果的转化，确保科学研究成果能够迅速转化为实际应用。东部地区应建立科技成果转化的机制和平台，加强科技成果的推广和应用，促进科技成果与产业需求的对接，提升技术转移和转化的效率。同时，应加强知识产权保护，鼓励企业加大研发投入，确保核心技术的自主掌握和运用。

第三，积极构建创新生态系统。创新是科技发展的源泉，构建良好的创新生态系统对于东部地区率先推进现代化至关重要。应注重建立开放包容的创新环境，鼓励企业加大研发投入，推动产学研用深度融合，培育创新型企业和高新技术产业集群。同时，加强创新要素的供给，提升科技创新的基础设施建设，促进创新人才的培养和引进，为科技创新提供坚实支撑。加快培育世界级先进制造业集群，推动工业化、信息化融合发展。

第四，加强与其他地区的合作与交流。科技创新是全球性的挑战，东部地区应积极主动地参与国际科技合作与交流。与其他地区的合作将促进科技创新的国际化和跨领域合作，加速科技成果的共享与转化。同时，东部地区还应加强与中西部地区的合作，推动科技创新的均衡发展，实现区域协同创新。

## 6.4.2 新发展格局中推进东部地区实现现代化

为促进东部地区的开放与发展，建立更加有效的开放、改革、创新、发展的良性互动机制是至关重要的。新时代东部地区需要从以下四个方面努力提升开放型经济层次，构建高水平的全方位开放新格局。

第一，深化对外开放，积极参与国际贸易和投资合作，通过降低贸易壁垒、扩大市场准入，加快海南自由贸易试验区和开放型经济示范区的建设，支持深圳建设中国特色社会主义先行示范区、浦东打造社会主义现代化建设引领区，吸引外资和引进先进技术。同时，应致力于推动跨境电子商务的发展，借助互联网和数字技术的力量，拓展国际市场，促进贸易便利化和跨境流通。

第二，优化营商环境，为吸引更多国内外企业来投资和创业提供良好的条件。在这方面，东部地区应进一步深化改革，简化行政审批程序，降低市场准入门槛，加强知识产权保护，强化法治建设，提高政府服务效能，为企业提供更加便利和可预期的投资环境。

第三，积极加强国际合作与交流。东部地区应积极参与区域经济一体化进程，加强与"一带一路"沿线国家的贸易和经济合作，共同开展基础设施建设、产业合作、人员往来等方面的合作。此外，还应加强与发达国家和国际机构的对话与交流，借鉴其成功经验，提升自身的竞争力和创新能力。

第四，加强风险防控和安全保障。开放型经济必须面对来自不同国家和地区的风险和挑战，东部地区应加强风险评估和管理，完善法律法规体系，加强网络安全和信息保护，防范金融风险和国际贸易摩擦的影响。同时，积极参与全球经济治理，推动国际经济秩序的公正合理和规则的制定，维护多边贸易体制和自由贸易的发展。

## 6.4.3 加强城市群协同发展指引现代化新征程

推进城市群协同发展是当前中国区域发展的战略重点，也是东部地区开启现代化新征程的重要抓手。依托城市群培育壮大高质量发展新动能，发挥中心城市的辐射带动作用，是东部地区推进现代化过程的施政重点。顺利开启东部地区现代化新征程，需要重点关注以下三个方面。

第一，重点推进东部地区的多极化和区域协调发展，建立联系有序、相对平衡的空间组织秩序。通过粤港澳大湾区、长三角、京津冀三大增长极的协同发展，形成联系有序、相对平衡的空间组织秩序。以创新发展为核心，加快推进粤港澳大湾区建设。另外，需要在国际视野下规划和推进长三角城市群发展，不断完善京津冀协同发展战略，突破发展瓶颈，加快发展步伐。

第二，建设全球城市。上海、北京、深圳、广州等全球城市的规划与建设，应按照功能明确、特色鲜明、竞争力强的原则，使其成为东部地区接入全球经济网络的重要枢纽和节点。这些全球城市的建设将使东部地区更好地融入全球化进程，提升城市的国际影响力和竞争优势，推动现代化水平向更高层次迈进。

第三，依托城市群的辐射带动作用助推区域城乡协调发展。通过优化交通网络、信息网络和公共服务网络，城市群能够将发展成果扩散到农村地区，推动乡村经济的接入与融合。在推进城乡一体化的同时，应注重经济、文化和生态的协同发展，因地制宜地推动乡村振兴，实现城乡协同发展的目标。

## 6.4.4 东部地区现代化的政府推动与制度安排

东部地区实现现代化需要先行的制度创新与更好地发挥政府作用，其体制保障是建立与探索充分发挥市场作用、更好发挥政府作用的经济体制。具体来看，东部地区各级政府需要解决如下问题。

第一，建设与创新发展相适应、与新经济形态相适应、与要素跨区域跨国流动相适应的要素市场。其核心要义在于尊重市场规律，需要着力消除阻碍人力资源、资本要素与技术流动的落后制度和政策，实现有效市场与有为政府的结合。同时，规范地方政府行为，预防地方政府为追求短期利益不顾长期发展的短视行为，防止公共资源滥用，打破地方保护主义，建立全国统一大市场。

第二，建立政府与多元资本协同体制，以实现高质量发展为总目标。相关体制安排在于围绕实体经济发展，明确不同资本的战略定位与功能，既要做优、做大、做强国有资本，也要重视私人资本和跨国资本在助推经济发展的重要作用，合理引导不同类型资本的投资方向，发挥资本的黏合剂作用，支持实体经济发展。由此避免实体经济脱实向虚、制造业空心化以及经济人口活动过度集聚等问题，提升东部地区经济发展的可持续性。此外，对于外资在东部地区的设立，需要引导其进入结构调整的轨道，发挥其促进产业升级的积极作用，并控制其可能带来的负面影响。

第三，加强市场法制建设是推动东部地区现代化的重要举措。政府应依法保护各类市场主体的合法权益，加强执法力度和透明度，维护市场公平竞争秩序。为实现与国际通行规则的对接，东部地区政府需要学习借鉴国际组织和发达国家在市场法制建设方面的先进经验。通过加强国际合作，政府可以推动制度的改革和创新，提高法律的适应性和可执行性，营造公平公正的市场环境，提升国内外企业和投资者的信心和参与度。此外，政府还应加强对知识产权保护和环境保护的监管，确保创新成果的合法权益得到保护，推动创新活动的可持续发展。

# 参考文献

［1］樊杰、赵艳楠：《面向现代化的中国区域发展格局：科学内涵与战略重点》，《经济地理》2021 年第 1 期。

［2］洪银兴、刘爱文：《内生性科技创新引领中国式现代化的理论和实践逻辑》，《马克思主义与现实》2023 年第 2 期。

［3］洪银兴：《贯彻新发展理念的中国式现代化新道路》，《经济学家》2022 年第 11 期。

［4］洪银兴：《论中国式现代化的经济学维度》，《管理世界》2022 年第 4 期。

［5］洪银兴：《区域现代化理论与实践研究》，江苏人民出版社 2014 年版。

［6］蒋永穆、李想、唐永：《中国式现代化评价指标体系的构建》，《改革》2022 年第 12 期。

［7］刘志彪：《理解高质量发展：基本特征、支撑要素与当前重点问题》，《学术月刊》2018 年第 7 期。

［8］任保平、张倩：《构建科学合理的中国式现代化的评价指标体系》，《学术界》2022 年第 6 期。

［9］孙久文、胡俊彦：《迈向现代化的中国区域协调发展战略探索》，《改革》2022 年第 9 期。

［10］覃成林、张震、贾善铭：《东部地区率先发展战略：变迁、成效与新构想》，《北京工业大学学报（社会科学版）》2020 年第 4 期。

［11］张海防、张家维：《经济发达地区率先实现现代化的理论阐释与实践路径——以江苏为例》，《江苏社会科学》2021 年第 6 期。

# 7

# 京津冀协同发展
# 进入快车道

京津冀地区括北京市、天津市以及河北省，是以首都北京为核心的城市群，也是中国北方重要经济核心区，战略地位十分突出。作为国家区域重大战略，京津冀协同发展需要打造以首都为核心的世界级城市群、推进区域发展体制机制创新、探索人口经济密集区优化开发模式，以及实现京津冀优势互补、合作共赢，以带动北方腹地发展。

本章将首先梳理京津冀协同发展的历史进程和政策实践，然后总结京津冀协同发展所积累的跨域治理经验以及对"中国式区域合作"具有的重要贡献，进而分析京津冀协同发展九年来取得的主要成效和面临的挑战，最后针对京津冀协同发展尚存在的短板问题提出相应的对策建议。

# 7.1 京津冀协同发展的历史
# 进程和政策实践

京津冀地区在中国历史上长期是政治、文化中心和重要的经济中心，具有举足轻重的战略地位。北京在金元之后逐步确立了北方乃至全国的政治、文化中心地位，是辽、金、元、明、清等数朝的都城。历史上，北京周边地区就由主管京师的官员直接管理，是京师的拱卫和物资供应基地，逐渐这些城市就组成了以北京为中心的城市圈，包括保定、天津、唐山、秦皇岛、承德和张家口等城市，为首都发展提供政治、经济、军事和交通等方面的支撑与服务功能。京津冀三地在历史上具有深厚的渊源，随着中华人民共和国成立后尤其是改革开放以来推进区域一体化进程，京津冀区域协同发展也在不断取得新进展。根据京津冀协同发展中出台的主要空间规划，可以将京津冀协同发展的历史进程大致划分为三个阶段，每个阶段的重要事件如表 7-1 所示。

**表 7-1　京津冀协同发展进程中的重要事件**

| 阶段 | 时间 | 事件 | 内容或意义 |
|---|---|---|---|
| 早期阶段 | 1981 年 | 华北地区经济技术合作协会 | 京津冀协同发展雏形 |
| | 1986 年 | 环渤海地区市长联席会 | 京津冀地区最早的正式区域合作机制 |
| 中期阶段 | 1996 年 | 《北京市经济发展战略研究报告》 | 提出"首都经济圈"概念 |
| | 2001 年 | 《京津冀北（大北京地区）城乡空间发展规划》 | 提出"大北京"概念 |
| | 2004 年 | "廊坊共识" | 正式启动京津冀都市圈区域规划的编制 |
| 近期阶段 | 2014 年 | 第一次京津冀协同发展座谈会 | 京津冀协同发展上升为国家战略 |
| | 2015 年 | 中央政治局会议 | 审议通过《京津冀协同发展规划纲要》 |
| | 2019 年 | 第二次京津冀协同发展座谈会 | 对新阶段京津冀协同发展作出战略部署 |
| | 2023 年 | 第三次京津冀协同发展座谈会 | 提出将京津冀建设为中国式现代化建设的先行区、示范区的新定位 |

## 7.1.1　早期阶段：京津唐和环渤海区域规划的编制

随着新中国成立后至改革开放初期京津冀三地行政区划大规模调整的结束，20 世纪 70 年代后期，京津冀的行政区划范围确立下来。改革开放初期，为推动经济发展，1981 年，北京、天津、河北、陕西、内蒙古率先打破区域分割，成立了华北地区经济技术合作协会，被认为是京津冀一体化发展的最初雏形。1982 年，国家计委的国土局开始研究编制《京津唐地区国土规划纲要》，其中的京津唐地区包括北京市、天津市，以及河北省的唐山市、秦皇岛市和廊坊地区，这是政府部门最早对京津冀一体化的研究。

1985 年，天津市成立了学术性团体环渤海经济研究会，研究并制定了包括辽东半岛、山东半岛和京津冀地区的环渤海经济区经济发展规划纲要。1986 年，随着环渤海区域合作问题的提出，在时任天津市长的李瑞环同志的倡导下，环渤海地区的 15 个城市共同发起成立环渤海地区市长联席会，被认为是京津冀地区最早的官方区域合作机制。

### 7.1.2　中期阶段：首都经济圈、大北京与京津冀都市圈的谋划

尽管 1982 年《北京城市建设总体规划方案》首次提出"首都圈"，但一直还停留在概念和政府文件层面。1996 年，《北京市经济发展战略研究报告》提出"首都经济圈"的"2+7"模式，即京津 2 个核心加河北省的 7 个市（唐山、秦皇岛、廊坊、张家口、承德、保定、沧州）。参照首都圈历史，杨开忠和李国平（2000）将北京、天津、廊坊、保定、唐山、秦皇岛划为首都经济圈的内圈，将沧州、张家口和承德划为首都经济圈的外圈。进一步，李国平等（2004）根据空间尺度将首都圈分为狭域、中域和广域，其中，中域首都圈为"2+7"模式，而广域首都圈与京津冀城市群两市一省的范围一致。

2001 年，《京津冀北（大北京地区）城乡空间发展规划》提出"大北京"概念，包括京津唐和京津保两个三角地区及周边城市，以京津为主轴，以唐山、保定为两翼，廊坊为腹地，疏解大城市功能，协调产业空间布局，发展中等规模城市，推进"大北京"地区建设世界级城市。"大北京"规划提出后，时任建设部部长的俞正声同志建议改名字为"京津冀"，要从更大范围来考虑北京的发展和布局问题。

2004 年 2 月，国家发改委地区经济司牵头，召集京津冀三地发改部门负责人在廊坊召开京津冀区域经济发展战略研讨会，达成"廊坊共识"，随后在 11 月正式启动京津冀都市圈区域规划的编制。2006 年，《北京市国民经济和社会发展第十一个五年计划发展纲要》首次在首都规划中考虑区域，提出按照京津冀都市圈区域进行整体开发部署；同年，《天津市国民经济和社会发展第十一个五年计划发展纲要》中也提出加强与北京、河北的交流合作，共同促进京津冀发展。国家发改委最初的京津冀都市圈规划范围是"2+7"，即以京津为核心，包括河北省的唐山、秦皇岛、承德、张家口、保定、廊坊和沧州 7 个市，后来加上石家庄拓展为"2+8"模式。

在这一阶段，针对首都经济圈、大北京和京津冀都市圈的协调一体化

发展，学界也从各个角度开展了研究。戴宏伟（2004）提出"大北京"经济圈协作的重点是产业梯度转移；樊杰（2008）研究了京津冀都市圈的功能定位与空间布局方案等；孙久文（2009）分析了北京在京津冀区域合作中的优势与定位，探索了加强京津冀区域间协调发展的途径；孙铁山等（2009）考察了京津冀都市圈人口集聚与扩散的特征、趋势及模式，并分析人口集聚与扩散的影响因素；母爱英等（2010）研究了京津冀协同发展的机制，提出构建京津冀都市圈双层多核管治模式；祝尔娟（2010）针对京津冀一体化发展的合作机制进行了研究。

### 7.1.3 近期阶段：京津冀协同发展上升为国家战略

党的十八大以来，习近平总书记多次在京津冀考察调研，主持召开一系列会议，引领推动京津冀协同发展，京津冀协同发展在习近平总书记的关心下逐渐上升为国家战略。2013年5月，习近平总书记在天津调研时提出，要谱写新时期社会主义现代化的京津"双城记"；同年8月，习近平总书记在北戴河主持研究河北发展问题时提出，要推动京津冀协同发展。此后，习近平总书记多次在不同场合对京津冀协同发展作出重要指示。2014年2月，习近平总书记在北京主持召开座谈会，听取了京津冀协同发展工作专题汇报，对京津冀协同发展提出七点要求，京津冀协同发展上升为重大国家战略。

2015年4月，习近平总书记主持召开中央政治局会议，审议通过《京津冀协同发展规划纲要》，京津冀协同发展从此进入全面实施、加快推进的新阶段。2019年1月，习近平总书记在北京主持召开京津冀协同发展座谈会并发表重要讲话，对新阶段京津冀协同发展作出战略部署，指出京津冀协同发展进入滚石上山、爬坡过坎、攻坚克难的关键阶段，提出六个方面的新要求。

2023年5月12日，习近平总书记在河北考察，主持召开深入推进京津冀协同发展座谈会并发表重要讲话，这是自2014年和2019年之后，第三次由习近平总书记主持的关于京津冀协同发展的座谈会。习近平总书记在这次座谈会上作出重大判断："实践证明，党中央关于京津冀等重大区域发展战略是符合我国新时代高质量发展需要的，是推进中国式现代化建设的有效途径"，并对京津冀协同发展明确提出新定位："努力使京津冀成为中国式现代化建设的先行区、示范区"。

自京津冀协同发展上升为国家战略以来，围绕京津冀协同发展的各个方面，学界也开展了大量研究。薄文广和陈飞（2015）分析了京津冀协同发展面临的挑战和困境；孙久文（2016）探讨了京津冀协同发展的目标、任务与实施路径；文魁和祝尔娟（2016）基于五大发展理念构建指标系统评估了京津冀协同发展状况；安树伟（2017）评估了《京津冀协同发展规划纲要》实施以来的京津冀区域协同发展水平，发现京津冀协同发展指数逐渐提高；方创琳（2017）从理论上分析了京津冀协同发展的科学理论基础与科学规律；刘秉镰和王钺（2020）通过对比分析京津冀、长三角和珠三角的各方面发展情况，发现京津冀相比其他两个城市群还存在一定差距；席强敏等（2022）识别了京津冀科研合作网络的空间结构，分析了影响京津冀科研合作的主要因素。

# 7.2 京津冀协同发展中的跨域治理经验

京津冀协同发展本质上是三地要打破行政藩篱，建立稳定的行政管理协同机制，形成合作共赢的发展格局。体制机制创新是有序疏解北京非首都功能、解决北京"大城市病"的制度保障。京津冀协同发展战略实施九年以来，京津冀三省市深化区域合作，创新体制机制，开启了跨域治理的重大实践，尤其是为大都市地区和周边地区的协同发展开展了丰富探索，为"中国式区域合作"积累了大量经验。

## 7.2.1 构建政府引导的多元主体治理体系

坚持中央统筹协调，打造政府引导的多元主体共治模式。在顶层设计方面，中共中央、国务院先后印发了《京津冀协同发展规划纲要》《河北雄安新区规划纲要》《关于推进北京城市副中心高质量发展的实施方案》

等重要文件，对京津冀协同发展进行了整体谋划，统筹推进京津冀协同发展战略实施。在组织架构方面，中央政府在设立专门的领导机构——京津冀协同发展领导小组从战略上指导全盘工作，负责组织拟订并协调实施京津冀协同发展战略规划与重大政策。京津冀协同发展领导小组办公室设在国家发改委，直接落实中央政策，下面设有北京市、天津市、河北省地方小组，同时协调市场、社会等多元主体，构建起政府引导的多元主体治理体系。

鼓励地方联动，优化区域空间格局。京津冀在政府机构与民间企业之间建立起了联席会商机制并使之常态化、制度化，深化了京津冀三地的交流合作，推动京津冀治理与产业的深度融合。京津冀协同发展以"一核、双城、三轴、四区、多节点"为骨架，构建了支点（重要城市）、载体（战略性功能区平台）、纽带（交通干线、生态廊道）连接的网络型空间格局，在承接非首都功能疏解的新两翼支撑下，京津冀区域空间格局进一步优化。

### 7.2.2 以疏解"大城市病"为重点布局治理内容

以疏解北京非首都功能为抓手，带动京津冀功能整体优化提升。京津冀协同发展战略政策重点为解决北京"大城市病"，政策手段为有序疏解北京非首都功能，在此基础上加快构建现代化首都都市圈。首都城市功能的过度集中加剧了京津冀内部区域经济的极化发展，造成较大的集聚负外部性。通过城市群的腹地城市支撑首都功能，避免首都对周边城市的过度虹吸，将中心城区的产业功能向郊区及周边城市转移，优化整体区域功能的空间格局。

推进交通、生态、产业协同治理，以重点领域带动一体化发展。交通一体化、生态环境保护和产业升级转移是京津冀协同发展率先突破的重点领域。在交通一体化方面，构建以轨道交通为骨干的多节点、网格状、全覆盖的交通网络，建立统一开放的区域运输市场格局。在生态环境保护方面，建立区域生态补偿机制、稀缺资源有偿使用等制度，推进生态环境共享共建的制度建设。在产业升级转移方面，根据京津冀三地的比较优势确定三省市差异化的区域分工格局，处理好北京的疏解与津冀的承接，推动产业顺梯度转移，形成合理的产业分布和联动机制。

打造区域协同创新共同体，强化协同发展动力支撑。创新驱动是实现京津冀协同发展的根本动力，需要京津冀三地的创新协同。自京津冀协同发展上升为国家战略以来，打造区域协同创新共同体就成为京津冀协同发展的重要目标。京津冀协同创新共同体的核心引擎是北京，北京作为原始创新策源地、技术创新总部聚集地、科技成果交易核心区和全球高端创新型人才中心，辐射带动京津冀整体创新水平提升。天津与河北也建设了一批协同发展和产业示范区，依托曹妃甸协同发展示范区、大兴国际机场临空经济区、天津滨海中关村科技园、雄安新区中关村科技园等科技园区推进产业和创新合作平台建设，共同承接北京的创新溢出，推动北京的高技术创新成果在河北、天津的转化，增强产业协同与创新协同的发展动力。

## 7.2.3 创新多层级协作的跨域治理机制

创新体制机制，强化交界地区跨域治理。京津冀三省市建立健全工作协调机制，滚动签订实施战略合作协议，为有序疏解非首都功能、推动京津冀协同发展提供制度机制保障。京津冀交界地区积极承接疏解的非首都功能，经济发展快速增长、城乡空间显著扩展的同时，也出现了诸如房价飙升、交通拥堵、生态承载力下降等问题，这既是三省市协同发展的缩影，也是评估京津冀协同发展战略成效的重要依据。2020 年，国家发改委、北京市、河北省联合印发《北京市通州区与河北省三河、大厂、香河三县市协同发展规划》，提出通过北京城市副中心示范引领，辐射带动河北省北三县协同发展。2021 年，国务院印发《关于支持北京城市副中心高质量发展的意见》，提出积极推进北京市通州区与河北省北三县一体化高质量发展。北京市、河北省创新体制机制，构建了适应一体化高质量发展的管理架构，是京津冀交界地区跨域治理的典型样板：组建理事会作为决策层作为领导部门，理事会下设执委会负责具体推进工作，同时理事会和执委会可邀请京冀两省市人大代表、政协委员、专家学者、企业家等建言献策，鼓励社会充分参与。

# 7.3　京津冀协同发展的主要成效

　　京津冀协同发展是重大国家战略，战略的核心是有序疏解北京非首都功能，调整经济结构和空间结构，走出一条内涵集约发展的新路子，探索出一种人口经济密集地区优化开发的模式，促进区域协调发展。京津冀协同发展战略实施九年来，京津冀三省市通力合作，坚持"一盘棋"思想，自觉打破"一亩三分地"的思维定式，在多方面和多领域取得了明显成效和积极进展。

## 7.3.1　非首都功能疏解成效明显，企业疏解腾退有序推进

　　京津冀协同发展战略将有序疏解北京非首都功能，解决北京"大城市病"作为基本出发点，这主要是基于对北京"大城市病"问题的根源是功能过多、空间上过度集中这一基本判断得出的。疏解对象主要包括一般性产业特别是高消耗产业，区域性物流基地、区域性专业市场等部分第三产业，部分教育、医疗、培训机构等社会公共服务功能，部分行政性、事业性服务机构和企业总部等。疏解过程中突出了"有序"原则，集中疏解和分散疏解相结合，严控增量与疏解存量相结合，市域内疏解与市域外疏解相结合。一方面，作为疏解源的北京中心城区加大了向外疏解力度；另一方面，作为主要承接方的北京中心城区以外区域和河北、天津两地规划建设了北京城市副中心、河北雄安新区以及大兴国际机场临空经济区、河北唐山曹妃甸、天津滨海新区以及张承地区等承接疏解的主要空间载体，推进了非首都功能的疏解并取得了显著成效。

　　疏解存量主要是退出一般性制造业以及就地淘汰一批高污染、高耗能、高耗水的"三高"产业，并根据《北京新增产业的禁止和限制目录》严控增量。2014 年以来，北京先后出台了多版《北京新增产业的禁止和限制目录》等指导文件，细化了产业与企业导入和疏解标准及要求，在实践中严格落实相关政策，大力疏解不符合首都发展要求与影响首都功能发挥

的企业。截至 2021 年 6 月,北京累计疏解退出一般制造业企业约 3000 家。根据第三次和第四次全国经济普查相关数据（见表 7-2）,北京一般性制造业法人单位数和就业人数明显下降,2018 年末,北京共有制造业法人单位 2.57 万个,从业人员 96.8 万人,较 2013 年分别下降 21% 和 29.4%,制造业企业平均从业人员数量明显减少。从 29 个制造业行业大类来看,25 个行业大类的法人单位数量均有不同程度下降,除医药制造业外,28 个行业大类的从业人员数量都有所下降,其中黑色金属冶炼和压延加工业从业人员的降幅高达 80.7%。

表 7-2　2013—2018 年北京制造业各行业大类主要指标变化情况

| | 法人单位（个） | 从业人员（人） |
|---|---|---|
| 农副食品加工业 | −296 | −17029 |
| 食品制造业 | −256 | −14583 |
| 酒、饮料和精制茶制造业 | −98 | −10505 |
| 烟草制品业 | 0 | −96 |
| 纺织业 | −106 | −6666 |
| 纺织服装、服饰业 | −1268 | −41582 |
| 皮革、毛皮、羽毛及其制品和制鞋业 | −47 | −2670 |
| 木材加工和木、竹、藤、棕、草制品业 | −402 | −5959 |
| 家具制造业 | −635 | −16458 |
| 造纸和纸制品业 | −263 | −7755 |
| 印刷和记录媒介复制业 | −301 | −19058 |
| 文教、工美、体育和娱乐用品制造业 | −78 | −5985 |
| 石油加工、炼焦和核燃料加工业 | −56 | −7528 |
| 化学原料和化学制品制造业 | −729 | −23226 |
| 医药制造业 | 6 | 5568 |
| 化学纤维制造业 | −10 | −93 |
| 橡胶和塑料制品业 | −672 | −19894 |
| 非金属矿物制品业 | −827 | −37432 |
| 黑色金属冶炼和压延加工业 | −220 | −9622 |
| 有色金属冶炼和压延加工业 | −101 | −3174 |

| | 法人单位（个） | 从业人员（人） |
|---|---|---|
| 金属制品业 | −1129 | −38842 |
| 通用设备制造业 | −436 | −24918 |
| 专用设备制造业 | 26 | −18766 |
| 汽车制造业 | −79 | −25694 |
| 铁路、船舶、航空航天和其他运输设备制造业 | 48 | −1128 |
| 电气机械和器材制造业 | −392 | −21824 |
| 计算机、通信和其他电子设备制造业 | 200 | −37326 |
| 仪器仪表制造业 | −141 | −11024 |
| 其他制造业 | −87 | −4824 |

资料来源：根据第三次和第四次全国经济普查数据计算整理。

以北京动物园批发市场、北京大红门批发市场为代表的近 1000 个区域性批发市场和物流中心得到疏解和提升。北京中心城区的多所高校部分本科教学功能迁往北京中心城区以外的沙河和房山大学城。北京市党政机关也从首都功能核心区迁往北京城市副中心。2021 年 12 月 28 日，"老牌"央企——中国华能集团总部迁往河北雄安新区。河北、天津成为承接北京非首都功能疏解的主要区域，根据北京市场监督管理局发布的数据，2018 年北京迁出企业中有 27.3% 迁往津冀地区。

### 7.3.2 北京人口快速增加态势得到基本遏制，空间分布结构趋于合理

人口增长来源于自然增长和机械增长，很多大城市包括北京在内的人口增长主要是机械增长导致，长期以来北京各种功能不断增加，就业机会也在增加，因此也带来了大量的外来人口向北京集聚。2000 年，北京常住人口 1363.6 万人，2013 年底已经达到了 2114.8 万人（2004 版北京城市总体规划确定到 2020 年人口控制目标为 1800 万人），13 年间增加了 751.2 万人，平均每年增加 57.8 万人。与此同时，北京人口又主要集中在中心城区，出现了"人口分布过度集中"现象，特别是由北京东城区和西城区所构成的首都功能核心区人口密度高达 2.39 万人/平方公里。人口的快速增

长和空间布局过于集中加剧了北京的人口资源环境矛盾，导致房价急剧攀升，交通拥堵、环境污染等"大城市病"进一步凸显。

2014 年京津冀协同发展战略实施以来，相关规划确定了非常明确的北京人口总量和分布调控目标，主要是到 2020 年常住人口总量控制在 2300万人，北京中心城区常住人口在 2014 年的基础上争取到 2020 年下降 15 个百分点。北京一方面通过疏解北京非首都功能大大降低了北京中心城区特别是首都功能核心区的就业密度，加大了对中心城区以外各区的经济功能和公共服务功能建设，承接了绝大部分中心城区外迁与新增常住人口，优化了北京人口分布结构。2014 年以来，伴随非首都功能疏解，北京常住人口增长率不断下降，人口过密问题以及人口空间分布不均衡问题都得到一定程度缓解。2021 年北京常住人口 2188.6 万人，仅比 2014 年增加了 17.5 万人，这一增量甚至比 2014 年之前一年间的人口增量还少。作为全国政治中心、文化中心和国际交往中心的核心承载区，首都功能核心区的人口密度显著下降，常住人口总量从 2014 年的 221.3 万减少到 2020 年的 181.5 万，人口密度则从 2.39 万人/每平方公里降到 1.96 万人/每平方公里，人口过密问题得到一定程度缓解，人口空间布局不均衡问题正在逐步得到解决（见图 7-1）。

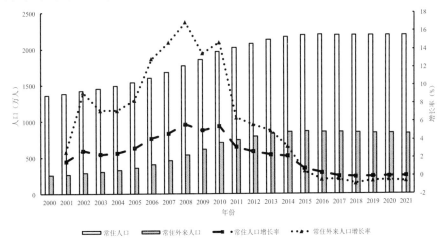

**图 7-1 2000—2021 年北京常住人口与常住外来人口规模与增速**

资料来源：2000—2020 年数据来自《北京统计年鉴 2021》，2021 年数据来自《北京 2021 年国民经济和社会发展统计公报》。

### 7.3.3 交通基础设施大幅改善，交通一体化水平持续提升

京津冀协同发展战略要求，到 2020 年要基本形成多节点、网络状的区域交通网络，打造"轨道上的京津冀"，构建现代化的津冀港口群和国际一流的航空枢纽等。京津冀协同发展战略实施九年以来，京津冀交通一体化水平持续提升。公路方面，三地间高速公路网络日益密集，截至 2022 年末，京津冀区域高速公路通车里程达 10880 公里，2014—2022 年间增加了 36.3%（见表 7-3），市域内高速公路"断头路"清零，环京津地区高等级公路基本实现全覆盖，区域间出行日益高效便捷。铁路方面，以轨道交通为主的京津冀立体交通网络基本形成，2014—2022 年间京津冀铁路里程增加 33.6%，截至 2022 年末，京津冀铁路运营里程达 10848 公里，2014—2022 年间增加了 38.3%（见表 7-3），京津冀核心区 1 小时交通圈、相邻城市间 1.5 小时交通圈基本形成，"轨道上的京津冀"主骨架形成。民航方面，京津冀机场群布局完成，北京大兴国际机场正式投运。水运方面，津冀港口合作不断深化，天津港以集装箱干线运输为重点，秦皇岛港、黄骅港、唐山港以大宗物资运输为主，形成了错位发展、有效互动的港口群。

表 7-3  2014—2022 年京津冀交通基础设施指标变化情况

单位：公里

|  | 2014 年 | 2022 年 | 增长率（%） |
|---|---|---|---|
| 高速公路 | 7983 | 10880 | 36.3 |
| 铁路里程 | 8508.5 | 10848 | 38.3 |

资料来源：《京津冀交通一体化发展白皮书（2014—2020 年）》，北京市统计局。

### 7.3.4 协同治理机制日益完善，生态环境质量得到有效改善

京津冀协同发展战略要求，到 2020 年京津冀 PM2.5 浓度明显下降、森林覆盖率达到 30% 以上。京津冀三地不断强化生态环境联建联防联治，特别是全面推进大气污染防治协作，2014—2021 年，京津冀地区空气质量

得到明显改善，PM2.5浓度由93微克/立方米下降到低于40微克/立方米，其中北京空气质量改善尤为明显，PM2.5浓度从86微克/立方米下降到33微克/立方米。同时，京津冀三地加大生态环境协同保护力度，构建了密云水库上游生态补偿机制，在植树造林、保护水源、治理风沙等方面开展了一系列合作，大力实施京津风沙源治理与"三北"防护林工程、京冀生态水源保护林项目，林业生态修复成果显著，京津冀地区森林覆盖率从2013年的23.65%上升到2020年的34.64%，增长了10.99个百分点（见表7-4）。2021年，京津冀192个国家地表水考核断面水质达到或好于Ⅲ类的断面比例为70.4%，同比提高8个百分点。此外，京津冀加大节能减排力度，以清洁能源代替燃煤，持续优化能源结构，加大高污染产业整治力度，推动产业优化升级，万元GDP能耗不断降低，京津冀地区单位GDP碳排放强度从2013年的1.6吨/万元下降到2019年的1.4吨/万元（见表7-4）。

表7-4 2013—2020年京津冀环境指标变化情况

| | PM2.5浓度（微克/立方米） | | 森林覆盖率（%） | | 单位GDP碳排放强度（吨/万元） | |
|---|---|---|---|---|---|---|
| | 2014年 | 2020年 | 2013年 | 2020年 | 2013年 | 2019年 |
| 京津冀 | 93.00 | 51.00 | 23.65 | 34.64 | 1.60 | 1.40 |
| 北京 | 85.90 | 38.00 | 35.84 | 44.40 | 0.50 | 0.20 |
| 天津 | 83.00 | 48.00 | 9.87 | 12.07 | 1.10 | 1.10 |
| 河北 | 102.00 | 44.80 | 23.41 | 35.00 | 2.70 | 2.60 |

资料来源：2014年PM2.5浓度数据来自《河北经济年鉴2015》，2020年PM2.5浓度数据来自《2020年全国生态环境质量简况》；2013年森林覆盖率数据来自《第八次全国森林资源清查（2009—2013）资料》，2020年森林覆盖率数据来自三省市"十四五"规划报告，并基于三省市数据计算得出京津冀森林覆盖率；单位GDP碳排放强度数据来自中国碳核算数据库（CEADs），见 https：//www.ceads.net.cn。

## 7.3.5 北京城市副中心和河北雄安新区"新两翼"建设快速推进，多中心空间结构深度优化

"一核、双城、三轴、四区、多节点"的空间结构是京津冀协同发展

的骨架。经过九年的京津冀协同发展，北京"一核"主体地位稳固突出，首都功能不断强化提升；北京和天津的"双城"联动引擎作用不断凸显；京津、京保石和京唐秦"三轴"的人口产业集聚作用显著；中部核心功能区、东部滨海发展区、南部功能拓展区和西北部生态涵养区"四区"根据不同的发展重点形成了各具特色的发展模式；包括石家庄、唐山、保定、邯郸等区域性中心城市和张家口、承德、廊坊、秦皇岛、沧州、邢台、衡水等节点城市在内的"多节点"有序推动产业和人口集聚，持续增强城市综合承载力和服务能力。京津冀三地协同发展大格局已经初步形成，更加凸显了协同发展的效应。

作为北京城市功能空间优化的重要节点，北京城市副中心和河北雄安新区是北京新的两翼，在承接非首都功能疏解中都承担着重要使命，是落实京津冀协同发展战略和治理首都"大城市病"的重大举措，同时也为加强首都功能提供有效的服务保障。目前，雄安新区和北京城市副中心规划建设正在高标准、高质量推进，北京非首都功能疏解正在积极有序开展。

北京城市副中心作为服务首都和承接首都城市功能的重要空间载体，致力于发展公共行政、商务服务、文化旅游和科技创新四大功能。北京城市副中心第二批市属机关和相关事业单位启动搬迁，张家湾设计小镇、运河商务区分别注册企业380家和1.85万家，大运河京冀段全线实现旅游通航，2019年以来交通、产业、民生等领域160余个项目携领北三县高质量发展。2019年1月，北京第一批市级领导机关正式迁至城市副中心，形成了良好的带动示范作用。截至2022年4月底，城市副中心剧院、图书馆、博物馆、副中心站综合交通枢纽项目建设取得阶段性进展，北大人民医院通州院区开诊，首师大附中通州校区、副中心政务服务中心投用，环球主题公园成为文化旅游新地标。

河北雄安新区是继深圳经济特区和上海浦东新区之后又一具有全国意义的新区，是北京非首都功能疏解集中承载地，是推动高质量发展的全国样板和建设现代化经济体系的新引擎，是落实京津冀协同发展战略的重大举措。2017年以来，雄安新区加快重大基础设施建设，京雄城际全线贯通，雄安新区"四纵三横"对外高速公路骨干路网全面投入使用，京雄津保环首都"1 小时交通圈"已经形成，雄安商务服务中心正式投用。首批向雄安新区疏解的部分在京部属高校、医院全面落位，中央企业在雄安新区设立分公司、子公司及分支机构达 100 多家，在雄安新区本级注册的北京投资来源企业达 3600 多家。2022 年以来，中国中化、中国星网、中国华能央企总部项目开工建设，中国矿产资源集团完成选址，央企设立各类机构 140 多家。北京市以"交钥匙"方式支持雄安新区建设的"三校一院"项目完成移交。雄安新区建设持续推进，"两翼"建设朝着高标准高质量日益推进。

# 7.4 京津冀协同发展面临的挑战

## 7.4.1 京津冀地区经济地位持续下滑，进一步经济增长较为乏力

京津冀地区经济地位持续下滑。京津冀协同发展的整体定位之一就是全国创新驱动经济增长新引擎，要在引领和支撑全国经济社会发展中发挥更大作用。但京津冀协同发展战略实施以来，京津冀 GDP 总量占全国经济总量比重持续下降，京津冀 GDP 总量占全国比重由 2010 年的 9.60%下降到 2022 年的 8.33%，下降了 1.27 个百分点；而同时期江浙沪地区的 GDP 总量占全国比重始终保持在 20%以上，广东省的 GDP 总量占全国比重也在 10%到 11%间波动（见图 7-2）。

京津冀区域经济增长速度放缓。2010 年以来，全国主要区域都经历了 GDP 增速下滑（见图 7-3），近年来由于疫情等国内外因素叠加，京津冀地区经济增长受阻严重，增长乏力。2022 年，北京市、天津市的 GDP 增速只有 0.7%和 1%，远低于深圳市的 3.3%，说明京津冀近几年来的经济增长遇到较大困难，亟须找到促进经济增长的新方式。

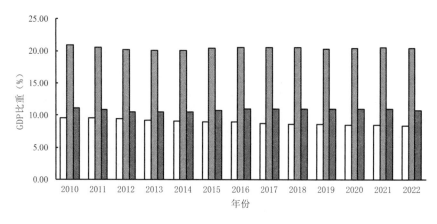

**图 7-2　2010—2022 年京津冀、江浙沪、广东省 GDP 占全国比重**

资料来源：国家统计局。

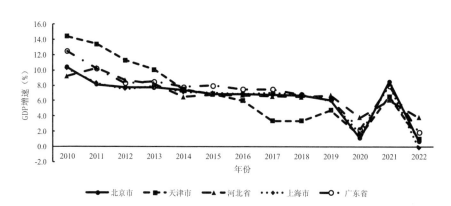

**图 7-3　2010—2022 年京津冀、上海市、广东省 GDP 增速**

资料来源：国家统计局。

## 7.4.2　北京对津冀的创新辐射不足，且河北创新能力较弱

北京对津冀的创新辐射带动作用较为有限。从技术交易来看（见图 7-4），2021 年北京流向外省市的技术合同成交额为 4347.7 亿元。其中，输出津冀技术合同成交额 350.4 亿元，仅占 8.1%，说明北京对外技术辐射

90%以上都流向了津冀以外的地区。综合 2014—2021 年的情况，北京向津冀输出的技术合同成交额占流向外省市的总额比例总体呈现上升趋势，但在近年又开始回落，而且一直没有超过 10%，比重最高的 2019 年也仅为 9.9%，说明北京的技术创新绝大部分仍是辐射到津冀以外省市，北京对河北和天津的创新溢出严重不足。

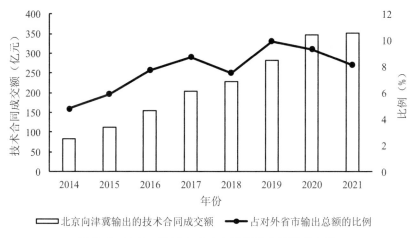

图 7-4　2014—2021 年北京向津冀输出的技术合同
成交额及占对外省市输出总额的比例

资料来源：《北京统计年鉴 2021》《2021 年北京技术市场统计快报》。

　　河北企业创新能力较弱，陷入低端锁定。从企业创新情况来看，2018 年北京规模以上制造业企业中有研发活动的企业占比为 36%，天津为 32%，但河北只有 13%。北京和天津制造业企业新产品销售收入占企业营业收入比重为 19% 和 21%，而河北只有 13%。可见，河北制造业企业创新能力明显不足，无法有效承接京津创新资源的辐射，天津相比河北更有能力承接北京创新资源的辐射。相比之下，江浙沪中江苏和浙江制造业企业中有研发活动的企业占比都超过 40%，新产品销售收入占企业营业收入比重江苏为 22%、浙江为 32%，与上海接近或超过上海，显示三地间创新能力差距较小，能够有效联动和协同发展。因此，京津冀制造业发展需要进一步加强京津联动并利用北京优势的创新资源辐射带动河北制造业发展，促进河北制造业转型升级，突破低端锁定。

### 7.4.3 京津冀区域性市场发育不充分，生产要素流动存在壁垒

京津冀地区同长三角地区、粤港澳大湾区相比，市场一体化建设仍然滞后，成为制约京津冀协同发展的关键因素。尽管京津冀协同发展战略实施九年来，京津冀地区在制定市场基础制度规则，推进市场设施高标准联通，建设统一的要素、资源、商品和服务市场，推进市场监管公平统一等方面都进行了积极探索，但总的来说，与长三角地区、粤港澳大湾区的差距并没有缩小，京津冀三省市间的市场壁垒问题仍然存在，特别是在生产要素的跨省市流动上，在市场监管、标准、规则等制度设计上都还有诸多有形和无形的障碍。

京津冀的劳动力要素流动不够紧密。相比长三角和珠三角，京津冀的人口流动不够紧密，而且中心城市引领作用弱于长三角。从表7-5中可以看出，长三角城市群两种交通方式的中心城市流出到城市群内部城市的人次占比都明显高于京津冀城市群，其中铁路运输方式更是高出了16个百分点；在珠三角城市群中心城市流出到城市群内部城市的人次占比中，虽然其公路运输人次占比远低于京津冀城市群，但是铁路运输人次占比明显高于京津冀城市群，接近长三角城市群。这说明与上海的流出人次相比，北京的流出人次更多流向京津冀城市群以外地区，该结果在铁路运输方式上对比最为显著。这表明北京作为京津冀城市群中心城市，与其城市群内部城市的人口流动程度不如长三角城市群，未能在城市群内充分发挥中心城市的辐射带动作用。整体来看，京津冀城市群内所有城市流出到城市群内部城市的人次占比中公路运输方式与长三角城市群相当，但铁路运输的人次占比显著低于长三角城市群，比长三角城市群低12个百分点。这表明在铁路运输方式下，京津冀内部城市有一半比重的人口流动是与城市群以外的城市进行联系，说明京津冀地区内部城市对人口的吸引力不如长三角城市群，仍有进一步提升的空间。

表7-5 不同交通方式下三大城市群人口流向城市群内外的情况

| 城市群 | 交通方式 | 中心城市流出到城市群内部的人次占中心城市总流出人次的比重（%） | 城市群内所有城市流出到城市群内城市的人次占城市群内所有城市总流出人次的比重（%） |
|---|---|---|---|
| 京津冀 | 公路 | 93.5 | 89.6 |
| | 铁路 | 25.8 | 50.4 |
| 长三角 | 公路 | 97.2 | 89.3 |
| | 铁路 | 41.8 | 62.4 |
| 珠三角 | 公路 | 76.0 | 82.7 |
| | 铁路 | 40.6 | 52.0 |

资料来源：腾讯迁徙2015—2019年。

# 7.5 纵深推进京津冀协同发展的思路及政策建议

## 7.5.1 巩固北京自身优势，发掘增长新引擎，带动京津冀实现新一轮经济增长

强化发展抗冲击强、符合大国首都发展需要的金融、商务服务等总部型经济。充分利用北京的信息服务、金融、商务服务等行业的发展基础和资源优势，一是进一步凝聚全球高端要素，以金融街、CBD、运河商务区为依托，吸引国际金融组织、国内外大型金融机构总部入驻，集聚一批具有国际影响力和重要市场地位的资产管理机构，建设国际金融开放前沿区，打造跨国公司地区总部和高端商务服务集聚区；二是打造高精尖产业总部经济新高地，推动一批央企二三级总部、市属国企、民营企业和跨国企业总部等优质资源落地北京城市副中心等重点区域，支持先进智造业企业总部在朝阳、海淀、丰台、石景山优先落地，形成高能级创新型总部经

济。力争在 2023 年金融业增速达到 8% 以上，商务服务业增速恢复到至少 5% 以上。

发挥国际科创中心优势，强化京津冀协同创新。依托"三城一区"的创新格局，一方面强化国家实验室、综合性国家科学中心、新型研发机构、高校等科研机构对全球高端创新要素的集聚效应，推动重要学科领域取得重大原创性成果；另一方面，强化科技成果转移转化，大力发展研发型经济，增强信息服务业以及科技服务业占比和在经济增长中的贡献，努力实现信息传输、软件和信息技术服务业增速不低于 10%。同时，京津冀要强化协同创新和产业协作，加快建设北京国际科技创新中心和高水平人才高地，构建产学研协作新模式，巩固壮大实体经济根基，把集成电路、网络安全、生物医药、电力装备、安全应急装备等战略性新兴产业发展作为重中之重，着力打造世界级先进制造业集群。

保持数字经济、平台经济等新业态的良好势头，使之成为北京经济增长的新引擎。目前北京的数字经济规模领跑全国，2021 年占全市 GDP 比重为 42.7%。数字经济的行业增加值和平台经济营业收入基本保持 10% 以上的增速，在疫情期间更是发挥着支撑经济增长的重要作用，数字经济全产业链开放发展取得显著成效。应从财政、金融、税收等方面着力支持两大领域发展，加大支持平台企业转型发展，稳定现有平台企业存量，防止资本外流，鼓励和引导平台企业在原创技术、核心数字技术等关键创新环节上增加研发投入，更好地发挥行业转型、扩大内需、拉动消费、民生保障作用，鼓励领军企业成立数字化配套投资基金，对其上下游企业进行投资，壮大形成大规模产业集群，成为北京经济新的增长点。

## 7.5.2 围绕北京创新链布局津冀产业链，充分发挥北京创新辐射带动作用

创新资源是北京发挥"一核"辐射带动作用的核心，但创新链的传递和延伸无法脱离产业链，因此加强京津冀区域协同创新的关键是要建立起创新链和产业链的衔接，围绕创新链布局产业链。同时，需要继续完善区域协同创新网络，围绕产业合作的关键领域加强协同创新，完善体制机制。

第一，打造京津冀协同发展新格局。围绕构建京津冀协同创新共同体的目标，完善两市一省科技创新功能定位，优化科技创新资源和科技园区布局，建设京津冀科技创新"一心（北京国际科技创新中心）、三核（中关村国家自主创新示范区、天津滨海高新技术产业开发区、雄安新区）、三带（京津高新技术产业创新带、沿海现代工业技术创新示范带、环京津绿色发展创新创业带）、多园区（中关村科技园及在津冀的共建产业园区）"，形成中心引领、三核驱动、三带辐射、多园支撑和优势互补、对接产业的区域科技创新格局。

第二，围绕产业链布局创新链，加强北京的创新溢出对天津、河北的带动作用。推动北京的高技术创新成果在河北、天津的转化，带动天津、河北的制造业由传统制造业向高技术制造业转型，推动中关村等优势科技园向津冀布局，鼓励北京的高校、研究机构和科技企业与天津、河北建立合作研发、中试、生产的协作关系。

第三，建立京津冀人才流动机制。充分发挥北京的人才资源优势，促进北京的人才与河北、天津的交流，带动河北、天津的创新发展。通过建设京津冀专家库、人才协会、人才信息平台等，对接三地的用人需求和人才资源，建立京津冀三地干部互派机制，推动园区、高校、研究机构的人才交流常态化，减少户籍、政策、公共服务等限制人才自由流动的瓶颈因素，为北京的人才向津冀流动提供高质量的服务保障。

第四，创新跨行政区的投融资机制。鼓励北京的金融机构、风险投资机构对天津河北的科技研发、孵化、转化提供资金支持，鼓励京津冀三地共同出资设立京津冀科技创新基金，开展重点技术领域联合攻关，支持科技联合创新研发、创新平台资助、创新环境建设，建立统一的技术交易市场，促进创新资源在京津冀的自由流动。

## 7.5.3 推进京津冀区域市场一体化建设，畅通生产要素流动以优化资源配置

需要通过城市群和都市圈层面的规划与制度建设，逐渐打破城市之间的行政与市场壁垒。需要加强城市之间的经济互动，鼓励作为经济联系主体的企业通过分支机构在不同的城市建立企业网络，促进企业之间跨城市

的经济交流合作。通过京津冀区域市场一体化建设，使资本、劳动力、技术等生产要素能够在区域内充分流动，达到生产要素的空间优化配置，利用生产要素的外部经济使区域内的城镇经济发展达到"1+1>2"的效果。

实施统一的统筹规划管理，强化政府部门间的协调联动。京津冀应探索设立理事会和执委会进行统一部署，切实推进区域交通、生态、产业、公共服务等一体化政策落地，统筹推进区域一体化发展进程。倡导定期举行联席会议，通过各级政府部门的纵向协调，以及不同区域政府部门之间的横向联动，增强京津冀区域协作的深度，解决区域发展中存在的瓶颈问题，推动跨界重大项目落地实施，促进跨行政边界的区域协同发展。

建立统一的政务服务平台，加速推进市场一体化。在"四统一"协同发展机制和良好的空间规划引导的基础上，建立统一共享交换体系和数据服务平台，统筹建立人口、法人、地理三大信息基础数据库，以"政务通、企业通、税务通"统一框架为引领，有效规范电子政务项目的集约建设，推动行政审批、财税服务等政务管理服务事项网上审批，优化流程，提高效率。加强京津冀三地的资源整合能力，从先进制造、科技研发、中介服务、人才保障等四个方面，为企业提供资金支持、平台服务、技术交流等服务保障，积极打造经济发展服务新高地。

## 参考文献

[1] 杨开忠、李国平：《持续首都：北京新世纪发展战略》，广东教育出版社2000年版。

[2] 魏丽华：《建国以来京津冀协同发展的历史脉络与阶段性特征》，《深圳大学学报（人文社会科学版）》2016年第6期。

[3] 毛其智：《京津冀区域协调发展的回顾与前瞻》，《北京规划建设》2004年第4期。

[4] 李国平等：《首都圈结构、分工与营建战略》，中国城市出版社2004年版。

[5] 吴良镛：《京津冀地区城乡空间发展规划研究》，清华大学出版社

2002 年版。

［6］戴宏伟：《"大北京"经济圈产业梯度转移与结构优化》，《经济理论与经济管理》2004 年第 2 期。

［7］樊杰：《京津冀都市圈区域综合规划研究》，科学出版社 2008 年版。

［8］孙久文：《京津冀都市圈区域合作与北京国际化大都市发展研究》，知识产权出版社 2009 年版。

［9］孙铁山、李国平、卢明华：《京津冀都市圈人口集聚与扩散及其影响因素——基于区域密度函数的实证研究》，《地理学报》2009 年第 8 期。

［10］母爱英、武建奇、武义青：《京津冀：理念模式与机制》，中国社会科学出版社 2010 年版。

［11］祝尔娟：《京津冀都市圈理论与实践的新进展》，中国经济出版社 2010 年版。

［12］薄文广、陈飞：《京津冀协同发展：挑战与困境》，《南开学报（哲学社会科学版）》2015 年第 1 期。

［13］孙久文：《京津冀协同发展的目标、任务与实施路径》，《经济社会体制比较》2016 年第 3 期。

［14］文魁、祝尔娟：《京津冀发展报告（2016）——协同发展指数研究》，社会科学文献出版社 2016 年版。

［15］安树伟：《京津冀协同发展战略实施效果与展望》，《区域经济评论》2017 年第 6 期。

［16］方创琳：《京津冀城市群协同发展的理论基础与规律性分析》，《地理科学进展》2017 年第 1 期。

［17］刘秉镰、王钺：《京津冀、长三角与珠三角发展的比较及思考》，《理论与现代化》2020 年第 3 期。

［18］席强敏、李国平、孙瑜康等：《京津冀科技合作网络的演变特征及影响因素》，《地理学报》2022 年第 6 期。

［19］李国平：《2019 京津冀协同发展报告》，科学出版社 2019 年版。

［20］李国平、吕爽：《京津冀跨域治理和协同发展的重大政策实践》，

《经济地理》2023 年第 1 期。

　　［21］张兵：《京津冀协同发展与国家空间治理的战略性思考》，《城市规划学刊》2016 年第 4 期。

　　［22］李国平、宋昌耀：《京津冀区域空间结构优化策略研究》，《河北学刊》2019 年第 1 期。

　　［23］李国平、罗心然：《京津冀协同发展战略对北京人口规模调控的影响研究》，《河北经贸大学学报》2021 年第 3 期。

　　［24］孙瑜康、李国平：《京津冀协同创新中北京辐射带动作用的发挥效果与提升对策研究》，《河北经贸大学学报》2021 年第 5 期。

　　［25］李国平、宋昌耀：《京津冀交界地区跨区管控研究——以通州—武清—廊坊北三县为例》，《区域经济评论》2017 年第 1 期。

　　［26］李国平、陈红霞：《协调发展与区域治理：京津冀地区的实践》，北京大学出版社 2012 年版。

　　［27］李国平、朱婷：《京津冀协同发展的成效、问题与路径选择》，《天津社会科学》2022 年第 5 期。

8

# 粤港澳大湾区建设
# 深入推进

粤港澳大湾区建设是习近平总书记亲自谋划、亲自部署、亲自推动的国家重大发展战略。自《粤港澳大湾区发展规划纲要》颁布以来，粤港澳大湾区积极推进各项建设，发展活力、竞争力和凝聚力全面提升，已经成为推动我国高质量发展的国家级增长极，正在成长为展示中国式现代化的重要窗口，在构建新发展格局中的地位不断巩固。当前，粤港澳大湾区建设稳步推进，粤港澳大湾区综合实力显著增强、创新活力不断提升、融合发展更加深入，为应对三大超预期因素奠定了坚实基础。未来，粤港澳大湾区需要有计划有步骤地完成"1+3+1"重大转型，做好着力巩固和增强创新发展势头、着力发挥核心引擎的引领作用、着力打造粤港澳合作发展平台、提升多极网络空间发展格局的水平、加快产业结构转型、大力推进高水平对外开放、充分发挥好政策协同作用、加强与其他区域重大战略的互动等八项工作，推动粤港澳大湾区位居国际一流湾区和世界级城市群的前列，占据引领者地位。

# 8.1 粤港澳大湾区建设战略部署

粤港澳大湾区建设是新时代国家改革开放下的重大发展战略，其在发展过程中体现了中国特色社会主义制度的优势。国家根据世界经济形势的变化、我国经济发展的形势、粤港澳大湾区发展的实际，通过出台各类规划文件和支持性政策，全面、有序引导和推动粤港澳大湾区建设战略部署落地生根、开花结果，不断把粤港澳大湾区建设推向深入。

从粤港澳大湾区建设的代表性政策文件出台时间和关于粤港澳大湾区建设的重要内容看，粤港澳大湾区建设呈现出"关注长远发展、聚焦关键领域、谋划关键举措"的特点（见表8-1）。

表 8-1　粤港澳大湾区建设战略的代表性政策文件

| 政策文件 | 发布时间 | 关于粤港澳大湾区建设的重要内容 |
|---|---|---|
| 《大珠江三角洲城镇群协调发展规划研究》 | 2009 年 10 月 28 日 | 粤港澳三地合力建设充满生机与活力、具有全球竞争力的、协调可持续的世界级城镇群 |
| 《中华人民共和国国民经济和社会发展第十三个五年规划纲要》 | 2016 年 3 月 17 日 | 支持港澳在泛珠三角区域合作中发挥重要作用，推动粤港澳大湾区和跨省区重大合作平台建设 |
| 《深化粤港澳合作推进大湾区建设框架协议》 | 2017 年 7 月 1 日 | 努力将粤港澳大湾区建设成为更具活力的经济区、宜业宜游的优质生活圈和内地与港澳深度合作的示范区，携手打造国际一流湾区和世界级城市群 |
| 党的十九大报告 | 2017 年 10 月 18 日 | 要支持香港、澳门融入国家发展大局，以粤港澳大湾区建设、粤港澳合作、泛珠三角区域合作等为重点，全面推进内地同香港、澳门互利合作，制定完善便利香港、澳门居民在内地发展的政策措施 |
| 《中共中央　国务院关于建立更加有效的区域协调发展新机制的意见》 | 2018 年 11 月 29 日 | 以香港、澳门、广州、深圳为中心引领粤港澳大湾区建设，带动珠江—西江经济带创新绿色发展 |
| 《粤港澳大湾区发展规划纲要》 | 2019 年 2 月 18 日 | 明确粤港澳大湾区的 5 个战略定位：充满活力的世界级城市群、具有全球影响力的国际科技创新中心、"一带一路"建设的重要支撑、内地与港澳深度合作示范区、宜居宜业宜游的优质生活圈 |
| 《中华人民共和国国民经济和社会发展第十四个五年规划和 2035 年远景目标纲要》 | 2021 年 3 月 15 日 | 积极稳妥推进粤港澳大湾区建设 |
| 《横琴粤澳深度合作区建设总体方案》 | 2021 年 9 月 5 日 | 明确合作区的 4 个战略定位：促进澳门经济适度多元发展的新平台、便利澳门居民生活就业的新空间、丰富"一国两制"实践的新示范、推动粤港澳大湾区建设的新高地 |
| 《全面深化前海深港现代服务业合作区改革开放方案》 | 2021 年 9 月 6 日 | 推动前海合作区全面深化改革开放，在粤港澳大湾区建设中更好发挥示范引领作用 |
| 《关于支持港澳青年在粤港澳大湾区就业创业的实施意见》 | 2021 年 10 月 5 日 | 聚焦港澳青年宜业发展和粤港澳大湾区产业发展需要 |

续表

| 政策文件 | 发布时间 | 关于粤港澳大湾区建设的重要内容 |
|---|---|---|
| 《香港北部都会区发展策略》 | 2021 年 10 月 6 日 | 香港北部都会区将建设国际创新科技中心，尽享港深优势互补、融合发展的红利，帮助香港更好融入国家发展大局 |
| 《广州南沙深化面向世界的粤港澳全面合作总体方案》 | 2022 年 6 月 6 日 | 将南沙打造成为香港、澳门更好融入国家发展大局的重要载体和有力支撑 |
| 《支持港澳药品上市许可持有人在大湾区内地 9 市生产药品实施方案》 | 2022 年 6 月 29 日 | 在粤港澳大湾区开展药品上市许可持有人制度改革，允许港澳药品上市许可持有人在大湾区内地跨境委托生产，进一步推动粤港澳大湾区生物医药产业深度融合，实现粤港澳大湾区医药产业共同发展 |
| 《支持港澳医疗器械注册人在大湾区内地 9 市生产医疗器械实施方案》 | 2022 年 6 月 30 日 | 深化医疗器械注册人改革，允许港澳医疗器械注册人跨境委托生产，进一步推动粤港澳大湾区生物医药产业深度融合，实现粤港澳大湾区医药产业共同发展 |
| 《关于在粤港澳大湾区内地城市试点实施往来港澳人才签注政策的公告》 | 2023 年 2 月 9 日 | 便利粤港澳大湾区人才从事科研学术交流活动，促进服务粤港澳大湾区建设发展 |
| 习近平总书记视察广东时的讲话 | 2023 年 4 月 13 日 | 习近平总书记对粤港澳大湾区的 3 个新定位：新发展格局的战略支点、高质量发展的示范地、中国式现代化的引领地 |

资料来源：作者根据各类政策文件整理所得。

首先，关注长远发展。粤港澳大湾区建设是在长期研究基础上作出的战略决策，在 2019 年 2 月 18 日《粤港澳大湾区发展规划纲要》出台前，国家相关研究和政策就开始关注粤港澳大湾区的发展，实际上对粤港澳大湾区的发展目标、具备的条件、面临的挑战和保障措施等都有了深入研究，呈现出将粤港澳大湾区发展置于国家发展大局中进行谋划的深远历史视角。比如，从 2009 年 10 月 28 日《大珠江三角洲城镇群协调发展规划研究》发布，到 2019 年 2 月 18 日《粤港澳大湾区发展规划纲要》颁布，经历了近 10 年的时间，但是建设世界级城市群一直是追求的目标。2023 年 4 月 13 日，习近平总书记在视察广东时，再次赋予粤港澳大湾区三个更加长远的发展定位——"新发展格局的战略支点、高质量发展的示范地、中国式现代化的引领地"，全面擘画了粤港澳大湾区的发展蓝图。

其次,聚焦关键领域。在长远发展目标的指引下,粤港澳大湾区建设牢牢抓住了港澳深度融入粤港澳大湾区这一关键领域,先后针对性地出台各项政策,比如《横琴粤澳深度合作区建设总体方案》《全面深化前海深港现代服务业合作区改革开放方案》《香港北部都会区发展策略》《广州南沙深化面向世界的粤港澳全面合作总体方案》等,聚焦粤港澳大湾区重大合作平台建设,以合作平台建设带动粤港澳大湾区融合发展,通过全方位互联互通,为打造国际一流湾区和世界级城市群奠定坚实基础。

最后,谋划关键举措。粤港澳大湾区建设战略立足充分发挥"一国两制"优势,分阶段分步骤谋划各项举措,在重大平台建设基础上,抓住粤港澳大湾区产业合作、青年就业、人才交流等重点领域谋划关键举措。比如针对港澳与内地医药产业发展的各自优势,出台了《支持港澳药品上市许可持有人在大湾区内地 9 市生产药品实施方案》《支持港澳医疗器械注册人在大湾区内地 9 市生产医疗器械实施方案》,为香港经济转型、澳门经济适度多元化、粤港澳大湾区产业合作提供了可行性路径;同时还出台了《关于支持港澳青年在粤港澳大湾区就业创业的实施意见》《关于在粤港澳大湾区内地城市试点实施往来港澳人才签注政策的公告》等一系列引导人才交流和青年就业的政策,以人员快速流动带动各类要素快速流动,为建设粤港澳大湾区要素快速流通体系提供了良好条件。

# 8.2　粤港澳大湾区建设取得的进展

《粤港澳大湾区发展规划纲要》颁布以来,粤港澳三地紧密合作,在粤港澳大湾区发展战略的指引下,积极推动各项政策措施转化为实际行动,推进粤港澳大湾区建设各项阶段性目标实现。经过 4 年多的努力,粤港澳大湾区综合实力显著增强、创新活力不断提升、融合发展更加深入,为粤港澳大湾区经济社会发展和民生福祉改善奠定了基础。

### 8.2.1 综合实力显著增强

良好的发展态势和对人才的吸引力是一个区域综合经济实力的主要体现，在一定程度上经济发展态势良好和人口流入是相互促进、相互支撑的，也是区域经济发展的重要基础。基于这样的认识，本部分从粤港澳大湾区的地区生产总值、人口规模和结构以及人均地区生产总值的情况分析其综合发展水平。

第一，从名义地区生产总值来看。粤港澳大湾区 2022 年的经济总量突破了 13 万亿元大关，达到了 13.04 万亿元，占全国 GDP 的比重达到了 10.78%，为世界一流湾区和世界级城市群建设奠定了坚实基础。值得注意的是，在多重不利影响的冲击下，粤港澳大湾区 2020 年的地区生产总值较 2019 年下降了 0.15 万亿元，但是，2021 年粤港澳大湾区地区生产总值实现了反弹，比 2020 年增加了 0.77 万亿元，也比 2019 年增加了 0.62 万亿元，在一定程度上说明粤港澳大湾区经济发展具有了很强的抵御外部风险的韧性（见图 8-1）。

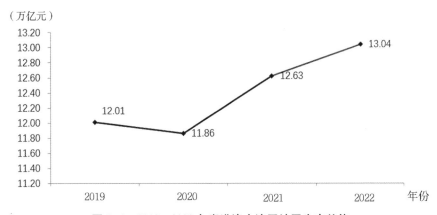

**图 8-1 2019—2022 年粤港澳大湾区地区生产总值**

资料来源：广东省统计局、香港政府统计处、澳门统计暨普查局。

第二，从人口规模和结构来看。粤港澳大湾区 2022 年末常住人口为 8629.82 万人，与 2019 年的 7264.92 万人的常住人口相比，增加了 1364.90 万人，2019—2022 年年均增长 454.97 万人；其中 2022 年，珠三角内地 9 市常住非户籍人口为 3975.38 万人,香港总人口中流动人口为 13.60 万人,澳门总人口中外地雇员和外地学生为 10.21 万人,三者合计为 3999.19 万人,占粤港澳大湾区常住人口的 46.34%。由此可见,粤港澳大湾区对人口的吸引力在不断增强,人口的不断流入为粤港澳大湾区经济社会发展提供了良好的人才保证。

第三,从人均地区生产总值来看。粤港澳大湾区 2022 年的人均地区生产总值达到 15.11 万元,是全国人均 GDP 的 1.76 倍。分城市看,粤港澳大湾区 2022 年人均地区生产总值高于全国平均水平的城市有 8 个,低于全国平均水平的城市有 3 个;高于粤港澳大湾区平均水平的城市有 5 个,低于粤港澳大湾区平均水平的城市有 6 个。尽管粤港澳大湾区各个城市人均地区生产总值存在一定差异,但是从总体上来看,粤港澳大湾区人均地区生产总值相对高于全国平均水平,再结合粤港澳大湾区人口的结构来看,粤港澳大湾区作为人才流入的主要选择地之一,已经具备了很好的支撑经济社会发展的基础(见图 8-2)。

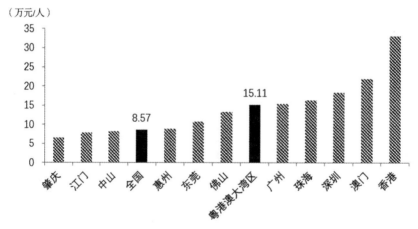

**图 8-2 2022 年粤港澳大湾区 11 个城市人均地区生产总值基本情况**

资料来源:广东省统计局、香港政府统计处、澳门统计暨普查局。

综合来看,粤港澳大湾区经济发展态势良好,顺应全球和国内经济发展的形势适时调整产业结构,经济发展韧性强,已经成为全球经济发展的重要增长引擎,正在吸引大量优秀人才向粤港澳大湾区集聚,人才红利正在累积并逐步释放，其综合发展实力显著增强并将日益稳固。

## 8.2.2 创新活力不断提升

随着经济社会的不断发展，创新成为驱动经济增长的第一动力，《粤港澳大湾区发展规划纲要》明确提出建设广州—深圳—香港—澳门科技走廊，经过 4 年多的持续建设，粤港澳创新集聚效应充分发挥，创新活力不断提升。

首先，有为政府与有效市场共同推动创新的格局基本形成。国家和粤港澳三地十分重视基础研究在推动创新中的作用，主动作为，发挥政府在推动基础研究中的引领作用。目前，粤港澳大湾区已经布局了深圳鹏城实验室和广州实验室 2 个国家实验室，另外，香港也拥有 16 个国家重点实验室、6 个国家工程技术研究分中心、3 个国家高新技术产业化伙伴基地，澳门正在建设 4 个国家重点实验室；同时，积极推动科技成果转化，发挥市场在实现科技成果转化中的主体作用，2021 年，粤港澳大湾区内地 9 市的国家高新技术企业已达 5.7 万家。通过有为政府与有效市场的相互配合、相互支撑，粤港澳大湾区进一步夯实了创新基础，释放了更多的创新活力。

其次，创新集聚能力不断提升。根据世界知识产权组织（WIPO）发布的《2022 年全球创新指数报告》，深圳—香港—广州科技集群连续 3 年排名全球第 2 位，在世界四大知名湾区中仅次于东京—横滨地区。2022 年工业和信息化部正式公布 45 个国家先进制造集群的名单，粤港澳大湾区有 6 个先进制造业集群入选，占到了全国的 13.33%，涵盖了新一代信息通信、超高清视频和智能家电、智能装备、先进电池材料、高端医疗器械、泛家居等领域（见表 8-2）。由集群的名称和集群涵盖的领域可以看出这些产业集群具有三个主要特点：一是顺应国际产业革命大趋势的同时兼顾已有产业基础；二是发挥龙头城市带动作用的同时兼顾协同集聚；三是利用集群优势的同时兼顾集群区域内的上下游关联。

表 8-2　粤港澳大湾区 6 大国家先进制造业集群基本情况

| 集群名称 | 涵盖领域 |
|---|---|
| 深圳市新一代信息通信集群 | 新一代信息通信 |
| 广州市、佛山市、惠州市超高清视频和智能家电集群 | 超高清视频、智能家电 |
| 广州市、深圳市、佛山市、东莞市智能装备集群 | 智能装备 |
| 深圳市先进电池材料集群 | 先进电池材料 |
| 深圳、广州市高端医疗器械集群 | 高端医疗器械 |
| 佛山市、东莞市泛家居集群 | 泛家居 |

资料来源：《国家先进制造业集群名单》。

最后，全过程创新生态系统加快形成。2021 年国家发展改革委公布的《深圳经济特区创新举措和经验做法》的第一条就是建立"基础研究+技术攻关+成果产业化+科技金融+人才支撑"全过程创新生态链，这一做法为粤港澳大湾区科技创新系统的建设奠定了基础，主要表现在，作为科技创新转化的主要载体的企业集聚快速形成，以企业作为产学研用的主要推动力，粤港澳大湾区积极打造全过程创新生态系统。比如，2022 年《财富》世界 500 强中，粤港澳大湾区上榜企业达到 24 家，总部所在城市主要集中在深圳（10 家）、香港（7 家）、广州（4 家）、佛山（2 家）和珠海（1家）；同时，从上榜企业涵盖的主要行业看，主要集中在电子信息、电子元器件制造、新能源汽车制造、生物医药、智能家电、智能家居、金融保险、基础设施建设等领域，呈现出以高端制造业为核心的产业布局态势（见表 8-3），符合我国大力推动制造业发展抢占未来产业发展制高点，以及粤港澳大湾区产业高质量发展的要求。

表 8-3　粤港澳大湾区上榜 2022 年《财富》世界 500 强榜单的企业一览表

| 企业名称 | 排名 | 总部所在城市 |
|---|---|---|
| 中国平安保险（集团）股份有限公司 | 25 | 深圳 |
| 中国华润有限公司 | 70 | 香港 |
| 正威国际集团有限公司 | 76 | 深圳 |
| 中国南方电网有限责任公司 | 89 | 广州 |

续表

| 企业名称 | 排名 | 总部所在城市 |
|---|---|---|
| 华为控股投资有限公司 | 96 | 深圳 |
| 腾讯控股投资有限公司 | 121 | 深圳 |
| 碧桂园控股投资有限公司 | 138 | 佛山 |
| 招商局集团有限公司 | 152 | 香港 |
| 联想集团有限公司 | 171 | 香港 |
| 招商银行股份有限公司 | 174 | 深圳 |
| 万科企业股份有限公司 | 178 | 深圳 |
| 广州汽车工业集团有限公司 | 186 | 广州 |
| 美的集团股份有限公司 | 245 | 佛山 |
| 友邦保险控股有限公司 | 288 | 香港 |
| 中国电子信息产业集团有限公司 | 324 | 深圳 |
| 中国太平保险集团有限责任公司 | 334 | 香港 |
| 广州市建筑集团有限公司 | 360 | 广州 |
| 深圳市投资控股有限公司 | 372 | 深圳 |
| 长江合计实业有限公司 | 393 | 香港 |
| 怡和集团 | 397 | 香港 |
| 比亚迪股份有限公司 | 436 | 深圳 |
| 顺丰控股股份有限公司 | 441 | 深圳 |
| 广州医药集团有限公司 | 467 | 广州 |
| 珠海格力电器集团有限公司 | 487 | 珠海 |

资料来源：根据粤港澳大湾区门户网资料整理。

## 8.2.3 融合发展更加深入

推动港澳深度融入国家发展大局的关键之一就是为粤港澳三地融合发展创造更好的条件，使得各类经济主体参与粤港澳大湾区的积极性充分释放。粤港澳大湾区通过基础设施建设、合作领域拓展和合作平台建设推动粤港澳融合发展不断深入。

第一，硬联通和软联通同步加快推进。从地理属性上看，粤港澳大湾区是"A"字型湾区，珠江口东西两岸的互联互通是制约粤港澳大湾区融合发展的主要因素之一，粤港澳大湾区在硬联通方面积极推动跨江通道建设，为打造粤港澳大湾区"1 小时生活圈"打下了坚实基础，目前已经建成了 5 条跨江通道，分别是黄埔大桥、南沙大桥、广深港高铁、虎门大桥和港珠澳大桥；在建 4 条跨江通道，分别是广惠城际铁路、狮子洋通道、深江铁路、深中通道；"十四五"期间规划建设 2 条跨江通道，分别是莲花山通道、中南虎城际；远期规划建设 1 条综合性通道，是伶仃洋通道（见表 8-4）。

表 8-4　粤港澳大湾区建成、在建和规划建设的主要跨江通道基本情况

| 状态 | 名称 | 联通东西两岸的区域 |
|---|---|---|
| 建成 | 黄埔大桥 | 广州黄浦区和番禺区 |
| | 南沙大桥 | 广州南沙区和东莞沙田镇 |
| | 广深港高铁 | 广州、东莞、深圳、香港 |
| | 虎门大桥 | 广州南沙区和东莞虎门镇 |
| | 港珠澳大桥 | 香港、珠海和澳门 |
| 在建 | 广惠城际铁路 | 广州、东莞、惠州 |
| | 狮子洋通道 | 广州南沙区和东莞虎门镇 |
| | 深江铁路 | 深圳和江门 |
| | 深中通道 | 深圳和中山 |
| "十四五"期间规划建设 | 莲花山通道 | 广州和东莞 |
| | 中南虎城际 | 中山、东莞、深圳 |
| 远期规划 | 伶仃洋通道 | 深圳、珠海、中山、江门 |

资料来源：作者根据政府公布的相关规划和政府新闻发布会内容整理。

在软联通方面，"湾区通"工程在软联通领域持续发力，促进了粤港澳大湾区的民心相通，粤港澳大湾区各类要素流动更加有序和高效。尤其是在涉及就业、医疗、教育和社会保障的民生领域持续发力，助力港澳人士更好地融入湾区生活。在就业方面，广东省为港澳青年就业和创业提供全方位保障，比如符合条件的港澳居民，可以报考广东省的公务员和事业单位；广东省还积极打造"1+12+N"的港澳青年创新创业孵化体系。在

医疗方面，进一步放宽了港澳药品和医疗器械的市场准入规则等（见表8-1），不断推动医疗服务的跨境衔接。在教育方面，粤港澳大湾区合作大力建设高水平大学体系、港澳子弟学校，以及推动各类职业资格及考试互认。在社会保障方面，广东"社保通"可以让港澳人员就近参保，2020年启动的横琴"澳门新街坊"项目，预计2023年建成，将为推动粤港澳大湾区跨境公共服务和社会保障衔接提供借鉴和基础。

第二，合作领域日益拓展。粤港澳三地加大合作力度，不断拓展合作领域，为经济社会发展注入更多活力。聚焦合作关键领域，持续推进产业合作，助推香港经济转型和澳门适度多元发展。2022年底，粤港澳三地政府联合举行粤港澳大湾区全球招商大会，现场达成合作项目853个、投资总额达2.5万亿元人民币；香港通过"再工业化资助计划"，成功扭转了制造业占本地生产总值比率下降的趋势；澳门利用粤港澳大湾区建设机遇正采取"1+4"适度多元发展策略推动澳门适度多元发展，其中"1"是指建设世界旅游休闲中心的目标，"4"是指大健康、现代金融、高新技术、会展商贸和文化体育四大重点产业。积极推动跨境金融合作发展。2020年国家出台《关于金融支持粤港澳大湾区建设的意见》，聚焦金融开放创新、深化内地与港澳金融合作，截至2021年底，广东企业在香港交易所发行存量债券达到83只、在澳门金交所发行债券2只；香港企业2021年通过"沪港通""深港通"在上海证券交易所和深圳证券交易所融资规模比2018年同比增长1.26倍；持续推动人民币跨境结算，人民币已经成为粤港澳大湾区第一结算货币，为人民币国际化提供了良好条件；同时，加强在防范金融风险方面的合作，筑牢粤港澳大湾区金融合作发展的防火墙。

第三，合作平台建设稳步推进。为推动粤港澳大湾区发展，国家先后出台了《横琴粤澳深度合作区建设总体方案》《全面深化前海深港现代服务业合作区改革开放方案》《广州南沙深化面向世界的粤港澳全面合作总体方案》。三个合作区聚焦解决粤港澳大湾区融合发展的不同关键问题，取得了明显成效，为港澳更好融入国家发展大局，粤港澳大湾区市场一体化发展打下了坚实基础。其中，横琴聚集粤澳深度合作，助推澳门经济适度多元化的同时，助力澳门更好融入国家发展大局，2021年横琴合作区实现地区生产总值 454.63 亿元，同比增长 8.5%，截至 2022 年 6 月，累计出台 600 余项创新举措，开拓 12 类规则衔接路径，科技研发与高端制造业、中医药产业、文旅会展商贸产业和现代金融业实现快速发展，产业体系不断完善，民生合作不断深入，合作区澳门居民累计办理居住证 8906 人；前海合作区聚焦深港现代服务业合作，积极推动香港融入国家发展大局，2021 年前海合作区实现地区生产总值 1755.67 亿元，同比增长 10.5%，各部门各单位已累计在投资、贸易、金融、法治等领域推出制度创新成果 725 项，营商环境持续改善，为企业发展提供了良好条件，已累计培育国家"专精特新"小巨人企业 19 家、省级"专精特新"中小企业 74 家，引进 200 家金融机构，为港人港企提供 400 套人才住房，为深港深度合作提供了良好基础；南沙合作区聚焦粤港澳全面合作，取得了阶段性显著成效，2021 年南沙合作区实现地区生产总值 2131.61 亿元，同比增长 9.6%，同时，合作区不断提升与港澳规则机制"软联通"水平，累计落户港澳企业近 3000 家，建设香港科技大学（广州）和港人子弟学校，规划建设港式国际化社区，为粤港澳合作提供坚实基础。

此外，香港北部都会区、深圳河套深港科技创新合作区、广州人工智能与数字经济试验区、中新广州知识城、东莞滨海湾新区、中山翠亨新区、广州穗港智造合作区、佛山三龙湾高端创新集聚区、佛山顺德粤港澳协同发展合作区等平台也聚焦粤港澳建设的不同领域，发挥各自优势，积极推进各项建设工作，为深入推动粤港澳大湾区融合发展贡献智慧和力量。

# 8.3 粤港澳大湾区建设面临的新形势

自国家实施粤港澳大湾区建设重大战略伊始，粤港澳大湾区建设先后遇到了三大超预期的严峻挑战。

第一个挑战是美国及其盟国对中国发展的遏制。2018 年，美国无视国际贸易基本规则，挑起中美贸易争端，进而升级为中美贸易战，一意孤行地推动中美经济、科技等"脱钩断链""筑墙设垒"。同时，美国纠集其盟国在尖端技术领域对中国进行打压和围堵。粤港澳大湾区作为中国对外贸易、科技创新的关键性区域和先进制造业、高技术制造业集聚地，在美国及其盟国对中国发展的遏制中首当其冲，导致粤港澳大湾区的国际贸易与经济合作、产业升级、科技创新等受到严重冲击。

第二个挑战是香港在 2019 年发生社会动乱。2019 年 2 月 18 日发布的《粤港澳大湾区发展规划纲要》把香港、澳门、广州、深圳定位为大湾区的核心引擎，香港位居四大核心引擎之首，被寄予引领粤港澳大湾区发展的厚望。然而，不幸的是，在 2019 年 6 月香港发生了"反修例风波"，进而演化为破坏社会公共秩序、鼓噪分裂的社会大动乱，持续达数月之久。这场突发的社会动乱严重破坏了香港的发展进程，致使香港作为粤港澳大湾区重要增长极的功能未能发挥，而且损害了大湾区内部的交流合作。2019 年，香港的 GDP 增速为-1.25%，是粤港澳大湾区内两个经济负增长的城市之一。

第三个挑战是始于 2020 年初的新冠疫情。2020 年初，一场席卷全球的新冠疫情突如其来，严重扰乱了粤港澳大湾区的建设步伐。到 2022 年底，新冠疫情持续了 3 年之久，粤港澳大湾区的经济社会活动被疫情所困，步履艰难。一方面，无论是生产活动，还是消费活动，在新冠疫情冲击下，断断续续。另一方面，经济社会交流严重受阻，在大湾区内部，香港、澳门与内地的交流几乎停止，珠三角各城市之间乃至于一个城市内部也因为新冠疫情不时的发生而导致经济社会活动被阻断；就外部而言，粤港澳大湾区与国际、国内和广东省内其他区域的经贸交流也受到严重冲击。

在上述重大冲击的综合影响下，粤港澳大湾区各城市的发展能力受到了不同程度的损害。仅就经济增速看，2022 年，珠三角九个城市的地区生产总值增速分别是，广州 1.0%、深圳 3.3%、珠海 2.3%、佛山 2.1%、东莞 0.8%、惠州 4.2%、中山 0.5%、江门 3.1%、肇庆 1.1%；香港、澳门的地区生产总值增速则分别为-3.5%、-26.8%。

当前，粤港澳大湾区建设面临着来自外部和内部的两大挑战。一是来自世界发展环境不确定性的挑战。众所周知，粤港澳大湾区的对外开放程度高。对外开放是影响粤港澳大湾区建设的一个关键性因素。就现阶段而论，世界经济发展表现出高度的不确定性。主要体现在，在国际金融危机和新冠疫情冲击的叠加冲击下，世界经济复苏乏力，国际需求下降；出现了逆经济全球化趋势，单边主义、保护主义抬头，导致了掺杂着意识形态因素的国际贸易格局分化，撕裂了全球市场；中美贸易摩擦依然存在，美国及其主要盟国全面遏制我国发展的行为有增无减；俄乌冲突仍在持续，加剧了地缘政治对世界经济贸易格局的影响，正常的经济贸易秩序遭受冲击和破坏；今年以来美国硅谷银行、签字银行、第一共和银行相继倒闭，引发了发生新金融危机的担忧。值得注意的是，这些不确定性是相互交织的和十分复杂的，因此，短期内尚难见到趋缓的迹象。这就意味着，粤港澳大湾区建设的国际环境不容乐观，与西方发达国家之间的供应链、产业链仍然面临着来自所谓的"国家安全"及"价值观"的阻力，从这些国家吸引创新资源、开展创新交流合作等仍然困难。总之，粤港澳大湾区在美国及其盟国对中国发展遏制中所承受的压力尚无减弱迹象，加之世界市场的需求趋弱，其开放发展的驱动力仍然存在较大的不确定性。二是国内市场需求不振的挑战。受新冠疫情长达三年之久的影响，我国居民收入出现不同程度的下降，加之就业及收入预期减弱，消费能力和意愿不如疫情之前。同时，受制于国内外经济不确定性增大，企业尤其是民营企业的投资能力和意愿也明显减弱。这对于粤港澳大湾区而言，经济发展的需求拉动力变得不足。

当然，除了上述挑战之外，粤港澳大湾区也面临着一些新的发展机遇。国际的发展机遇主要有，新科技革命正在加速产业演替，催生新经济形态，孕育新发展赛道。这为粤港澳大湾区依靠创新实现产业结构调整升级，抓住新发展赛道，开启新增长曲线提供了机遇。"一带一路"建设仍然是粤港澳大湾区发展的重大机遇，对于增加粤港澳大湾区开放发展的多样性、增强开放发展的韧性等具有十分重要的意义。如，尽管受到新冠疫情的影响，2022年广东对"一带一路"沿线国家的进出口总额仍然增长了10.3%。尤其值得注意的是，《区域全面经济伙伴关系协定》（RCEP）已正式实施。该协定签署国包括东盟10国，以及澳大利亚、中国、日本、韩国、新西兰，所涉及总人口、生产总值和货物贸易金额均约占世界的30%。粤港澳大湾区在该协定区域中具有优良的区位及良好的经济贸易合作基础，可以在货物贸易、服务贸易，以及吸引人才、资本、技术和利用信息、数据等生产要素方面获得更多的机遇，有利于拓展供应链、产业链。国内的发展机遇主要是，国家加快构建新发展格局，推动经济高质量发展，实施区域重大战略等。作为全国多极网络空间发展格局中的重要增长极，粤港澳大湾区相对于其他区域必将获得国家在科技创新、现代产业体系建设、开放发展、绿色发展、共同富裕等多方面的大力支持。

# 8.4  深入推进粤港澳大湾区建设的对策

深入推进粤港澳大湾区建设，必须高度重视和处理好经济恢复与高质量发展的关系。总体上看，新冠疫情已经基本结束，粤港澳大湾区迎来了加快建设步伐的新机遇。当前，粤港澳大湾区的首要任务是快速恢复经济增长。这是事关粤港澳大湾区建设全局和长远发展的关键。在新冠疫情的冲击下，粤港澳大湾区的经济生态产生了变异，包括国有和民营、服务和生产等在内的各类微观经济主体的发展能力均受到了不同程度的损伤。因此，有必要在近期延续防疫期间所实行的一系列稳增长政策措施，继续放水养鱼，特别是与民休息，以便微观经济主体恢复活力和广大民众休养生息。同时，要注意加大政府财政的生产性支出，尽快恢复受疫情影响的重大建设项目，特别是对在疫情期间表现出良好韧性和发展势头且产业链长的企业、产业给予重点支持，使之成为拉动大湾区经济复苏的引擎。

在快速恢复经济增长的同时，粤港澳大湾区建设必须着眼于长远发展，坚定《粤港澳大湾区发展规划纲要》所确定的建成国际一流湾区和世界级城市群，打造高质量发展典范的战略目标。为此，粤港澳大湾区需要有计划有步骤地完成"1+3+1"重大转型。首先，在近期，粤港澳大湾区要聚焦于完成发展动力转型，尽快形成创新发展动力，开辟新的经济增长曲线，这就是重大转型中的第一个"1"转型。其次，在中期，粤港澳大湾区要聚力完成智慧转型、绿色转型和能源转型，基本形成以智慧经济、绿色发展、新能源结构为特征的新经济发展结构，这就是重大转型中的"3"个转型。最后，在远期，粤港澳大湾区必须完成共同富裕转型，在全国率先建成具有中国特色的高水平共同富裕社会，这就是重大转型中的第二个"1"转型。如果粤港澳大湾区完成了"1+3+1"重大转型，必将位居国际一流湾区和世界级城市群的前列，占据引领者地位。

上述"1+3+1"重大转型构想是深入推进粤港澳大湾区建设的总体路线图。为了保障在近中远期依次实现上述重大转型，笔者认为，粤港澳大湾区建设需要采取以下对策。

## 8.4.1 着力巩固和增强创新发展势头

粤港澳大湾区已经形成了良好的创新发展势头。巩固和增强创新发展势头是深入推进粤港澳大湾区建设的关键举措之一。第一，发挥新型举国体制的优势，围绕关键核心技术组织集体攻关，解决"卡脖子"难题。第二，以企业和科研机构为主体，协同粤港澳三方力量，构建"基础研究+技术攻关+成果转化+科技金融+人才支撑"的全过程创新生态链。第三，聚焦建设国际科技创新中心的人才需求，以更加灵活的方式吸引和利用国内外创新人才、技术和管理人才，汇聚世界顶尖科学研究和研发团队，加快建设世界级高水平人才高地。第四，聚焦现代化产业体系和提升人民生活品质，大力推进新技术的运用。以应用促进创新，提升创新转化效率。第五，在国家和地方规划、政策等方面，把香港和澳门纳入大湾区创新发展体系，用好用活港澳的创新资源和创新环境。第六，继续深入地嵌入既有全球创新网络，接轨国际先进科创机制，同时，积极在优势领域和新兴领域搭建以大湾区为枢纽的国际创新网络。

## 8.4.2 着力发挥核心引擎的引领作用

粤港澳大湾区建设面临着走出"疫情冲击综合征"的影响、世界经济发展不确定性加剧、发展竞争日趋激烈等多重压力。发挥核心引擎的引领作用，依靠增长极来破局，以点带面实现整体的发展层次跃升，是深入推进粤港澳大湾区建设的另一条关键举措。首先，重点支持广州、深圳两个核心引擎加快现代化步伐；引导广州和深圳树立共生理念，携手推动"双城联动"，消除无效、低效竞争；积极推动广佛一体化、深莞一体化、深惠一体化发展。其次，尽快恢复和增强香港核心引擎功能。要大力支持香港特区政府落实《国安法》，彻底消除 2019 年社会动荡的影响，回归发展正轨；推进香港北部都会区建设，打造新的增长极，改变单中心空间结构，促进平衡发展；积极推动深港一体化发展，更好实现优势互补和优势共创；支持香港探索在珠三角离岸发展新模式。最后，大力增强澳门核心引擎能力。要支持澳门用好横琴粤澳深度合作区建设的新机遇，争取经济适度多元化取得明显实效；科学研究和实施填海造陆方案，适当扩大发展空间；推进相关制度改革和创新，积极引入内地人才、企业，增强发展能力。

### 8.4.3　着力打造粤港澳合作发展平台

实践证明，建设和依托合作发展平台是促进粤港澳合作的有效方式。因此，需要坚持把打造合作发展平台作为深入推进粤港澳大湾区建设的一条重要举措。除了按照国家有关规划和政策，继续坚定地建设前海深港现代服务业合作区、横琴粤澳深度合作区、广州南沙深化面向世界的粤港澳全面合作区之外，还要把香港北部都会区建设成为香港融入粤港澳大湾区的重大平台，使之成为香港经济社会发展的新空间、促进繁荣稳定的新增长极。

### 8.4.4　提升多极网络空间发展格局的水平

已有研究表明，粤港澳大湾区已经初步形成了多极网络空间发展格局。多极网络空间发展格局是粤港澳大湾区高质量发展的空间组织基础。因此，要把提升多极网络空间发展格局作为深入推进粤港澳大湾区建设的一个重要举措。一是着力引导深圳、香港、广州三个增长极在发展关系上由竞争转为共生，增强广深港互动发展，从而形成三大增长极共生发展、共同引领粤港澳大湾区建设的新局面。二是着力支持东莞和佛山发展，利用东莞、佛山分别与深圳、广州邻近的条件，大力推动这两对城市之间的同城化发展，形成广—佛、深—莞两个复合增长极。三是加紧统筹推进粤港澳大湾区高速铁路网络、高速公路网络、互联网、5G 网络、物联网、工业互联网、新能源网络等基础设施网络的建设，重点提升珠三角东西两岸、珠三角与港澳的连通水平，实现空间经济网络的层次跃升。

## 8.4.5 加快完成产业结构转型

在粤港澳大湾区中，珠三角经过十多年的产业结构调整，以先进制造业和现代服务业为主体的新产业结构正在形成。同时，也一度存在着各城市偏重于发展现代服务业，轻视制造业的问题。香港面临着经济高度服务化的问题，澳门则面临着产业多元化发展需要继续加强的问题。因此，要采取政府产业规划、政策支持与市场选择有机结合的办法，统筹国家战略需求与市场导向的相机性策略，协同扶持现代产业加快发展。统筹发展和安全，对城市产业发展、不同类型产业资本采取分类引导的政策措施，有序推动现代产业体系建设。跳出各城市的行政区域，站在全局的角度，推动形成粤港澳大湾区面向世界的产业生态。

## 8.4.6 大力推进高水平对外开放

开放发展是粤港澳大湾区的独特优势。推进高水平对外开放是深入推进粤港澳大湾区建设的必然之举。建议，在中国（广东）自由贸易试验区的基础上，积极谋划建设环珠江口自由贸易区，克服目前珠三角自贸试验区碎片化、规模小、开放程度不够等不足，显著扩大自由贸易区的规模和提升自由贸易的水平，为粤港澳大湾区建设注入强劲的新动能；加强珠三角与港澳的对外开放联动，更加有效地发挥香港、澳门作为国际自由港的优势；抓住《区域全面经济伙伴关系协定》（RCEP）正式全面实施和"一带一路"建设等机遇，构建国际化产业链、供应链和创新链；以建设国际一流营商环境为抓手，大力推动制度性开放。

## 8.4.7 充分发挥好政策协同作用

目前，国家层面、粤港澳三地、珠三角九市已经出台了众多涉及粤港澳大湾区建设的规划、政策、措施等。为了统筹这些政策资源，形成政策合力，消除相互掣肘，一是要对各级各类规划、政策等进行梳理，避免各自为战；二是要求有关政策执行主体用好、用活已有的各项政策，避免政策闲置；三是积极推动相关政策的共享及推广，扩大覆盖面，发挥更大的作用。

### 8.4.8　加强与其他区域重大战略的互动

粤港澳大湾区建设是全国区域协调发展大局中的重要组成部分，不仅事关全国区域协调发展、高质量发展的全局，也有赖于其他重大战略区域的互动和支持。因此，粤港澳大湾区要主动、积极地与长江三角洲区域一体化发展战略、京津冀协同发展战略、长江经济带发展战略、黄河流域生态保护和高质量发展战略、成渝双城经济圈建设战略等区域重大战略所涉及的区域进行有效互动，借势借力谋发展。

## 参考文献

［1］覃成林、贾善铭：《探索香港北部都会区建设思路》，《中国社会科学报》2022 年 2 月 21 日。

［2］覃成林、刘丽玲：《粤港澳大湾区多极网络空间发展格局研究》，《广东社会科学》2022 年第 4 期。

［3］覃成林、黄丹：《区域经济多极网络空间组织识别方法及应用——以广东为例》，《经济经纬》2022 年第 2 期。

# 9

# 长三角更高质量
# 一体化发展

2018 年 11 月 5 日，习近平总书记在首届中国国际进口博览会上宣布"支持长三角区域一体化发展并上升为国家战略"，长三角一体化拉开了高质量一体化发展的帷幕。2019 年 12 月 1 日，中共中央、国务院正式发布《长江三角洲区域一体化发展规划纲要》，提出力争到 2025 年，长三角一体化发展取得实质性进展。2020 年 8 月 20 日，习近平总书记在合肥主持召开扎实推进长三角一体化发展座谈会，进一步提出了"三大使命、七项任务、一个保障"的新要求。2021 年 6 月，推动长三角一体化发展领导小组办公室印发《长三角一体化发展规划"十四五"实施方案》，全力支持把长三角一体化发展的目标任务变成现实成果。长三角一体化发展上升到国家战略以来，长三角高质量一体化建设稳步推进，高质量一体化发展成果逐步显现。本部分将在总结长三角高质量一体化发展的现状及特征的基础上，探讨长三角更高质量一体化发展的建设方向及政策取向。

# 9.1　长三角高质量一体化发展的内涵与主要特征

## 9.1.1　长三角高质量一体化发展的内涵

2019 年 5 月 13 日，习近平总书记在扎实推进长三角一体化发展座谈会上强调指出，"长三角一体化发展具有极大的区域带动和示范作用，要紧扣'一体化'和'高质量'两个关键，带动整个长江经济带和华东地区发展，形成高质量发展的区域集群"。"高质量"与"一体化"相互支撑，共同构成长三角下一阶段发展的逻辑主线。关于长三角高质量一体化发展的内涵，不同学者提出了自己的观点。陈建军（2019）将其定义为具有高效、低成本、全球化为特征的高质量区域统一市场与现代经济体系，以及转变区域发展模式，即从传统的高速发展模式转向以人为本，以五大发展理念为指导的高质量发展。成必定（2019）认为长三角高质量一体化发展应至少具有"四高"新标准，即经济发展的高质量、空间结构的高优化、市场机制的高效率与区域政策的高集成。韦伟（2019）将长三角高质量一体化发展定义为高质量发展与一体化发展的叠加，是发展过程的一体化，也是发展结果的趋同化。孙久文（2021）从双循环格局的角度对长三角高质量一体化发展的内在机理进行解读，强调要素与政策供给高质量一体的重要性，要将稳步扩大国内国际市场作为长三角高质量一体化发展的着眼点。张兆安（2021）指出长三角高质量一体化发展以制度构建与体制机制一体化为主要特征。刘治彦和魏哲南（2022）认为长三角高质量一体化发展指利用区域内比较优势，使一体化的有效性、包容性以及可持续性达到帕累托最优状态，达到推进长三角地区更高起点的深化改革和更高层次的对外开放，完善改革开放空间布局，打造国家重要区域增长级的目的。孙斌栋（2022）根据长三角地区的发展现状，将高质量一体化发展定义为打破行政区经济，降低交易成本，促进要素自由流动、商品互通有无和专业化分工协作，实现高质量发展和共同繁荣，构筑城市群命运共同体，并将其分解为经济、设施、空间、环保和制度"五个一体化"。陈雯等（2023）基于中国式现代化建设，进一步拓展长三角高质量一体化发展的内涵，主要包括产业现代化、新型城镇化和生态经济化三个方面。

长三角地区一体化发展与高质量发展有机统一、相互促进。一方面，长三角一体化助力高质量发展。提升发展质量，既是长三角自身发展的需要，更是服务国家战略的需要。一体化是高质量发展的重要组成部分，更是重要驱动力。从长三角地区来看，通过一体化，将分割的区域实现整合，实现行政区经济转向经济区经济，促进要素在地区之间自由流动，彼此形成分工合作的空间格局，缩短要素流动的时空距离，在更大的范围内释放规模经济与集聚经济，与更多区域共享发展红利，提升整体的发展质量。另一方面，长三角高质量发展助推一体化。具体来看，长三角高质量发展要求一体化发展走向更深层次与更大范围，不仅是简单的市场一体化、经济一体化、基础设施一体化等，更不是地区间的同质化，而是更加全面的一体化，是充分发挥各地特色的具有差异的一体化，是充分释放经济发展动能的高效率的一体化，是追求人与自然和谐共生的绿色的一体化，是各地居民能够充分享受发展成果的具有包容性的一体化。长三角一体化发展与高质量发展相互渗透。从长三角一体化的发展历程来看，经历了"一体化发展—高质量一体化发展—更高质量一体化发展"的动态演进过程，一体化迈向纵深发展。走向更高质量一体化，这既是遵循经济发展规律的体现，更是服务于国家发展战略调整的需要。地理赋予长三角独有的优势，历史赋予长三角独有的使命，时代赋予长三角独有的意义。长三角高质量一体化发展，是在原有基础上更加全面、更加深入的一体化发展，是以打造国家重要区域增长极为目的，以科技创新为驱动力，以五大发展理念为指导，充分发挥区域内比较优势，实现一体化发展的有效性、包容性、可持续性。

## 9.1.2 长三角高质量一体化发展的主要表现及其特征

（1）区域合作体制机制逐步深化

长三角区域合作始于20世纪80年代，在中央政府与地方政府共同努力下，区域合作体制机制建设方面取得一定成效。地方政府层面：1996年长三角城市经济协调会成立，经过历次扩容，2019年成员完全覆盖长三角三省一市41个地级市。2004年沪苏浙主要领导会晤机制建立，区域合作正式纳入三省市最高决策层视野。2008年安徽省党政负责人首次参加长三角主要领导座谈会，长三角区域合作范围拓展至安徽省。2018年三省一市组建长三角区域合作办公室，共同落实长三角区域合作，标志着长三角地区在突破行政区划限制、实现一体化发展方面迈出重要一步。长三角区域合作逐步建立了决策层、协调层、执行层的"三级运作、统分结合"的区域合作机制：主要领导座谈会为决策层，负责明确任务方向；联席会议为协调层，负责协调推进；长三角区域合作办公室、联席会议办公室和专题合作组为执行层，负责具体落实工作。大大增强了区域合作的针对性、协调性和有效性。中央政府层面，2018年，习近平总书记宣布长三角一体化上升为国家战略；2019年成立推动长三角一体化发展领导小组及办公室，统筹指导和综合协调重大事项，同年颁布《长江三角洲区域一体化发展规划纲要》；2021 年，推动长三角一体化发展领导小组办公室印发《长三角一体化发展规划"十四五"实施方案》。三级运作、上下联动、统分结合、各司其职的运作机制借由国家力量进一步强化。

此外，长三角区域合作的范围不断扩大，2009 年沪苏浙两省一市人大联合制定了《沪苏浙人大常委会主任座谈会制度》，2014 年安徽加入，三省一市共同协商讨论，修改制定了《沪苏浙皖人大常委会主任座谈会制度》。2018 年举行的长三角地区人大常委会主任座谈会上又通过签署了《关于深化长三角地区人大工作协作机制的协议》和《关于深化长三角地区人大常委会地方立法工作协同的协议》，三省一市会议式的人大协作机制初步建立，"长三角人大常委会主任座谈会"走向常态化与制度化。三省一市各自的人大常委会会议分别表决通过各自省份的《关于支持和保障长三角地区更高质量一体化发展的决定》，加强区域间的立法协同，发挥法律的促进与保障作用。旅游合作、科技资源共享等市场合作机制不断完善，园区平台合作、专利转让平台建设等合作机制也在稳步推进；同时一体化机制逐渐涉及区域治理、公共服务共享等领域，包括生态补偿、医保服务联网以及食品安全共管等方面，形成了相对完备的区域合作机制。

在区域合作机制的基础上，三省一市深度对接发展规划，2018 年联合编制《长三角地区一体化发展三年行动计划（2018—2020 年)》，明确了长三角一体化的任务书、路线图和时间表。2021 年进一步编制《长三角地区一体化发展三年行动计划（2021—2023 年)》，为下一个三年发展制定规划，细化分解了 217 项具体工作与 21 项重点合作事项，明确责任分工，通过清单式、项目化推进机制逐项落实。2022 年，国家发改委印发的《长三角国际一流营商环境建设行动方案》指出，到 2025 年，长三角区域资源要素有序自由流动，行政壁垒逐步消除，统一开放的市场体系基本建立，与国际高标准市场规则体系全面对接，协同开放达到更高水平。充分发挥上海、南京、苏州、杭州、宁波、合肥等城市示范带动作用，鼓励无锡、常州、南通、温州、衢州、舟山、芜湖等城市探索创新，着力破解体制机制难题。

（2）科技创新共同体逐步建立

创新是发展的第一动力，为加快高质量一体化发展，长三角必须加强创新策源能力建设，推动科研基础设施共建，打造科技创新共同体，提升整体科技创新水平。长三角地区集中了全国约 1/4 的科研力量，创新活跃。自 2018 年长三角一体化发展上升为国家战略以来，截至 2022 年底，已启动实施首批 15 项长三角科技创新共同体联合攻关计划。组建并运行长三角国家技术创新中心，共建企业联合创新中心 278 家。[①] 长三角协同创新建设起步较早，2003 年上海、江苏、浙江签署《沪苏浙共同推进长三角地区创新体系建设协议书》，2008 年安徽开始参与长三角科技创新合作的有关活动。自 2008 年起，三省一市通过轮流召开"长三角地区创新体系建设联席会议"，稳步推进区域创新体系建设。2018 年三省一市签署《关于共同推进长三角区域协同创新网络建设合作框架协议》，同年出台《长三角区域协同创新网络建设行动计划（2018—2020 年)》。2020 年，科技部与长三角三省一市共同印发《长三角科技创新共同体建设发展规划》。2022 年为响应国家号召，努力打造全国原始创新高地和高精尖产业承载区，建设具有全球影响力的长三角科技创新共同体，长三角三省一市的科学技术委员会（厅）联合制定《三省一市共建长三角科技创新共同体行动方案（2022—2025 年)》，进一步加强长三角科技创新战略协同、成果对接、资源共享、生态共建、体系建设等方面合作，充分利用国内外资源，打造长三角科技创新合作的模板。科技部牵头成立长三角科技资源共享服务平台建设运行指导小组，深入推进长三角科技资源共享服务平台建设，集聚长三角地区大型仪器、大科学装置、科学仪器、科研基地等各类优质科技资源，构建跨区域科技资源共享服务体系。自 2019 年 4 月上线以来，共整合大型仪器 44671 项，大科学装置 22 个，服务机构 2377 家，科研基地 3180家，开展服务 698 次，服务金额约 1.9 亿元。

创新合作的重点空间载体 G60 科创走廊已经初见成效。2016 年 5 月，浙江清华长三角研究院率先提出的打造 G60 科创走廊的构想引起社会各界广泛关注。上海市松江区政府迅速反应，准确把握 G60 高速公路沿线产业发展的内在逻辑，出台 60 条产业政策，设立每年 20 亿元专项资金，全力打造以临港松江科技城为龙头的沪西南科创示范走廊推动产城融合发展，

---

① 科技部：《探索区域协同创新的新机制　打造长三角高质量发展动力源的主引擎》，《宏观经济管理》2021 年第 12 期。

"G60 上海松江科创走廊"由此产生。2017 年 7 月,在上海和浙江两地经济社会发展座谈会上,上海松江、嘉兴、杭州正式签署《沪嘉杭 G60 科创走廊建设战略合作协议》,推动三地在建立要素对接常态化合作机制、推动产业链布局、打造科创平台载体等方面取得显著成效,"G60 上海松江科创走廊"也正式升级为"沪嘉杭 G60 科创走廊",由松江区向浙江省延伸拓展,G60 科创走廊由 1.0 时代进入 2.0 时代;2018 年 6 月,松江区委、区政府提出以沪苏湖高铁建设为契机,深化拓展 G60 科创走廊从"高速公路时代的 2.0 版"迈向"高铁时代的 3.0 版";2018 年 11 月,在上海举办首届进博会期间,G60 科创走廊九城市协同发布了扩大开放促进开放型经济一体化发展的 30 条措施,覆盖上海松江、嘉兴、杭州、金华、苏州、湖州、宣城、芜湖、合肥九城市的长三角 G60 科创走廊"一廊一核九城"总体布局逐渐形成。随后,G60 科创走廊建设步入快车道,先后被写入《长江三角洲区域一体化发展规划纲要》与《"十四五"规划纲要》,科技部、国家发展改革委等六部门联合发布《长三角 G60 科创走廊建设方案》,为 G60 科创走廊的建设谋篇布局,G60 科创走廊上升为长三角区域一体化发展国家战略的重要组成部分。

表 9-1　G60 科创走廊大事件

| 重大事件 | 时间 | 影响 |
|---|---|---|
| 浙江清华长三角研究院提出的打造 G60 科创走廊的构想,松江区政府迅速反应 | 2016. 5 | "G60 上海松江科创走廊"产生,G60 科创走廊开启 1.0 时代 |
| 松江、嘉兴、杭州正式签署《沪嘉杭 G60 科创走廊建设战略合作协议》 | 2017. 7 | "G60 上海松江科创走廊"升级为"沪嘉杭 G60 科创走廊",G60 科创走廊由 1.0 时代进入 2.0 时代 |
| 松江区委、区政府提出以沪苏湖高铁建设为契机,深化拓展 G60 科创走廊建设 | 2018. 6 | G60 科创走廊步入"高铁时代的 3.0 版" |
| G60 科创走廊九城市协同发布扩大开放促进开放型经济一体化发展的 30 条措施 | 2018. 11 | 长三角 G60 科创走廊"一廊一核九城"总体布局逐渐形成 |
| 中共中央、国务院印发《长江三角洲区域一体化发展规划纲要》 | 2019. 12 | G60 科创走廊成为长三角一体化发展国家战略的一部分 |

续表

| 重大事件 | 时间 | 影响 |
|---|---|---|
| "加快建设长三角 G60 科创走廊"被正式纳入国家"十四五"规划 | 2021.3 | 赋予 G60 更高的战略定位、更深刻的战略内涵、更广阔的实践舞台 |
| 科技部、国家发改委、工业和信息化部、中国人民银行、中国银保监会和中国证监会六部门联合发布《长三角 G60 科创走廊建设方案》 | 2021.4 | G60 科创走廊上升为长三角区域一体化发展国家战略的重要组成部分 |

资料来源：作者依据网络资料整理。

　　长三角 G60 科创走廊贯穿长三角的核心地带，以"创新"为发展主题，以"走廊"为空间组织方式，通过集聚创新人才、整合创新资源，促进高校、科研机构与企业等创新主体在创新区域内进行高密度的协同创新活动，自规划建设以来，创新成效显著。长三角 G60 科创走廊九城市集聚高新技术企业 2.1 万多家，占长三角的近 1/3，占全国近 1/10；九城市 GDP 总量占长三角的 1/4，占全国的 1/15，比重持续加大；这里集中了长三角 1/4、全国 1/16 的市场主体数量，拥有张江高科技园区、苏州工业园区、杭州国家自主创新示范区、合肥综合性国家科学中心等 40 余个全国乃至世界知名的科技园区，先后集聚松江 G60 脑智科创基地、合肥量子实验室等国家和省级重点实验室及工程技术研究中心 1200 多个、高等院校 176 所，集中了全国近 1/4 的"双一流"高校、国家重点实验室和国家工程研究中心。科技成果转化上，2023 年 5 月，长三角 G60 科创走廊第五届科技成果拍卖会，现场成交额首次突破 23 亿元，总额近 110 亿元。从首届的 1.04 亿元，第四届的 50.18 亿元，到第五届的 110 亿元，[①] 科技成果成交额增长迅速，G60 科创走廊已经形成为长三角的一个体系完备的创新发展生态带。

　　（3）协调发展取得成效

　　协调是长三角高质量一体化发展的内在要求，更是实现共同富裕的重要保障。具体来看，协调发展主要表现在两方面：一方面，在高质量一体化持续推进的背景下，要素流动受到的限制越来越小，地区间要素的边际

---

　　① 徐海涛、陈刚、陈诺等：《科技成果转化"梗阻"咋打通?》，《新华每日电讯》2003 年 6 月 8 日。

产出实现平衡，从而展现出人均意义上发展差距的缩小；另一方面，在城市化逐步推进的当下，城乡发展差距趋于缩小。

一是城市发展差距缩小。随着高质量一体化的加速推进，在做大蛋糕的基础上，如何分好蛋糕，避免地区间发展差距过大是社会各界共同追求的目标。为此，长三角三省一市采取了不同措施。上海积极释放中心城市的溢出效应，发挥龙头带动作用，携手苏浙皖各扬所长，对周边城市形成辐射带动作用。浙江搭乘建设共同富裕示范区的快车，2021 年 6 月中共中央、国务院发布《关于支持浙江高质量发展建设共同富裕示范区的意见》，随后浙江立即作出回应，于 7 月发布《浙江高质量发展建设共同富裕示范区实施方案（2021—2025 年）》，更加积极主动对接上海、江苏、安徽，为具体发展策略进行规划。浙江省内各市积极响应省政府的号召，依据各市具体情况，先后出台各自具体的发展规划。2021 年 9 月中国银行发布《中国银行支持浙江高质量发展建设共同富裕示范区行动计划》，出台共 25 条措施，全力支持示范区"四个战略定位"和"四率先三美"建设目标，充分彰显了金融机构支持浙江高质量发展建设共同富裕示范区的决心与力度。江苏致力做强增长极，加速推进省内协调发展，《南京都市圈发展规划》成为国家层面批复的首个跨省域都市圈发展规划，宁锡常接合片区成为国家城乡融合发展试验区，苏锡常一体化加快推进。安徽积极对接沪苏浙，衔接国家出台《沪苏浙城市结对合作帮扶皖北城市实施方案》，制定安徽推进落实工作方案。落实支持政策，出台配套措施，深化与沪苏浙结对共建对口合作。推动全省 14 个市及 25 个城区与沪苏浙城市、城区建立合作机制，形成一批实实在在的合作成果。

2022 年底，为率先走出一条协同高效共同富裕之路，为长三角乃至全国跨省域共同富裕探路和作出示范，长三角示范区执委会会同上海青浦、江苏吴江、浙江嘉善两区一县政府，联合印发了《长三角生态绿色一体化发展示范区共同富裕实施方案》。这也是全国首个跨省域的共同富裕实施方案。该实施方案聚焦示范区区域差距、城乡差距、收入差距等三大差距，提出了两个阶段的总目标。其中明确，到 2025 年，要构建一体化引领共同富裕的体制机制和政策框架，形成一批可复制可推广的标志性成果，推动共同富裕工作取得明显实质性进展。到 2035 年，形成更加成熟、更加有效的一体化促进共同富裕的体制机制和政策框架，基本实现共同富裕。省级毗邻区协同发展及"双向飞地"等已经成为区域协调发展的重要模式。

为反映长三角内部城市间差距，计算了江苏、浙江、安徽三省内部各城市，以及长三角41市整体的人均GDP基尼系数（见图9-1）。数据显示，2010—2021年，无论是江苏、浙江、安徽三省内部各市的发展差距，还是长三角41市之间的发展差距，尽管中间出现一定的波动，但整体呈现出下降趋势，区域协调发展态势逐步显现。

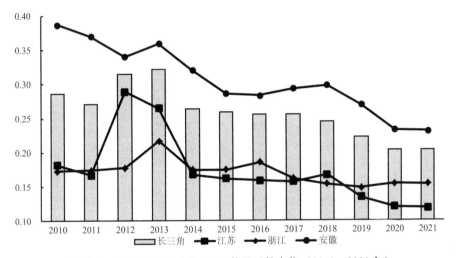

**图9-1 长三角地区人均GDP基尼系数变化（2010—2021年）**

资料来源：作者依据《中国城市统计年鉴》整理。

二是城乡趋于融合发展。城乡一体化融合发展是解决地区间发展不平衡，实现协调发展的重点问题。长三角三省一市分别在各自的"十四五"规划中明确提出城乡一体化融合发展的对策措施与建设目标，江苏与浙江更是明确提出要以县城为载体，发展县域经济，实现城乡融合发展。2022年底发布的《长三角生态绿色一体化发展示范区共同富裕实施方案》明确提出，到2025年，城乡居民收入倍差要低于1.8倍，为高质量一体化发展阶段的城乡融合发展提供明确的奋斗目标。

为此，计算了长三角三省一市城乡间人均可支配收入的差距（见图9-2）。数据显示，城乡间人均可支配收入差距整体呈下降趋势，分地区来看，浙江差距最小，上海和江苏次之，安徽最大，三省一市的城乡正在趋向融合发展。

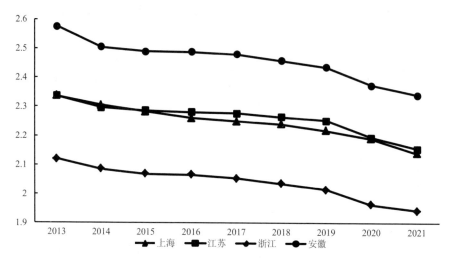

**图 9-2　长三角三省一市城乡人均可支配收入倍差（2013—2021 年）**

资料来源：作者依据《中国统计年鉴》整理。

（4）现代产业体系基本建成

区域一体化本质上是城市空间价值与产业价值链耦合发展的结果。长三角地区经济发达，拥有雄厚的产业基础和完整的产业链，打造现代产业体系，产业要素在区域内的有效整合，整个区域内产业实现合理的优化布局，各地区根据自身的产业特色，明确产业定位，构建完整的产业链。产业链各个环节彼此间相互联系、分工合作、良性互动，共享信息和技术等方面的资源，提升整个区域的产业层次和质量，创建现代的产业协作体系，实现产业协同发展，是实现高质量一体化发展的必由之路。为构建现代产业体系，实现高质量一体化发展，中央和地方先后出台了《推进长三角区域市场一体化发展合作协议》《长三角检验检疫一体化合作备忘录》《长三角一体化背景下安徽承接产业转移若干政策建议》《长三角地区率先实现旅游一体化行动纲领》《建立联合整治机制，推进长三角生态环保一体化》《苏南现代化建设示范区规划》《长三角 G60 科创走廊"十四五"先进制造业产业协同发展规划》等一系列政策规划，《长三角地区一体化发展三年行动计划（2021—2023 年）》更是明确提出要加快构建深度融合的现代产业体系。

一是产业结构优化升级。长三角地区经济结构呈现出明显的"经济服务化"趋势，甚至上海已经出现较为突出的后工业化特征。利用第三产业产值与第二产业产值之比可以看出，随着长三角三省一市第三产业产值比重的不断上升，各省市产业结构高级化呈现良好向上的发展态势，产业结构合理化和产业结构高级化是相互联系、相互影响的。所以，长三角三省一市产业结构合理化水平整体呈上升趋势。在三省一市的比较中，基本上呈现出上海优于浙江，浙江优于江苏，江苏优于安徽的局面。上海的产业结构高级化水平远超另外三省，在 2021 年达到 2.77，同一时期，江苏为 1.16，浙江为 1.29，安徽为 1.25；浙江略高于江苏，整体相近，自 2017 年开始拉开差距；安徽长期显著低于浙江与江苏两省，自 2018 年起产业结构升级步伐加快，积极承接来自沪苏浙两省一市的产业转移，实现自身产业结构的迭代升级，甚至有超过江苏的趋势。

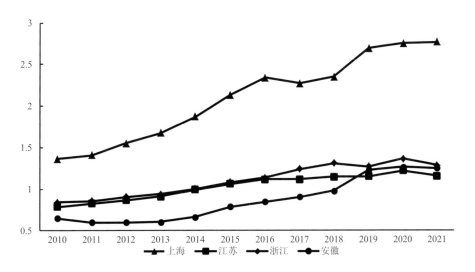

图 9-3　长三角三省一市产业结构高级化水平（2010—2021 年）

资料来源：作者依据《中国统计年鉴》整理。

二是产业布局逐渐合理。高质量的一体化体现在要素资源能够打破行政壁垒，实现自由流动，依据各地资源禀赋与比较优势，形成区域内专业化分工，从垂直的产业分工、贸易分工转向水平的要素分工、价值链分工。因此，要尽可能避免地区间产业同构，减少同质化竞争，积极促进产业集群发展，才能有助于实现高质量一体化。为此，这里计算了长三角三省一市各产业的区位商，以反映各地的优势产业。数据显示，2010—2021年，长三角地区间产业趋向差异化布局，上海具有优势的产业依然是五个，保持不变；江苏具有优势的产业由六个减少至四个，交通运输、仓储和邮政业，以及批发和零售业的优势丧失；浙江具有优势的产业由五个减少至四个，丧失建筑业、金融业和房地产业的优势，新增优势产业是批发和零售业，以及其他第三产业；安徽具有优势的产业由三个增加至五个，在原有基础上新增住宿和餐饮业及房地产业。从共同优势产业上看，上海和江苏之间重叠产业从三个下降至一个、上海和浙江之间稳定在两个，上海和安徽之间从一个增至两个、江苏和浙江之间从三个下降至一个、江苏和安徽之间从三个下降至两个、浙江和安徽之间从一个增加至两个，省份组之间重叠的优势产业总数从 13 个下降至 10 个，三省一市间正在形成具有差异化的产业分工格局。

表 9-2　2010—2021 年长三角三省一市各行业区位商

| 行业 | 2010 年 | | | | 2021 年 | | | |
|---|---|---|---|---|---|---|---|---|
| | 上海 | 江苏 | 浙江 | 安徽 | 上海 | 江苏 | 浙江 | 安徽 |
| 第一产业 | 0.114 | 1.053 | 0.843 | 2.403 | 0.061 | 1.079 | 0.797 | 2.082 |
| 工业 | 0.856 | 1.046 | 1.027 | 0.984 | 0.717 | 1.110 | 1.061 | 0.882 |
| 建筑业 | 0.673 | 1.012 | 1.002 | 1.410 | 0.304 | 1.017 | 0.945 | 1.751 |
| 交通运输、仓储和邮政业 | 1.140 | 1.001 | 0.911 | 1.000 | 1.222 | 0.856 | 0.878 | 1.377 |
| 批发和零售业 | 1.410 | 1.002 | 0.891 | 0.670 | 1.122 | 0.990 | 1.042 | 0.831 |
| 住宿和餐饮业 | 0.904 | 0.999 | 1.100 | 0.913 | 0.642 | 0.953 | 1.111 | 1.297 |
| 金融业 | 1.654 | 0.740 | 1.221 | 0.467 | 1.949 | 0.834 | 0.886 | 0.686 |
| 房地产业 | 1.002 | 1.077 | 1.001 | 0.738 | 1.076 | 1.006 | 0.942 | 1.007 |
| 其他第三产业 | 1.288 | 0.921 | 0.970 | 0.931 | 1.289 | 0.908 | 1.013 | 0.933 |

资料来源：作者根据《中国统计年鉴》整理计算得到。

（5）共建共享成果逐步显现

一是交通网络趋于完善。随着高质量一体化的加速推进，区域交通枢纽由中心城市向外围城市扩散，实现均衡化发展是必然过程。2020 年国家发改委、交通运输部联合印发《长江三角洲地区交通运输更高质量一体化发展规划》，2021 年国家发改委又进一步印发《长江三角洲地区多层次轨道交通规划》。为贯彻落实国家发展战略，在长三角区域合作办公室印发的《长三角地区一体化发展三年行动计划（2021—2023 年）》中，明确强调重点推进国家铁路干线建设，建设轨道上的长三角，打通断头路。公路方面，杭州湾跨海大桥北接线二期、池州长江公路大桥、G320 金山段一期，以及杭州绕城西复线、南京长江五桥等一批重大公路基础设施项目建成通车；S18 宁合高速合肥段、S19 淮桐高速合肥段、宁滁高速（江苏段）、黄山—千岛湖、宁国—安吉等多条高速公路正在加快建设；三省一市构建了取消高速公路省界收费站工作机制并签署相关省际高速公路衔接方案协议，如期完成取消高速公路省界主线收费站任务；溧阳至宁德、高淳至宣城、苏州至台州高速公路等一系列省际"断头路"被打通，据不完全统计，涉及上海的 9 条省际断头路 7 条已建成通车、2 条正在加快建设，江苏第一批 11 个省际断头路项目中 6 条已经建成通车，安徽的 5 条省际断头路已建成 3 条、在建 2 条；断头路打通后，毗邻公交线紧接着提上日程，苏州—上海、安庆—池州、滁州—南京等一批毗邻公交线先后开通，三省一市还力争实现长三角地区公交"一码通"，真正实现交通出行"同城待遇"，截至 2021 年 12 月底，长三角一体化示范区各线路跨省公交累计发送 11.94 万班次、乘客 176.11 万人次。铁路方面，连淮扬镇、同苏嘉甬等多条高铁开通运行，沪苏嘉、宁淮城际铁路等一批铁路先后加速建设，高铁公交化开行，高铁月票提上日程，进一步放大 1 小时至 3 小时生活圈，落实同城化发展；新建杭州西站、江阴站等多座高铁站，上海市青浦新城站、江苏省苏州南站、南京北站、浙江省嘉兴南站等高铁站加速建设，且主要布局在外围城市或中心城市的外围地区，区域内铁路织线成网；城际地铁互通加速，绍兴地铁 1 号线于 2021 年 6 月开通，与杭州地铁 5 号线叠岛换乘，苏州地铁 11 号线（S1 线）与上海地铁 11 号线互通进入倒计时。水运方面，长三角高等级航道网持续完善，长江南京以下 12.5 米深水航道二期工程、长江下游安庆河段航道整治二期工程，长江口南槽航道治理一期工程等建成运行，持续推进引江济淮航运工程、京杭运河浙江段三级航道工程等建设，浙北高等级航道网集装箱运输通道加快推进。① 航空方面，以国务院批复《虹桥国际开放枢纽建设总体方案》为契机，三省一市以"合力打造世界级机场群"为目标，推动完善长三角世界级机场布局。

二是公共服务便利共享。长三角经济社会发展基础较好，有基础也有能力实现区域内公共服务共享。医疗上，上海率先开展区域异地门诊医疗费用直接结算工作，目前已实现全域互联互通，截至 2021 年 9 月底，长三角异地门诊直接结算超 593 万人次，涉及医疗费用 15.5 亿元；推广数字医疗服务，人均就诊时间节约近 6 成，切实提升居民就诊体验。政务服务上，119 个政务服务事项已实现在 41 个城市跨省市通办，开通 567 个专窗办理点，身份证、驾驶证、行驶证等 30 类高频电子证照共享互认，全域覆盖政务服务"一网通办"。公共服务供给上，多部门协同推进"一卡通"建设，自 2019 年 12 月开始，上海、南京、杭州、合肥等十城实现地铁一码通行，全域实现长三角 871 个图书馆、博物馆、公园景区等文旅场馆通用；发布 71 家长三角异地养老机构名单，提供更多异地养老新选择；联合发布长三角区域房车、养生、体育、会展 4 个专项旅游产品 40 个，长三角"高铁+"旅游产品线路等 66 条。② 教育资源共建共享方面，推动校地合作，共建"复旦大学—带一路研究院"、浙江大学长三角智慧绿洲，引入一批优质教育机构合作办学；依托长三角研究型大学联盟、高校协同创新联盟，推进高校以及科研院所间深度合作。③

（6）生态补偿机制逐步形成及环境质量逐步向好

为坚决打赢污染防治攻坚战，2019 年 11 月国家发改委发布《长三角生态绿色一体化发展示范区总体方案》，同时，"长三角生态绿色一体化发展

---

① 交通运输部：《扎实推进更高质量一体化发展 进一步发挥交通运输在长三角一体化中的先行作用》，《宏观经济管理》2021 年第 12 期。

② 上海市推动长三角一体化发展领导小组办公室：《积极发挥龙头带动作用 携手苏浙皖各扬所长协同发力》，《宏观经济管理》2021 年第 12 期。

③ 浙江省推进长三角一体化发展工作领导小组办公室：《全省域参与全方位融入 体系化推进扎实推进长三角一体化不断走深走实》，《宏观经济管理》2021 年第 12 期。

示范区"执行委员会正式挂牌成立。2021 年 1 月，长三角一体化发展领导小组办公室印发《长江三角洲区域生态环境共同保护规划》，开始着手统筹规划长三角区域生态环境保护协作机制。同年 5 月，执行委员会发布《长三角生态绿色一体化发展示范区重大建设项目三年行动计划（2021—2023 年）》，聚焦"一厅三片"重点区域和生态环保、设施互通、产业创新、民生服务等重点领域，全力推进 65 个重点项目，为示范区高质量发展注入新动能。长三角聚焦水气环境治理重点领域、创新生态补偿与环境信用机制、打造一体化示范区共保联治样板，推动指标内容、底线标准、空间功能、跨界区域、环境监管以及多元主体六个方面的协同，努力完善太湖流域治理协调机制、强化绿色环保领域技术攻关、建立健全生态产品价值实现机制。

区域联防联治机制逐步形成，变区域个体治理的"独奏"为区域联合治理的"交响"，在长三角三省一市毗邻区域，联合河长制渐成常态。2023 年 5 月初，桐乡、南浔、德清和吴江正式签订苏浙两省四地跨界河湖联防联治协议；2022 年 12 月，跨江苏、安徽 9 市的南京都市圈也正式启动联合河湖长制，环太湖区域协同推进新一轮太湖流域水环境综合治理。流域补偿机制也在不断完善，2012 年，浙皖在新安江流域首创跨省流域生态补偿机制，十年来，千岛湖水质持续优良，两省交界断面水质常年优于Ⅱ类水质，安徽省也因此累计获得补偿资金 62.7 亿元，用于新安江生态保护和绿色产业培育。新安江流域水环境生态补偿试点，已经形成了一批可复制可推广的制度成果和实践经验。2023 年 6 月 5 日，浙皖签署《共同建设新安江—千岛湖生态保护补偿样板区协议》，跨省流域生态补偿提档升级，变单一资金激励补偿为涵盖水质、上下游产业人才合作等的综合补偿。苏皖两省率先建立长江流域跨省横向生态保护补偿机制——滁河流域生态补偿机制，并推动建立健全长江干流皖苏段生态补偿机制。6 月 6 日，沪苏浙皖就七项生态共治专项文本集中签约，协同治理的内容也在逐步加深。①

长三角聚焦高标准打赢污染防治攻坚战，提升长三角一体化发展质量，三省一市的生态环境也在改善。基于各省市生态环境状况公报，2021年，上海市环境空气质量指数优良天数为 335 天，优良率为高达 91.8%，

---

① 陈刚、水金辰、林凯：《跨界河湖共治新探索》，《中国产经》2023 年第 11 期。

二氧化硫、一氧化碳等六项环境空气质量指标年均浓度连续两年全面达标；Ⅱ—Ⅲ类水质断面占 80.6%，Ⅳ类断面占 18.7%，Ⅴ类断面占 0.7%，无劣Ⅴ类断面；农用地土壤环境质量总体稳定，完成了蓝天保卫战、碧水保卫战和净土保卫战。江苏省全省环境空气质量持续改善，空气质量平均优良天数比率为 82.4%，同比上升 1.8 个百分点；13 市优良天数比率介于 76.4%—88.2% 之间，PM2.5 年均浓度实现 2013 年以来"八连降"，有 8 个设区市 PM2.5 年均浓度达到国家空气质量二级标准，水质达到或好于Ⅲ类比例、劣于Ⅴ类比例均达标，与 2020 年相比，达到或好于Ⅲ类断面比例上升 3.8 个百分点；土壤环境质量监测合格率达到 95.2%。浙江省各设区城市日环境空气质量（AQI）优良天数比例为 84.4%—99.7%，平均为 94.4%，66 个县级以上城市中，有 63 个城市环境空气质量达到国家二级标准，优良天数平均为 96.9%；水质达到或优于地表水环境质量Ⅲ类标准的断面占 95.2%（其中Ⅰ类占 10.1%、Ⅱ类占 48.3%、Ⅲ类占 36.8%），Ⅳ类占 4.8%，无Ⅴ类和劣Ⅴ类断面，全省生态环境状况等级为优，与上年相比整体保持稳定。安徽省 PM2.5 年均浓度为 35 微克/立方米，同比下降 10.3%；PM10 年均浓度为 61 微克/立方米，同比下降 1.6%，16 个设区市中，合肥、滁州、六安、马鞍山、芜湖、宣城、铜陵、池州、安庆、黄山等 10 个市环境空气质量全面达标；水质上，Ⅰ—Ⅲ类水质断面（点位）占 77.3%，同比上升 2.7 个百分点；无劣Ⅴ类断面（点位），同比下降 0.3 个百分点，地下水水质总体保持稳定；全省生态质量保持良好。

# 9.2  长三角更高质量一体化发展面临的现实挑战与发展方向

## 9.2.1  长三角更高质量一体化发展面临的现实挑战

（1）合作共赢的制度尚未有效建立

近年来，长三角区域合作体制机制建设取得了一定的成果与经验，对于推动长三角走向更高质量一体化发展具有重要意义，但依然面临诸多问题与矛盾。首先，当前区域合作体制缺乏包容性，大多数仅限于政府间的合作，缺乏政府协调与市场机制的良性互动，呈现出政府在经济领域"越位"、在社会领域"缺位"、在区域协调发展中"错位"的问题。其次，现行考核体系严重制约合作体制的有效建立。由于省际、市际行政辖区的财政收支体制、行政绩效指标体系的考核机制和各自相匹配的政策制度等核心问题，导致区域内部不同地区竞相发展，缺乏必要的合作与交流，一定程度上阻碍了长三角高质量一体化发展。最后，跨区域利益协调机制需要加强。当前一体化合作的体制机制改革步入利益深水区，行政分割的存在导致各地方政府主要关注自身的利益诉求，各地方政府面临不同的"成本—收益"。在一体化推进的过程中，地区间出现利益冲突，跨区域利益协调机制的不健全将会严重制约一体化的高质量发展。

（2）协同创新水平较低

当前在构建长三角科技创新体方面已取得一定成效，但受到多方面因素的制约，协同创新水平依然有待提高，具体表现在以下几个方面。首先，行政区划壁垒使长三角地区内各市科技创新资源优势尚未形成协同发展合力，要素流动不自由，人才流动次数少、范围窄，且省内流动高于省际流动，各省市的科技部门分头行动，缺乏有效的交流与沟通，导致长期以来各地分头建设科技创新平台、布局创新资源，未能形成差别化、梯度衔接的一体化协同发展局面。其次，长三角三省一市之间跨区域科技资源共享服务等相关服务平台、保障系统尚未健全，导致各地区科技数据库、专家数据库等创新资源不能顺畅地实现开放共享，间接制约了高端创新人才的迁徙和流动。科技资源共享缺乏法律规范与具体运行机制的支持，在共享的实践中也存在不少困难与障碍。最后，区域协同创新机制有待完善。区域协同创新机制的缺位导致在区域创新战略联动、创新规划及政策协同、创新资源配置等方面缺乏有效的统筹与协调。协同创新过程中如何协调各方参与，最大程度激发积极性，以及各参与方之间如何进行利益分配都是需要关注的问题。

（3）区域间发展差距较大

尽管长三角地区整体经济发展水平居于全国前列，但地区间发展差距较大的问题依然严峻，制约着迈向更高质量一体化发展。一方面，长三角城市间发展水平差距较大。2021 年，上海人均 GDP 为 17.36 万元，GDP总量为 432150 万亿元，较上年增速为 8.10%；南京人均 GDP 为 17.45 万元，GDP 总量为 163560 万亿元，较上年增速为 8%；杭州人均 GDP 为15.67 万元，GDP 总量为 170100 万亿元，较上年增速为 8.54%；合肥人均GDP 为 14.94 万元，GDP 总量为 76970 万亿元，较上年增速为 8.60%。同年，江苏省人均 GDP 为 13.70 万元，浙江省为 11.03 万元，安徽省为 7.03万元。由此可见，尽管受到疫情的影响，三省一市的 GDP 仍较上一年出现较快增长，但长三角内部的发展并不平衡。从工业化的发展历程来看，上海、江苏、浙江和安徽之间存在差异。按照工业化发展阶段看，上海、杭州和南京已经进入后工业化时代，苏州、宁波、无锡、合肥等城市处于工业化后期阶段，仍有不少城市还处于工业化中期阶段，各地区拥有的要素资源规模也存在明显差异。另一方面，城乡间人均收入差距呈现出下降趋势，但依然较大，距离发展目标较远。依据趋势线的拟合，到 2025 年，上海城乡人均可支配收入倍差为 2.01，江苏为 2.04，浙江为 1.82，安徽为2.25，距离 1.8 倍的目标仍有距离。按照当前的发展趋势，上海将在 2035年实现目标，江苏在 2039 年，浙江在 2027 年，安徽在 2044 年。实现城乡协调融合发展，缩小城乡收入差距，任重而道远。

（4）产业同构现象严重

当前长三角地区产业结构高级化趋势明显，逐步转向资本、知识密集型产业，但内部产业同构现象依然严重。市场主导下，要素在规模经济的影响下会自发形成空间集聚，各地依据自身资源禀赋与比较优势，形成具有差异化的产业结构。但总体看，长三角地区产业结构相似度较高，重点城市主导产业存在大量重合，没有突出产业的地方特色和差异化。各城市之间生产布局重复，产业呈现出结构同化、特点同化、职能同化现象，容易引起同质化竞争与重复投资，更不利于区域产业的合理分工以及落后地区承建发达地区的有序梯度转移。孙斌栋（2022）进一步对比长三角与纽约经济区产业构成发现，长三角横向产业同构并不严重，但制造业垂直分工没有拉开层级，垂直分工不足制约了高质量一体化的发展。

表9-3　长三角重点城市产业特点

| 城市 | 重点产业 |
|------|----------|
| 上海 | 金融业、批发和零售业、电子、汽车制造业、成套设备制造业。未来将聚焦总部经济、金融、科创等功能，向外疏解非核心功能 |
| 杭州 | 信息、传输软件和信息技术服务业、电子商务、文创产业、旅游业、金融业 |
| 嘉兴 | 纺织业、化工、化纤业、服装业、电器器械和器材制造业 |
| 宁波 | 纺织服装业、日用家电业、输变电设备制造业、机械工业、汽车配套产业、石化工业、铁工业、电力工业、造纸工业 |
| 南京 | 金融业、文化产业、旅游业、信息技术、智能电网、节能环保、高端装备制造、新能源 |
| 苏州 | 电子、电气、钢铁、通用设备、化工、纺织、电子商务。制造业基础雄厚，门类齐全 |
| 合肥 | 企业及零部件、装备制造、家用电器、食品及农副产品加工、平板显示及电子信息、光伏产业 |

资料来源：上海市人民政府发展研究中心：《长三角更高质量一体化发展路径研究》，格致出版社2020年版。

（5）设施一体化水平不高

在交通基础设施上，综合交通网络发展依然存在不平衡、不充分的问题。由于缺乏合理高效的跨区域基础设施规划、建设和运营机制模式，导致长三角区域内的高铁网、城际轨道网、市域市郊铁路网、城市轨道网、城市公共交通网之间融合程度不深，各交通方式之间存在相互割裂，形成"通而有余，畅而不足"的局面。同时，上海港和上海机场面向长三角的服务仍需优化，海铁联运、江海联运、空铁联运等联运服务还亟待开发。港口群上，长三角地区港航一体化发展程度较低，岸线资源利用缺少统筹规划，港口建设同质化现象严重，货物争夺竞争频发，重点货类运输系统布局有待完善，港口企业间合作不充分。机场群上，长三角地区空域资源限制比较突出，机场设施保障能力不足，国际服务能力亟待增强，机场间统筹合力尚未形成，集疏运方式单一。在公共服务上，医疗、教育资源在各地区间的分配差异很大，社保医保一体化尚未有效落实。医疗资源表现为"核心多，外围少"的空间分布特征。同时，由于缺乏适当的利益协调机制，受到行政区划的限制，各地政府通常以当地利益为主，不可避免产生博弈现象，对现有的公共服务合作产生威胁。

（6）环境改善刻不容缓

随着长三角生态绿色一体化发展示范区的成立，长三角地区在生态环境治理方面取得了一定成果，但依然存在一些累积性问题亟须改善。首先，生态环境依然相对脆弱，环境治理刻不容缓。水污染上，由于水污染沿河网扩散移动，容易形成跨界水污染，太湖流域中间低四周高的特殊地势，且流域内河流众多，水网密集，容易导致水污染的积聚，并向周围河网扩散。生活垃圾处理问题上，长三角许多城市的垃圾处理能力已趋于饱和，垃圾处理压力大。其次，环境治理的补偿机制尚未落实，协同推进生态环境共同保护的机制手段还不够完善。因区域生态维护而发展受限的地区无法得到合理的经济补偿，缺乏落实环境保护的动力；各地生态环境存在差异，治理压力不均衡，环境治理过程中各方的权责利益分配不明晰，区域共治与地区自治存在矛盾与冲突，协商沟通依然不够顺畅，不利于区域生态系统和重要生态空间保护的长远落实。最后，第三方沟通协商平台和运作手段单一。缺乏生态产品购买、水权排污权交易、生态保护和环境治理联合投入等市场化方式，难以充分调动各方积极性，无法实现政府"搭台"企业"唱戏"，环境治理进程缓慢。

## 9.2.2　长三角更高质量一体化发展的方向

长三角进入高质量一体化发展阶段，在区域合作、科技创新、协调发展、产业体系、基础设施、生态环境等方面取得了相应的成果，然而同样面临一定的现实挑战与发展瓶颈。为实现长三角更高质量一体化发展，结合长三角一体化发展过程中的现状、问题、基础、优势，为下一阶段发展方向进行战略规划。

（1）完善区域一体化发展的制度设计

长三角走向更高质量一体化面临的问题中，缺少以合作共赢为根本目标，以权责划分、利益分配为目的的区域协调协商制度，相应的推进和保障机制，政策协调机制同样不健全。实现长三角更高质量一体化发展、构建区域命运共同体，需要以合作共赢为抓手，完善相应的制度设计。合作共赢并非放弃竞争，而是将恶性竞争转为正常竞争，在竞争中合作，在合作中竞争，塑造健康的竞合关系，实现区域共同富裕，打造区域命运共同体。在我国当前体制下，行政区划约束与现行考核体系决定了地方政府"各人自扫门前雪"，缺乏合作共赢的外部条件。只有加强区域合作的制度设计，化零为整，以区域整体利益为核心，以"一盘棋"思想为导向，加快跨区域利益协调机制建设，创新城市合作机制，落实区域公平发展机制，建立跨区域生态补偿机制，改革政绩考核机制，实现各地区全方位、多层次、各领域的共商共建、共管共享，筑牢共性本底，厚植共性根基。民间组织作为民间服务力量，长期参与长三角一体化发展进程。在政府合作机制之外，还应关注民间组织的力量，以民间组织合作机制为补充，进一步释放市场活力。

（2）重视科技创新区域协同

创新是驱动长三角发展的新引擎，更是推进长三角实现更高质量一体化发展的根本动力。在全球产业新一轮分工、新技术革命以及人民群众对美好生活追求的背景下，长三角未来需要以科技创新引领现代化产业体系建设。作为中国高科技人才的聚集地，构建长三角科技创新共同体，要消除科技创新的"条、块分割"现象。加快 G60 科创走廊建设，积极释放科创走廊的溢出效应，强化区域创新生态建设，打造高水平科技环廊。顺应创新要素梯度转移的客观规律，大力推进体制机制创新，破除影响创新资源流动的制约因素，加快创新要素流动，推进创新资源开放共建共享，提升科技资源的利用效率，加快区域创新链重构，进而实现长三角整体科技创新水平的提升。三省一市应积极响应国家发展战略和区域产业发展的需要，统筹安排域内高校与科研院所的科研任务，引导创新主体间合理分工，联合开展重大课题攻关，着力攻克高端芯片、工业软件、高端装备等一系列"卡脖子"技术难关。科技创新前瞻布局和资源共享将逐步加强，使创新链和产业链有效衔接加快，需要从科技成果孵化、转化、产业化等多个角度设置政策，实现政产学研一体化。充分发挥区域整体优势，提升全球创新资源的配置能力，争创具有全球竞争力的创新高地。

（3）打造世界级产业集群

在社会基本矛盾转变与全球科技革命的推动下，长三角面临制造业转型升级，提升全球产业链价值链控制力的新需求。打造世界级产业集群，建设具有全球竞争力的产业新高地是推动长三角更高质量一体化的战略支撑。纵观世界各地的重要产业集群，其边界并非以严格的地理界线或行政边界为标志，而是在充分利用全球资源的基础上，以科技要素的网格化共享形成的边界。长三角集中力量打造世界级产业集群，对内，首先要打破边界的限制，强调跨区域集群合作与资源共享，上海应积极发挥"龙头"带动作用，做好引领与示范；对外，要充分发挥长三角地区的资源优势，集聚全球高端资源，建设立体式、网格化、枢纽型的全球资源配置体系，构建以上海为核心的世界级产业体系，建成全球资源配置枢纽和亚太门户。产业分工依据城市的自然条件、发展阶段精确定位，形成具有梯度层次的产业分布格局，避免城市间出现产业同质竞争、重复建设与资源浪费，推动产业结构升级，优化重点产业、壮大支柱产业、培育潜导产业。同时，在这一过程中要注意平衡虚实经济，避免出现虚拟经济发展脱离实体经济的不良格局。

（4）加快城市对接

区域一体化是世界发展的整体趋势。从世界来看，建设大都市经济圈、实现区域经济一体化，是成功的发展模式，因此，未来需要塑造长三角区域协调发展的新格局。要围绕打造具有全球影响力的世界级城市群，完善各层级区域规划衔接机制，明确长三角整体以及各区域的发展方向，强化城市对接，各扬所长，优化空间布局，彼此间优势互补，实现大中小城市和小城镇协调发展，打造不同层次、不同规模、功能复合、能带动周边发展的空间载体。上海积极发挥"龙头"带动作用，着眼于长三角更高质量一体化发展的长远目标，不断提升上海的城市能级和核心竞争力；苏浙皖各样所长，优势互补，协调发展。交通基础设施是一体化发展的动脉，是连接城市的纽带，因此要积极共建互联互通的基础设施体系，立足于国家战略和区域一体化发展的现实需求，坚持统筹规划、联动建设、协同运营、智慧管理，着力推进同城化发展。同时，还要着力推动公共服务均等化，创新制度建设，创新公共服务体制机制，统筹使用公共服务资源，依托新一代数字技术，推进社会保障、医疗服务、教育资源共建共享，实现城市"软"环境的对接。

（5）助力环境保护

绿水青山就是金山银山，环境保护为长三角更高质量一体化发展提供绿色基底支撑。生态环境是长三角更高质量一体化发展的自然基础。良好的生态环境能为人类与社会发展提供丰富的生产要素与绿色健康的生活空间，为一体化的高质量发展保驾护航。长三角区域生态环境未来的主要任务之一是通过协同治理进行保护，重点落实区域协调制度机制和生态补偿机制的落实。区域内的生态环境智慧监管水平和精准高效治污能力也应提升，依托科学技术，对生态环境信息进行实时监测，为治理效果反馈、灾害预警提供基础。着力发展绿色产业，横向联动众多关联的优质产业，实现绿色升级与产业重构，最终实现在更高质量一体化发展中努力探索经济发展和生态环境保护相得益彰的发展方式，全力打造长三角生态优先、绿色发展样板区。

# 9.3　推动长三角更高质量一体化发展的政策取向

## 9.3.1　突出顶层设计统筹规划

随着《长三角一体化发展规划"十四五"实施方案》《长三角地区一体化发展三年行动计划（2021—2023年）》等新一轮规划文件的发布，长三角高质量一体化走向下一个发展阶段，在这一过程中，要重视顶层设计，统筹各地区各领域，合理制定规划，为后续发展谋好篇，布好局。

牢牢把握"一盘棋"的实践要求，坚持问题导向、目标导向相结合，坚持统一谋划、统一设计、统一部署和多主体参与相结合。当前长三角地区存在的产业结构趋同、基础设施联通不足、社会保障均等化水平不高等一系列问题，很大程度上是由于行政边界的分割。受到行政边界的影响，各地方政府往往出于实现本地利益最大化，分头编制规划文件，导致总体规划与地方规划衔接不够，各地方盲目跟风，规划文件相似度高，政府在宏观战略层面没能实现协同。基于各地的发展目标与整体的建设需求，构建科学完善、覆盖全域的规划体系，本着发挥比较优势、实现合理分工的原则，以规划先行推动区域发展合作面临的重大问题。在制定规划时，注重规划的"前后衔接一致"，从区域发展的长远目标着眼，从近期问题着手，既要规划长期目标，也要重视短期目标，真正实现"一张蓝图绘到底，一任接着一任干"。

推动地方规划从相互对接向统一编制转变。近年来，长三角三省一市在分头编制规划的基础上，在一些具体领域开展过不同层次的规划对接，但这种对接层次较低，深度不够，规划制定中各地分头行动的问题依然没有解决。因此，应将规划文件的分散对接转向统一编制，基于区域发展的整体需要统一制定各地方的发展规划，从根本上实现规划制定的分头行动问题。由国家相关部门牵头，各地发展改革委抽调精兵强将，与长三角一体化发展领导小组及办公室等部门，组建统一规划编制主体，共同编制长三角全域发展规划，共绘一张大蓝图，将各地发展的小目标融入大蓝图中，既要统筹长三角全域的产业布局、基础设施、环境保护等，又要加强各地联动，包容共进、合作共赢，共同奏响长三角更高质量一体化的大合唱。

## 9.3.2　聚焦重点领域协同发力

在具体的领域，长三角三省一市应加强合作，协同发力，提升专题合作的质量与水平，实现"1+1+1+1>4"的效果。

在合作机制上，欧盟的经验表明区域一体化成功的秘诀在于打破不同行政区划政府各自为政的"囚徒困境"，进而建立"超政府"的合作治理体制。具体到长三角地区，首先，要以制度创新为动力，充分调动各方合作共赢的积极性，要通过务实的体制机制创新，努力探索如何削减长三角区域内广泛存在的"制度距离"。正确处理好政府与市场的关系，政府应主动规范自身行为，管制行政垄断，以科学合理利用地区自然资源与经济社会资源为基础，加强公平竞争，从全局出发，分清主次，正确处理地区间的竞合关系。其次，要积极调动民间组织的力量。当前的区域合作主要为政府之间的合作，民间组织的力量尚未得到充分调动。民间组织的互动促进地区间经济联系，拓宽合作的范围与深度，民间组织自身还能为区域合作提供智力支持，弥补政府制度供给的不足。同时，激发民间组织的活力，也能避免政策执行过程中"自上而下"的单一行政推进。最后，要强化立法支持，完善长三角区域合作的法律法规体系。进一步深化三省一市人大常委会的合作，在电信电力、产品质量、公共服务、社会治理标准等方面要实现统一立法。

在协同创新上，首先，要破除要素自由流动的行政壁垒，打破行政区经济的限制，以价格机制而非行政力量引导商品和要素的空间流动，在地区间合理配置资源。同时还要建立健全创新资源的跨地区共享平台，发挥政府总揽全局，协调各方的作用，有序引导各创新主体在平台上进行创新资源的分享与交易。其次，要加快构建协同创新产业体系，高校、研发机构、高科技企业间应形成良性的垂直互动。加强区域合作，上海、合肥、南京、杭州充分发挥上游科学研发的转化能力，辐射具有高端制造业集聚，但科学研究基础相对薄弱的苏州、南通、徐州等地，形成学—研—产的密切合作关系。再次，优化重大科技战略部署，引导域内高校与科研机构合作攻关重大科学难题，联合提升原始创新能力。最后，建设长三角协同创新的制度保障。三省一市政府要加强组织协调与战略协同，制定价值链利益分享机制，确保各个参与主体能够实现创新利润的按劳分配；健全利益补偿与激励机制，化解协同创新中潜在的矛盾与利益冲突问题；健全相应的法律法规，将协同创新的保障措施写进法律，切实保障协同创新的有效推进。

在设施一体化上，一方面，要对标世界级城市群，联动建设区域内的交通网络，统筹海陆空基础设施资源。水运方面，增强上海、宁波舟山港的辐射带动作用，提升南京、连云港、太仓、马鞍山等沿江内核港口输运能力，畅通海河联运，构建世界级港口群。陆运方面，推进区域内高铁建设和既有铁路扩能改造，统筹城际铁路项目，推进"高铁公交化"，全面打通省界"断头路"，开通毗邻公交，提升高速公路覆盖密度。空运方面，巩固上海国际航空枢纽辐射能力，提升杭州、南京、合肥区域航空枢纽功能，构建世界级机场群。此外，还应着力解决公、铁、水、空等各方式间衔接不畅、换乘效率低下等突出问题，降低城市区域的物流成本。另一方面，推动共享更高品质公共服务，加快基本公共服务均等化。全面实施基本公共服务标准化管理，推进社会保险异地办理，推动康养资源共享和异地养老，打造健康长三角。加强优质教育医疗资源共享，提升中小城市教师和医生的执业水平，弥补数量不足的短板。依托卫星遥感数据、移动通信大数据等网格大数据实时监测社会发展情况，及时找出特定的问题区域，有针对性地提供相应公共服务。

在环境保护上，首先，以长三角生态绿色一体化发展示范区建设为契机，重点推进水气土等重点环境问题区域协调制度机制建立，落实全域生态保护补偿机制，形成一体化的区域环境协同共治网络架构，切实做到"谁开发谁保护，谁污染谁治理，谁破坏谁恢复"。其次，加快形成生态环境共保联治机制，落实区域联防与地方管制相结合，逐步实现区域统一，地方根据各地区社会经济发展水平、自然生态条件以及环境污染状况，对不同地区实施差异化要求与管理，明确地方的管制标准与减排责任。强化重大流域协作、沿江沿海统筹、水陆岸线统筹等，提升生态服务功能。再次，提升生态环境监测的智慧水平，统筹长三角生态环境监测网络建设，搭建生态环境大数据平台，做到生态环境监测数据信息共享共用。然后，搭乘"长三角碳中和产学研联盟"成立的东风，形成切实可行的长三角碳达峰碳中和（双碳）体制机制、产业转型与创新技术发展路线，推进生态全产业链发展，实现产业的绿色升级；建立生态产品价值实现的市场化机制，实现"绿水青山"向"金山银山"的转化。最后，环境治理同样离不开法律保护，要稳步推进长三角生态环境保护立法、执法、司法一体化，形成环境保护统一规划、统一标准、统一执法、统一环评、统一监测、统一应急的联防联控机制。

### 9.3.3 谋取优势互补协同发展

在协调发展上，为缩小内部发展差异，进一步提升一体化的质量，一方面，建立新型长三角城市之间结对合作帮扶机制。在贯彻落实《沪苏浙城市结对合作帮扶皖北城市实施方案》，鼓励发达城市"帮助"欠发达城市发展的基础上，建立帮扶合作的长效机制，促进欠发达城市与发达城市的政府机关、产业园区、高校、医院等多领域的工作人员交流，顺应产业发展规律；加速发达城市对欠发达城市的落后产业转移，同时注重对欠发达地区的引导和激励，实现"造血式"发展，避免"授人以渔"的问题。另一方面，以空间优化为支撑，以城市群为主体形态、大中小城市和小城镇协调，构建"一核、一环、四圈、两带、三区"的空间布局，强化上海的核心作用，打造"上海—南京—合肥—杭州—上海"高质量发展环廊，推动上海都市圈、南京都市圈、杭州都市圈、合肥都市圈建设，增强沿海发展带和沿江发展带的辐射带动力，培育苏北、皖北、浙南与长三角临近地区的跨区域联动发展，打造"东北""西北""南部"三个合作发展区域，打造分工合理、优势互补、各具特色、整体带动功能强的空间发展格局。

在产业分工上，要通过强化区域产业政策的指导作用，加快形成体现比较优势、协同发展的产业空间格局。通过产业转移，使城市间形成基于价值链的分工体系，例如上海、杭州、苏州、合肥等地的高端装备制造、光伏制造、传统与新能源汽车产业都是价值链环节分工精细的产业，因此可以将高端制造业的中低端环节向外转移至周边具有承接能力的外围城市。具体的产业布局上，上海应强化自身资源配置能力和集成商的服务能力，加快发展金融业、现代服务业和先进制造业；江苏应发挥制造业集聚和科教资源丰富的优势，全力打造长三角科技产业创新中心和先进制造业基地；浙江发挥数字经济、互联网、生态经济、民营经济等优势，打造数字经济高低、绿色发展标杆；安徽把握建设综合性国家科学中心这一契机，发挥创新经济、制造特色、生态资源、腹地广阔等优势，打造科技创新策源地、新兴产业聚集地和绿色发展样板区。

## 参考文献

[1] 曹卫东、曾刚、朱晟君等：《长三角区域一体化高质量发展：问题与出路》，《自然资源学报》2022年第6期。

[2] 陈建军：《不失时机推动长三角更高质量一体化发展》，《人民论坛·学术前沿》2019年第4期。

[3] 陈雯、刘伟、袁丰等：《面向中国式现代化的长三角一体化发展使命与研究焦点》，《经济地理》2023年第5期。

［4］陈雯、兰明昊、孙伟等：《长三角一体化高质量发展：内涵、现状及对策》，《自然资源学报》2022 年第 6 期。

［5］陈雯、孙伟、刘崇刚等：《长三角区域一体化与高质量发展》，《经济地理》2021 年第 10 期。

［6］程必定：《长三角更高质量一体化发展新论》，《学术界》2019 年第 11 期。

［7］国务院发展研究中心课题组：《长三角区域一体化的战略路径》，中国发展出版社 2020 年版。

［8］刘治彦、魏哲南：《长三角更高质量一体化面临的问题与策略》，《企业经济》2022 年第 10 期。

［9］柳建文、唐永峰：《中国区域发展中的民间组织与地方合作》，《学习与实践》2012 年第 6 期。

［10］孙斌栋：《长三角一体化高质量发展的理论与实践》，《人民论坛·学术前沿》2022 年第 22 期。

［11］孙久文：《新时代长三角高质量一体化发展的战略构想》，《人民论坛》2021 年第 11 期。

［12］韦伟：《长三角高质量一体化发展若干议题的理论思考》，《区域经济评论》2019 年第 6 期。

［13］吴万宗、刘玉博、徐琳：《产业结构变迁与收入不平等——来自中国的微观证据》，《管理世界》2018 年第 2 期。

［14］吴意云、朱希伟：《中国为何过早进入再分散：产业政策与经济地理》，《世界经济》2015 年第 2 期。

［15］许涛、张学良、刘乃全：《2018—2019 中国区域经济发展报告——长三角高质量一体化发展》，人民出版社 2019 年版。

［16］张学良、林永然、孟美侠：《长三角区域一体化发展机制演进：经验总结与发展趋向》，《安徽大学学报（哲学社会科学版)》2019 年第 1 期。

［17］张兆安：《长三角一体化发展的新机遇与新挑战》，《人民论坛》2021 年第 11 期。

［18］卓凯、殷存毅：《区域合作的制度基础：跨界治理理论与欧盟经验》，《财经研究》2007 年第 1 期。

# 10

# 成渝地区双城经济圈
## "双核联动"

# 10.1 成渝联动及新形势下的历史使命

成渝地区地处我国西南腹地，具有承东启西，连通南北的区位优势，将崛起为我国经济发展的第四极。从内部来看，川渝地区东西联通湘鄂与青藏，南北贯穿云贵与陕甘及新疆，对于协调与带动整个西部地区的发展具有举足轻重的作用。成渝地区良好的区位优势和深厚的历史底蕴造就了其独特的发展优势，区域内河川丰富，生态禀赋优势突出；城镇密布，人口密集，历史悠久；能源丰富、产业基础雄厚，具备进一步发展自身和带动周边增长的潜能。在中华民族伟大复兴的战略全局和世界百年未有之大变局两个大局的时代背景下，推动成渝地区双城经济圈发展对于促进区域协调发展、完善高质量发展区域经济布局，构建以国内大循环为主体、国内国际双循环相互促进的新发展格局，进而支撑第二个百年奋斗目标的实现具有重大战略意义。

2020年1月3日，习近平总书记主持召开中央财经委员会第六次会议，作出推动成渝地区双城经济圈建设、打造高质量发展重要增长极的重大决策部署，为未来一段时期成渝地区发展提供了根本遵循和重要指引。同年10月，中共中央、国务院印发《成渝地区双城经济圈建设规划纲要》，川渝合作正式进入"双城计"时代。而"双核联动"则指的是成都市和重庆主城区作为成渝地区双城经济圈的两个极核，彼此之间应增强联动性，推动整个经济圈的发展。这一联动主要体现在成渝两地的"竞合关系"上，从川渝分治到成渝协同，竞争与合作一直贯穿在成渝两地发展关系中。

## 10.1.1 成渝"竞合关系"的现实和理论逻辑

（1）现实情况

重庆市自古以来便是西南地区的重要城市，历史上也曾作为中央直辖市存在。重庆市独特的发展环境为其积淀了雄厚的基础实力，在 1983 年，重庆成为计划单列市，被赋予省一级的经济管理权限。在作为计划单列市的 14 年间，四川省发展重点也相对集中于成都及其周边地区，重庆市由于其自身财力有限，并没有取得预期的经济快速发展。在这种背景下，三峡工程的建设成为重庆直辖最直接的动因。具体来说，重庆直辖具体有三方面的原因：一是重庆自身的发展历史和经济实力，直辖更有利于重庆作为"龙头"和"窗口"发挥区位优势和辐射作用，而由于另一极核成都的形成，重庆直辖并不会使四川省失去经济中心。二是四川省辖区面积大，人口多，重庆直辖有利于减轻四川管理压力，集中力量搞好经济发展和川西少数民族集聚区相关工作。三是三峡工程的建设，超过八成的库区移民来自四川和重庆，为了统筹管理三峡工程建设和库区移民的统一安置，中央从稳定全国大局出发，最终选择了不设三峡省而设直辖市的方案。1997 年，八届全国人大第五次会议正式批准设立重庆直辖市的决定，重庆直辖市于当年 6 月 18 日正式挂牌成立。

重庆直辖一方面是出于三峡工程建设的需要，另一方面也是川渝两地各自提升发展效率的需要。重庆市是西南地区和长江上游最大的经济中心，在"一五"计划和"三线建设"时期，国家就先后对其实行了两次计划单列，1983 年重庆作为省级独立计划单位被正式列入国家计划。在这样一种背景下，四川省自然更聚焦成都市的发展，"一五"建设期间，重庆仅有一座发电厂属于全国 156 个重点项目之一，而成都地区则有 5 项，这也奠定了成都电子工业基地的地位。在计划单列的 14 年间，重庆仅扩建了一个西南铝改工程，重庆与四川共同申请的项目多数落户成都；交通方面，重庆当时仅有成渝高速，而成都已有 5 条高速公路。在这种竞争的环境下，川渝分治对于成渝两地都是一件有益的做法。1978 年至 1997 年，重庆市地区生产总值的平均增速为 10.5%；而成都市则为 11.8%，高出重庆市 1.3 个百分点。重庆直辖之后，1998 年至 2019 年，成渝两地地区生产总值增速分别为 12.3% 和 12.4%，增速基本一致。[①]

重庆直辖后，明确的行政权和经济利益的划分使成渝两地各自专注于

---

① 参见《四川统计年鉴 2022》《重庆统计年鉴 2022》。

自身的发展，两地也保持着较高的经济增速和地区生产总值，一直处于西南地区发展的领头羊地位。但另一方面，成渝两地山水相邻，文化同根，区位优势和资源优势类似，自然而然地使两地形成相似的产业结构，从而不可避免地造成成渝两地恶性竞争局面的形成。在两地经济规模总量较小的情况下，产业的集聚和扩散效应较弱，主要矛盾还处于人民日益增长的物质文化需要同落后的社会生产之间的矛盾这一阶段，重复产业的产量能够被消化掉，产业相似所带来的竞争矛盾就被隐藏于供不应求的主要矛盾之下。随着川渝两地以及我国经济整体的快速发展，供给侧结构性改革要求提高供给质量以增强对需求变化的适应性，两地相近的产业结构所引发的恶性竞争所带来的矛盾就暴露出来。解决这一矛盾就需要成渝两地相向发展，使川渝两地在享受两地政治决策彼此独立所带来的内在发展激励的同时，寻求相似产业的合作，形成经济圈内部各自独特的比较优势，进而打造相对于国家层面而言富有成渝特色的双城经济圈。

（2）理论基础

无论是缪尔达尔（Myrdal）提出的"回波效应"和"扩散效应"，还是赫希曼（Hirschman）提出的"极化效应"和"涓滴效应"，都指出一个地区已经形成发展优势的条件下，其自身就会不断强化，形成一种动态的循环累积，导致社会经济发展会沿着最初的路径持续下去。其中，回波效应是一种资本、劳动力、技术等要素由落后地区向发达区域流动的现象，有利于发达区域的发展。与之相反，扩散效应则有利于落后地区的发展。弗里德曼的核心—边缘理论随后指出对于那些率先出现经济增长的地区，在巨大的集聚经济效应作用下，要素将向该地区集聚，使该地区的经济增长加速，最终形成具有较高收入水平的极核区，而相对于极核区的地方则成为边缘区。在经济发展初期，回波效应或极化效应占据主导地位，当经济发展到一定时期，回波效应或极化效应达到最大值后将逐渐减小，扩散效应或涓滴效应的作用占据主导地位，区域经济差异出现由扩大转为缩小的拐点。在这一过程中，市场机制起着主导性的作用，但政府的作用也不可忽视，政府依据发展阶段顺势而为有利于在经济发展前期推动局部区域增长以及后期缩小区域经济发展差异。

基于上述非均衡发展理论所形成的梯度转移发展模式希望通过先扶持

一部分地区发展起来，而后借助先发达地区的扩散效应缩小地区差异。我国改革开放以来很长时间内的发展规划也符合梯度转移发展模式的内涵。成渝两地本身具有发展优势，川渝分治以来，不断完善的基础设施条件和发展环境进一步扩大了"极化效应"或"回波效应"。经过分治以后二十多年的发展，成渝两地已成为川渝乃至整个西南地区的经济极核，但成渝地区两极强，周边薄弱的现象十分明显。中国特色社会主义市场经济体制要求市场在资源配置中起决定性作用，更好发挥政府作用。一方面，在充分发挥市场作用的条件下，成渝之间的竞争关系适应了市场经济发展的需要，是保持成渝经济圈内部经济发展活力的关键，在一段时间内将仍然是成渝两地关系的主线。另一方面，缩小区域差距，实现全体人民共同富裕需要发挥政府在增强"涓滴效应"或"扩散效应"方面的作用，逐步推动成渝合作是顺应我国整体发展趋势的要求。

成渝地区双城经济圈既是国家层面区域协调战略的要求，也是成渝两地适应经济发展阶段的需要。经济地理学强调每个地方的发展必须根据每个地方的比较优势，但要把一个产业从比较优势变成竞争优势，则需要有足够大的产业集群支撑，打造产业集群要求在完善交通基础设施、制度环境的基础上，打造相匹配的供应链。成都和重庆实际上已经进入到高收入经济体的阶段，主导产业逐渐转向资本和技术密集型。这种产业的特性是规模经济很大，很难在一个县、一个市里把所有的供应链都完备起来。要匹配这一趋势，就要求成渝各地发挥各自的人才、资本或技术力量等的比较优势，参与到供应链当中的一部分，形成一个跨地区的产业集群、跨地区的经济协作。同时，认真落实中央推动区域协调发展的整体战略部署，也是成渝两地获得中央财政支持，取得进一步经济发展的基础保障。故而，成渝"双核联动"中的合作关系有其内生动力来源。

推动成渝合作，打造成渝地区双城经济圈的一个关键原则就是"双核引领，区域联动"。所谓"双核引领，区域联动"，是以成都和重庆主城区为核心，通过核心的发展带动周边的发展。依据"马阵跨阱"理论，在区域经济发展中，发展较好的大城市肩负着带动落后地区，实现趋同发展的重要使命。"马阵跨阱"是把我国所有城市比作一匹匹骏马，充分发挥各自自然和人力资源禀赋优势奔腾，形成由数百匹持续奔跑骏马组成的马阵，带动全国跨越中等收入陷阱，进而实现社会主义现代化。从成渝地区双城经济圈的"微观马阵"来看，重庆、成都两个国家中心城市作为成渝地区的极核，肩负着引领全域发展的重要使命。缩小成渝地区内部存在的经济发展差距的关键在于，通过运用"板链拉动"理论实现重庆主城都市区、成都平原经济区两大相对发达板块对川南、川东北、渝东南、渝东北等相对落后板块的辐射和牵引。"板链拉动"的"板"指的是城市集群或区域经济板块，"链"指的是高铁、高速公路、水路、航空及"互联网+"等加强区域间信息联系有形及无形的链条；另外，"链"也可以是指各地区围绕共同产业集群形成的产业链、供应链和创新链。无论是成渝两地自古以来依山带水、文化同根的密切关联，还是两地之间日益完善的基础设施建设，都为成渝两地的合作提供了基础。同样，无论是出于成渝两地各自的发展需要，还是承担战略责任的历史担当，成渝两地都有必要走向合作。

综上所述，成渝两地的"竞合关系"的内涵就是：在竞争方面允许经济圈内部形成成渝的良性竞争，使得成渝两地能在双城经济圈内保持各自的发展活力。而合作则更多是相对于外部而言，成渝之间通过有效的合作使得双城经济圈作为一个整体形成与外部竞争的比较优势。只有在这种"竞合关系"的联动基础上，才能更加明确在重庆直辖之后，仍然不断推进成渝合作以打造成渝地区双城经济圈的意义所在。同时，只有把握好这种竞合关系，才能实现有效的双核联动，将成渝地区双城经济圈打造成带动全国高质量发展的重要增长极和新的动力源。

## 10.1.2　双城经济圈背景下的成渝"竞合"

《成渝地区双城经济圈建设规划纲要》规划期至2025年，展望到2035年，旨在把成渝地区建设成为具有全国影响力的重要经济中心、科技创新中心、改革开放新高地、高品质生活宜居地，对全国高质量发展的支撑带动能力显著增强，成为具有国际影响力的活跃增长极和强劲动力源。在具体内容上，成渝地区双城经济圈则是对成渝经济区和成渝城市群在理论和实践上的进一步深入探索，在战略意义上更是具有新时代的"新三线建设"的战略意义。在成渝地区协同发展的国家规划层面，按规划时期来看，依次有《成渝经济区区域规划》《成渝城市群发展规划》《成渝地区双城经济圈建设规划纲要》（以下简称《规划纲要》）三份总体规划文件。三份规划的规划期都为 5 年，除发布于 2011 年的《成渝经济区区域规划》的远期发展展望跨度为 10 年，另两份规划的展望跨度都为 15 年，三份规划在时间上接续，所涉及的区域整体上保持不变，后两份规划相比第一份剔除了四川省绵阳市的北川县和平武县以及雅安市的天全县和宝兴县，并将黔江区纳入其中。从战略定位上来看，从打造西部地区重要的经济中心到建设具有全国影响力的重要经济中心，川渝地区经济发展的战略地位进一步提升；从深化内陆开放的试验区到内陆开放型经济战略高地再到改革开放新高地，对川渝地区融入全球经济发展格局的要求进一步提升；从打造长江上游生态安全的保障区到美丽中国先行示范区再到打造高品质生活宜居地，《规划纲要》在强调长江上游生态屏障的基础上进一步要求打造世界级休闲旅游地和城乡融合发展样板区，对生态文明建设的要求更高，更加注重以人为本和新发展理念的全面贯彻。相比于前两份规划，《规划纲要》明确要求成渝地区双城经济圈打造具有全国影响力的科技创新中心。

这意味着从国家层面出发，成渝"双核联动"的合作部分更重要，中央想要打造的是一个区域协同发展的成渝，只有协同发展的成渝才具备对周边地区更强的发展带动效应。经济圈内部的成渝竞争关系在国家层面是要服从于合作关系的，但正如前面所述，成渝两地的竞争关系是成渝经济圈发展的内生动力所在。只有内部具有活力的成渝经济圈才能成为真正的增长极，但与此同时成渝内部竞争的总体方向必须有益于国家整体区域协调战略。因此，成渝地区双城经济圈作为国家推动区域协调发展，形成高质量发展区域布局的重大战略支撑，必须紧紧把握国家总体发展战略对成渝地区发展的要求，即《规划纲要》对成渝地区双城经济圈的战略定位，可简称为"一极一源、两中心两地"，这是成渝地区双城经济圈长期发展的根本落脚点。作为东部沿海地区拉动全国经济增长的补充动力，成渝地区双城经济圈必须要承担起中国第四极的任务。"一极一源、两中心两地"的战略定位产生于对成渝地区地理区位、发展历史、生态条件的深刻提炼与总结，匹配成渝地区发展优势与战略担当。因此，这一战略定位必须落实在建设双城经济圈后续具体方面的规划中，更重要的是要在保持促进川渝协同发展的政策规划连续性的同时，将其贯穿于未来成渝地区的长期规划中。

### 10.1.3　成渝地区双城经济圈的历史使命

成渝地区双城经济圈建设是成渝经济区和成渝都市群的发展与升华，是顺应新时代新形势的应有举措。第一，我国发展进入新时代，经济发展已由高速增长阶段转向高质量发展阶段，社会主要矛盾已转变为人民日益增长的美好生活需要和不平衡不充分的发展之间的矛盾。第二，全面建成小康社会这第一个百年奋斗目标已经实现，我国踏上全面建设社会主义现代化国家新征程，正处于向着第二个百年奋斗目标进军的关键阶段。第三，在中美经贸摩擦升级叠加新冠疫情冲击的影响下，形成以国内大循环为主体、国内国际双循环相互促进的经济发展新格局成为今后我国经济布局的重要出发点。当前我国发展的国内国际环境继续发生深刻变化，习近平总书记亲自谋划、亲自部署、亲自推动的成渝地区双城经济圈建设，肩负着多重历史使命。

一是优化区域经济布局，打造我国经济发展新增长极。要确保分两步走实现社会主义现代化强国建设的第一步目标，就必须在沿海以外的区域寻求具有较强支撑能力和发展潜力的区域作为具有全局带动作用的新的增长极。推动成渝地区双城经济圈建设，在西部形成高质量发展的重要增长极和新的动力源，有利于我国打造多中心区域协调发展新格局，形成优势互补、高质量发展的区域经济布局。

二是扩展对外开放空间，加快形成双循环新发展格局。在外循环动力转换，关键技术面临"卡脖子"的境况下，成渝地区双城经济圈通过长江经济带和"西部陆海新通道"，北接"丝绸之路经济带"，向东和向南分别连接着两个方向的"21世纪海上丝绸之路"，在内陆中心腹地无缝衔接了"带"和"路"。因此，成渝地区必将成为内陆开放高地和参与国际竞争的新战场，有助于我国形成陆海内外联动、东西双向互济的对外开放新格局。

三是打造战略大后方，筑牢建设现代化国家基础。成渝地区历史上一直是我国的战略大后方，是连接中原和西藏、云贵和新疆的重要枢纽，是连通中亚与东南亚、南亚的重要通道。推动成渝地区双城经济圈建设，形成一个强大、繁荣、安全、稳定的战略大后方，必将极大增强我国维护战略安全和经略周边的能力。

四是维护国家生态安全，打造绿色发展示范区。相对于其他三大增长极，成渝地区绿色发展对生态安全具有更重要的意义。一方面，长江独特的生态系统是我国重要的生态保护对象，成渝位于长江上游，区域内山川广布、物种多样，具有无可替代的重要生态价值。另一方面，将成渝打造成新的增长极和动力源有利于吸收周边生态功能区人口流入，筑牢长江上游生态屏障并促进周边地区发展。

# 10.2　成渝地区双城经济圈发展现状

## 10.2.1　成渝地区双城经济圈建设总体概况

在习近平总书记作出推动成渝地区双城经济圈建设、打造高质量发展重要增长极的重大决策部署后，四川省和重庆市党委和政府深入学习领会相关精神，并作出相应部署。两地先后召开6次党政联席会议及多次相关部门联席会议，总结协同合作情况，审议签订两地协同发展相关协议。基于《规划纲要》对成渝地区双城经济圈的相关要求，四川省和重庆市旋即发布《贯彻落实〈成渝地区双城经济圈建设规划纲要〉联合实施方案》，聚焦重点事项，就构建双城经济圈发展新格局、建设现代基础设施网络、构建现代产业体系、共建科技创新中心、打造富有巴蜀特色的国际消费目的地、打造内陆改革开放新高地、推动城乡融合发展、推动公共服务共建共享等方面，明确发展任务和相关主体责任，陆续发布系列文件，出台相关任务具体实施细则，成渝地区双城经济圈发展稳步推进。

2022年全年，成渝地区双城经济圈实现地区生产总值77587.99亿元，相比去年增长3%，占全国比重为6.4%，占西部地区比重为30.2%。其中，成渝地区双城经济圈第一产业增加值为6469.55亿元，占全国比重为

7.3%，比上年增长4.2%，高于全国水平0.1个百分点；第二产业增加值29890.58亿元，占全国比重为6.2%，比上年增长3.8%，与全国持平；第三产业增加值41227.86亿元，占全国比重为6.5%，比上年增长2.2%。三次产业结构为8.3∶38.5∶53.2，第二产业占比比上年提高0.3个百分点，第三产业占比高于全国水平0.4个百分点。[①]

重大项目是支撑川渝共建的重要抓手。自推动成渝地区双城经济圈建设的战略部署发布以来，川渝相关部门在2020年先后两次推出两批共同实施的重大项目31个，估算总投资5563亿元。在2021年，川渝两省市明确攻坚重大项目67个，概算总投资15673亿元、当年计划投资1015亿元。[②] 2022年2月，《共建成渝地区双城经济圈2022年重大项目名单》纳入标志性重大项目160个，重大项目聚焦《规划纲要》提出的合力建设现代基础设施网络、协同建设现代产业体系、共建科技创新中心、共建巴蜀文旅走廊、生态共建共保、公共服务共建共享等六大领域，总投资超20367亿元，其中2022年计划投资1835亿元。从完成情况来看，2022年前10个月，160个共建成渝地区双城经济圈重大项目完成投资1889.5亿元、年度投资完成率103%，提前完成全年投资计划。全年完成投资2336亿元，年度投资完成率127%。[③] 此外，2023年2月发布的《共建成渝地区双城经济圈2023年重大项目清单》共纳入标志性重大项目248个、总投资3.25万亿元，2023年计划投资3395.3亿元。从2021年的67个到2022年的160个，再到2023年的248个，成渝地区双城经济圈重大项目建设呈现持续提速态势，川渝地区双城经济圈建设进一步深化。

## 10.2.2　"双核"引领成渝地区双城经济圈发展

（1）成都与重庆"双核"持续发力

2022年，成都市实现地区生产总值20817.5亿元，在全国城市地区生

---

① 《川渝协同持续深化　双圈建设提质增效——2022年成渝地区双城经济圈经济发展监测报告》，四川省统计局，2023年4月3日。

② 《160个重大项目、超两万亿的投资中藏着成渝地区双城经济圈建设的哪些密码？》，川观新闻，2022年2月10日。

③ 《去年成渝地区双城经济圈重大项目完成投资2336亿元》，《重庆日报》2023年2月10日。

产总值排名中居于第七位，增速 2.8%；年末常住人口城镇化率 79.9%；全年规模以上工业增加值比上年增长 5.6%，电子信息、医药健康、装备制造、绿色健康、新型材料五大先进制造业合计增长 3.0%；规模以上高技术制造业增加值增长 4.9%；对"一带一路"沿线国家实现进出口总额 2704.7 亿元，增长 4.4%。① 2022 年，重庆市实现地区生产总值 29129.03 亿元，在全国城市地区生产总值排名中居于第四位，增速 2.6%，主城区实现地区生产总值 22352.42 亿元，比上年增长 2.3%；年末全市常住人口城镇化率为 70.96%；规模以上工业增加值增长 3.2%；高技术产业投资比上年增长 16.6%，占固定资产投资的比重为 9.8%；对"一带一路"沿线国家进出口 2214.02 亿元，比上年增长 0.3%。② 2020 年到 2022 年三年间，成都市和重庆市地区生产总值平均增速分别为 5.5% 和 5%，均高于全国平均增速 4.4%。

成都综合实力不断增强，践行新发展理念的公园城市示范区建设获国务院批复，天府新区迈入国家级新区第一方阵，天府国际机场建成投运，世界 500 强企业、领事机构落户数量均居中西部第一。重庆市把双城经济圈建设作为市委"一号工程"和全市工作总抓手总牵引，发布《重庆市推动成渝地区双城经济圈建设行动方案（2023—2027 年)》，全面推动双城经济圈建设十项行动。两地建立了双核联动联建工作机制，推动成渝"1+5"合作协议，实施第一批双核联动联建合作项目（事项），并将广安全域纳入重庆都市圈。两地人社局签署《成渝双核人力资源和社会保障事业协同发展合作协议》，助推两地合力构建自由流动、高效配置的公共就业服务体系。成都市联合重庆市以城市群申报，成为 9 个综合货运枢纽补链强链城市（群）之一。成渝地区双城经济圈"双核"重庆市、成都市将拓展长江上游航运中心、西部陆海新通道物流和运营组织中心、中欧班列集结中心和国际航空货运集散中心"四大功能"，补强铁水、公铁、陆空"三大类型"多式联运网络。

---

① 数据来源于《2022 年成都市国民经济和社会发展统计公报》。
② 数据来源于《2022 年重庆市国民经济和社会发展统计公报》。

（2）加快培育现代化都市圈

四川省深入推动成都都市圈协调发展，明确构建以成都为中心，德阳市、眉山市和资阳市共同支撑的成都都市圈。成德眉资同城化综合实验区总体方案获批，发布《成德眉资同城化发展暨成都都市圈建设2022年重大项目清单》，纳入项目184个，总投资12207.3亿元，年度计划投资972亿元。截至2022年12月底，年度竣工项目23个，新开工项目40个，完成投资1081.3亿元，占年度投资计划的111.2%，高于年度投资目标11.2个百分点，累计开工项目177个，累计完成投资2781.4亿元。①成德临港经济产业带加快推进，与成都天府新区共建总部基地，成德高端能源装备产业集群入选国家先进制造业集群。海康威视成都科技园竣工投运，新能源新材料成为眉山首个千亿元产业，成眉高新技术产业带发展智能物联产业、培育智能物联生态圈取得显著进展。星河动力商业运载火箭创新研发生产基地项目主体竣工，建设商业火箭研发中心以及智能制造基地，加快构建成资临空经济产业带。

2022年8月，重庆市发布了以重庆中心城区为核心的《重庆都市圈发展规划》，重庆都市圈涵盖重庆主城21区，并将四川省广安市全域纳入其中，规划到2025年将广安初步建成重庆都市圈北部副中心。此外，重庆市政府将推进渝西地区一体化高质量发展作为推动"一号工程"的重大战略抓手，启动渝西地区智能网联新能源汽车零部件产业发展倍增行动计划，明确渝西八区发展智能网联新能源汽车零部件产业重点空间布局，进一步促进渝西地区以制造业高质量发展为纽带增进协同发展。成渝中线和渝西高铁相继开工建设、渝湘高铁和渝昆高铁线路重庆段在建工程稳步推进，将进一步联通重庆都市圈内部及成渝双圈联系，缩短成渝城市群之间及其与关中、滇中等周边城市群的时空距离。

（3）有效促进两翼协同发展

在提升重庆主城和成都发展能级、培育发展现代化都市圈的基础上，经济圈南北两翼协同发展不断推进。遂潼川渝毗邻地区一体化发展先行区

---

① 周鸿：《交通加速"直连直通"产业项目稳步推进》，成都日报锦观新闻，2023年1月14日。

立足联动成渝的重要枢纽的战略定位，持续推动"双中心、三走廊、一园区"的一体化空间发展新格局成型成势；川渝高竹新区设立并稳步推进具体工作；资大文旅融合发展示范区聚焦构建"一轴两区两带"融合新格局、全域旅游协同融合深入推进，川渝中部地区协同发展取得切实进展。明月山绿色发展示范带、城宣万革命老区振兴发展示范区、合广长协同发展示范区等毗邻区域的协同发展规划陆续获批，相关工作继而深入推行。2023 年 3 月，川渝两省市政府办公厅发布《关于印发推动川渝万达开地区统筹发展总体方案的通知》，明确了 6 个方面 35 项任务，川东北、渝东北一体化发展方向进一步明晰，双城经济圈北翼协同发展取得实质进展。泸永江融合发展示范区围绕"一区两带三组团"空间格局，联动川南渝西合力打造双城经济圈第三增长极；《关于印发推动川南渝西地区融合发展总体方案的通知》则指明了川南渝西融合发展具体方向，进一步推动双城经济圈南翼融入成渝地区双城经济圈建设。一系列发展规划相继出台和落实，川渝毗邻地区合作共建区域发展功能平台相关工作稳步推进。

（4）成渝地区双城经济圈建设规划走深走实

现代基础设施网络建设逐步推进。2022 年 8 月，川渝两省市政府办公厅共同印发《共建长江上游航运中心实施方案》，要求到 2025 年，基本建成具有国际和区域航运资源配置能力的长江上游航运中心，成为"一带一路"、长江经济带、西部陆海新通道联动发展的战略性枢纽。为实现这一目标，川渝拟共建 48 个重大项目、总投资 991 亿元，其中"十四五"时期总投资 425 亿元。2022 年 11 月 28 日，成渝中线高铁正式开工建设，成渝中线高铁是国家"八纵八横"高铁网沪渝蓉沿江高铁大通道的重要组成部分，其建成将真正实现将成渝核心交通距离缩短至 1 小时之内。2022 年成都、重庆机场旅客吞吐量、起降架次均位居全国前列，重庆江北机场改扩建、四川乐山机场等项目加快建设，四川达州机场正式通航，成渝世界级机场群正加快形成。涪江双江航电枢纽、嘉陵江利泽航运枢纽等项目加快建设，以长江、嘉陵江、乌江"一干两支"国家高等级航道为骨架的航道体系基本建成。在新基建领域，川渝已建和在建数据中心机架总量超 36 万个，工业互联网标识解析国家顶级节点相关项目落户成都，成渝纳入国家"东数西算"工程算力枢纽节点布局。能源领域，川渝 1000 千伏特高压交流工程、川南—渝西输气管道等项目加快推进，川渝基本实现天然气管道 "一张网"，四川水电每年送重庆电量约 200 亿千瓦时，枯水期重庆火电送四川电量约 5 亿至 8 亿千瓦时。

现代产业体系加快构建。在制造业方面，电子信息、汽车、装备制造、消费品产业作为川渝传统优势所在，是成渝地区双城经济圈重点建设的 4 个万亿级产业。2022 年，川渝上述四大产业产值规模分别达到 2.2 万亿元、7500 亿元、1 万亿元和 1.48 万亿元，合计达到 5.43 万亿元，同时成渝两地全年共生产汽车 318 万辆，同比增长 17%。成渝两地在汽车、电子信息等重点行业，加快建设先进制造业集群，两地规模以上工业企业实现营业收入 77044.12 亿元，比上年增长 3.9%；实现利润总额 5916.46 亿元，比上年增长 6.3%，高于全国水平 10.3 个百分点。[①] 在现代服务业方面，《成渝共建西部金融中心规划》《成渝共建西部金融中心规划联合实施细则》提出 58 条具体措施指引西部金融中心建设。在 2022 年，成渝两地各项要素服务保障有力，其中，两地金融机构人民币存款余额 14.57 万亿元，比上年增长 11.1%，人民币贷款余额 13.16 万亿元，比上年增长 12.3%，两地财政在基础设施、产业发展、科技创新等多方面形成有力支持。[②] 在数字经济发展方面，《深化成渝地区双城经济圈大数据协同发展合作备忘录》正式签署。截至 2022 年 11 月底，已实现 44 个部门 317 类数据资源落地共享，[③] 加快推动政务服务 "跨省通办"，推动营业执照、道路运输证等 20 类电子证照亮证互认，正式发布实施成渝地区双城经济圈首个数据领域地方标准——《公共信息资源标识规范》。成渝地区启动建设全国一体化算力网络国家枢纽节点，将规划设立重庆数据中心集群。

富有巴蜀特色的国际消费地稳步打造。成渝两地以推动重庆、成都培

---

① 《川渝协同持续深化  双圈建设提质增效——2022 年成渝地区双城经济圈经济发展监测报告》，四川省统计局，2023 年 4 月 3 日。

② 《川渝协同持续深化  双圈建设提质增效——2022 年成渝地区双城经济圈经济发展监测报告》，四川省统计局，2023 年 4 月 3 日。

③ 《为数据资源提供 "身份证" 成渝地区双城经济圈首个数据地方标准来了》，华龙网新重庆客户端，2022 年 12 月 2 日。

育建设国际消费中心城市为重点，建设富有巴蜀特色的国际消费目的地。《资大文旅融合发展示范区总体方案》《巴蜀文化旅游走廊建设规划》《建设富有巴蜀特色的国际消费目的地实施方案》等相关具体文件陆续印发。在 2022 年共实现社会消费品零售总额 34460.14 亿元，占全国比重为 7.8%。特别是以网上消费为代表的新型消费稳步发展，两地限上单位通过互联网实现的商品零售额达到 2377.22 亿元，比上年增长 15.6%。①

长江上游生态屏障逐步建立。2022 年开年，成渝两地生态环境领域第一部协同立法——《四川省嘉陵江流域生态环境保护条例》和《重庆市人民代表大会常务委员会关于加强嘉陵江流域水生态环境协同保护的决定》同时施行，让共筑长江上游生态屏障，跨界协同治理有法可依。2022 年 2 月，成渝两地编制印发《成渝地区双城经济圈生态环境保护规划》，协同制定贯彻落实成渝地区双城经济圈生态环境保护规划方案，累计共同实施重点任务 100 余项，签订落实合作协议 90 余项。两省市协同推进美丽中国地方实践，建成国家生态文明建设示范区县 38 个、"绿水青山就是金山银山"实践创新基地 13 个。② 2022 年，长江干流川渝段水质保持为优，重庆 74 个国控断面水质优良率达 98.6%，四川 203 个国控断面水质优良率达 99.5%；《成渝地区双城经济圈水安全保障规划》升格为国家级规划并印发实施。重庆空气质量优良天数为 332 天，四川空气质量优良天数为 326 天，均满足国家下达的目标要求。③

内陆改革开放新高地加速共建。2022 年 3 月，川渝两省市政府办公厅共同制定出台《共建成渝地区双城经济圈口岸物流体系实施方案》，发力打造高度一体化的成渝地区双城经济圈现代口岸物流体系，依托成渝中线高铁，共同打造成渝特色口岸物流发展带；充分发挥长江黄金水道优势，打造港产城联动的沿江口岸物流发展带；发挥成昆、西成等铁路大通道运

① 《川渝协同持续深化　双圈建设提质增效——2022 年成渝地区双城经济圈经济发展监测报告》，四川省统计局，2023 年 4 月 3 日。
② 《推动成渝地区双城经济圈建设生态环境保护联席会议第四次会议召开》，重庆市人民政府网站，2022 年 12 月 21 日。
③ 《生态环境共建共保　川渝协同再"快一步"》，上游新闻，2023 年 4 月 3 日。

力优势，打造便捷高效的成绵乐口岸物流发展带。围绕成渝地区双城经济圈口岸物流体系建设，相关部门于 2022 年 7 月 4 日签署《共建跨区域综合运营平台合作协议》《国际物流枢纽建设合作协议》《开放平台共建合作协议》《共建成渝跨境公路运输平台合作协议》《成渝地区双城经济圈物流与供应链联盟合作协议》，发布 12 个共建重点物流园区名单。8 月，《成渝地区联手打造内陆开放高地方案》正式印发，要求成渝地区双城经济圈到 2025 年，基本建成内陆开放高地，初步形成"一带一路"、长江经济带、西部陆海新通道联动发展的战略性枢纽。2022 年全年，重庆经西部陆海新通道运输 14.8 万标箱、货值 251 亿元，同比分别增长 32%、34%，占通道沿线地区总量的 28%；新开辟运行线路 78 条，通道网络覆盖 119 个国家和地区的 393 个港口。中欧班列（成渝）开行超 5000 列，占全国开行总量近 30%，已稳定运行线路近 50 条，辐射亚欧超 100 个城市节点。沪渝直达快线开行 1196 艘次、运输集装箱 32.4 万标箱，同比分别增长 0.3%、17.4%，江海联运可通达环太平洋、大西洋 200 余个国家和地区 600 余个港口。渝满俄班列开行超 2200 列，增速超 100%。拓展国际航空通道，累计开通国际（地区）航线 109 条，覆盖全球 36 个国家 80 个城市。①

营造一流营商环境，市场主体活力增强。在政策推动方面，《四川省优化营商环境条例》经过三次审议，《重庆市优化营商环境条例》经过两次审议，分别经两省市人大常委会会议表决通过，于 2021 年 7 月 1 日起施行。川渝两省市政府办公厅先后发布《支持成渝地区双城经济圈市场主体健康发展的若干政策措施》《推动成渝地区双城经济圈市场一体化建设行动方案》，着眼于共同构建高标准市场体系，加快融入全国统一大市场建设，立足成渝地区市场体系建设，从共同完善市场基础设施、共同优化要素资源流通环境、共同健全市场制度规则和共同强化区域市场监管四个方面明确了 24 项重点任务。2023 年 3 月，川渝市场监管局发布《深化全方位全链条监管协作推动双城经济圈市场一体化发展方案》，提出到 2027 年成渝地区将基本实现市场一体化。在市场主体方面，2023 年 3 月 31 日，

---

① 数据来源于《2022 年重庆市国民经济和社会发展统计公报》。

首届成渝地区双城经济圈民营经济高质量发展合作峰会在荣昌举行。据统计，2022 年，重庆市民营经济市场主体达 323 万户，民营经济增加值达 1.74 万亿元，占全市 GDP 比重为 59.7%，就业接近 1000 万人，占城市城镇就业人口的 80% 以上；四川省民营经济市场主体 804 万户，民营经济增加值突破 3 万亿元，占全省 GDP 比重为 53.7%。[①]

探索经济区与行政区适度分离取得实质进展。两省市共同批准设立成渝高竹新区，高竹新区是目前全国唯一跨省域新区。此后，首个跨省市办电一体化运营机构——川渝高竹新区供电服务中心正式揭牌。《川渝高竹新区外国人才来华工作许可互认试点实施方案》在川渝地区外国高端人才工作许可互认的基础上，在川渝高竹新区试点进一步扩大共享人才资源范围。2023 年 4 月 27 日，两地签署了川渝高竹新区住房公积金一体化创新发展合作备忘录，将在高竹新区设立川渝地区首个住房公积金跨区域协同服务线下专区。

公共服务共建共享不断强化。截至 2022 年 8 月，"川渝通办"已发布落地的 3 批次共 311 项通办事项中有 252 项实现"全程网办"，占比达 81%，涉及驾驶证补发、公积金贷款等切实涉及居民、法人相关事项。截至 2022 年 12 月底，"川渝通办"累计办件量（含查询访问类）超过 1300 万件次，切实推动同一便民事项在成渝两地无差别受理、同标准办理、行政审批结果互认。此外，截止到 2022 年 12 月底，两地已经开通了 20 条跨省公交，基本实现了毗邻区县跨省城际公交全覆盖、票价全统一。成都都市圈与重庆中心城区城市轨道交通、地面公交实现"一卡通""一码通"，成渝两地 300 余个汽车客运站、78 条线路实现联网互售，已惠及超 4000 万人次。[②]

## 10.2.3  成渝地区双城经济圈发展中存在的问题

协同发展内生动力有待提高。尽管成渝在政策和规划层面有一定的合作，并在持续推进，但实际的合作和协同发展水平仍有待提高。两地协同

---

①  孙琼英：《聚焦"十项行动"重庆如何促进民营经济健康发展》，上游新闻，2023 年 4 月 3 日。

②  数据由重庆市人民政府网站成渝地区双城经济圈板块相关资讯整理所得。

发展的核心障碍在于政治利益和经济利益的分配，解决这一核心障碍的关键在于构建双方都能接受的利益分配方式，这是成渝两地协同发展的内生动力来源。为此，《规划纲要》明确指出要探索经济区与行政区适度分离改革，川渝高竹新区正是这一探索的具体产物。但目前川渝在政经适度分离的探索方面只有高竹新区这一个项目的具体落地；另外，政策的落地到具体产生效果之间会有很长的时滞，探索政经适度分离仍有较长的路要走。

产业同质化竞争严重。多年来，重庆市、成都市竞争大于合作。特别是制造业结构趋同，在集成电路、新型显示、智能终端、新一代信息技术、汽车制造等细分领域存在较为严重的同质化竞争和资源错配现象。有研究指出，从两地产业协同情况来看，2006—2020 年川渝产业协同度在低水平波动。根据复合系统相邻基期协同度评价标准，协同度取值范围在 [-1，0) 为严重不协同，在 [0，0.3) 为低水平协同，在 [0.3，0.5) 为一般协同，在 [0.5，0.8) 为良好协同，在 [0.8，1) 为高度协同。2006—2020 年四川和重庆产业协同度一直在 0—0.1 之间，协同水平低。并进一步通过区位熵法计算出成渝两地工业各行业的区位熵值，得出重庆市具备优势的产业共有 11 个，四川省有 15 个，而成渝两地具有竞争优势的产业中有 6 个产业出现重合。

科技创新支撑能力偏弱。一是科技创新平台缺乏。"双一流"建设高校仅 10 所，仅为京津冀的 24.4%、长三角的 28.6%。二是科技创新成果缺乏。2021 年成都、重庆全社会研发经费投入强度分别为 3.17%、2.16%，与北京 6.53%、上海 4.1%差距较大。2022 年，重庆市、四川省发明专利授权数 1.91 万件，仅为京津冀的 33.7%，长三角的 20.1%。[①] 三是创新环境不够优化。成渝地区的创新环境相对滞后，缺乏完善的创新政策和法规体系。创新创业氛围不浓厚，创新资源的共享和交流渠道有限，缺乏创新生态系统的构建。

---

① 数据由相关省份统计年鉴、国民经济和社会发展统计公报整理所得。

# 10.3 新形势下的发展思路及建议

## 10.3.1 长期——把握成渝"竞合关系"，提升"双核"发展能级

深刻把握"一极一源、两中心两地"是成渝地区双城经济圈建设规划的战略定位，更是其长期发展目标的内涵，保持长期稳定的政策支持和具体措施的动态调整。厘清成渝内外发展的不同思路：对内作为经济圈两大极核，成渝两地应依托各自在教育、医疗、生态及创新发展方面的投入，就双核对人才、技术和产业的吸引力展开良性竞争，保持经济圈内生发展动力。对外作为经济圈整体，要明确成渝两地长期发展定位，在长期主导目标上错位发展。具体而言，就是要在"双核"发展的规划阶段厘清当前发展状况，明确高标准高定位发展目标，梯次有序地布局新产业，转移非核心都市群功能，在关键核心技术突破上持续发力。成都要明确其"区域经济中心、科技中心、世界文化名城和国际门户枢纽"的城市功能定位，重庆则要明确其"国家重要先进制造业中心、西部金融中心、西部国际综合交通枢纽和国际门户枢纽"的城市功能定位。成都更偏重于经济、科技以及文化功能，而重庆则更偏重于制造业、金融和交通枢纽的功能定位，"双核"的主要城市功能形成错位发展，避免低效竞争。同时，"双核"都应统筹兼顾经济、生态、安全、健康等多元需求，合理控制规模，推动城市发展由外延扩张式向内涵提升式转变，集聚创新要素，形成以先进制造业为支撑、以服务业为主体、两者融合发展的产业结构。

此外，成渝地区双城经济圈与其他区域城市群、经济圈最大的不同和最显著的特色是其独特的生态环境。双城经济圈位于著名的胡焕庸线的边缘，并坐拥上游1000公里的川江干流，联系着中华民族千秋万代的血脉，是国家经济发展战略的纵深地带，尤其是国家极其重要的生态区域和生态

屏障,生态环境治理应是区域高质量发展的应有之义,川渝生态协同治理应成为全国的标杆。应将清洁能源、节能环保、绿色金融、绿色城市、人与自然和谐共处等发展观念深刻融入"双核"提升发展能级的全过程,成为第四极最重要的标签。

## 10.3.2 中期——深化改革开放创新,打造"双核"引领能力

一是提升科技创新能力。基于"马阵跨阱"与"板链拉动"理论,做大做强重庆、成都两大"极核",应以高水平共建西部科学城为主要抓手,加强辐射带动作用,缩小双城经济圈内部经济发展差距。鼓励中国科学院和全国知名高校布局科研平台,研究论证设立中国工程院大学,优化创新布局。弘扬科学家精神,建设一流科技社团、科技期刊、科技智库,支持中国科协深入开展服务科技经济融合发展行动,优化科技创新生态。

二是深化重点领域改革。强化改革的先导和突破作用,深化要素市场化配置改革,积极推进科技体制改革,持续推进信用体系建设,努力营造良好营商环境,加快推进产业数字化、数字金融化,强化产融结合场景应用。以抓好高竹新区建设为示范,优化行政区与经济区适度分离的利益共享机制建设,建立并逐步完善经济指标分算体系。加强川渝人大在立法赋权方面的合作,依据新区发展模式和阶段的调整,对其动态赋权。

三是加大对外开放力度。加快构建对外开放大平台和大通道,加快完善国际产业人才引育培养体系,加强国内区域合作,形成"一带一路"、长江经济带、西部陆海新通道联动发展的战略性枢纽,打造区域合作和对外开放典范。依托国际物流枢纽建设,在出渝出川四向通道建设上持续发力,密切川渝与其他三极的交流互动,增强川渝联通世界的能力,加速双循环新发展格局形成。

## 10.3.3 短期——聚焦具体措施落地,筑牢"双核"发展基础

完善基础设施建设,加速构建内陆国际物流枢纽。"双核"的国家物流枢纽功能是成渝地区双城经济圈打造内陆改革开放新高地的重要着力

点。第一，要逐步落实共建成渝地区双城经济圈口岸物流体系实施方案和成渝联手打造内陆开放新高地方案的具体要求，加强成都和重庆的物流基础设施建设，包括港口、铁路、公路、航空等多种运输方式的设施；建设成渝地区的多式联运枢纽，实现不同运输方式的衔接和无缝转运，提升货物运输能力和效率。第二，要大力推动建设物流信息交易平台，整合物流信息资源，应用物联网、大数据和人工智能技术，实现物流的数字化和智能化管理与结算。第三，成渝两地应增强政策协同，加强海关、边检、检验检疫等相关部门的协作，建立健全物流监管体系，简化物流流程，提高通关效率，优化物流运输环境；引进国际物流企业和专业人才，鼓励国际知名物流企业在成渝地区设立分支机构或总部，提升成渝地区双城经济圈的国际物流水平和竞争力。

增强西部金融中心建设，助推成渝构建现代产业体系。遵照成渝共建西部金融中心规划联合实施细则，推动成渝"双核"打造西部金融中心核心承载区。第一，通过金融创新和金融产品设计，为成渝地区的现代产业提供定制化金融服务。发展科技金融、绿色金融、供应链金融等，满足不同产业的融资、风险管理和资金流动需求。第二，要引导资金向战略性新兴产业集聚，制定优惠政策和金融支持措施，鼓励金融机构向战略性新兴产业投放资金。支持成渝地区的高新技术产业、智能制造、数字经济等产业的发展，促进现代产业体系的构建。第三，要搭建产融对接平台，在有效推进数字化建设基础上，促进金融机构与成渝地区的企业对接合作，为企业提供融资咨询、风险评估、项目评估等服务，推动产业项目的顺利实施，切实增强现代服务业与高端制造业融合发展水平。

推进毗邻地区有效合作，提升经济圈整体发展效力。成渝两地围绕推进川渝毗邻地区协同发展已陆续发布多项文件，支持川渝毗邻地区开展广泛合作。第一，要尊重区域经济发展的客观规律，继续保持重庆直辖后与四川在部分产业发展上良性竞争的局面，总结发扬川渝省际分工合作成功的经验，尽量消减区域内趋同化的恶性竞争和重复建设，构建区域整体共同市场，建立和而不同、美美与共的双中心区域协同发展典范。第二，围绕两地关联性强、切合度高的产业集群开展深度合作，打造产业链配套协作、具有特色鲜明的产业分工体系。第三，加强成渝与周边地区的合作，建立跨区域金融合作机制，激发市场活力，促进现代产业的跨区域合作和资源共享，形成区域协同效应，实现整体竞争力的提升。

# 参考文献

［1］《中共中央　国务院印发〈成渝地区双城经济圈建设规划纲要〉》，《先锋》2021 年第 10 期。

［2］林毅夫、付才辉：《中国第四极成渝地区双城经济圈的建设线路图》，《成都日报》2021 年 10 月 27 日。

［3］姚树洁、刘嶺：《西部科学城建设推动成渝地区双城经济圈高质量发展》，《西安财经大学学报》2022 年第 3 期。

［4］姚树洁：《中国跨越"中等收入陷阱"的经济理论及战略》，《国际经济评论》2018 年第 1 期。

［5］姚树洁，刘嶺：《促进区域经济均衡增长，构建"双循环"新发展格局——基于成渝地区双城经济圈建设视角》，《陕西师范大学学报（哲学社会科学版)》2021 年第 5 期。

［6］胡仁浩：《重庆第三次直辖的历史渊源》，《四川档案》2022 年第 5 期。

［7］林毅夫、付才辉：《成渝地区双城经济圈建设的新结构经济学分析建议报告》，《成都日报》2020 年 6 月 17 日。

［8］李小建：《经济地理学》，高等教育出版社 2019 年版。

［9］游曼淋：《成渝地区双城经济圈产业协同发展综合测评及对策研究》，《湖北经济学院学报》2023 年第 2 期。

# 11

# 长江经济带发展取得历史性成就

长江经济带覆盖我国11省市，横跨东中西三大板块，生态地位重要，综合实力较强，发展潜力巨大，在我国高质量发展格局中具有重要的引擎作用。自2014年上升为国家战略以来，长江经济带各省市和有关部门深入学习贯彻落实习近平总书记重要讲话精神，坚持生态优先绿色发展，推动长江经济带高质量发展，长江经济带生态环境保护发生了转折性变化，经济社会发展取得了历史性成就。

# 11.1 长江经济带发展的战略构架

## 11.1.1 长江经济带发展国家战略形成的背景

党的十八大以来，我国区域经济发展战略格局的一个重大变化，就是谋划布局并推动实施"一带一路"建设、长江经济带发展两大重大区域战略。为什么要在四大板块型区域总体战略体系中加入这两大重大区域战略，特别是长江经济带发展战略，链接了西部大开发、中部崛起和东部沿海率先三大板块战略，链接了三大板块战略中的重要战略空间，有其特定的国家战略意图和背景。本部分将从时间进程来梳理其战略形成的背景。

（1）从20世纪80年代初期开始，探索并逐渐形成长江流域经济带联动发展的战略构想

改革开放初期，马洪提出"一线一轴"战略构想，"一线"即为沿海一线，"一轴"即为长江发展轴。1984年9月，陆大道在全国经济地理与国土规划学术会议上作了《2000年我国生产力布局总图的科学基础》的大会报告。在报告中，他提出生产力和经济布局的"点—轴系统"理论及我

国国土开发与经济布局的"T"字型空间战略。"T"字型空间战略即以沿海与沿江两个战略轴线形成我国国土开发和经济建设的整体空间格局。1990年完成编制的《全国国土总体规划纲要》明确提出，在生产力布局方面，应以东部沿海地区和横贯东西的长江沿岸相结合的"T"字型结构为主轴线，以其他交通干线为二级轴线，按照点、线、面逐步扩展的方式展开生产力布局。"T"字型空间战略的关键，是海岸经济带和长江经济带形成的"T"字型，在长三角地区形成交汇，并通过长江经济带将成渝地区、中部沿江地区与海岸经济带联动起来。1985年，上海、南京、武汉、重庆四个沿江城市首次召开长江沿岸中心城市经济协调会，共同探讨长江沿岸经济带建设的横向联合问题；此后吸收更多沿岸城市加入协调会，到1988年参加长江沿岸中心城市协调会的城市发展到23个，此后逐步增加到27个城市，由重庆、武汉、南京、上海、合肥轮流担任主席方，每两年召开一次市长联席会议。

20世纪90年代初期，随着浦东新区的开发开放和三峡工程的全面建设，推动长江流域更多地区的对外开放纳入国家重要战略部署。党的十四大报告提出，以上海浦东开发开放为龙头，进一步开放沿岸城市，尽快把上海建成国际经济、金融、贸易中心之一，带动长江三角洲和整个长江流域地区经济发展的新飞跃。1992年，由上海社会科学院牵头，长江流域7省1市（四川、湖北、湖南、江西、安徽、江苏、浙江、上海）社会科学院联合承担了国家哲学社会科学"八五"规划重点课题"浦东开发开放与长江流域经济协调发展"。课题报告提出，从上海到四川，整个长江流域有着巨大的综合优势和广泛的发展潜力，几项举世瞩目的经济壮举，如上海浦东新区的开发、三峡大坝的兴建、内陆沿江城市的开放、大西南的开发，正在长江沿线全面展开，沿江各省市的对外开放和经济上的合作协调，正在推动长江流域成为中国最有发展前景的经济带之一。[①]

《中华人民共和国国民经济和社会发展"九五"计划和2010年远景目标纲要》，对促进区域经济协调发展作出中长期部署，提出"按照市场经济规律和经济内在联系以及地理自然特点，突破行政区划界限，在已有经济布局的基础上，以中心城市和交通要道为依托，逐步形成7个跨省区市的经济区

---

① 姚锡棠：《长江流域经济发展论》，上海社会科学院出版社1994年版。

域",列在首位的是长江三角洲及沿江地区,"发挥通江达海以及农业发达、工业基础雄厚、技术水平较高的优势,以浦东开放开发、三峡建设为契机,依托沿江大中城市,逐步形成一条横贯东西、连接南北的综合型经济带"。

特别是自 21 世纪初我国加入 WTO 后,沿江各省市进一步加大对外开放和经济改革力度,江苏、浙江积极对接上海,安徽、江西、湖北、湖南、重庆、四川、云南在实施中部崛起、西部大开发战略的同时,积极对接沪苏浙,树立开放新理念,消除区域合作障碍,提升产业转移承接能力,区域间的经济联系和合作更加丰富和广泛,形成了长江流域经济带联动发展的新局面。如 2010 年 1 月国务院批复《皖江城市带承接产业转移示范区规划》,这是国家实施区域协调发展战略的又一重大举措,对于探索中西部地区承接产业转移新途径和新模式、深入实施促进中部地区崛起战略具有重要意义。

(2)发挥长江黄金水道作用,不断深化长江流域经济带的区域合作与联动发展

长江是中国以及全亚洲的第一大河,世界的第三长河,也是世界上最长的完全在同一国境内的河流。长江全长 6397 公里,长度仅次于尼罗河及亚马孙河,也是世界第三大流量河流,仅次于亚马孙河及刚果河。长江干线航道上起云南水富港,下至长江入海口,全长 2838 公里,是横贯我国东西的水运大动脉。自 2005 年长江年货物通过量首次跃居世界内河榜首,此后连续位列世界内河第一,成为世界上最繁忙的内河航道和产业集聚规模最大的产业带,被誉为黄金水道。截至 2014 年,长江沿岸已建成万吨级以上泊位 477 个,亿吨大港 11 个,包括南通、太仓、张家港、江阴、泰州、镇江、南京、芜湖、武汉、岳阳、重庆等。①

在 2004 年于上海召开的长江沿岸中心城市经济协调会第十二届市长联席会议,首次就长江黄金水道开展讨论并形成合作框架。这次会议的主题为:发挥长江黄金水道作用,推进长江流域经济联动发展。会议决定共同开展推进长江"黄金水道"建设的专题研究,积极探索加强高层次协商机制。2006 年在重庆举行的第十三届市长联席会议,主题为"发挥黄金水道

---

① 王晓娟等:《长江黄金水道功能提升与航运现代化战略研究》,上海人民出版社 2018 年版。

作用，推动长江经济发展"。2008 年在武汉举行第十四届市长联席会议，联合签署了《关于加快黄金水道开发进一步促进产业合作的多边协议》。

这一时期对长江黄金水道的讨论和区域合作，是基于长江上中游地区在实施西部大开发和中部崛起战略过程中，更多认识到长江黄金水道的交通优势和城市带优势，更多需要依托长江黄金水道接轨长三角地区，承接产业转移、畅通对外通道，培育壮大开放型经济、创新型经济。但更大程度发挥长江黄金水道的作用，也正面临一系列瓶颈问题。王战（2014）提出了三大比较突出的瓶颈问题：一是生态问题。主要集中反映在大湖枯竭、库区生态灾害、南水北调缺水问题、堤岸崩塌、海水倒灌、沿江污染的六大方面问题。二是大坝问题。长江航运的绝大部分运量集中在长江中下游河段，但通航里程仅占干流通航总里程的49%，当前的问题是梯级水电站没有充分考虑航运设施问题。三是航运标准化问题。2004 年上海发展研究中心曾提出长江黄金水道建设的"四个标准化"，即船舶标准化、航道标准化、港口泊位标准化、航运管理与服务标准化。历经十年，长江黄金水道建设后续跟进不多。

2013 年 7 月，习近平总书记在武汉考察时指出，"长江流域要加强合作，充分发挥内河航运作用……把全流域打造成黄金水道"。2014 年 3 月，李克强总理首次在《政府工作报告》中明确提出"依托黄金水道，建设长江经济带"；同年 9 月，国务院正式印发《关于依托黄金水道推动长江经济带发展的指导意见》，提出"依托黄金水道推动长江经济带发展，打造中国经济新支撑带"。该《意见》重点部署提升长江黄金水道功能和建设综合立体交通走廊，提出"充分发挥长江运能大、成本低、能耗少等优势，加快推进长江干线航道系统治理，整治浚深下游航道，有效缓解中上游瓶颈，改善支流通航条件，优化港口功能布局，加强集疏运体系建设，发展江海联运和干支直达运输，打造畅通、高效、平安、绿色的黄金水道"，"依托长江黄金水道，统筹铁路、公路、航空、管道建设，加强各种运输方式的衔接和综合交通枢纽建设，加快多式联运发展，建成安全便捷、绿色低碳的综合立体交通走廊，增强对长江经济带发展的战略支撑力"。

（3）贯彻落实新发展理念，全面实施长江经济带发展国家战略

2014 年 4 月中央政治局会议作出"推动京津冀协同发展和长江经济带

发展"的重大决策。2014 年 11 月中央经济工作会议把长江经济带与"一带一路"、京津冀协同发展并列为当前重点推进的三大战略。2014 年 12 月，习近平总书记作出重要批示，强调长江通道是我国国土空间开发最重要的东西轴线，在区域发展总体格局中具有重要战略地位，建设长江经济带要坚持一盘棋思想，理顺体制机制，加强统筹协调，更好发挥长江黄金水道作用，为全国统筹发展提供新的支撑。2016 年 1 月 5 日，习近平总书记在重庆主持召开推动长江经济带发展座谈会，全面深刻阐述了长江经济带发展战略的重大意义、推进思路和重点任务，特别强调，推动长江经济带发展必须从中华民族长远利益考虑，把修复长江生态环境摆在压倒性位置，共抓大保护、不搞大开发，努力把长江经济带建设成为生态更优美、交通更顺畅、经济更协调、市场更统一、机制更科学的黄金经济带，探索出一条生态优先、绿色发展新路子。2016 年 5 月底，党中央、国务院正式印发《长江经济带发展规划纲要》。

从国家战略层面，推进长江经济带整体发展，最核心的战略意图就是要促进上中下游优势互补、协调发展，走出一条生态优先、绿色发展之路，让中华民族母亲河永葆生机活力，真正使黄金水道产生黄金效益，为全国统筹发展提供新的支撑。我们可以进一步从三个方面理解长江经济带发展的战略意图。

一是促进长江经济带共抓大保护，走出一条生态优先、绿色发展新路子。习近平总书记在武汉主持召开的深入推动长江经济带发展座谈会上就特别强调，"长江病了，而且病得还不轻。治好'长江病'，要科学运用中医整体观，追根溯源、诊断病因、找准病根、分类施策、系统治疗"。刘世庆等（2018）研究梳理了长江流域生态建设面临的四大困难和挑战：一是河流健康受到威胁。水多，即流域广受洪水威胁，中下游洪水尤为突出；水少，即流域内的缺水问题，城市水资源供需矛盾尤为突出；水脏，即水污染威胁严重，城镇河段水污染尤其突出。在长江经济带沿线 11 个省市不足全国 20%的土地上，分布着全国 30%的石化产业、40%的水泥产业，集聚了全国 43%的废水和 35%的二氧化硫排放。二是流域经济发展失衡。开发与保护失序、流域与政区分割。三是水利工程建设失序。水电工程建设与流域发展不协调、央企效益与地方发展和百姓致富有冲突。四是管理体制亟待优化。龙头乏力，统得不够；多龙治水，分得无序。近年来长江经济带中上游地区化工、冶炼、纺织等高污染、高耗能、高耗水产业仍呈现增长趋势。长江流域生态环境具有整体性、系统性特征，只有牢固树立长江上中下游是一个生态共同体，山水林田湖草是一个生命共同体的理念，加强区域统筹，落实"共抓大保护"，处理好生态环境保护和经济发展的辩证关系，才能确保一江清水绵延后世，走出一条绿色生态发展新路。

二是联动东中西三大板块，联动长三角、长江中游、成渝三大城市群，打造黄金经济带，构建区域协调发展新格局。长江流域9省2市，是一个典型的横贯中国大陆的雁行发展形态，这种发展水平的梯级形态，如果孤立地看待，会被认为是消极的地区发展差距和区域发展不协调的标志，但如果把它连接成一个整体空间来看，它恰恰体现了中国作为一个幅员辽阔、发展不均衡，并因此具有资源要素禀赋和市场多样性的发展中大国的发展潜力和发展后劲。① 长江经济带依托长江黄金水道，依托众多的沿江城市和三大城市群，把东部、中部、西部三大板块有效贯通起来，可以更好解决原单一板块型战略所存在的板块割裂矛盾。在逐渐趋于成熟发达的市场经济、开放经济环境下，西部地区和中部地区的发展，更加需要与东部沿海地区对接和联动，更加需要来自东部沿海地区特别是沿海超大城市和城市群的要素、产业链、平台和经验，通过流域性战略的共振与协同，为西部大开发战略和中部崛起战略的深入实施，为促进区域高质量协调发展，构建新格局、注入新动能。在长江经济带，通过下游长三角地区的辐射带动，与中游、上游地区，优势互补、联动发展，要素流动、资源共享，分工合作、深度融合，促进区域更加协调发展，同时为中国经济的行稳致远，为加快建设社会主义现代化国家夯实更强基础、提供更大动力。

三是推动长江经济带东西双向开放，发挥对"一带一路"建设的重要支撑和助推器作用。"一带一路"是我国综合国力大幅提升、经济发展进入新常态、改革开放进入新阶段、统筹国内国际两个大局的重大战略抉择和行动。长江经济带是"一带一路"在国内的主要交汇地带，长江黄金水

① 陈建军：《长江经济带的国家战略意图》，《人民论坛》2014年第15期。

道立体交通走廊一方面可使长江经济带直接联通海上丝绸之路，另一方面可以通过接连欧亚大陆桥，联通陆上新丝绸之路经济带，同时云贵两省加入长江经济带，将进一步加强与东南亚经济走廊的联通。长江经济带与"一带一路"互联互通，将共同构成未来中国发展的战略新版图。长江经济带可以为"一带一路"建设提供坚实的基础和动力。古时丝绸之路运输的茶叶、丝绸、瓷器等商贸产品，生产主要集中于长江经济带，如景德镇瓷器、江浙丝绸等。当今"一带一路"出口货物来源仍主要集中于此，而且对外投资来源、进口商品销路，长江经济带也是我国主要集中地，支撑了我国外贸经济的半壁江山，也显示了长江经济带在国际上已经具有较强竞争力，尤其是以上海为中心的长三角地区，被誉为"世界工厂"，是世界上最具开放度和竞争力的地区之一。此外，促进中西部地区进一步对外开放，在开放中推动经济转型升级和高质量发展，也是"一带一路"建设的重要战略意图之一。长江经济带中上游地区向东开放，与长三角地区接轨，可以加快提升对外开放水平；向西开放，可以与长三角地区联合，共同开辟对外开放新通道。

## 11.1.2　长江经济带发展的战略重点

《长江经济带发展规划纲要》明确了长江经济带发展的四大战略定位，即生态文明建设的先行示范带、引领全国转型发展的创新驱动带、具有全球影响力的内河经济带、东中西互动合作的协调发展带；提出了六大战略任务，即大力保护长江生态环境、加快构建综合立体交通走廊、创新驱动产业转型升级、积极推动新型城镇化、努力构建全方位开放新格局、创新区域协调发展体制机制。

2020 年 11 月在南京召开的全面推动长江经济带发展座谈会上，习近平总书记发表重要讲话，提出要坚定不移贯彻新发展理念，推动长江经济带高质量发展，谱写生态优先绿色发展新篇章，打造区域协调发展新样板，构筑高水平对外开放新高地，塑造创新驱动发展新优势，绘就山水人城和谐相融新画卷，使长江经济带成为我国生态优先绿色发展主战场、畅通国内国际双循环主动脉、引领经济高质量发展主力军。

2016 年，根据中宣部理论局布置，由上海市委宣传部和上海社会科学院牵头，组建了 8 个研究团队，共同开展《长江经济带重大战略问题研究》。历时两年调查和研究，研究团队形成了非常丰富的研究成果，并在 2018 年底前完成 8 部系列著作的出版。[①] 该课题研究成果涉及长江经济带发展的若干战略重点，共有以下八个方面。

（1）系统推进长江经济带生态保护与修复

按照"共抓大保护，不搞大开发"的战略主基调，系统实施"绿源战略（长江源）、绿江战略、绿岸战略、绿洲战略（三角洲）"，明确生态功能分区，严格保护一江清水，努力建成上中下游相协调、人与自然相和谐的绿色生态廊道。优化产业空间布局，久久为攻彻底解决长江沿岸的化工等污染与风险隐患问题，实现产业升级与环境治理保护的双赢。突出重点着力解决事关流域生态、社会、经济的重大问题、重大工程和重要事件，如四川等上游省份生态屏障建设、金沙江流域发展、三峡工程优化改造、中下游防洪任务、两湖生态修复、长三角生态综合治理等。建立健全强有力的流域性管理机构与区域协调机制。

（2）协同打造具有全球影响力的创新驱动带

以打造世界级产业集群为导向，有力推进产业创新资源的协同配置。在行业领军企业集聚区域，推动高端创新资源集中；在各个核心配套集聚区域，多点布局专业性制造业创新中心；在产业转移承接区域，协同配置保障产业升级的创新资源。以培育造就新经济为导向，全面构建分层协同的科技创新支撑体系。各中心城市，一方面要强化科技创新策源，增强新经济引擎动能；另一方面要增强扩散功能，深化创新要素区域一体化市场建设，促进引擎与扩散、总部与配套基地的合理分工、协同创新。以生态为先、绿色发展为导向，协同推进绿色科技与绿色制造的深度融合。围绕产业链布局绿色科技创新链，协同突破绿色制造关键共性技术，增强整体解决方案提供能力。

（3）链接长三角城市群，构建"国家经济地理横轴"

在各城市群建设基础上，构造中国版"国家经济地理横轴"。建设好

---

[①] 这是国内第一套关于长江经济带发展研究的丛书。该联合课题由上海市委宣传部指导、上海社会科学院牵头执行，由上海社会科学院 4 个研究团队，以及湖北省社会科学院、重庆社会科学院、四川省社会科学院、南通大学江苏长江经济带研究院 4 个研究团队联合研究完成。

三个"三"：三大城市群、三大中心城市、三大航运中心，即以"上海—武汉—重庆"三核为中心的长三角城市群、长江中游城市群、成渝城市群。通过城市带链接城市群，建设世界巨型城市群连绵带。通过皖江城市带连接中下游城市群，打通长江中游城市群与上游的成渝城市群之间的"断链"，形成上中下游的完整闭合圈。加强城市群间的互动合作机制。深化对口合作，发展"飞地经济"，增强东部发达城市在中西部"造血"的内生动力。

（4）打造多业融合、跨区协同的世界级产业群

推动长江经济带十大世界级产业集群建设，促进跨产业融合，即电子信息、汽车、高端装备、家电、纺织服装、化工与新能源等6个制造业产业集群和港航物流、信息服务、旅游休闲、现代农业等4个产业集群。强化世界级产业集群与重大工程、生态治理、优化产业布局等协同推进，如沿江化工产业生态治理与布局再调整，可结合第四代化工产业集群布局整体落实；同时，磁悬浮交通网络、空中交通走廊、船型标准化改造等工程，都可与世界级的高端装备制造业集群发展形成互动。注重跨区产业协作，打造长江经济带"产业链走廊"，实现经济带重点产业整体发展和各区域特色发展齐头并进的集群格局。

（5）建设具有超前性的长江经济带立体交通走廊

实施黄金水道"桥—坝—航道—船"的系统协调建设工程，如建设三峡综合翻坝转运体系，尽快提高三峡船闸通过能力和翻坝转运能力，发挥多种交通运输方式优势，建设翻坝高速公路和高速铁路。推进建设长江重载铁路工程，支撑亚欧铁路网建设，形成欧亚之间的大运量钢铁通道，使长江经济带向西高效联通丝绸之路经济带。建设以磁悬浮轨道为基础的城市群交通网络与综合交通枢纽。优化客、货运枢纽，建设长江经济带综合交通枢纽，实现枢纽与运输网络的一体化、单体枢纽间的一体化、枢纽内部换乘一体化、枢纽服务一体化，全面实现联程联运。

（6）全面推进长江航运现代化建设

推进上海、浙江、江苏两省一市深水港新一轮规划建设。加快船舶标准化更新和长江沿线港口泊位标准化建设，发展集装箱专业化码头。统筹长江干支线港口泊位建设，合理安排干支线班轮，加强干支线衔接。大力

发展现代航运服务体系，增强航运核心资源的配置能力。完善江海联运航运服务产业链，推动高端航运服务业发展。

（7）以自贸区为载体深化东西双向对外开放

全面深化长江经济带自贸试验区建设，以上海自贸区临港新片区最高标准最好水平的对外开放为引领，推动各地自贸区大力发展新型贸易，促进对外贸易转型升级。深化各地自贸区和口岸的国际贸易单一窗口建设，促进区港一体化与跨区海关监管一体化，全面建立自贸试验区货物状态分类监管制度，促进贸易便利化。抓住东盟 10 国及中、日、韩、澳、新西兰等 15 国签署《区域全面经济伙伴关系协定》（RCEP）契机，发挥各地开放优势，协同推进云南加快建设我国面向南亚东南亚辐射中心，合作开拓南亚东南亚市场，共同搭建开放枢纽平台，合作建设跨境合作园区。

（8）更好发挥长江经济带对"一带一路"的支撑作用

深化推进"新欧亚大通道"建设，逐渐超越原有的"欧亚大陆桥"，建设带状的交通走廊与经济走廊相重合的"新欧亚大通道"。进一步打通长江经济带立体交通走廊与"一带一路"国际大通道之间的链接，如打通中巴伊国际运输通道，破除长江经济带向西开放障碍；推进泛亚铁路建设，通过云南实现长江经济带中国—中南半岛、孟中印缅经济走廊的高效联通。建立健全长江经济带沿线省市与"一带一路"沿线国家共同发展的密切合作机制。

# 11.2 实施长江经济带发展战略的成效

推动长江经济带发展是关系国家发展全局的重大战略，自 2014 年长江经济带发展上升为国家战略以来，长江经济带 11 省市和有关部门积极促进经济社会发展全面绿色转型，持续推进生态环境整治，长江经济带生态环境保护发生转折性变化，经济社会发展取得了历史性成就，长江经济带发展成效主要体现在以下四方面。

## 11.2.1 区域经济持续健康增长

长江经济带发展战略的实施为长江经济带各省市经济增长按下了快车键，加速推动了各地经济增长，为中国经济的健康发展作出了重要贡献。

一是长江经济带地区的经济总量实现了快速增长。根据 2014—2022 年各省市国民经济和社会发展统计公报，2014 年至 2022 年期间，长江经济带地区的经济总量持续增长，GDP 总量从 28.9 万亿元增长至 56.0 万亿元，年均增速达到 9.9%，远高于全国平均水平；GDP 总量占全国比重从 2014 年的 44.6% 增长至 2022 年的 46.5%，长江经济带地区经济整体实力显著增强。同时，近年来，上中下游区域发展差距持续减小，上中游的贵州、重庆、云南等省市经济增速名列全国前茅，中上游地区后发优势不断释放，承接产业转移不断加快，与下游地区差距进一步缩小。2015 年以来，上游地区 GDP 占比从 23.1% 上升至 24.1%，而下游地区从 52.8% 下降至 51.9%，中游地区总体保持稳定，长江经济带区域协调发展整体水平不断提升。

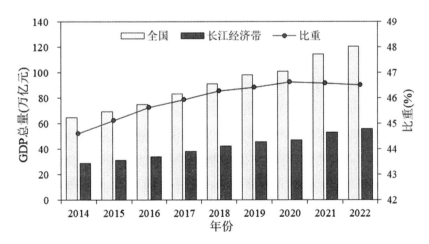

图 11-1　2014—2022 年长江经济带 GDP 总量及占全国比重

资料来源：2014—2022 年各省市国民经济和社会发展统计公报。

表 11-1　2014—2022 年长江经济带上中下游地区 GDP 总量及占比

| 年份 | 上游地区（亿元） | 中游地区（亿元） | 下游地区（亿元） | 上游地区占比（%） | 中游地区占比（%） | 下游地区占比（%） |
|---|---|---|---|---|---|---|
| 2014 | 66730 | 69791 | 152644 | 23.1 | 24.1 | 52.8 |
| 2015 | 71884 | 75664 | 165482 | 23.0 | 24.2 | 52.9 |
| 2016 | 79323 | 82595 | 180800 | 23.1 | 24.1 | 52.8 |
| 2017 | 90063 | 91274 | 200874 | 23.6 | 23.9 | 52.6 |
| 2018 | 100725 | 101068 | 221233 | 23.8 | 23.9 | 52.3 |
| 2019 | 109963 | 109990 | 235952 | 24.1 | 24.1 | 51.8 |
| 2020 | 115959 | 110329 | 244522 | 24.6 | 23.4 | 51.9 |
| 2021 | 128786 | 125633 | 277652 | 24.2 | 23.6 | 52.2 |
| 2022 | 134998 | 134480 | 290289 | 24.1 | 24.0 | 51.9 |

资料来源：2014—2022 年各省市国民经济和社会发展统计公报。

二是产业结构不断优化升级。长江经济带是我国重要的产业集聚区，各类制造业在全国占据举足轻重的地位，化工、装备制造、汽车、医药、纺织服装等产业占全国半壁江山，金融、信息传输、软件和信息技术服务等现代服务业已初步形成全球影响力。近年来，长江经济带各地积极培育具有国际影响力的战略性新兴产业集群和先进制造业集群，尤其是高技术产业和现代服务业得到了快速发展，成为长江经济带的新的经济增长引擎；其中，新兴产业集群带动作用明显，长江经济带电子信息、装备制造等产业规模占全国比重均超过 50%。[①]

三是创新驱动发展能力显著增强。长江经济带地区积极推进创新驱动发展战略，不断增加研发投入，加强科技创新和技术转化，自主创新能力持续增强。根据各省市统计年鉴数据，2014 年至 2021 年期间，长江经济带地区规模以上工业企业 R&D 经费投入从 4135.2 亿元增长至 8835.5 亿元，占全国比重从 44.7% 提升至 50.4%；技术市场成交额从 2545.3 亿元增长至 14525.2 亿元，占全国比重从 31.5% 提升至 40.4%。同时，长江经

---

[①]　赵展慧：《经济持续健康发展，生态环境明显改善　长江经济带发展取得历史性成就》，《人民日报》2021 年 1 月 6 日。

济带积极推进跨区域协同创新，长江经济带科技创新共同体、G60 科创走廊、川渝共建西部科学中心等跨区域创新率先突破。

### 11.2.2 综合运输通道不断完善

长江经济带建设的重要目的之一便是打造安全便捷、绿色低碳的综合立体交通走廊。近年来，国家有关部门及地方各省市统筹交通运输基础设施建设，不断强优势、补短板，加强区域间基础设施互联互通，为构建长江经济带高质量发展的区域经济布局提供重要支撑。

一是积极推进铁路交通运输建设。近年来，长江经济带铁路网络得到快速扩展和全面完善，沪汉蓉高铁（沿江高铁）、沪昆高铁等一批重要的铁路项目相继启动和建成，大大缩短了长江经济带内部城市之间的时空距离，促进了区域间的经济交流和合作。根据各省市统计年鉴数据，2014—2021 年，长江经济带铁路营运里程从 3.29 万公里提升至 4.65 万公里，占全国比重从 29.0% 提升至 30.9%。同时，长江经济带致力于提升铁路运输能力和效率，以满足日益增长的货物和人员流动需求，通过改造和升级现有线路、建设新的铁路枢纽站等措施提升铁路运输能力，通过数字化技术的应用使铁路运输更加智能化和高效化。长江经济带还注重铁路与其他交通方式的衔接，推动多式联运的发展，通过构建铁路、水路、公路、航空等交通方式的无缝衔接，实现了更加高效的物流运输和人员流动。

二是积极推进水路运输建设。长江经济带积极推进水路运输建设，黄金水道功能持续提升。截至 2021 年底，长江干线港口货物吞吐量突破 35亿吨，同比增长 6.7%[①]，成为全球内河运输量最大的航道，上海港、宜昌港、南京港等的货物吞吐量呈现稳步增长的趋势，航道疏浚和航道交通管理水平不断提升。长江经济带地区十分注重水陆联运的发展，促进了不同运输方式之间的无缝衔接和高效转运，14 个长江干线港口铁水联运项目已建成投运 5 个，通过江海、铁水联运，长江经济带实现了国际国内循环的

---

① 《创历史新高！长江干线港口货物吞吐量超 35 亿吨》，新华网，2021 年 12 月 31 日，见 http：//www. news. cn/politics/2021_12/31/c_1128220770. htm。

有机衔接。①

三是积极推进公路运输发展。近年来，长江经济带公路网络规模不断扩大，公路运输发展取得了显著进展。根据各省市历年统计年鉴数据，2014—2021 年底，长江经济带的公路总里程从 193.6 万公里增长至 237.3 万公里，其中高速公路里程从 4.3 万公里增长至 6.7 万公里，长江经济带公路客运量受新冠疫情影响有所下降，但货运量从 187.1 亿吨增长至 237.8 亿吨。公路运输尤其是高速公路的建设和运营大大提高了交通运输的速度和效率，促进了地区内外的货物流动和人员流动，并带动了相关产业的发展。

四是积极推动航空运输发展。长江经济带大力发展航空运输，在基础设施建设与改善、航班数量和运输能力增长、航空网络拓展和航线开通以及航空服务水平提升等方面取得了显著进展。根据《2022 年全国民用运输机场生产统计公报》，截至 2022 年底，全国民用运输机场旅客吞吐量和货邮吞吐量前 20 中，长江经济带分别占 11 个、9 个，长三角机场群跻身全球前五大机场群；航线网络进一步完善，航班数量和运输能力呈现快速增长的趋势，航空运输得到显著提升；一大批国内和国际航线开通，加强了与国内外的联系，也促进了旅游业、会展业和商务交流的发展，提升了长江经济带的国际化水平。

## 11.2.3　对外开放水平持续提升

近年来，长江经济带在对外开放方面取得了显著的成绩，通过积极推进改革开放政策和加强国际合作，长江经济带地区在吸引外资、拓展贸易、推动产业合作等方面取得了积极的发展。

一是吸引外资规模增加。长江经济带地区通过扩大开放、优化投资环境等措施，吸引了大量外国投资。根据各省市统计年鉴，2021 年，长江经济带各省市全年实际利用外商直接投资额约 1500 亿美元。其中，上海、重庆、苏州等重要城市成为外商投资的热点地区，外资企业的涌入为长江经济带地区带来了技术、资金和管理经验等方面的优势，促进了当地产业的

---

① 吕书雅：《把长江经济带高质量建成黄金经济带》，《中国发展改革报》2023 年 2 月 28 日。

发展和转型升级。同时，长江经济带还鼓励外资企业参与技术合作、研发中心建设和创新平台建设，促进产业升级和技术创新，推动了科技、知识和技术的跨国流动。

　　二是贸易合作不断扩大。长江经济带通过积极推动开放政策、加强国际合作和拓展贸易渠道，对外贸易规模不断扩大，且呈现稳步增长的趋势。根据历年《中国统计年鉴》，2014—2022年，长江经济带按经营单位所在地位统计口径的进出口总额从1.76万亿美元增长至2.90万亿美元；其中，下游地区占据主体地位，占长江经济带的78.1%，但占比有所下降，上中游地区则从2014年的18.4%上升至2022年的21.9%（见图11-2）。长江经济带积极推动贸易伙伴多元化，扩大贸易合作范围和广度，积极推动产业链对接合作。同时，上海、湖北、重庆、四川、江苏、云南、湖南、安徽、浙江等省市积极推进自由贸易区建设，通过深化贸易便利化措施，促进贸易自由化和便利化，为长江经济带对外贸易提供更加开放、灵活的政策，有力促进了贸易合作范围和水平的提升。

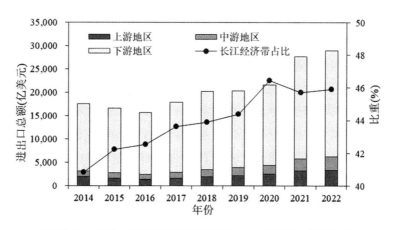

**图11-2　2014—2022年长江经济带进出口总额及占全国比重**

资料来源：历年《中国统计年鉴》。

　　三是国际合作水平持续提升。长江经济带各省市积极参与国际合作机制与合作平台，加强与外国政府、企业和国际组织的交流与合作，推动了经济、贸易、科技、文化等领域的合作与交流。尤其是长江经济带各省市积极参与"一带一路"倡议，渝新欧、西部陆海新通道、渝满俄班列等国际物流通道全面贯通，推动与沿线国家在基础设施建设、贸易往来、人员交流等方面的广泛交流合作，通过参与国际合作机制，促进了贸易自由化和便利化，扩大了市场开放度和国际合作的广度。

## 11.2.4 生态环境保护发生转折性变化

2016 年 1 月，习近平总书记在重庆召开的推动长江经济带发展座谈会上强调："长江拥有独特的生态系统，是我国重要的生态宝库。当前和今后相当长一段时间，要把修复长江生态环境摆在压倒性位置，共抓大保护，不搞大开发。"近年来，长江经济带各省市积极贯彻落实生态优先、绿色发展理念，长江经济带生态环境保护发生了转折性变化。

一是污染治理与生态环境风险防范成效显著。在工业污染方面，长江经济带各省市加强工业污染治理，积极推动沿江 228 家化工企业"搬改关"，全面淘汰沿江 1 公里范围内落后化工产能，推动化工园区合理布局、规范发展，实现省级及以上工业园区全部建成污水集中处理设施；深入开展"清废行动"，推进尾矿库综合治理，加强土壤风险管控，着力提升危废环境风险防范能力。在排污整治方面，长江经济带全面启动长江干流和主要支流排污口排摸，同步开展入河排污口水质监测，建立排污口排查整治工作规范体系和长效机制，推进水陆统一监管。在农村面源污染方面，积极推进农村人居环境整治，推进化肥农药减量增效，开展农业面源污染防治。在航运污染治理方面，积极完善港口码头环境基础设施，基本完成了船舶污染物接收设施建设，截至 2021 年 7 月，累计建成 33872 个接收设施[①]；建立健全船舶港口污染防治长效机制，推进船舶配置染物收集或处理装置，积极推进船舶使用清洁能源与新能源。在长江经济带各省市的共同推动下，长江经济带生态环境质量得到显著改善。根据 2014 年、2022 年《中国生态环境状况公报》，2014—2022 年，长江流域水质状况明显改善，Ⅰ—Ⅲ类比重从 2014 年的 88.1% 上升至 2022 年的 98.1%，基本消除

---

① 《长江船舶港口污染突出问题整治显成效》，中国政府网，2021 年 1 月 20 日，见 ht-tps：//www. gov. cn/xinwen/2021_01/20/content_5581332. htm。

了Ⅴ类和劣Ⅴ类；空气环境质量总体良好，2021 年，云南、贵州、江西等
8 个省市空气质量优良率在 89%以上，均高于全国平均水平。

表 11-2　2014—2022 年长江流域水质状况变化

| 年份 | 水体比例（%） | | | | | |
|------|------|------|------|------|------|------|
| | Ⅰ类 | Ⅱ类 | Ⅲ类 | Ⅳ类 | Ⅴ类 | 劣Ⅴ类 |
| 2014 年 | 4.4 | 51.0 | 32.7 | 6.9 | 1.9 | 3.1 |
| 2022 年 | 11.8 | 69.8 | 16.5 | 1.8 | 0.1 | 0 |

资料来源：2014 年、2022 年《中国生态环境状况公报》。

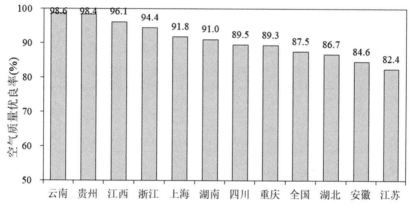

图 11-3　2021 年长江经济带各省市空气质量优良率

资料来源：2021 年各省市生态环境状况公报。

　　二是国土空间管控与生态系统管护体系建成。在国土空间管控方面，
自然资源部牵头编制《长江经济带（长江流域）国土空间规划（2021—
2035 年)》，构建差别化的自然生态空间用途管制规则，制定环境分区管控
方案和生态环境准入清单，编制印发"三线一单"，充分发挥"三线一单"
生态环境分区管控体系在规划编制、产业转型、项目环评审批、环境管理
等方面的基础性、引导性作用。在生物多样性保护方面，各地积极落实长
江"十年禁渔"，改善水生生物多样性；持续推进生态系统保护修复，"十
三五"期间，长江流域累计完成造林 2.2 亿亩，新增水土流失治理 7.85 万

平方公里，① 完成长江流域防护林体系建设。在自然保护地修复方面，长江经济带强化自然保护地监管，深入实施"绿盾"专项行动，"十三五"期间，明确国家级自然保护区重点问题 2547 个，督促整改完成 2315 个。② 随着《长江保护法》等一系列法律、规划、政策等的实施，长江经济带生态保护修复深入推进，长江经济带生态保护修复效果显现。2021 年，长江经济带各省市累计完成造林面积 190.95 万公顷，占全国造林面积的53.04%，远高于其占全国国土面积的比重；各省市森林覆盖率总体高于全国平均水平，其中，云南、江西、贵州、浙江、湖南、重庆、四川等森林覆盖率达到 40% 以上。

表 11-3　2021 年长江经济带造林面积及森林覆盖率

| | 全年完成造林面积（万公顷） | 森林覆盖率（%） | | 全年完成造林面积（万公顷） | 森林覆盖率（%） |
|---|---|---|---|---|---|
| 上海 | 0.34 | 19.42 | 湖南 | 42.50 | 59.97 |
| 江苏 | 1.45 | 24.00 | 重庆 | 44.00 | 54.50 |
| 浙江 | 3.17 | 61.17 | 四川 | 40.52 | 40.23 |
| 安徽 | 3.67 | 30.00 | 云南 | 11.16 | 65.16 |
| 江西 | 6.94 | 63.10 | 贵州 | 24.10 | 62.12 |
| 湖北 | 13.10 | 42.50 | 全国 | 360.00 | 23.04 |

注：江苏省森林覆盖率数据为林木覆盖率。
资料来源：2021 年各省市国民经济统计公报、生态环境状况公报。

三是环境治理体系与治理能力现代化水平不断能提高。近年来，生态环境部不断加强生态环境监督执法力度，2016 年以来，中央对长江经济带各省市开展了两轮中央生态环境保护督察，各省市全力推进督察整改，并积极开展省市内生态环境保护督察，成为各地落实生态环境保护责任的有效措施。2020 年 12 月 26 日通过、2021 年 3 月 1 日起实施的《长江保护法》，实现了将长江经济带"生态优先、绿色发展"的战略定位和"共抓

---

① 赵晨熙：《长江流域 19 省（区、市）均完成"十三五"水环境质量约束性指标》，《法治日报》2021 年 6 月 9 日。
② 黄润秋：《国务院关于长江流域生态环境保护工作情况的报告》，2021 年 6 月 7 日。

大保护、不搞大开发"的战略导向，提升到法律层面予以贯彻落实，这标志着长江进入全面依法保护和发展的新阶段。2021 年，中共中央、国务院印发《关于深化生态保护补偿制度改革的意见》，提出推动建立长江全流域横向生态保护补偿机制，并支持沿江各省市自主建立省际、省内横向生态补偿机制。同时，长江经济带不断完善生态环境保护机制，建立长江流域水生态考核机制，实施生态环境损害赔偿等多项举措，推进跨省界流域突发水污染事件联防联控协议签订，成立国家长江生态环境监督管理局，为生态环境监管提供组织保障。

# 11.3　实施长江经济带发展战略的成功经验

长江经济带发展战略实施以来，沿江各地深入贯彻落实新发展理念和习近平总书记关于推动长江经济带发展的重要讲话精神，坚持区域一盘棋，坚持以改革创新为动力，持续推进长江生态环境保护修复，加快创新驱动产业转型升级和产业梯度转移，促进经济社会全面绿色转型和高质量发展，取得了显著成就。总结其成功经验，重点可归纳为以下三点。

## 11.3.1　坚持生态优先、绿色发展

长江经济带建设为践行生态优先绿色发展理念，推动实现"绿水青山就是金山银山"，构建中国特色社会主义生态文明体系，提供了最广阔、最丰富、最重要的生动实践。习近平总书记在第一次推动长江经济带发展座谈会上的讲话中就鲜明提出，"长江拥有独特的生态系统，是我国重要的生态宝库。当前和今后相当长一个时期，要把修复长江生态环境摆在压倒性位置，共抓大保护，不搞大开发"，"推动长江经济带发展必须从中华民族长远利益考虑，走生态优先、绿色发展之路，使绿水青山产生巨大生态效益、经济效益、社会效益，使母亲河永葆生机活力"。

一是实施长江经济带系统性流域性的生态环境保护修复。就是从生态系统整体性和长江流域系统性着眼，统筹山水林田湖草等生态要素，系统开展生态环境保护和修复工程。"构建综合治理新体系，统筹考虑水环境、水生态、水资源、水安全、水文化和岸线等多方面的有机联系，推进长江上中下游、江河湖库、左右岸、干支流协同治理，改善长江生态环境和水域生态功能，提升生态系统质量和稳定性。"注重标本兼治，深入推进污染防治"4+1"工程，即城镇污水垃圾处理、化工污染治理、农业面源污染治理、船舶污染治理和尾矿库污染治理，通过从源头上加强治理，减少污染存量、控制污染增量，有效改善生态环境质量。扎实推进长江"十年禁渔"，实施长江两岸造林绿化、河湖湿地保护修复、生物多样性保护等重点生态系统治理工程，加快构建综合治理新体系。2021 年国家发改委下发的《关于加强长江经济带重要湖泊保护和治理的指导意见》提出，统筹考虑湖泊生态系统的完整性、自然地理单元的连续性和经济社会发展的可持续性，因地制宜谋划湖泊水资源利用、水污染防治、水生态修复、水生生物保护等空间。

二是推动建立健全长江经济带生态环境协同保护的体制机制。在长江经济带发展领导小组办公室的牵头组织下，全面建立了 11 省市参加的长江经济带"1+3"省际协商合作机制，长江下游 4 省市、中游 3 省和上游 4 省市分别建立省际协商合作机制。其中，打破行政壁垒，推行环境信息共享，建立健全环评会商、联合执法、信息共享、预警应急的区域生态环境联防联控机制，是三大省际协商合作机制之一。2018 年出台《关于以问题为导向建立长江经济带共抓大保护工作推动新机制的指导意见》，全面建立"发现问题—解决问题—再发现问题—再解决问题"的工作机制。建立长江生态保护补偿机制，依托重点生态功能区开展生态补偿示范区建设，实行分类分级的补偿政策，按照"谁受益谁补偿"的原则，探索上中下游开发地区、受益地区与生态保护地区进行横向生态补偿。2021 年《长江保护法》正式实施，为建立健全区域协同的生态保护机制提供了积极的制度保障和支撑。在改革试点地区探索建立跨区域的生态环境保护一体化体制机制，如长三角生态绿色一体化发展示范区、成渝地区双城经济圈、武汉城市圈、长株潭城市群等。

三是积极探索推广绿水青山转化为金山银山的路径。选择具备条件的地区开展生态产品价值实现机制试点,探索政府主导、企业和社会各界参与、市场化运作、可持续的生态产品价值实现路径。长江经济带各地全面实施乡村振兴战略,坚持生态优先绿色发展,大力开展环境综合整治,建设标准化绿色农田,挖掘和厚植乡村文化元素,以绿色农业、美丽乡村、休闲旅游,乃至探索实践林业碳汇,打造乡村产业振兴的新基底,促进乡村生态优势转化为经济发展优势。长江经济带各个城市都确立了生态之城的发展定位,并努力把生态优势转化为创新竞争优势。比如上海,到2022年10月,经过多年攻坚,黄浦江核心段45公里岸线、苏州河中心城区42公里岸线先后实现贯通,曾经的"工业锈带"变成了"生活秀带""发展秀带",曾经的工业岸线变成了"人民岸线""创新岸线"。越来越多的高科技企业和科研机构选择生态环境良好的空间布局总部。比如华为上海研究中心,选择长三角生态绿色示范区水网密布、生态底质优越的金泽镇落户,按计划人才集聚规模将达3万多人。阿里巴巴在杭州美丽的西湖区建设云栖小镇,这里是浙江特色小镇发源地,是城市大脑的策源地、杭州"数字治理第一城"的起航地。

## 11.3.2  坚持协同联动、创新发展

《长江经济带发展规划纲要》提出,要牢牢把握全球新一轮科技革命和产业变革机遇,大力实施创新驱动发展战略,加快推进产业转型升级,形成集聚度高、国际竞争力强的现代产业走廊。在第三次推动长江经济带发展座谈会上,习近平总书记进一步要求,要勇于创新,坚持把经济发展的着力点放在实体经济上,围绕产业基础高级化、产业链现代化,发挥协同联动的整体优势,全面塑造创新驱动发展新优势。长江经济带在科技创新资源集聚、战略性新兴产业发展和经济规模方面具有得天独厚的优势,是我国重要的创新策源地和先进制造业基地。特别是长三角城市群、长江中游城市群和成渝地区双城经济圈,更是具有极核功能,是国家推进科技自立自强布局的重要力量,并对周边地区具有较强的辐射带动作用。而这些年各城市群内的协同联动、三大经济圈之间的协同联动,以及三大经济圈与长江经济带纵深腹地的协同联动,进一步塑造出创新驱动发展的新优势。

一是协同联动建设区域科技创新共同体，加快提升科技创新策源能力。长江经济带战略实施以来，9省2市以及众多城市，都把布局战略性新兴产业乃至未来产业作为城市发展的重中之重，各个经济中心城市更是聚焦科技创新策源能力建设，着力建设创新国家队、重大科技设施及科学城，加快培育先发优势。同时，依托长江经济带战略优势和协同联动机制，全面展开区域科技创新共同体建设，加快整合区域创新资源，共同完善技术创新链，形成区域联动、分工协作的技术创新体系，推动科技创新与产业发展深度融合，促进人才流动和科研资源共享，联合开展卡脖子关键核心技术攻关，联手营造有利于提升自主创新能力的创新生态，打造原始创新策源带，比如上海张江和合肥两大国家综合性科学中心的"两心联动"；协同共建大型科学仪器设备共享平台、技术交易大市场等科技创新服务大平台；合作共建高水平新型研究机构，减少同质竞争，共享高端创新资源，有力支撑推动国家实验室、国家重点实验室建设；联合组织实施关键核心技术攻关工程，在集成电路、生物医药、人工智能等重点领域和环节，联合申报国家重大项目、联合组建攻关队伍、联合投入、联合转化。科技部2020年12月发布的《长三角科技创新共同体建设发展规划》提出，实现项目、人才、基地、资金一体化配置，努力打造全国原始创新高地和高精尖产业承载区，建设具有全球影响力的长三角科技创新共同体。长三角三省一市共同制定推出了一系列积极有力的配套措施，包括：《三省一市共建长三角科技创新共同体三年行动方案》《长三角科技创新共同体联合攻关合作机制》《长三角协同攻关项目需求目录建议报告》《关于试点开展长三角科技创新共同体联合攻关重点任务揭榜工作的通知》《长三角科技创新共同体联合攻关计划实施办法（试行）》等。

二是协同联动建设世界级产业集群，推进产业基础高级化和产业链现代化。《长江经济带发展规划纲要》提出，以沿江国家级开发区为载体，以大型企业为骨干，打造电子信息、高端装备、汽车、家电、纺织服装等世界级制造业集群。习近平总书记在浦东开发开放30周年庆祝大会上的讲话中还特别要求，要聚焦关键领域发展创新型产业，加快在集成电路、生物医药、人工智能等领域打造世界级产业集群。长江经济带在这些产业领域不仅有产能规模优势，而且还有市场需求优势、供应链配套优势、发达物流优势和科技创新优势。而且共同打造世界级产业集群不仅是一项国家战略使命，也是推动产业基础高级化和产业链现代化的引领性战略坐标。2016年国家发改委、科技部、工信部三部门联合下发《长江经济带创新驱动产业转型升级方案》，就长江经济带培育世界级产业集群进行部署，以沿江国家级、省级开发区为载体，以大型企业为骨干，发挥中心城市的产业优势和辐射带动作用，在新型平板显示、集成电路、先进轨道交通装备、汽车制造、电子商务等五大重点领域，布局一批战略性新兴产业集聚区、国家高新技术产业化基地、国家新型工业化产业示范基地和创新型产业集群。比如以上海、湖北、江苏、重庆为核心，依托8英寸/12英寸集成电路芯片生产线，打造集成电路产业集群；以上海、武汉、重庆、安徽、长株潭区域、成都、浙江、南昌为核心，完善整车制造及配套产业链，大力发展新能源汽车产业，打造汽车制造产业集群。国家相关部门加大对沿江省市的倾斜支持力度，推动交通基础设施一体化发展和公共服务平台一体化建设，围绕产业链布局创新链；聚焦重点产业链条，支持开展产业链协同创新、公共服务平台建设和首台（套）重大技术装备保险补偿试点，完善产业技术公共服务体系，推动重大技术装备推广应用，促进产业基础能力提升。深入推进高标准市场体系建设和国际一流的营商环境建设，以一体化的思路和举措破除行政壁垒、提高政策协同，让要素在更大范围畅通流动，为产业链现代化提供保障和动力。

三是协同联动促进长江经济带产业转移，发挥各地比较优势，促进区域协调发展。《长江经济带发展规划纲要》明确提出，引导产业有序转移，中上游地区要立足当地资源环境承载能力，因地制宜承接相关产业，促进产业价值链的整体提升，并鼓励上海、江苏、浙江到中上游地区共建产业园区，发展"飞地经济"，共同拓展市场和发展空间，实现利益共享。2017年出台的《长江经济带产业转移指南》提出产业转移协作应以打造电子信息、高端装备、汽车、家电、纺织服装等世界级制造业集群为目标，并明确各省市承接五大产业集群转移的主要载体与优先承接方向。2019年出台的《长江经济带发展负面清单指南（试行）》则进一步细化了长江经济带产业转移协作的生态环境与国土空间开发保护硬约束。长江中上游地区、安徽及江苏苏北地区等地，把承接国内外产业转移作为推动经济发展的主抓手，纷纷出台相关行动方案和政策，从国家级承接产业转移示范区，到自贸区、国家级开发区、省市级开发区，各级各类园区都成为产业转移的主战场。各地积极利用扶贫帮扶和对口支援等区域合作机制，建立产业转移合作平台，鼓励社会资本积极参与承接产业转移园区建设和管理。探索发挥各地比较优势、推动产业梯度转移的利益共享机制，发挥市场机制作用和产业链主导性，促进资源要素在更大区域内畅通流动、有效配置。

### 11.3.3　坚持国际国内、开放发展

构建东西双向、海陆统筹的对外开放新格局，是长江经济带战略的重要部署之一。就是要深化向东开放，发挥长三角地区对外开放引领作用，提供高水平制度供给、高质量产品供给、高效率资金供给，更好参与国际合作和竞争；加快向西开放，建设向西开放的国际大通道，加强与东南亚、南亚、中亚等国家的经济合作；统筹沿海内陆开放，扩大沿边开放，更好推动"引进来"和"走出去"相结合，更好利用国际国内两个市场、两种资源，构建高水平对外开放平台，形成与国际投资、贸易通行规则相衔接的制度体系，全面提升长江经济带开放型经济水平。

一是深化向东开放，发挥长三角地区对外开放引领作用。上海自贸试验区及其临港新片区，在外资准入前国民待遇加负面清单管理、国际贸易"单一窗口"、自由贸易账户等方面展开重大制度创新，打造特殊经济功能区，形成可复制推广的对外开放新举措。特别是上海自贸区临港新片区，对标最高标准、最高水平，实行更大程度的压力测试，扩大服务业开放，推进投资贸易自由化便利化，在若干重点领域取得率先突破，打造更高水平自贸区，带动长三角新一轮改革开放。2021 年启动建设的虹桥国际开放枢纽，是国家继经济特区、沿海开放城市、国家级新区、自贸试验区之后又一个全新的开放形态，空间覆盖到江苏的苏州和浙江的嘉兴，面积达7000 平方公里，其主要任务是建设高标准的国际化中央商务区和国际贸易中心新平台，提高综合交通管理水平，提升服务长三角和联通国际的能力，以高水平协同开放引领长三角一体化发展。长三角各地共同打造市场化、法治化、国际化营商环境，以自贸试验区建设为依托，推动高水平制

度供给，率先建设更高水平、更高标准和更高质量的开放型经济新体制，同时与长江中上游地区共同构建航运、加工贸易和金融合作链条，率先构建引领跨境电子商务和国际贸易发展的规则体系。

二是加快向西开放，培育更多内陆开放高地，提升沿边开放水平。中欧班列贸易规模不断扩大，西部陆海新通道建设加快推进，已成为沿江省市融入共建"一带一路"的两大主要贸易和物流通道。2016 年以来，长江经济带新增 8 个自贸试验区、24 个综合保税区，中上游口岸布局进一步优化，在国际铁路货物运输沿线主要站点和重要内河港口合理设立直接办理货物进出境手续的查验场所，在内陆航空口岸增开国际客货运航线航班，对九江港、黄石港、武汉港和重庆港等口岸扩大开放，重庆、成都、武汉、长沙、南昌、贵阳等已发展为内陆开放新高地，通过深度融入共建"一带一路"，将开放后方变为了开放前沿。云南面向南亚东南亚的辐射中心建设成效明显，以昆明为中心构建面向南亚东南亚的进出口集散网络，加快云南沿边金融综合改革试验区发展，推进相关重点开发开放试验区建设，促进了加工贸易、保税物流、跨境电子商务等业务发展。2021 年底中老铁路建成通车，2022 年 1 月《区域全面经济伙伴关系协定》（RCEP）正式生效，推动了云南与长江经济带各自贸区的开放联动，加快云南构筑高水平对外开放新格局。

## 参考文献

［1］《长江船舶港口污染突出问题整治显成效》，中国政府网，2021 年 1 月 20 日，见 https：//www.gov.cn/xinwen/2021 - 01/20/content_5581332.htm。

［2］《长江干线港口货物年吞吐量超 35 亿吨再创新高》，新华网，2021 年 12 月 31 日，见 http：//www.news.cn/politics/2021 - 12/31/c_1128220770.htm。

［3］陈建军：《长江经济带的国家战略意图》，《人民论坛》2014 年第 15 期。

[4] 成长春、徐长乐、王曼等：《长江经济带世界级产业集群战略研究》，上海人民出版社 2018 年版。

[5] 黄润秋：《国务院关于长江流域生态环境保护工作情况的报告》，2021 年 6 月 7 日。

[6] 胡永秋、杨光宇：《长江经济带发展取得历史性成就》，《人民日报》2021 年 1 月 6 日。

[7] 刘世庆、沈茂英、李晟之等：《长江经济带绿色生态廊道战略研究》，上海人民出版社 2018 年版。

[8] 吕书雅：《把长江经济带高质量建成黄金经济带》，《中国发展改革报》2023 年 2 月 28 日。

[9] 秦尊文：《长江经济带城市群战略研究》，上海人民出版社 2018 年版。

[10] 尚勇敏、海骏娇：《长江经济带生态发展总报告：2021—2022》，载王振、杨昕主编：《长江经济带发展报告（2021—2022）》，社会科学文献出版社 2022 年版。

[11] 沈玉良、彭羽等：《自贸试验区建设与长江经济带开放型经济战略研究》，上海人民出版社 2018 年版。

[12] 王晓娟等：《长江黄金水道功能提升与航运现代化战略研究》，上海人民出版社 2018 年版。

[13] 王振、杨昕主编：《长江经济带发展报告（2020—2021）》，社会科学文献出版社 2021 年版。

[14] 王振等：《长江经济带创新驱动发展的协同战略研究》，上海人民出版社 2018 年版。

[15] 吴传青、黄磊、万庆等：《黄金水道——长江经济带》，重庆大学出版社 2018 年版。

[16] 姚锡棠：《长江流域经济发展论》，上海社会科学院出版社 1994 年版。

[17] 易淼、刘斌、李月起等：《新时代长江经济带高质量发展研究》，经济科学出版社 2021 年版。

[18] 张波、马晓艳等：《长江经济带立体交通走廊战略研究》，上海

人民出版社 2018 年版。

［19］张兆安等：《长江经济带与"一带一路"互动研究》，上海人民出版社 2018 年版。

［20］赵晨熙：《长江流域 19 省（区、市）均完成"十三五"水环境质量约束性指标》，《法治日报》2021 年 6 月 9 日。

［21］赵展慧：《经济持续健康发展，生态环境明显改善 长江经济带发展取得历史性成就》，《人民日报》2021 年 1 月 6 日。

［22］郑栅洁：《深入学习贯彻习近平总书记关于推动长江经济带发展重要论述精神 奋力谱写长江经济带高质量发展新篇章》，《习近平经济思想研究》2023 年第 1 期。

［23］朱延忠、周娟、赵燕民等：《长江流域生态环境保护的成效与建议》，《环境保护》2022 年第 17 期。

# 12

# 黄河流域生态保护和高质量发展成势见效*

　　* 本报告的完成单位是山东大学黄河国家战略研究院，负责人为余东华，成员为王梅娟、李云汉、孙萌璐、马路萌、王山、陈海谦、张恒瑜、黄念。课题研究得到山东省科协 2023 年重大专项的资助。

黄河是中华民族的母亲河，黄河流域既是横跨东中西三大区域的重要经济带和推动北方经济高质量发展的战略支点，也是我国重要的生态屏障和重点生态保护区，更是提升文化软实力、传承弘扬黄河文明的核心地区，在全国经济社会发展格局中具有举足轻重的战略地位。2019年9月18日，习近平总书记在河南郑州主持召开推动黄河流域生态保护和高质量发展座谈会，将黄河流域生态保护和高质量发展上升为国家重大战略。2021年10月22日，习近平总书记在山东济南主持召开深入推动黄河流域生态保护和高质量发展座谈会，对黄河流域生态保护和高质量发展再次进行了全面部署。在习近平总书记亲自擘画、亲自部署、亲自推动下，黄河流域生态保护和高质量发展取得重要进展和显著成效。

# 12.1　黄河流域生态保护和<br>高质量发展概述

　　黄河发源于青藏高原，全长5464公里，是中国第二长河。黄河流域的地理范围为黄河干支流流经的青海、四川、甘肃、宁夏、内蒙古、山西、陕西、河南、山东等九省区，区域内国土面积约130万平方公里。黄河流域横跨东中西部，农牧业基础较好，煤炭、石油、天然气和有色金属资源储量丰富，以能源化工、原材料、农牧业等为主导的产业特征明显。黄河流域生态保护和高质量发展上升为国家重大区域发展战略以来，黄河流域的生态环境持续改善，水土流失综合防治成效显著，生物多样性恢复明显，环境治理取得阶段性胜利。三江源国家公园获批建设，一大批重大生态保护和修复工程加快实施，上游水源涵养能力稳定提升；中游退耕还林还草稳步推进，黄土高原蓄水保土能力显著增强，实现了"人进沙退"的治沙奇迹；下游黄河口国家公园正式立项建设，三角洲湿地面积逐年回升，水质得到明显改善，生物多样性显著增加。沿黄省区积极实施"碳达峰碳中和"行动，能耗双控各项工作取得实效，能源利用效率明显提升。黄河流域经济高质量发展成效显著，2022 年九省区 GDP 总量达到 30.70 万亿元，占全国总量的 25%左右；常住人口 4.21 亿，占全国总人口的 30%左右。

改革开放以来，黄河流域九省区人均 GDP 呈现出快速增长态势。由于九省区横跨东中西部，区域内部经济发展水平差异较大，整体呈现出西低东高的区域特征。发达省份与落后省份之间的差距表现出缓慢扩大的趋势，2022 年，黄河流域的青海、四川、甘肃、宁夏、山西、陕西、河南七个省份人均 GDP 低于全国平均水平。经济发展水平整体波动较大，与区域内生态环境的脆弱性和产业结构的"倚能倚重、低质低效"紧密相关。

黄河流域生态资源丰富，黄淮海平原、汾渭平原和河套灌区都是我国重要的农产品生产基地，粮食和肉类产量占全国三分之一左右，第一产业增加值在20 世纪 80 年代接近 40%。农牧业产业的发展深刻影响了区域内的人口结构，2022 年黄河流域九省区常住农村人口 1.64 亿，乡村人口占比 38.94%，高于全国平均水平 4.2 个百分点。农村居民生活水平有待提高，除山东省以外，黄河流域各省份农村居民人均可支配收入均低于全国平均水平。随着产业结构优化升级，黄河流域九省区第三产业比重持续上升，第三产业占比达到 50%左右（见图 12-1）。黄河流域九省区第三产业增长较快，但第一产业增加值在全国的占比仍然较高，第二产业占全国的比重出现显著下降的趋势。

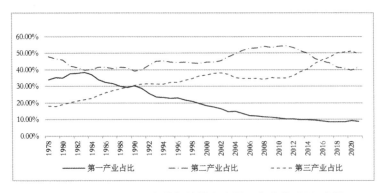

**图 12-1　1978—2021 年黄河流域九省区三大产业 GDP 占比**

资料来源：《中国统计年鉴》。

具体到工业产业内部,基于区域内丰富的煤炭、石油、天然气和有色金属资源,黄河流域工业部门中的采掘、化工、金属冶炼等高能耗和高污染行业占比较高。2012 年以来,黄河流域各省份积极进行产业结构调整,低碳转型效果显著,采掘、化工、金属冶炼等行业总资产占全国的比重逐年下降(见图 12-2)。

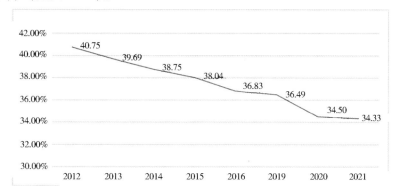

**图 12-2 2012—2021 年黄河流域九省区采掘、化工、金属冶炼行业总资产的全国占比**
资料来源:《中国统计年鉴》。

农牧业具有发展优势和以能源化工、原材料为主导的产业结构是黄河流域经济发展的重要特征,生态环境保护和乡村振兴在全面建设小康社会中占有重要地位。在以乡村振兴推动脱贫攻坚、以新旧动能转换促进污染防治和高质量发展等战略的带动下,黄河流域产业结构优化调整取得显著成效,宁夏、四川、山西、青海、陕西、内蒙古等省区规模以上工业企业利润率均高于全国平均水平且居于全国前列,河南、山东、甘肃等省也有所提高(见图 12-3)。

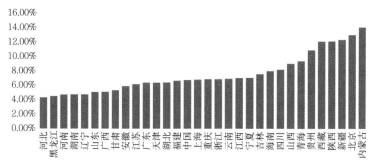

**图 12-3 2021 年全国各省份规模以上工业企业利润率**
资料来源:《中国统计年鉴》。

# 12.2 黄河流域水沙治理成效显著

## 12.2.1 黄河流域水环境脆弱性的评价分析

黄河主要流经的是我国的半干旱和干旱地区，黄河沿岸的水资源需求量大，流域面临严重的水环境压力。同时，黄河流域经济发展模式较为粗放，水资源脆弱性更加凸显。水资源脆弱性是综合评价水环境面临的资源禀赋限制的综合性指标，既受到水资源短缺和环境污染的影响，也受到人口增加与经济增长带来压力的影响。黄河流域不同地区的发展水平差异明显，水资源禀赋不同，水资源脆弱性也出现明显分化。上游位于半干旱地区，生态修复对黄河水资源依赖程度严重；中游面临水土流失问题，水土保持需要水资源的支撑；下游面临水污染问题，生产生活的耗水量较大。由于四川属于西南省份，水资源较为丰富，且大部分地区非黄河流域，本节暂时不纳入分析。

（1）水资源脆弱性分析的指标体系

为了分析黄河流域水资源状况，构建黄河流域水资源脆弱性分析指标体系。该指标体系分为四个方面：水资源压力评价、发展压力评价、生态健康评价、水资源管理评价（见表12-1）。水资源压力评价是考察人均水资源量；发展压力评价是指使用水资源量占总水资源量的比例；生态健康评价，是指水污染占总水资源量的比例；水资源管理评价，是对水资源使用的经济效率和使用安全程度的评价。用水安全主要是评价地区公共供水普及程度与全国公共供水占比的比例。评价所采用的数据来源于中国环境统计年鉴、中国统计年鉴等。

表 12-1 水资源脆弱性指标

| 指征 | 指标 | 计算方式 |
|------|------|----------|
| 资源压力 | 人均水资源量 WSc | 人均水资源量＝水资源量/人口 |
| 发展压力 | 水资源利用强度 WSt | 水资源利用强度＝水资源使用量/水资源量 |
| 生态健康 | 水污染物压力 WPo | 水污染物压力＝污水排放量/水资源量 |
| 管理评价 | 效率评价 WPt | 单位用水产出的 GDP＝GDP/使用的水资源量<br>用水效率＝（40-单位用水产出的 GDP）/单位用水产出的 GDP |
| | 用水安全分析 SW | 干净用水覆盖率＝干净用水人口/人口数<br>干净用水程度＝（平均干净用水覆盖率-干净用水覆盖率）/平均干净用水覆盖率 |

评价中各指标的权重采用平均权重计算方式：

$$WRVI = \frac{WSc + WSt + WPo + \dfrac{WPt + SW}{2}}{4} \qquad (12-1)$$

脆弱程度数值范围在 0—1 之间，数值越高代表脆弱程度越高。对于水资源脆弱程度进行划分，0—0.2 为不脆弱，0.2—0.4 为一般不脆弱，0.4—0.6 为一般脆弱，0.7—0.8 为非常脆弱。

（2）水资源脆弱性评价结果分析

水资源拥有量、发展程度和人口密度的不同导致了水资源脆弱性的差异。我们从资源压力、发展压力、生态健康以及管理评价等不同方面，对黄河流域水资源的脆弱程度进行了分项评价（见表 12-2）。测度评价中，以 2003 年、2012 年、2019 年和 2021 年为代表年份。主要考虑是，2003年是党的十六大提出全面建设小康社会后的第一年；2012 年党的十八大从新的历史起点出发，做出"大力推进生态文明建设"的战略决策，提出生态文明概念；2019 年黄河流域生态保护和高质量发展上升为重大国家战略；2021 年中共中央、国务院印发《黄河流域生态保护和高质量发展规划纲要》。2021 年 10 月 22 日，习近平总书记在山东济南主持召开深入推动黄河流域生态保护和高质量发展座谈会并发表重要讲话。

根据上文的步骤和方法，对黄河流域水资源脆弱性进行评价，各分项指标的评价结果见表 12-2 所示，黄河流域水资源脆弱性指数的总体评价结果见表 12-3 所示。水资源脆弱性变化有两种类型。第一种，保持较高的水资源脆弱性，如宁夏；第二种，随着时间变化水资源脆弱性有所降低，但出现了波动，例如山东、河南。上游地区，宁夏、甘肃与青海变化幅度较小，但宁夏和甘肃属于维持较高的水平，青海属于维持较低水平；中游地区，山西、陕西在小幅度波动中趋于下降；下游地区，在较大波动中下降。在时间方面，2012 年和 2019 年的水资源脆弱程度较高。我国进入高质量发展新阶段之后，黄河流域水资源脆弱程度逐渐改善。

表 12-2　黄河流域水资源脆弱性分项指标评价结果

| | 2003 年 | | | | 2012 年 | | | | 2019 年 | | | | 2021 年 | | | |
|---|---|---|---|---|---|---|---|---|---|---|---|---|---|---|---|---|
| | E1 | E2 | E3 | E4 | E1 | E2 | E3 | E4 | E1 | E2 | E3 | E4 | E1 | E2 | E3 | E4 |
| 青海 | 0.000 | 0.046 | 0.002 | 0.949 | 0.000 | 0.031 | 0.002 | 0.739 | 0.000 | 0.028 | 0.002 | 0.573 | 0.000 | 0.029 | 0.002 | 0.485 |
| 甘肃 | 0.441 | 0.492 | 0.016 | 0.960 | 0.384 | 0.450 | 0.015 | 0.823 | 0.443 | 0.338 | 0.014 | 0.701 | 0.366 | 0.395 | 0.012 | 0.649 |
| 宁夏 | 0.875 | 1.000 | 0.153 | 0.977 | 0.904 | 1.000 | 0.270 | 0.873 | 0.910 | 1.000 | 0.220 | 0.798 | 0.925 | 7.323 | 0.256 | 0.749 |
| 内蒙古 | 0.000 | 0.337 | 0.008 | 0.951 | 0.000 | 0.361 | 0.010 | 0.675 | 0.251 | 0.426 | 0.015 | 0.660 | 0.000 | 0.203 | 0.013 | 0.596 |
| 山西 | 0.761 | 0.417 | 0.035 | 0.835 | 0.824 | 0.691 | 0.058 | 0.377 | 0.782 | 0.781 | 0.092 | 0.155 | 0.649 | 0.349 | 0.083 | 0.000 |
| 陕西 | 0.084 | 0.131 | 0.010 | 0.879 | 0.393 | 0.225 | 0.018 | 0.380 | 0.323 | 0.187 | 0.025 | 0.000 | 0.000 | 0.108 | 0.031 | 0.000 |
| 河南 | 0.575 | 0.269 | 0.021 | 0.858 | 0.836 | 0.899 | 0.062 | 0.532 | 0.747 | 1.000 | 0.117 | 0.139 | 0.590 | 0.323 | 0.048 | 0.003 |
| 山东 | 0.684 | 0.448 | 0.035 | 0.786 | 0.834 | 0.809 | 0.101 | 0.149 | 0.868 | 1.000 | 0.175 | 0.219 | 0.696 | 0.400 | 0.091 | 0.000 |

注：表中的 E1 表示资源压力；E2 表示发展压力；E3 表示生态健康；E4 表示管理效率与用水安全。
数据来源：《中国统计年鉴》和《中国环境统计年鉴》。

表 12-3　水资源脆弱性的总体评价结果

| | 2003 年 | 2012 年 | 2019 年 | 2021 年 |
|---|---|---|---|---|
| 青海 | 0.189 | 0.101 | 0.079 | 0.068 |
| 甘肃 | 0.378 | 0.315 | 0.286 | 0.274 |
| 宁夏 | 0.652 | 0.654 | 0.632 | 0.639 |
| 内蒙古 | 0.265 | 0.177 | 0.256 | 0.129 |
| 山西 | 0.426 | 0.440 | 0.433 | 0.270 |
| 陕西 | 0.187 | 0.207 | 0.134 | 0.035 |

|  | **2003 年** | **2012 年** | **2019 年** | **2021 年** |
|---|---|---|---|---|
| 河南 | 0.341 | 0.517 | 0.483 | 0.241 |
| 山东 | 0.390 | 0.455 | 0.538 | 0.297 |

### 12.2.2 黄河流域水资源的经济效率评价

采用单位用水量产出的 GDP 衡量水资源经济效率，单位用水量产出的 GDP 越高，代表水资源经济效率越高。近年来，黄河流域水资源经济效率有较大程度的提升，单位水资源消耗产生的 GDP 数量有较大程度的提升（见表 12-4）。在考察期内，黄河流域九省区水资源经济效率都出现明显提升。其中，宁夏、甘肃、青海等上游省份，水资源经济效率的提升速度较快，但是由于基数较低，与中下游省份水资源利用效率的差距出现扩大趋势。

**表 12-4　2021 年黄河流域水资源经济效率**

单位：元

|  | **2003 年** | **2012 年** | **2019 年** | **2021 年** |
|---|---|---|---|---|
| 青海 | 13.456 | 69.107 | 113.204 | 136.596 |
| 甘肃 | 10.729 | 47.007 | 79.257 | 93.036 |
| 宁夏 | 6.021 | 33.736 | 53.626 | 66.407 |
| 内蒙古 | 12.884 | 86.120 | 90.165 | 107.012 |
| 山西 | 43.712 | 165.025 | 224.035 | 311.160 |
| 陕西 | 31.938 | 164.246 | 278.544 | 324.630 |
| 河南 | 37.572 | 124.054 | 228.172 | 264.188 |
| 山东 | 56.682 | 225.488 | 206.906 | 395.506 |

资料来源：《中国统计年鉴》和《中国环境统计年鉴》。

从以上结果可以看出，黄河流域经过多年的保护和发展，水资源脆弱性出现降低趋势，经济效率有显著提高，水环境整体向好发展。水资源脆弱性以及经济效率出现上中下游分化特征，中游省份和下游省份山西、山东、河南有相似的水环境脆弱性走势，上游省份水资源脆弱性保持相对稳定。2019 年是标志性年份，从 2019 年开始，黄河流域水资源总体状况明显好转，发展、生态和管理三个方面都有明显改善。由此可见，实施黄河流域生态保护和高质量发展战略对黄河流域水生态的修复和保护有明显促进作用。水资源经济效率与经济发展水平息息相关。加快生态文明建设，推进黄河流域高质量发展是保护黄河流域水生态的关键。

## 12.2.3 黄河流域水沙治理效果开始显现

（1）黄河流域干支流的固体废弃物污染治理

黄河流域重金属污染物排放总量水平较高，其中青海、四川、甘肃、内蒙古、陕西和河南等六省区为重金属污染防控的重点省份。图 12-4 为 2021 年黄河流域各省区固体废弃物污染情况。内蒙古、山西产出的一般工业固体废物最多，山东产出的危险废弃物最多，山西和山东对废弃物综合利用量最多。山东作为经济相对较发达的省份，有较大的危险废弃物产出，应加强对固体废弃物污染的治理。

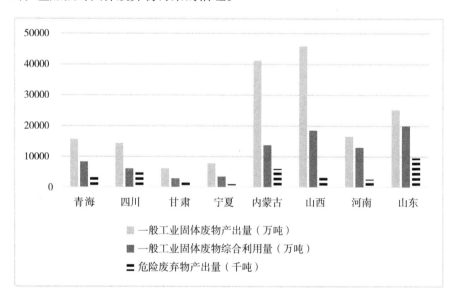

**图 12-4　2021 年黄河流域各省份固体废弃物污染状况**

资料来源：《中国统计年鉴》和《中国环境统计年鉴》。

（2）黄河流域的水质污染治理

黄河水污染治理初见成效，Ⅴ类和劣Ⅴ类水占比有明显减少，从2001年合计占比62.9%下降到2021年合计占比5.7%。干流的水质污染治理改善情况优于支流，干流在2021年已经消灭了Ⅴ类和劣Ⅴ类水，不可饮用的Ⅳ类水占比也在逐渐下降（见图12-5）。黄河流域山东段已经消除劣Ⅴ类水体，Ⅴ类仅占4.5%，Ⅳ类仅占9.1%。2022年，黄河干流首次全线达到Ⅱ类水质。

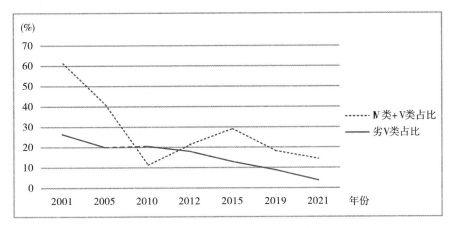

**图12-5　2001—2021年黄河流域水质污染治理状况**

数据来源：《中国统计年鉴》和《中国环境统计年鉴》。

（3）黄河流域水沙治理

中上游的黄土高原是黄河流域水土流失的重点区域，该区域涉及青海、甘肃、宁夏、内蒙古、陕西、山西、河南等7省区，面积为64.06万平方公里，占黄河流域面积的80.61%。水土流失主要集中于内蒙古自治区、陕西省和甘肃省，分别占流域水土流失总面积的25.41%、18.36%、17.93%。2021年黄河流域黄土高原地区水土流失面积为23.93万平方公里，黄河流域水土保持率67.37%。根据兰州、头道拐、潼关、三门峡、小浪底、花园口、利津等7个水文站提供的输沙量数据对比发现，自2007年黄河公布泥沙公报以来，黄河输沙量问题有了明显的缓解。尤其是中游地区输沙量改善更明显。潼关、三门峡、小浪底、花园口的输沙量都有较大程度的下降（见图 12-6）。

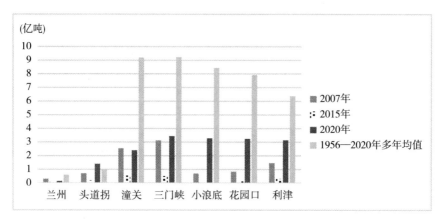

**图 12-6　黄河流域输沙量变化情况**

数据来源：《中国统计年鉴》和《中国环境统计年鉴》。

　　2020—2022 年，通过调水调沙，小浪底水库累计排沙 5.65 亿吨，利津入海泥沙 5.25 亿吨，黄河含沙量近 20 年累计下降超过 8 成，黄河已经连续 23 年实现不断流，入渤海水量年均增加约 10%，主槽最小平滩流量提升到 5000 立方米每秒左右，进一步打开了黄河下游防洪调度空间，有效降低了季节性洪水对滩区群众生命财产的安全威胁。

# 12.3　生态保护和环境治理成绩斐然

## 12.3.1　黄河流域生态保护和环境治理的成效

　　习近平总书记强调，保护生态环境和发展经济从根本上讲是有机统一、相辅相成的。对于黄河流域来说，生态保护是高质量发展的基础和前提；高质量发展又可进一步促进生态环境的改善，进而推动全流域的健康、可持续发展。党的十八大以来，党中央着眼于生态文明建设全局进行顶层设计，沿黄河九省区全面加强生态环境保护，坚决打好污染防治攻坚战，流域生态环境持续明显向好。据初步统计，2019 年以来，沿黄青海、甘肃、宁夏、内蒙古、山西、山东 6 省区共划定生态保护红线约 105 万平方公里，占 6 省区面积的约 40%，高于全国平均水平 15 个百分点。

黄河流域大力推进水环境质量达标、黑臭水体整治等行动，取得了一系列成效，流域水质持续改善。《中国环境状况公报》显示，2006—2022 年，黄河流域 Ⅰ—Ⅲ 类水质的断面比例由 2006 年的 50%、2021 年的 81.9% 再提升到 2022 年的 87.5%，提高了 37.5 个百分点；劣 Ⅴ 类水质的断面比例由 2006 年的 25% 下降到 2022 年的 2.3%，下降 22.7 个百分点。十余年间，水质状况由中度污染改善为良好，国控断面的化学需氧量、氨氮、总磷浓度大幅降低，黄河干流水质首次全线达到 Ⅱ 类水质，主要支流水质良好，化学需氧量、氨氮排放总量同比降低 5.5%。据统计，近两年，利津水文站的年均入海水量达 336 亿立方米，比近 10 年平均值多 123 亿立方米。

黄河流域空气质量总体趋于改善。根据自然资源部标准地图服务系统中黄河流域流经的城市范围，以地级市（自治州）为基本单元，对沿黄九省区 70 个地级市（自治州）的空气质量及主要污染物进行了统计①，结果如图 12-7 所示。2014—2020 年，黄河流域空气质量持续改善，年均空气质量指数（AQI）由 98 下降至 79，流域细颗粒物（PM2.5）、可吸入颗粒物（PM10）、$SO_2$、CO、$NO_2$ 均保持下降趋势，其中 $SO_2$ 下降幅度最大，由 2014 年的 57.63 微克/立方米下降到 2020 年的 13.67 微克/立方米，降幅达 76.28%；其次为 PM2.5、PM10、$NO_2$，分别由 2014 年的 62.73、120.44 和 38.18 微克/立方米下降到 2020 年的 38.77、74.06 和 29.45 微克/立方米；此外，$O_3$ 浓度呈明显上升趋势，由 2014 年的 73.13 微克/立方米上升至 2020 年的 98.73 微克/立方米，增幅达 35.01%。2020 年，流域优良天数比率提高 3.1 个百分点，重污染天数比率降低 1.6 个百分点，流域空气质量整体向好。

为揭示黄河流域空间层面空气质量的时空分异特征，进一步利用

---

① 原始数据来源于中国空气质量在线检测分析平台。

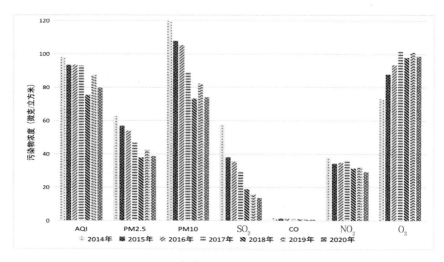

**图 12-7　2014—2020 年黄河流域 AQI 及主要污染物浓度变化**

资料来源：《中国统计年鉴》和《中国环境统计年鉴》。

ARCGIS10.2 软件进行了空间计算与可视化处理。以中国最重要的大气污染物 PM2.5 为例，采用断点法将 2014 年、2016 年、2018 年、2020 年的 PM2.5 平均浓度进行了可视化处理，结果如图 12-8 所示。

图 12-8 的结果显示，2014 年，PM2.5 平均浓度值大于 $60\mu g/m^3$ 的高污染区主要集中在中下游的山东省、河南省、山西省和陕西省；2016 年，高污染区继续向下游移动，PM2.5 平均浓度值小于 $30\mu g/m^3$ 的低污染区逐渐扩大；2018 年开始，空气污染状况明显好转，除山西省临汾市、河南省安阳市以外，其他各地市 PM2.5 平均浓度均低于 $60\mu g/m^3$；2020 年，浓度小于 $30\mu g/m^3$ 的低浓度区域范围达到最大，主要集中在中上游的青海省、甘肃省、陕西省等 7 个省份。总体而言，与黄河上游地区相比，中下游地区空气质量较差，2022 年生态环境部公布的全国 168 个重点城市空气质量排行榜中，黄河中下游五省区城市占据排名后 20 位中的 15 位，其中陕西的渭南和咸阳是全国空气质量最差的两座城市。与此同时，据生态环境部通报，2022 年汾渭平原 11 个城市平均优良天数比例为 65.2%，同比下降 5.0 个百分点；PM2.5 平均浓度为 46 微克/立方米，同比上升 9.5%；$O_3$ 平均浓度为 167 微克/立方米，同比上升 1.2%。

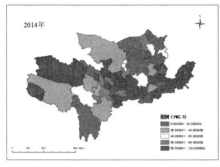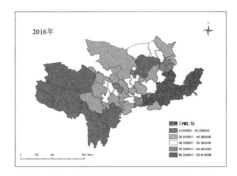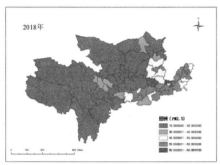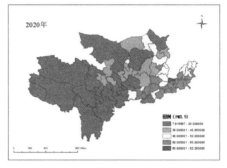

**图 12-8 2014—2020 年黄河流域 PM2.5 浓度的空间分布**

资料来源:《中国统计年鉴》和《中国环境统计年鉴》。

黄河流域水土保持综合治理取得显著成效。2011 年以来,黄河流域水土保持进程加快,流域上中游先后实施水土保持重点防治工程、退耕还林还草工程、黄土高原水土保持淤地坝工程等一大批生态建设项目。《黄河流域水土保持公报 (2021 年)》显示,流域水土保持率从 1990 年的41.49%、2020 年的 66.94% 提高到 2021 年的 67.37%,水土流失面积较最严重时减少约一半,林草植被覆盖率提高 40 多个百分点,流域水土流失得到一定规模的有效治理。从组成结构来看,流域水土流失以水力侵蚀为主,2021 年黄河流域水土流失面积为 25.93 万平方千米,其中水力侵蚀面积 18.86 万平方千米 (占比 72.77%),风力侵蚀面积 7.07 万平方千米(27.23%)。水土流失面积、强度实现"双下降",初步治理水土流失面积年均增加 1.25 万平方千米。从空间格局来看,水土流失的空间非均衡性突出,其中黄土高原地区水土流失面积 23.13 万平方千米,占黄河流域水土流失面积的 89.2%。分省份来看，水土流失主要集中在内蒙古自治区、陕西省和甘肃省三个省区，分别占流域水土流失总面积的 25.41%、18.36%、17.93%，水力侵蚀集中在甘肃省、陕西省和山西省，而风力侵蚀主要集中在内蒙古自治区、青海省和宁夏回族自治区（见图 12-9）。

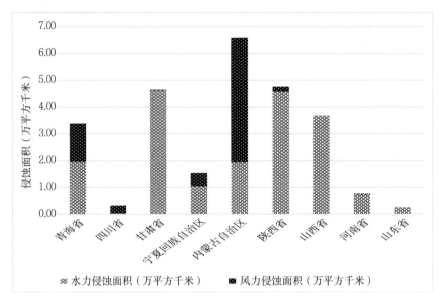

**图 12-9  2021 年黄河流域各省份水力侵蚀与风力侵蚀面积**

资料来源：《中国统计年鉴》和《中国环境统计年鉴》。

黄河流域自然保护区建设持续推进，生态保护与生态修复取得重要进展。据统计①，2004—2021 年，沿黄九省区国家级自然保护区数量由 2004年的 75 个增加到 2021 年的 152 个，相应地，国家级自然保护区的面积由3143.7 万公顷增加至 2021 年的 3717.5 万公顷（见图 12-10）。以国家公园为主体的自然保护地体系初步建立，截至 2020 年底，黄河流域九省区共有"自然保护地"361 处，可分为水利风景区、森林公园、自然保护区、湿地公园、地质公园、风景名胜区、沙漠公园、城市湿地公园共八种类型，以水利风景区与森林公园为主，两类共计 224 个，占总自然保护地数

---

① 原始数据来源于《中国统计年鉴》和自然资源部、水利部等官方网站的"自然保护地"名录。

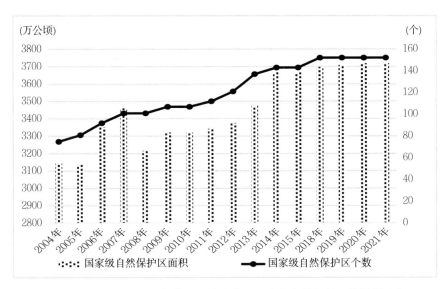

**图 12-10 2004—2021 年黄河流域九省区国家级自然保护区数量及面积**

量的 62.05%。分省份来看，自然保护地主要集中于陕西省、山东省、河南省，分别为 75、50、46 个，占比约 47.36%。2022 年，由国家林业和草原局组织开展的黄河流域国家级自然保护区管理成效评估完成。项目组对基础保障、管理措施、管理成效、亮点工作与特色经验、负面影响等 5 个方面 26 项指标进行了评估，被评估的 82 处国家级自然保护区有 22 个"优秀"，53 个"良好"，6 个"合格，管理成效优良率达 91.5%，黄河流域超89.0%的国家级自然保护区内植被覆盖率保持稳定或有所提升，保护区内生态系统的水源涵养、碳固定能力分别为区域平均水平的 1.6 倍和 1.7 倍，生态产品的供给能力也得到有效提升。

### 12.3.2 黄河上中下游在生态保护和环境治理上的差异化举措和成效

自黄河流域生态保护与高质量发展战略实施以来，黄河流域生态环境明显改善，但所谓"龙生九子，各有不同"，黄河流域九省区在协同发展的基础上，针对各自不同的生态保护要点进行了治理与修复：上游着力保护重要水源补给地，加强荒漠化治理；中游则大力增强水土保持能力；下游加快推进湿地保护和生态治理。在上中下游协同施策下，黄河流域生态环境得到了明显改善。

（1）上游地区水质优良比例提高，荒漠化治理成果显著，绿化面积扩大

2021 年，青海 35 个国家考核断面水质优良比例达到 100%，新增国土绿化面积 500 余万亩。四川省升级版生态环保督察实现全覆盖，2021 年全省空气质量优良天数达 89.5%，与此同时建立黄河流域跨省横向补偿机制，"三区三线"划定国家级试点顺利推进。甘肃实施"黄河清废"行动，对 359 处违法违规岸线进行了综合治理，"天地空"一体化生态环境监测网络建成使用，沙化土地治理 212 万亩。宁夏回族自治区完成营造林 150 万亩，森林覆盖率达 16.9%，为近年最快增速。内蒙古印发并实施《内蒙古自治区国民经济和社会发展第十四个五年规划和 2035 年远景目标纲要》，编制《内蒙古自治区黄河流域生态保护和高质量发展规划》，实施以来生态系统稳定性和服务功能明显增强，沿黄 7 盟市森林覆盖率达到 16.28%、草原植被覆盖度达到 44.76%。

（2）中游地区水土流失明显好转，黄河泥沙量大幅减少，沿黄水质持续提升

陕西生态环境"三线一单"分区管控体系初步建立，黄河粗泥沙拦沙工程全面启动，年入黄泥沙量减至 2.7 亿吨左右，治理水土流失面积 2160 平方千米；断面水质持续保持优良状态，硫铁矿污染和固体废物污染整治深入开展，南水北调中线水源地安全稳定。山西省编制完成《山西省黄河流域淤地坝和坡耕地水土流失综合治理"十四五"实施方案》，初步确定在黄河多沙粗沙区 28 个县新建淤地坝，在 34 个县实施坡耕地水土流失综合治理，深入开展大气污染和入河排污口排查整治，"散乱污"企业实现动态清零。甘肃省完成防沙治沙综合治理 588 万亩，470 余处风沙口得到巩固治理。《内蒙古自治区"十四五"生态环境保护规划》《内蒙古自治区"十四五"重点流域水生态环境保护规划》等专项规划加快实施，"一湖两海"、察汗淖尔等重点河湖流域治理取得扎实成效，水生态环境持续改善，沿黄水质持续提升。

（3）下游地区加快湿地修复，生物多样性就地保护有序推进，黄河生

态廊道建设有序开展

山东省以黄河滩区、东平湖、南四湖、黄河三角洲等区域及黄河沿线为重点，大力实施生态保护修复、生态补水、生态廊道建设等工程，修复湿地2.3万亩，黄河下游河畅堤固、岸绿景美的景象更为普遍，并且率先实现县际流域横向生态补偿全覆盖，水生生物多样性就地保护有序推进，流域生物多样性水平明显提升。河南省将黄河生态廊道建设作为提升流域生态质量和稳定性的重要抓手，已建成沿黄河生态廊道450千米，占总任务的60%左右。2021年底，黄河河南段右岸710公里生态廊道实现全线贯通，流域造林10.7万亩，一条绿色、生态、安全、人文、幸福的复合型生态屏障初步呈现。

### 12.3.3 黄河流域碳排放效率显著提升

自2019年黄河流域生态保护和高质量发展上升为重大国家战略以来，习近平总书记多次强调黄河流域经济社会发展要以"共同抓好大保护，协同推进大治理"为原则，促进全流域高质量发展。绿色低碳已成为推动黄河流域高质量发展的题中应有之义，事关中华民族的伟大复兴和永续发展。为了考察黄河流域在节能减排上的成效，我们分析考察流域九省区的低碳经济发展现状。

借鉴 Tone（2001）的研究方法，假设黄河流域有 $I$ 个决策单元（Decision Making Unit，DMU），每个 DMU 对应 $N$ 种投入 $x_n$（$n = 1, 2, \cdots, N$）、$M$ 种期望产出 $y_m$（$m = 1, 2, \cdots, M$）、$K$ 种非期望产出 $b_k$（$l = 1, 2, \cdots, K$），则本研究将非期望产出 SBM 模型设定为：

$$\sigma = \min \frac{1 - \dfrac{1}{N} \sum_{n=1}^{N} \dfrac{s_n^x}{x_{in}}}{1 + \dfrac{1}{M + K} \left( \sum_{m=1}^{M} \dfrac{s_m^y}{y_{im}} + \sum_{k=1}^{K} \dfrac{s_k^b}{b_{ik}} \right)} \quad s.t. \begin{cases} x_i = X\lambda + s^x \\ y_i = Y\lambda - s^y \\ b_i = B\lambda + s^b \\ \lambda, \ s^x, \ s^y, \ s^b \geq 0 \end{cases}$$

$$(12-2)$$

其中，$\lambda$ 表示决策单元的线性组合系数，$(x_i, y_i, b_i)$ 为第 $i$ 个决策单元投入产出数据的真实值，$(s^x, s^y, s^b)$ 分别为投入、期望产出和非期望产出的松弛值。$\sigma$ 为生态效率值，其取值范围为 0—1。当 $\sigma=1$ 时，说明被评价 DMU 是有效率的；当 $0<\sigma<1$ 时，说明被评价 DMU 存在效率改进空间，可以通过优化投入产出配置来提高城市生态效率。

出于数据可得性考虑，选取 2003—2022 年黄河流域九省区作为研究对象，并将其划分为上中下游三大地区。我们将投入、期望产出、非期望产出设定为：（1）投入包括劳动、能源、资本。其中，劳动以城镇单位就业人员近似表示，能源以电力消费量近似表示，资本通过永续盘存法估计得到。（2）期望产出以 2003 年为基期经过平减处理的地区生产总值表示。（3）非期望产出以二氧化碳排放量表示。上述数据全部来源于《中国统计年鉴》、国家统计局和中国碳核算数据库（CEADs），对于个别年份的缺失数据，本研究通过几何增长率法进行补全。

根据全局基准技术设定生产前沿，通过构建非期望产出 SBM 模型测度 2003—2022 年黄河流域碳排放效率，结果见表 12-5 所示。

表 12-5　2003—2022 年黄河流域各省份碳排放效率

| 年份 | 山东 | 河南 | 山西 | 内蒙古 | 陕西 | 四川 | 甘肃 | 青海 | 宁夏 |
|---|---|---|---|---|---|---|---|---|---|
| 2003 年 | 0.4670 | 1.0000 | 0.4025 | 0.5331 | 0.4522 | 0.4186 | 0.3710 | 1.0000 | 0.5365 |
| 2004 年 | 0.4141 | 0.6038 | 0.3630 | 0.4106 | 0.4030 | 0.4043 | 0.3587 | 1.0000 | 0.4858 |
| 2005 年 | 0.3814 | 0.4882 | 0.3330 | 0.3708 | 0.3705 | 0.4009 | 0.3534 | 1.0000 | 0.4645 |
| 2006 年 | 0.3647 | 0.4148 | 0.3070 | 0.3467 | 0.3553 | 0.3983 | 0.3511 | 1.0000 | 0.4476 |
| 2007 年 | 0.3615 | 0.3877 | 0.2935 | 0.3323 | 0.3402 | 0.3938 | 0.3454 | 0.8149 | 0.4361 |
| 2008 年 | 0.3640 | 0.3813 | 0.2804 | 0.3397 | 0.3374 | 0.3962 | 0.3385 | 0.7239 | 0.4376 |
| 2009 年 | 0.3609 | 0.3595 | 0.2624 | 0.3479 | 0.3332 | 0.3912 | 0.3315 | 0.5925 | 0.4198 |
| 2010 年 | 0.3566 | 0.3500 | 0.2516 | 0.3484 | 0.3236 | 0.3948 | 0.3208 | 0.5427 | 0.3985 |
| 2011 年 | 0.3513 | 0.3398 | 0.2433 | 0.3442 | 0.3148 | 0.4046 | 0.3141 | 0.4474 | 0.3720 |
| 2012 年 | 0.3550 | 0.3473 | 0.2342 | 0.3475 | 0.3134 | 0.4167 | 0.3058 | 0.4277 | 0.3500 |
| 2013 年 | 0.3648 | 0.3253 | 0.2259 | 0.3311 | 0.2905 | 0.3904 | 0.2781 | 0.4003 | 0.3307 |
| 2014 年 | 0.3962 | 0.3341 | 0.2254 | 0.3337 | 0.2924 | 0.4050 | 0.2752 | 0.4058 | 0.3241 |
| 2015 年 | 0.4043 | 0.3477 | 0.2261 | 0.3495 | 0.3032 | 0.4398 | 0.2815 | 0.4705 | 0.3247 |
| 2016 年 | 0.4294 | 0.3559 | 0.2272 | 0.3676 | 0.3014 | 0.4573 | 0.2916 | 0.4778 | 0.3357 |
| 2017 年 | 0.4674 | 0.3720 | 0.2361 | 0.4106 | 0.3037 | 0.4876 | 0.2925 | 0.4991 | 0.3340 |

续表

| 年份 | 山东 | 河南 | 山西 | 内蒙古 | 陕西 | 四川 | 甘肃 | 青海 | 宁夏 |
|------|------|------|------|--------|------|------|------|------|------|
| 2018 年 | 0.4922 | 0.4363 | 0.2468 | 0.4523 | 0.3194 | 0.4935 | 0.3071 | 0.5416 | 0.3753 |
| 2019 年 | 0.5328 | 0.4877 | 0.2535 | 0.4634 | 0.3094 | 0.5027 | 0.3175 | 0.5042 | 0.3806 |
| 2020 年 | 0.5262 | 0.4927 | 0.2595 | 0.4808 | 0.3250 | 0.4860 | 0.3152 | 0.5091 | 0.4061 |
| 2021 年 | 0.5650 | 0.5425 | 0.2748 | 0.6027 | 0.3222 | 0.5264 | 0.3268 | 0.5264 | 0.4115 |
| 2022 年 | 0.5779 | 0.5858 | 0.2807 | 1.0000 | 0.3274 | 0.5166 | 0.3329 | 0.5235 | 0.4289 |

资料来源:《中国统计年鉴》、国家统计局和中国碳核算数据库（CEADs）。

由表 12-5 可知，黄河流域碳排放效率呈现先下降后上升的 U 形曲线走势。其中，上游和下游地区的碳排放效率相对较高，原因在于，一方面，下游地区经济基础雄厚，科技创新能力强，能够为企业生产提供低碳设备支持和低碳技术支撑，在经济发展过程中对生态环境的破坏相对较小。另一方面，上游地区分布有多个重要生态功能区，人口密度和重化工业比重相对较低，资源开发、产业发展等人为活动对生态系统的影响和破坏相对较小。中游地区的碳排放效率相对较低，这是因为，中游地区的自然资源较为丰富，不仅导致自身形成了以能源、资源密集型为主的产业结构，还成为其他地区高耗能、高污染产业转移的首要选择，因而中游地区经济增长所付出的资源环境代价较大，故其碳排放效率较低。黄河流域上中下游地区的经济基础和自然条件不一，碳排放效率差异较大。上游地区中，青海省的碳排放效率较高，甘肃省的碳排放效率较低；中游地区中，内蒙古自治区的碳排放效率较高，陕西省和山西省的碳排放效率较低；下游地区中，山东省和河南省的碳排放效率均相对较高。

# 12.4 黄河流域经济高质量发展取得新进展

黄河流域的上、中、下游地区经济发展存在差异，在进行经济高质量发展水平评价前，首先对其空间经济特征进行分析。为此，选取黄河流域各省区常住人口、GDP、人均 GDP 作为初步衡量地区经济发展水平的指标，并以 2001—2022 年为观察年份，对黄河流域的区域经济分布状况进行总体分析。

## 12.4.1　黄河流域经济高质量发展的总体分析

　　黄河流域常住人口从 2001 年的 4.02 亿人增长至 2022 年的 4.21 亿人，涨幅 4.61%，低于同期全国总人口涨幅（10.61%）；人口占比层面，尽管近年来流域常住人口在全国人口占比略有下降，但始终稳定承载着全国约 30% 左右的人口。截至 2022 年，黄河流域人口占比 29.79%（见图 12-11）。经济总量方面，黄河流域九省区 GDP 总量从 2001 年的约 2.50 万亿元增长到 2022 年的 30.7 万亿元。GDP 总量增长最为迅速的时期在 2008 年以后，西部大开发战略对西部部分省区经济发展的刺激效应逐渐显现，带动了黄河流域经济总量的提升。然而，在经济占比方面，黄河流域九省区的 GDP 占比经历了较大幅度的起落变化，从 2001 年的 22.51% 稳步增长至 2012 年的 28.29%，并很快又回落至 2019 年的 23.77%，2022 年回升到 24% 左右（见图 12-12）。以上数据意味着黄河流域九省区的经济发展相较于全国存在一定程度滞后，经济发展动力不足，人口吸引力不高，经济高质量发展受限。

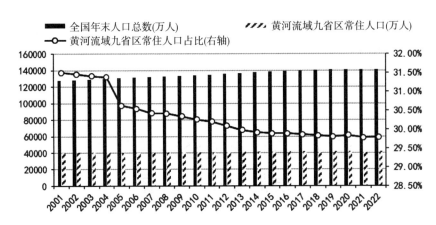

**图 12-11　2001—2022 年全国与黄河流域九省区常住人口变化**

资料来源：《中国统计年鉴》。

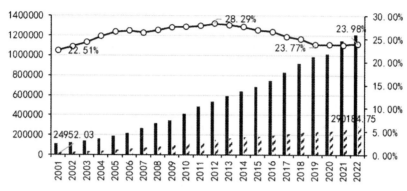

**图 12-12　2001—2022 年全国与黄河流域九省区 GDP 变化情况**

资料来源:《中国统计年鉴》。

　　具体到流域内各省区,上游、中游和下游地区呈现出十分明显的阶梯型分布特征。2022 年,除四川外上游三省区 GDP 总和仅占全国的 1.65%;中游地区的内蒙古、陕西和山西三省区占全国 GDP 的比重分别为 1.91%、2.71% 和 2.12%,三省区 GDP 总和占全国的 6.74%;下游地区的河南和山东两省经济体量较大,占全国 GDP 的比重均大于 5%,下游两省 GDP 总和占全国的 12.29%(见表 12-6)。

**表 12-6　黄河流域各省份 GDP 占全国经济比重**

|  | 2001 年 | 2006 年 | 2011 年 | 2016 年 | 2022 年 |
|---|---|---|---|---|---|
| 全流域 | 23.94% | 27.88% | 28.74% | 27.46% | 25.37% |
| 青海 | 0.27% | 0.30% | 0.34% | 0.34% | 0.30% |
| 四川 | 3.87% | 3.96% | 4.31% | 4.41% | 4.69% |
| 甘肃 | 1.02% | 1.04% | 1.03% | 0.96% | 0.93% |
| 宁夏 | 0.30% | 0.33% | 0.43% | 0.42% | 0.42% |
| 内蒙古 | 1.55% | 2.25% | 2.94% | 2.43% | 1.91% |
| 陕西 | 1.81% | 2.16% | 2.56% | 2.60% | 2.71% |

续表

|  | 2001 年 | 2006 年 | 2011 年 | 2016 年 | 2022 年 |
|---|---|---|---|---|---|
| 山西 | 1.83% | 2.22% | 2.30% | 1.75% | 2.12% |
| 河南 | 4.99% | 5.63% | 5.52% | 5.42% | 5.07% |
| 山东 | 8.29% | 9.98% | 9.30% | 9.11% | 7.22% |

资料来源:《中国统计年鉴》,经测算获得。

从发展趋势方面看,黄河流域的上游、中游和下游地区近年来出现一定的差异。上游各省区的经济规模相对较小,发展趋势也较为平稳。中游与下游地区各省区的发展则呈现出一定的分化特征。具体来看,中游地区的内蒙古和山西两省区在 2011 年前后经济发展达到了最高点,但随后开始快速回落,而陕西省的发展速度相对比较稳定;下游地区的河南和山东两省分化特征更为显著,随着交通设施的不断完善和中部地区省份发展的整体向上趋势,河南的经济总量能够维持全国的 5% 以上占比,而山东则有着较为明显的衰退,近年来经济总量占比不断下降。

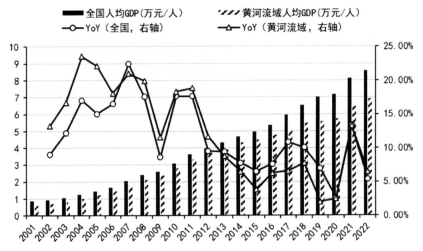

图 12-13　2001—2022 年全国与黄河流域九省区人均 GDP 及增速变化

资料来源:《中国统计年鉴》和沿黄九省区统计年鉴。

从人均 GDP 情况来看,2001—2022 年间黄河流域人均 GDP 水平由

0.62 万元/人增长至 6.90 万元/人，增速较快但低于同时期全国平均水平。从增速来看，早期黄河流域在多数年份中能够呈现高于全国水平的人均 GDP 增速，而 2013 年后全国增速始终高于黄河流域增速，由此两者差距呈现逐年扩大趋势，意味着黄河流域人均生活水平相较全国水平差距的逐渐拉大（见图 12-13）。

## 12.4.2 黄河流域经济高质量发展的测度与评价

"创新、协调、绿色、开放、共享"的新发展理念较好反映了中国经济高质量发展的核心要义，经济高质量发展必须是综合而全面的可持续性发展。2019 年 9 月 18 日，习近平总书记提出黄河流域是我国重要的经济带，是打赢脱贫攻坚战的重要区域，并提出黄河流域生态保护和高质量发展的主要目标任务。对经济高质量发展的测度既要统筹经济发展的动态提升，又要兼顾经济发展的底层基础。因此，我们基于新发展理念，从经济效益、社会效益两大方面对黄河流域经济高质量发展问题进行测度评价。

经济发展水平是黄河流域高质量发展的直接体现，是解决流域社会主要矛盾的基本要求。一方面，黄河流域作为我国重要的经济地带，是农业经济开发重点地区和能源基地，经济发展水平是流域高质量发展的实力体现。另一方面，经济发展水平是支撑其他领域建设的物质基础，经济实力会作用于民生、基础设施建设，也是地区发展活力、竞争力的集中体现。指标选取方面，从经济的增长性、效率性、活跃性、开放性四个主要维度出发，在省级层面进行测度和考察。社会效益反映了黄河流域居民在高质量发展中的获得程度，高质量发展的本质目的是为了更好地满足居民美好生活需要。而黄河流域由于历史、地理等多方面原因，经济发展相对滞后，是我国贫困人口集中区域。新时代，黄河流域高质量发展需要提升社会民生保障水平，提高就业和居民收入；扩大经济共享性，增强医疗、公用设施和教育资源投入；推进城乡协调发展，缩小城乡收入差距，提升最低保障水平。指标选取上，从经济保障性、经济共享性和经济协调性三大维度进行综合考察（见表 12-7）。

表 12-7 黄河流域经济高质量发展水平测度指标体系

| | 一级指标 | 二级指标 | 变量选择 | 变量方向 | 熵值权重 |
|---|---|---|---|---|---|
| 经济效益 | 经济增长性 | 经济质量 | 人均 GDP | 正向 | 0.0584 |
| | | 经济增长 | GDP 增速 | 正向 | 0.0385 |
| | 经济效率性 | 产业结构 | 高新技术企业产值占第二产业比值 | 正向 | 0.0672 |
| | | 金融效率 | 各项贷款与存款余额之比 | 正向 | 0.0651 |
| | 经济活跃性 | 需求侧活力 | 全体居民人均消费支出 | 正向 | 0.0567 |
| | | 投资侧活力 | 固定资产投资完成额占比 | 正向 | 0.0444 |
| | 经济开放性 | 对外依存度 | 实际利用外商投资额占比 | 负向 | 0.0622 |
| | | 外贸开放度 | 进出口总额占 GDP 比值 | 正向 | 0.0819 |
| 社会效益 | 经济保障性 | 住房保障 | 农村居民家庭人均住房面积 | 正向 | 0.0720 |
| | | 收入保障 | 全体居民可支配收入 | 正向 | 0.0603 |
| | | 就业保障 | 城镇登记失业率 | 负向 | 0.0192 |
| | 经济共享性 | 基础医疗 | 每千人口卫生机构床位数 | 正向 | 0.0779 |
| | | 基础建设 | 市政公用人均道路面积 | 正向 | 0.0955 |
| | | 基础教育 | 教育经费占 GDP 比值 | 正向 | 0.0829 |
| | 经济协调性 | 发展协调 | 城镇化率 | 正向 | 0.0414 |
| | | 收入协调 | 城乡收入比 | 负向 | 0.0505 |
| | | 社会协调 | 城乡低保比 | 负向 | 0.0257 |

表 12-8 黄河流域各省份高质量发展指数（2011—2021 年）

| | 2011 年 | 2012 年 | 2013 年 | 2014 年 | 2015 年 | 2016 年 | 2017 年 | 2018 年 | 2019 年 | 2020 年 | 2021 年 |
|---|---|---|---|---|---|---|---|---|---|---|---|
| 青海 | 0.40 | 0.41 | 0.41 | 0.46 | 0.48 | 0.51 | 0.54 | 0.58 | 0.63 | 0.62 | 0.62 |
| 四川 | 0.30 | 0.34 | 0.36 | 0.40 | 0.42 | 0.44 | 0.48 | 0.50 | 0.55 | 0.57 | 0.60 |
| 甘肃 | 0.31 | 0.35 | 0.37 | 0.40 | 0.44 | 0.46 | 0.47 | 0.49 | 0.53 | 0.54 | 0.57 |
| 宁夏 | 0.38 | 0.43 | 0.48 | 0.53 | 0.54 | 0.54 | 0.56 | 0.57 | 0.60 | 0.61 | 0.63 |
| 内蒙古 | 0.37 | 0.39 | 0.42 | 0.47 | 0.49 | 0.49 | 0.54 | 0.56 | 0.64 | 0.64 | 0.68 |
| 陕西 | 0.33 | 0.36 | 0.40 | 0.42 | 0.43 | 0.45 | 0.48 | 0.51 | 0.53 | 0.54 | 0.58 |

续表

| | 2011 年 | 2012 年 | 2013 年 | 2014 年 | 2015 年 | 2016 年 | 2017 年 | 2018 年 | 2019 年 | 2020 年 | 2021 年 |
|---|---|---|---|---|---|---|---|---|---|---|---|
| 山西 | 0.33 | 0.34 | 0.37 | 0.38 | 0.41 | 0.44 | 0.44 | 0.47 | 0.55 | 0.56 | 0.57 |
| 河南 | 0.30 | 0.33 | 0.34 | 0.38 | 0.39 | 0.42 | 0.46 | 0.49 | 0.55 | 0.56 | 0.60 |
| 山东 | 0.47 | 0.50 | 0.53 | 0.55 | 0.55 | 0.55 | 0.58 | 0.62 | 0.67 | 0.68 | 0.73 |
| 区域分化 | 1.58 | 1.53 | 1.55 | 1.45 | 1.41 | 1.32 | 1.31 | 1.32 | 1.26 | 1.26 | 1.29 |

资料来源：数据自国家统计局、科技部、人力资源和社会保障部、各省区统计局，以及《中国统计年鉴》《中国卫生健康统计年鉴》《中国高技术产业统计年鉴》等，采用熵值法测算获得。

通过熵值法测算得出黄河流域各省区历年经济高质量发展水平综合得分（见表12-8）。测算结果显示，2011—2022 年黄河流域各省区的经济高质量发展综合得分呈现出平稳上升趋势。就 2022 年来看，得分最高的省区是山东（0.73），得分最低的省区是甘肃和陕西（0.58），前者是后者的 1.30 倍，这表明黄河流域内省际经济高质量发展水平差异仍较为明显，但从时间维度来看，区域分化程度已从 2011 年的 1.58 倍逐步缩减至 2019—2020 年的最低值 1.26 倍，区域协调治理与改善取得了较为显著成效。2022 年，山东、内蒙古两省高质量发展得分较为突出，是经济高质量发展领先省区；河南、宁夏、四川、青海得分稍高于 0.60，为经济高质量发展追随省区；而甘肃、陕西、山西综合得分偏低，均低于 0.60，表明这些地区经济高质量发展水平亟须提升。

进一步地，将熵值综合得分分解为经济效益和社会效益两个维度进行细分评价（见表12-9）。综合来看，2011 年，多数省份经济效益得分高于社会效益得分（甘肃、宁夏、内蒙古、陕西、陕西、山东），而到了 2022 年，各省区社会效益得分均大于 0.30，并显著高于其经济效益得分，可见 2011—2022 年的 11 年间黄河流域九省区社会效益成长性相较经济效益成长性更高。横向对比来看，2022 年山东省经济高质量发展的经济效益更为突出，得分为 0.35，区域省区得分均介于 0.2—0.3 之间；社会效益方面，各省区得分由 2011 年相对离散至 2022 年趋于平均，体现出黄河流域内部民生改善、社会保障的协调性增强。

表 12-9 黄河流域各省份经济高质量发展的分维度情况

| | 经济效益得分 | | | | 社会效益得分 | | | |
|---|---|---|---|---|---|---|---|---|
| | 2011 年 | 2015 年 | 2019 年 | 2022 年 | 2011 年 | 2015 年 | 2019 年 | 2022 年 |
| 青海 | 0.18 | 0.25 | 0.29 | 0.24 | 0.21 | 0.23 | 0.34 | 0.37 |
| 四川 | 0.15 | 0.18 | 0.25 | 0.28 | 0.15 | 0.23 | 0.30 | 0.33 |
| 甘肃 | 0.19 | 0.23 | 0.24 | 0.26 | 0.12 | 0.21 | 0.28 | 0.32 |
| 宁夏 | 0.21 | 0.25 | 0.27 | 0.27 | 0.17 | 0.28 | 0.33 | 0.35 |
| 内蒙古 | 0.20 | 0.23 | 0.28 | 0.30 | 0.17 | 0.26 | 0.36 | 0.38 |
| 陕西 | 0.17 | 0.21 | 0.25 | 0.27 | 0.16 | 0.23 | 0.32 | 0.32 |
| 山西 | 0.17 | 0.18 | 0.22 | 0.23 | 0.16 | 0.23 | 0.33 | 0.33 |
| 河南 | 0.15 | 0.17 | 0.22 | 0.26 | 0.15 | 0.22 | 0.33 | 0.37 |
| 山东 | 0.25 | 0.27 | 0.31 | 0.35 | 0.22 | 0.29 | 0.35 | 0.38 |

数据来源：《中国统计年鉴》和沿黄九省区统计年鉴。

## 12.4.3 黄河流域产业高质量发展状况

（1）产业高级化

产业高级化是产业高质量发展的主要趋势。按照三次产业的结构划分，黄河流域各省区总体呈现"一产降低、二产持平、三产提升"的特征，省域层面存在差异（见图 12-14）。各省份第一产业占比普遍呈现缩减趋势，由 2001 年的 15%—20%降至 2022 年等于或低于 10%的水平，尤其在上游四川、中游内蒙古及下游的河南省，其缩减幅度更为明显，达到近 50%。各省份第二产业平均占比约 50%，呈现出波动中稳定的特征。其中，青海、四川、内蒙古、陕西和山西经历了先增后减的变化趋势，2011年前后第二产业占比一度达到 60%水平；而甘肃、河南、山东第二产业则呈现持续缩减的趋势，缩减幅度在 2011 年后愈加明显，至 2022 年第二产业占比仅约为 40%。近十余年来，随着服务型消费的业态创新与完善，各省份第三产业占比增长迅猛。黄河上游省份（青海、四川、甘肃）在旅游业带动下第三产业占比逐步攀升，下游地区（河南、山东）第三产业占比同样迅猛发展，占比超过 GDP 的 50%。第一产业增加值较为稳定；第二产业增加值呈稳步增长的态势，但是增长速度逐渐放缓；第三产业增加值近十年来增势迅猛。并且在 2016 年黄河流域第三产业增加值首超第二产业增加值，并呈持续增长的态势。

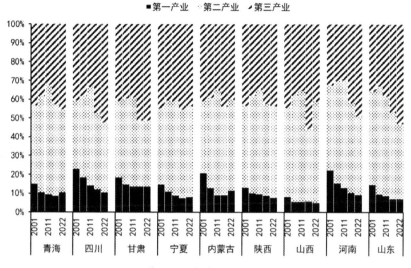

**图 12-14 黄河流域各省份三次产业产值占比**

资料来源：《中国统计年鉴》和沿黄九省区统计年鉴。

第二产业内部结构的高级化是产业高质量发展的重要维度（见图 12-15）。2011 年以来，黄河流域高新技术产业发展迅猛，高新技术企业工业总产值由约 2.20 万亿元攀升至 2022 年近 9 万亿元，增长至 2011 年水平的 4.07 倍。占比方面，黄河流域占全国比值波动较为明显，从 2011 年占比 23.01% 增长至近年最高点 2013 年的 37.71%，2016 年回落至 14.48%，随后逐年攀升，2022 年维持在约 30% 水平。流域维度来看，上中下游省区间大致呈现 3：7：10 的产值比例分布。下游河南和山东两省高新技术产业产值占黄河流域份额 50% 以上，占全国份额达到 15% 以上。上中游地区近年来稳步攀升，仍有较大提升空间。

（2）产业创新

产业创新是产业高质量发展的关键动力机制。以高新技术产业专利申请数作为各省区产业创新水平的衡量维度（见图 12-16），可以看到 2011

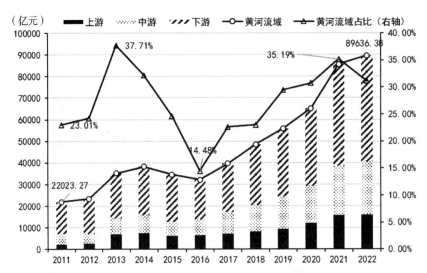

**图 12-15　2011—2022 年黄河流域高新技术企业工业总产值及占比**

资料来源：《中国统计年鉴》和沿黄九省区统计年鉴。

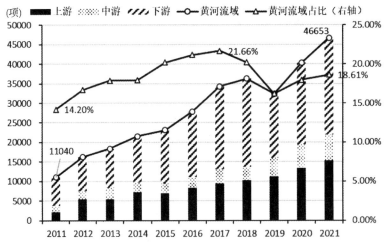

**图 12-16　2011—2021 年黄河流域高新技术产业专利申请数及占比**

资料来源：《中国统计年鉴》和沿黄九省区统计年鉴。

年以来，黄河流域高新技术产业创新能力增长迅猛，高新技术产业专利申请数由约 11040 项增长 4.23 倍达到 2021 年的 46653 项。从流域维度来看，与上一指标（工业总产值）相似，下游河南和山东两省区高新技术产业创新产出占黄河流域比例超过 50%，占全国比例约 12.5%，相较于中游地区，上游四省区（青海、四川、甘肃、宁夏）呈现出更为明显的高新技术产业创新能力，内蒙古、陕西、山西三省区的高新技术创新有待更强的投入和提升。

从占比方面看，黄河流域创新量占全国比值介于 15%—22% 之间波动，2017 年最高达到 21.66%，2021 年回落至 18.61%。相较于黄河流域 30% 水平的人口占比，其创新产出呈现出更低的 20% 比重，因此需要更高质量的教育资源投入、更丰厚的产研资源配套、更为卓越的高端人才培育引进，进而提升劳动力要素创新生产能力，提升产业全要素生产率。

（3）产业差异化

产业差异化与特色化是产业高质量发展的重要特征。推动黄河流域高质量发展，需从实际出发，宜水则水、宜山则山，宜粮则粮、宜农则农，宜工则工、宜商则商，积极探索富有地域特色的高质量发展新路子。习近平总书记 2019 年在河南主持召开深入推动黄河流域生态保护和高质量发展座谈会时提到："黄河上中下游各流域依托自然资源、生态禀赋、经济基础进行差异化功能定位：三江源、祁连山等生态功能重要的地区，主要是保护生态，涵养水源，创造更多生态产品。河套灌区、汾渭平原等粮食主产区要发展现代农业，把农产品质量提上去。区域中心城市等经济发展条件好的地区要集约发展，提高经济和人口承载能力。贫困地区要提高基础设施和公共服务水平，全力保障和改善民生。要积极参与共建"一带一路"，提高对外开放水平，以开放促改革、促发展。

从近年产业政策方向来看，各省区切实结合自身经济基础、生态禀赋、资源条件，对本省区的高新产业、特色产业、战略产业进行了细致的布局和谋划（见表 12-10）。高新产业方面，各省区主要聚焦在新基建、新材料、人工智能领域，如河南出台《电力源网荷储一体化和多能互补实施方案》《鲲鹏计算产业发展规划》，山东出台《大数据创新应用突破行动方案》，内蒙古出台《新材料产业高质量发展方案（2021—2025）》，以及在数字经济领域山东、山西、宁夏、青海等省份紧抓机遇，分别颁布数字化转型、数字产业相关文件。新能源领域，风电光伏的铺设需要与自然资源相匹配，内蒙古、青海、山西三省区先后颁布新能源风电光伏、清洁能源产业、风电装备产业链发展的支撑文件，陕西和宁夏两省区颁布氢能产业发展规划或行动方案，助力氢能产业高质量发展。特色产业方面，宁夏于 2021 年推出《现代枸杞产业高质量发展实施方案》，四川聚焦其水利资源的整合利用，颁布《四川省水利产业政策实施方案》，甘肃实施《甘肃省打造路衍经济千亿级产业行动计划（2022—2025 年）》，青海推出《建设世界级盐湖产业基地规划及行动方案》。

表 12-10　近几年黄河流域各省份重点产业政策

| 地区 | 年份 | 政策名称 |
| --- | --- | --- |
| 山东 | 2020 | 《山东省战略性新兴产业集群发展工程实施方案（2020—2021 年）》 |
| | 2021 | 《山东省大数据创新应用突破行动方案》 |
| | 2021 | 《山东省推进农业全产业链高质量发展五年行动方案》 |
| | 2022 | 《山东省制造业数字化转型行动方案（2022—2025 年）》 |
| | 2022 | 《山东省民营经济高质量发展 2022 年十大专项行动方案》 |
| | 2023 | 《关于促进实体经济高质量发展的实施意见》 |
| | 2023 | 《统筹加强产融合作促进工业和信息化高质量发展实施方案》 |
| 河南 | 2021 | 《河南省"十四五"新型基础设施建设规划》 |
| | 2022 | 《河南省电力源网荷储一体化和多能互补实施方案》 |
| | 2023 | 《河南省加快高端仪器产业创新发展实施方案》 |
| | 2023 | 《河南省鲲鹏计算产业发展规划》 |
| | 2023 | 《河南省新一代人工智能产业发展行动方案》 |
| | 2023 | 《河南省促进生物经济发展实施方案》 |
| 山西 | 2021 | 《山西省未来产业培育工程行动方案》 |
| | 2022 | 《山西省新时期促进集成电路产业和软件产业高质量发展若干政策》 |
| | 2022 | 《山西省推进数字经济全面发展实施方案（2022—2025 年）》 |
| | 2023 | 《山西省重点产业链及产业链链长工作机制实施方案》 |
| | 2023 | 《山西省数字产业培优壮大 2023 年行动计划》 |
| | 2023 | 《山西省风电装备产业链 2023 年行动方案》 |

续表

| 地区 | 年份 | 政策名称 |
|---|---|---|
| 陕西 | 2022 | 《陕西省氢能产业发展三年行动方案（2022—2024年)》 |
| | 2022 | 《2022年乡村产业壮大项目实施方案》 |
| | 2023 | 《关于加强产业计量测试中心规划建设的指导意见》 |
| | 2023 | 《陕西省高质量项目推进年行动方案》 |
| 内蒙古 | 2021 | 《内蒙古自治区新材料产业高质量发展方案（2021—2025)》 |
| | 2022 | 《内蒙古自治区关于推进产业扶贫与产业振兴衔接的政策措施》 |
| | 2022 | 《内蒙古自治区关于促进制造业高端化、智能化、绿色化发展的意见》 |
| | 2023 | 《内蒙古自治区关于推动全区风电光伏新能源产业高质量发展的意见》 |
| | 2023 | 《内蒙古自治区重点产业链"1+N"金融服务工作方案》 |
| 宁夏 | 2021 | 《现代枸杞产业高质量发展实施方案》 |
| | 2021 | 《宁夏中药材产业发展实施方案（2021—2025年)》 |
| | 2022 | 《宁夏回族自治区氢能产业发展规划》 |
| | 2023 | 《全国一体化大数据中心协同创新体系算力枢纽实施方案》 |
| 甘肃 | 2021 | 《推进建设国家中医药产业发展综合试验区行动计划（2021—2023年)》 |
| | 2022 | 《甘肃省打造路衍经济千亿级产业行动计划（2022—2025年)》 |
| | 2022 | 《甘肃省强工业行动实施方案（2022—2025年)》 |
| 四川 | 2019 | 16个重点产业培育方案 构建"5+1"现代产业体系 |
| | 2018 | 《四川省水利产业政策实施方案》 |
| | 2022 | 《四川省"十四五"高新技术产业发展规划（2021—2025年)》 |
| 青海 | 2021 | 《青海打造国家清洁能源产业高地行动方案》 |
| | 2022 | 《青海省氢能产业发展三年行动方案（2022—2025年)》 |
| | 2023 | 《青海省数字经济发展三年行动方案（2023—2025年)》 |
| | 2023 | 《建设世界级盐湖产业基地规划及行动方案》 |

资料来源：沿黄各省区政府、部门网站，作者进行筛选梳理。

# 12.5 黄河流域社会民生明显改善

民生改善通常体现在收入水平提升、医疗条件完善、教育质量增强和社会保障健全等维度。同时，对于民生改善程度的考量不仅需要关注总量的提升，还应当注重城乡差距与区域差异，以及经济发展的协调性和共享性。

## 12.5.1 黄河流域城乡居民收入水平有所提升

从城乡维度来看，尽管各省区城镇和农村居民可支配收入均纵向显著提升，但仅有山东省收入水平高于全国平均水平，到2022年山东省城镇人均可支配收入也同样落后于全国水平。因此，黄河流域整体居民收入水平有待更强的提升与激励。城乡收入差距方面，黄河流域各省区城乡收入比均呈现一定程度的降低，多数省份从大于3倍降低为2022年除甘肃外8个省份达到"2倍阶段"，河南、山东、内蒙古更是降至2.5倍以下水平，意味着黄河流域整体城乡收入协调性不断提升。然而，与全国平均水平比较来看，2011年黄河流域九省区中有四省区优于全国城乡收入比（3.13），至2022年仅剩河南和山东优于全国均值，流域整体的收入城乡协调性推动进展滞后于全国其他省份。

表 12-11　黄河流域各省份及全国居民人均可支配收入及城乡差异

| | 全体居民（元） | | 城镇居民（元） | | 农村居民（元） | | 城乡收入比（倍） | |
|---|---|---|---|---|---|---|---|---|
| | 2011年 | 2022年 | 2011年 | 2022年 | 2011年 | 2022年 | 2011年 | 2022年 |
| 山东 | 15691 | 39396 | 22792 | 49050 | 8342 | 21825 | 2.73 | 2.25 |
| 内蒙古 | 14494 | 37619 | 20408 | 46295 | 6642 | 18665 | 3.07 | 2.48 |
| 山西 | 11836 | 30543 | 18124 | 39532 | 5601 | 14591 | 3.24 | 2.71 |
| 宁夏 | 11519 | 31621 | 17579 | 40076 | 5410 | 14956 | 3.25 | 2.68 |

续表

| | 全体居民（元） | | 城镇居民（元） | | 农村居民（元） | | 城乡收入比（倍） | |
|---|---|---|---|---|---|---|---|---|
| | 2011 年 | 2022 年 | 2011 年 | 2022 年 | 2011 年 | 2022 年 | 2011 年 | 2022 年 |
| 河南 | 11295 | 29497 | 18195 | 38484 | 6604 | 17550 | 2.76 | 2.19 |
| 陕西 | 11286 | 32310 | 18245 | 42431 | 5028 | 14303 | 3.63 | 2.97 |
| 四川 | 11055 | 32504 | 17899 | 43233 | 6129 | 17473 | 2.92 | 2.47 |
| 青海 | 10042 | 29107 | 16287 | 38736 | 4608 | 13770 | 3.53 | 2.81 |
| 甘肃 | 8036 | 25420 | 14989 | 37572 | 3909 | 11044 | 3.83 | 3.40 |
| 全国 | 14665 | 36883 | 21810 | 49283 | 6977 | 20133 | 3.13 | 2.45 |

资料来源：国家统计局网站和《中国统计年鉴》。

## 12.5.2　医疗条件逐步改善

医疗资源充裕与优化是民生改善的重要保障，通常以医疗机构床位数和卫生技术人员数量进行衡量（见图 12-17 和图 12-18）。2011—2021 年的 10 年间，黄河流域各省区上述两项指标呈现出一致的分布和变化特征，分别从 165.59 万张增长至 300.39 万张，从 259.63 万人增长至 414.53 万人，涨幅分别为 81.4% 和 59.66%。流域分布方面，两项医疗资源的各流域占

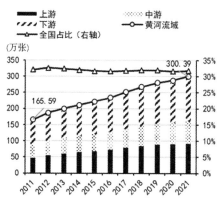

图 12-17　2011—2021 年黄河流域
医疗机构床位数

资料来源：国家统计局，经作者测算整理。

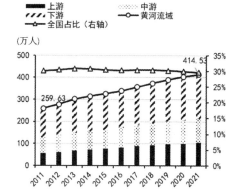

图 12-18　2011—2021 年黄河流域医疗
机构卫生技术人员数

资料来源：国家统计局，经作者测算整理。

比呈现出长期稳态，下游保持约 50%的流域占比，中上游分别约占 25%，黄河流域总计占全国比重稳定在 30%—32%区间。

人均指标提升更能凸显医疗资源的质量改善。由于医疗机构床位数和卫生技术人员数变化趋势与分布基本一致，我们仅通过后者来考察医疗资源质量改善情况（见表 12-12）。综合来看，相较于经济发展水平，黄河流域各省区医疗保障水平更为乐观，2011 年流域六省区每千人卫生技术人员数均高于全国平均水平（4.58 人）；至 2021 年，除河南略低之外，其他省份均高于全国水平达到 8 人以上，陕西增长至 9.32 人。从城乡维度来看，黄河流域各省区城市医疗保障水平改善情况更为显著，山东、河南、四川、陕西、甘肃和宁夏六省区由低于全国平均水平（7.90 人）增长至2021 年全部优于全国平均值（9.87 人）；农村数据则从 2011 年 2.5—4 人增长至 2022 年的 5—7 人，陕西农村数据达到了 8.33 人，领先于其他省份。城乡协调方面，多数省份城乡差距倍数均有显著缩减，青海、宁夏和内蒙古优化程度较高，分别从 4.29、2.61、2.40 倍降低至 2.00、1.75、1.68倍；与全国水平比较来看，优于全国水平的省份从 2011 年的 4 个缩减至2021 年的 2 个，黄河流域各省份城乡医疗协调性改善略微滞后于全国。

表 12-12　黄河流域各省份每千人医疗机构卫生技术人员数及城乡差异

| | 全体（人） | | 城市（人） | | 农村（人） | | 城乡比（倍） | |
|---|---|---|---|---|---|---|---|---|
| | 2011 年 | 2022 年 | 2011 年 | 2022 年 | 2011 年 | 2022 年 | 2011 年 | 2022 年 |
| 山西 | 5.47 | 8.09 | 10.01 | 11.58 | 3.71 | 5.63 | 2.70 | 2.06 |
| 内蒙古 | 5.34 | 8.82 | 9.30 | 11.63 | 3.87 | 6.91 | 2.40 | 1.68 |
| 山东 | 5.02 | 8.39 | 6.95 | 10.64 | 4.23 | 6.51 | 1.64 | 1.63 |
| 河南 | 3.63 | 7.65 | 7.75 | 11.88 | 2.67 | 5.81 | 2.90 | 2.04 |
| 四川 | 3.89 | 8.04 | 6.25 | 9.99 | 3.03 | 6.43 | 2.06 | 1.55 |
| 陕西 | 5.04 | 9.32 | 7.72 | 10.21 | 3.70 | 8.33 | 2.09 | 1.23 |
| 甘肃 | 3.88 | 8.07 | 6.09 | 11.06 | 2.97 | 6.29 | 2.05 | 1.76 |
| 青海 | 4.94 | 8.70 | 13.78 | 12.52 | 3.21 | 6.25 | 4.29 | 2.00 |
| 宁夏 | 4.91 | 8.36 | 7.52 | 10.40 | 2.88 | 5.94 | 2.61 | 1.75 |
| 全国 | 4.58 | 7.97 | 7.90 | 9.87 | 3.19 | 6.27 | 2.48 | 1.57 |

资料来源：国家统计局网站，经作者测算获得。

### 12.5.3　教育质量显著提升

教育质量提升和教育资源保障是黄河流域民生改善的长期驱动。对于教育质量的考察，通常以每 10 万人高等教育在校生人数进行衡量。由图 12-19 可以看出，黄河流域各省区教育质量呈现"一头一尾，均衡分布"，陕西省依托区位和历史文化优势，在西北地区形成较高的人才集聚效应，教育质量长期大幅度高于全国平均水平；而青海省则属于教育资源和质量相对匮乏地区；其余省份则基本保持与全国平均水平接近或持平状态。在 2010—2020 年的 10 年间，黄河流域各省区教育质量呈现不同程度的提升，河南省涨幅达到 75.8%，至 2020 年达到全国平均以上水平；山东省长期与全国平均值基本一致；陕西省则在 2010 年高基数基础上实现了 28.81% 的增长，2020 年达到 4132 人/10 万人；内蒙古、山西两省区则滞后于全国增幅，由"接近"变化为"较低于"全国平均水平。

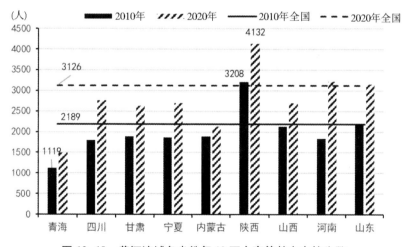

**图 12-19　黄河流域各省份每 10 万人高等教育在校生数**

资料来源：《中国统计年鉴》和沿黄九省区统计年鉴。

对于教育资源保障的考察，学生与教师数量比例是一项重要指标，指标数值越低代表教师资源更加充裕，越高则代表教师资源趋于紧缺。影响生师比的因素较多，包括但不限于年份代际人口波动、高校扩招等系统性因素，因此可以将省级数据与全国平均生师比进行比较，以考量教师资源相对紧缺程度。全国层面，普通高校生师比由 2010 年的 17.33 增长至 2020 年的 18.37，教师资源紧缺度略有增加（见图 12-20）。黄河流域省区中，青海、四川、甘肃三个上游省份生师比变化幅度较大，后两省由远低于全国平均值变为高于平均值；宁夏、内蒙古、河南三省区的教育资源紧张程度尽管略有提升，但生师比涨幅较低，相较全国平均水平呈现出相对的优化改善。

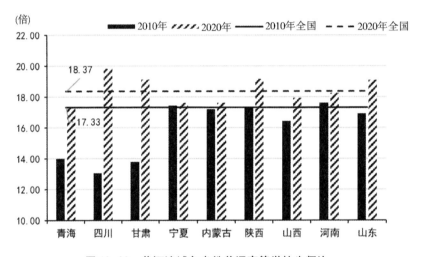

**图 12-20　黄河流域各省份普通高等学校生师比**

资料来源：教育部网站，经作者测算整理。

### 12.5.4　社会保障体系进一步健全

社会保障体系是黄河流域民生改善的基础支撑。2011—2021 年，以黄河流域为整体计算其五类保险参保人数占比，均呈现增长态势，尤其在基本医疗保险参保方面给予大量的财政资金支持和补贴，2021 年人数占比超越全国平均水平，已基本实现参保全覆盖。其余四类社会保障类保险在参保占比和与全国对比两方面均存在优化和提升空间（见图 12-21）。

黄河流域是我国贫困人口相对聚集区域，2011—2021 年，全国低保人

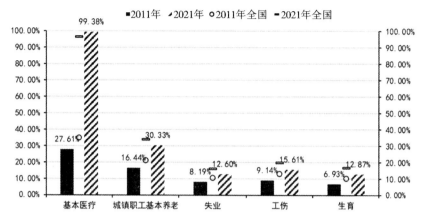

**图 12-21 黄河流域九省区"五险"参保人数占比**

资料来源：国家统计局，人力资源和社会保障部，经作者测算整理。

口占比由 5.63% 缩减至 2.84%，黄河流域总人口中低保人口占比则由 6.62% 缩减至 3.63%，意味着区域贫困程度得到有效的缓解。分省份来看，青海、甘肃两省低保人口占比分别由 11.19% 和 16.41% 降至个位数水平，陕西、山西、河南也降至 4% 占比以下，但九省区中除山东省外，其余省份低保人口占比相较全国平均水平仍偏高，具备追赶空间。

最低生活保障基础金额代表了每位低保申领人口所享有的物质保障程度。由表 12-13 可以看出，无论在城镇或农村，内蒙古、山东两省区长期以来低保资金补贴相对充裕，而其余省份 2021 年均低于全国平均水平（城镇 3.41 万元、农村 2.54 万元）。城乡协调性方面，黄河流域多数省区城镇与农村低保金额之比由 2011 年 2 倍以上，降至 2021 年 1.5 倍以下，山西、山东两省优于全国平均水平。随着地区经济发展和城镇化水平提升，城乡间的边际金额差距占比将逐渐缩小，城乡协调性将稳步提升。

**表 12-13 黄河流域各省份最低生活保障人数占比及标准金额**

| | 低保人口占比 | | 城镇低保金额（万元） | | 农村低保金额（万元） | | 城乡金额比（倍） | |
|---|---|---|---|---|---|---|---|---|
| | 2011 年 | 2022 年 | 2011 年 | 2022 年 | 2011 年 | 2022 年 | 2011 年 | 2022 年 |

| | 低保人口占比 | | 城镇低保金额（万元） | | 农村低保金额（万元） | | 城乡金额比（倍） | |
|---|---|---|---|---|---|---|---|---|
| | 2011 年 | 2022 年 | 2011 年 | 2022 年 | 2011 年 | 2022 年 | 2011 年 | 2022 年 |
| 青海 | 11.19% | 5.92% | 1.18 | 3.10 | 0.56 | 1.93 | 2.11 | 1.61 |
| 四川 | 7.62% | 4.84% | 1.09 | 2.98 | 0.49 | 2.12 | 2.24 | 1.41 |
| 甘肃 | 16.41% | 7.02% | 0.96 | 3.03 | 0.42 | 1.92 | 2.29 | 1.58 |
| 宁夏 | 8.89% | 5.98% | 1.11 | 2.92 | 0.41 | 2.02 | 2.70 | 1.44 |
| 内蒙古 | 8.15% | 6.51% | 1.56 | 3.61 | 0.86 | 2.62 | 1.82 | 1.38 |
| 陕西 | 8.12% | 3.34% | 1.43 | 3.12 | 0.61 | 2.12 | 2.35 | 1.47 |
| 山西 | 6.41% | 3.38% | 1.24 | 2.93 | 0.54 | 2.24 | 2.28 | 1.31 |
| 河南 | 5.37% | 3.22% | 1.06 | 2.83 | 0.47 | 1.85 | 2.25 | 1.53 |
| 山东 | 3.13% | 1.41% | 1.45 | 3.81 | 0.64 | 2.95 | 2.28 | 1.29 |
| 全国水平 | 5.63% | 2.84% | 1.38 | 3.41 | 0.69 | 2.54 | 2.01 | 1.34 |

资料来源：人力资源和社会保障部，经作者测算获得。

# 12.6 黄河流域文化与旅游融合发展

　　黄河流域文化产业与旅游产业的相互融合与高质量发展取得显著成效，这一成效首先体现在黄河流域文化内涵和旅游资源的充分开发上。截至 2022 年底，全国共有国家级旅游度假区 60 个，其中黄河流域九省区中有 14 个；国家级文化生态保护（实验）区 25 个，黄河流域有 10 个；世界文化遗产 75 个，黄河流域有 26 个。在《黄河流域生态保护和高质量发展规划纲要》的指引下，沿黄各省区依托不同区域的资源优势和文化特色，纷纷围绕黄河品牌提出各自区域内的文化资源保护传承弘扬规划，积极进行旅游资源开发和旅游线路设计，增加文化旅游产品供给，实现区域内部差异化发展。四川"红色旅游"、宁夏"大西北旅游目的地"、河南"黄河金三角文化旅游区"、山东"黄河入海文化旅游目的地"等差异化的文化旅游资源，增加了对游客的吸引力，增加了区域旅游产业的收入。在积极开发特色文旅资源的基础上，各省区纷纷出台文化保护政策，做好文化开发与文化保护之间的平衡，避免文化遗产损坏和文化过度商品化。2019年以来，黄河流域各省区围绕黄河文化提出的重要发展规划和文化保护政策见表12-14。

表12-14 黄河流域各省份黄河文化保护传承弘扬规划

| | 重要规划 | 保护政策 |
|---|---|---|
| 青海 | 《黄河青海流域文化保护传承弘扬规划》《河湟文化（西宁）生态保护区规划纲要》 | 《青海省级文化生态保护区管理办法》《青海省非物质文化遗产保护办法》 |
| 四川 | 《四川省黄河文化保护传承弘扬专项规划》《四川省红色旅游高质量发展行动方案》《四川省黄河国家文化公园建设保护规划》 | 《四川省"十四五"非物质文化遗产保护规划》《四川省非物质文化遗产条例》 |
| 甘肃 | 《甘肃省黄河文化保护传承弘扬规划》《甘肃省黄河流域生态保护和高质量发展规划》 | 《甘肃省级文化生态保护区管理办法》《甘肃省非物质文化遗产条例》 |
| 宁夏 | 《黄河流域宁夏非物质文化遗产保护传承弘扬专项规划》 | 《宁夏回族自治区级文化生态保护区管理暂行办法》《宁夏回族自治区非物质文化遗产保护条例》 |
| 内蒙古 | 《内蒙古自治区黄河流域生态保护和高质量发展规划》 | 《内蒙古自治区级文化生态保护区管理办法》《内蒙古自治区非物质文化遗产保护条例》 |
| 山西 | 《山西省黄河文化保护传承弘扬规划》《山西省黄河流域生态保护和高质量发展规划》 | 《山西省非物质文化遗产条例》《关于进一步加强非物质文化遗产保护工作的实施方案》 |
| 陕西 | 《陕西黄河文化保护传承弘扬规划》《陕西省黄河流域非物质文化遗产保护传承弘扬专项规划》 | 《陕西省关于进一步加强非遗保护工作的实施意见》《陕西省省级文化生态保护区管理办法》 |
| 河南 | 《黄河流域非物质文化遗产保护传承弘扬规划》 | 《河南省非物质文化遗产保护条例》 |
| 山东 | 《山东省黄河流域生态保护和高质量发展规划》《山东省黄河文化保护传承弘扬规划》 | 《山东省省级文化生态保护区管理办法》《山东省非物质文化遗产条例》 |

资料来源：文化和旅游部，各省文化和旅游厅。

文旅资源的协同开发促进了黄河文化品牌建设。在以黄河文化为核心品牌的旅游资源开发建设中，各省区之间积极开展合作开发和资源共享，促进了黄河文化的交流和传播。特别是，国家文化和旅游部对黄河全流域文旅资源的整合与开发，发布了 10 条黄河主题国家级旅游线路，设计了 40 条黄河文化旅游带精品线路，编撰了《黄河文化旅游带精品线路目录》，组织了黄河流域九省区戏曲演出季、黄河流域舞台艺术优秀剧目展演展播等覆盖全流域的文化活动。通过统一的文化活动对黄河流域的特色文化资源实现整合和统一宣传，打造高度一体化的身份标识，有助于深化沿黄九省区的文化交流与融合，进而加深对黄河流域文化的理解和价值认同，实现文化与旅游的良性互动。值得注意的是，黄河流域各省区之间经济发展水平差异较大，旅游资源开发利用程度参差不齐，区域内部文化事业固定资产投资水平存在较大差异。在文化旅游资源的开发过程中，应继续支持重大旅游项目招商引资，积极发挥优势项目的示范带动效应，吸引社会资本投资文旅产业，配套完善基础服务设施，促进旅游产业的平衡布局。

黄河流域历史文化资源的文化价值、产业价值和市场价值有进一步深挖的空间。丰富的历史文化遗产是旅游经济的内容和基础，繁荣发展的旅游产业是传播和宣传文化的重要载体，在中华文明的悠久历史中，黄河流域曾经作为全国的政治、经济和文化中心，孕育出了河湟文化、关中文化、河洛文化、齐鲁文化等特色鲜明的地域文化。文化旅游资源开发一直在黄河流域各省区旅游产业中占有重要地位，特别是进入 21 世纪以来，各省区人均文化事业费显著增长且高于全国平均水平。在现有文旅资源的基础上，各省区积极推动产学研结合，深入挖掘文化资源蕴含的人文精神和价值理念，充分利用舞台剧、文艺汇演等形式对文化内涵进行延伸开发，创造出丰富多彩的文创活动（见表 12-15），不仅丰富了本地居民的精神文化生活，也吸引了众多游客，促进了旅游产业的繁荣发展。

**表 12-15　黄河流域各省份创造出丰富多彩的文创活动**

| 省份 | 文创活动 |
|---|---|
| 青海 | 生态舞剧《大河之源》、民族歌剧《青春铸剑221》、"礼赞新时代 奋进新征程"献礼党的二十大主题文艺晚会等线上线下展 |
| 四川 | 《望红台》等一批红色经典剧目,《只有峨眉山》《丝路神灯》等音乐旅游场景 |
| 甘肃 | 非遗节目《羲里遗风——天水非遗项目影像志》、电视纪录片《陇原芬芳》《丝路拾遗》、红色唐卡《红军长征过甘南》、话剧《天下第一桥》、情景歌舞剧《黄河之上·多彩白银》、黄河文化主题美术作品 |
| 宁夏 | 大型实景演出《黄河谣》、音乐剧《花儿与号手》、舞蹈《盐州胡旋》 |
| 内蒙古 | 舞剧《骑兵》、杂技剧《美好生活》、交响曲《旗帜》 |
| 山西 | 戏曲《大清直臣》《第一书记》《暖冬》《文明太后》,话剧《为我先锋》《东征东征》,民族歌剧《苍头河》《三把锁》和交响舞诗《黄河》等作品 |
| 陕西 | 黄河号子《黄河之水天上来》,沉浸式表演《长安崔器》《忠旗人》《将进酒》 |
| 河南 | 《焦裕禄》《重渡沟》等经典剧目,豫剧《大河安澜》 |
| 山东 | 京剧《大运河》、柳子戏《大河粮仓》、吕剧《大道直行》 |

资料来源:文化和旅游部,各省区文化和旅游厅。

党的二十大报告提出,推进文化和旅游深度融合发展,增强历史自信和文化自信,不断提升文化软实力。2021年,中共中央、国务院印发《黄河流域生态保护和高质量发展规划纲要》,对"保护传承弘扬黄河文化","打造具有国际影响力的黄河文化旅游带","推动文化和旅游融合发展"提出了具体要求。目前沿黄各省区文化旅游发展的规划相对充分,但是区域特色有待进一步强化,新推出的旅游线路基础设施建设需要进一步完善。以文化旅游发展的重要基础设施星级饭店为例,2020年黄河九省区星级饭店的数量占全国的比重与旅游资源数量占全国的比重不完全匹配(见图12-22),其中多数省份四星级及以上饭店的占比低于全国平均水平(见图12-23)。

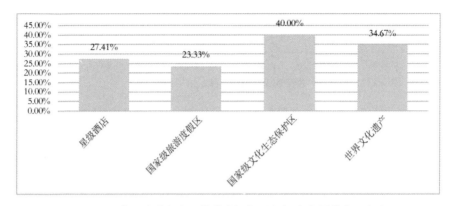

**图 12-22　黄河流域九省区旅游资源与星级饭店数量的全国占比**

资料来源：各省份统计年鉴。

**图 12-23　黄河流域各省份四星级及以上饭店数量占比**

资料来源：《中国统计年鉴》和沿黄九省区统计年鉴。

　　随着信息通信技术的发展，文旅资源的开发、管理和使用也发生了一些新的变化，各省区加快建设黄河文化资源数据库，利用数字技术等手段积极进行文化宣传推广活动。例如，甘肃建设了非遗大数据平台，对甘肃非遗资源统一上传、存储、管理、展示；青海充分利用数字技术"云端"推介青海文化和旅游资源。

# 12.7 黄河流域的区域合作积极推进

黄河流域各地区发展不平衡不充分,资源禀赋的异质性决定了全区域需要统筹发展、优势互补。2019 年以来,全流域各省区在制度规划、经济发展、生态保护、科教文化等方面加大交流沟通协同合作力度,促进了资金、人才、技术、数据等要素全方位流动,形成了相互带动、融合发展的向好局面(见图 12-24)。

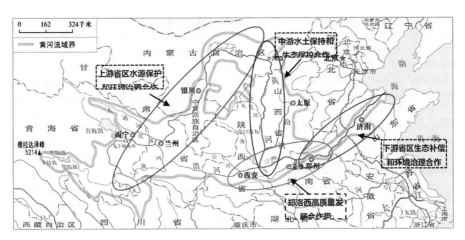

**图 12-24　黄河流域各省区之间的区域合作**

资料来源:作者根据黄河流域地图整理所得。

## 12.7.1 共同推进生态大保护和环境大治理

黄河流域各省区合作的第一要务是生态保护,特别是解决水资源问题。河南与山东签订《黄河流域(豫鲁段)横向生态保护补偿协议》,甘肃与四川签订《黄河流域(四川—甘肃段)横向生态补偿协议》,其他省区也认真落实《支持引导黄河全流域建立横向生态补偿机制试点实施方案》。河南省通过对黄河重点支流进行"一河一策"整治，全省共实施 422 个综合整治项目，治理黑臭水体排污口 136 个、划定 298 个乡镇级水源保护区，在流域内率先完成钢铁、水泥等重点行业企业超低排放改造，水体治理成效显著，黄河由豫入鲁水质始终保持在 Ⅱ 类以上，山东省作为受益方，向上游的河南省兑现生态补偿资金 1.26 亿元。2022 年底，中国气象局与黄河九省区政府联合印发《"十四五"黄河流域生态保护和高质量发展气象保障规划》，观测流域气候，进行气象服务信息共享，科学预报和应对气候变化，共同应对旱涝灾害，保障黄河安澜。此外，沿黄省区加强了黄河生态保护和环境治理的法治保障合作，在环境资源审判、生态环境公益诉讼等方面建立协作机制，共同应对生态环境保护的具体问题，努力推动黄河流域治理体系和治理能力现代化。

### 12.7.2  协同加快流域经济高质量发展

黄河流域是高质量发展的重要承载区，在生态保护的前提下，持续优化区域经济布局、促进流域内合理分工。在商贸合作方面，2022 年 8 月成立了黄河流域自贸试验区联盟，沿黄各省区借助联盟信息资源和平台共享，抓住"一带一路"发展机遇，发挥各省区的比较优势，强化区域互补协作，打造跨区域产业集群。山东港口作为黄河流域对外贸易的窗口，2022 年货物吞吐量突破 16 亿吨，集装箱量突破 3700 万标箱，增幅分别达 6.4% 和 8.7%，并先后在郑州、三门峡、西安等地开通 80 条班列，助力打通黄河流域对外贸易大通道。沿黄省区共同打造中欧班列齐鲁号、日韩快线、上合快线等服务品牌，推动沿海港口与中西部内陆港联动发展。黄河九省区跨境电商相关行业组织和企业发起成立了"黄河流域跨境电商联盟"和"黄河流域供应链联盟"，助力构建黄河流域深度融入国内大循环和国内国际双循环。黄河流域要素资源分布不均制约着沿黄各省区的高质量发展，在加强基础设施互联互通、加快要素流动、服务流域高质量发展方面，采取了以下措施。

首先，强化数据要素的流通和共享。在数字经济时代，数据、服务共享与流动是产业升级的重要因素。黄河流域建设了多个数据中心，工信部公布的 2022 年 20 个国家大型数据中心名单，沿黄九省区的 6 个数据中心成功入选。2022 年成立了黄河流域算力产业联盟，将搭建政、产、学、研、金、服、用对接平台，加快建设数据中心核心区和集聚区，共同建设泛在先进的数字基础设施，打造确定性网络+产业链协同平台，共筑一批战略性新兴产业基地和先进制造业集聚区。

其次，共同打造便捷交通，推动黄河流域要素流动。近年来，黄河流域各省区优化提升既有交通网络、谋划新建一大批重大项目，加快形成以"一字型""几字型"和"十字型"为主骨架的黄河流域现代化交通网络。晋陕豫黄河金三角区域内互联互通作出示范，2019 年以来重点建设中心城市与国家高速公路连接线、市县间高速公路、中心城市间快速路和黄河大桥，形成区域内高速公路网。

再次，充分利用上游丰富的能源资源，通过特高压输电、西气东输等跨区域资源输送服务黄河流域高质量发展。华能陇东能源基地是我国首个千万千瓦级"风光火储输"多能互补绿色智慧综合能源基地，规划装机规模超 1000 万千瓦，其中清洁能源装机占比超 80%，计划"十四五"期间全部建成投产，通过陇东—山东工程将煤电、风电、光伏发电联合送往山东，为"特高压+风光火储"一体化送出模式提供典型解决方案。工程投产后，每年可向山东输送电量超过 360 亿千瓦时，其中新能源电量占比约 50%。大规模"绿电入鲁"，燃煤消耗和二氧化碳排放将大幅度降低，将有力推动甘肃资源优势向经济优势深度转化，助力黄河流域生态保护和山东高质量发展。

最后，为提高公共资源交易效率，推动跨区统一大市场建设。2021 年沿黄省区多市共同发起成立"黄河流域高质量发展公共资源交易跨区域合作联盟"，以区块链为底层支撑平台，"互联网+"为路径，"公开、公平、公正"为目标，优化交易服务，创新交易监管，提升营商环境，推动黄河流域公共资源交易一体化高质量发展。

### 12.7.3　加强黄河流域科教文旅资源共享和交流合作

黄河流域是我国北方地区高等教育资源的重要分布地区，同时也是巩固和扩大教育扶贫成果的重要地区。2021 年，沿黄九省区共同发布《黄河流域九省区"十四五"教育协同发展行动计划》，成立黄河流域产教联盟，在基础教育、高等教育、职业教育、科创人才建设等方面加强交流合作，并且在"互联网+教育"方面加强共享融通，共建共享数字教育资源。沿黄省区近百所院校参与的"黄河流域大学联盟"，围绕文化传承与遗产保护、生态环境保护、水利水电、师范教育、先进制造、生物医药、城乡规划、资源增效减碳等方面设置八个分领域，推动九省区高校务实交流合作，赋能黄河流域高质量发展。至今已有五批山东援青干部人才对口支援青海，在智力帮扶、产业援建、民生改善、教育管理、医疗支持、文化交流各个方面持续发力。

黄河流域是我国最具国际影响力的文旅品牌之一，近年来沿黄各地打造了诸多知名黄河旅游景点，但各地在黄河旅游文化挖掘、旅游产品开发等方面仍然分岸而治、分段而治，并未形成一体化带动发展。近两年，九省区代表相继签署弘扬红色文化合作协议、社科院合作协议、文化和旅游发展合作协议、文物保护利用合作协议等，以巡展、报告、采访、集市等形式弘扬黄河文化，讲好黄河故事。此外，沿黄九省区联动，融通贯通黄河流域河湟、河洛、关中、三晋、齐鲁等文化资源，联合开展"沿着黄河遇见海"推介活动，构建起品牌化、全流域的黄河文化廊道。

## 12.7.4 深化黄河流域城市群合作

近年来，随着黄河流域生态保护和高质量发展重大战略的实施，黄河流域中心城市和城市群建设加快，相邻省市间的合作更加密切。2020 年 10 月，中共中央、国务院印发《黄河流域生态保护和高质量发展规划纲要》，明确了"郑洛西高质量发展合作带"重点任务。郑洛西高质量发展合作带由郑州都市圈、西安都市圈、洛阳都市圈、晋陕豫黄河金三角共同构成，连接中西、贯通南北，是我国经济发展的未来新增长极。该区域具有黄河流域发展问题的代表性，生态保护和经济发展矛盾尖锐，同时具有经济体量大、潜力足的合作基础，建设以都市圈协同为重点的郑洛西高质量发展合作带，可以打破行政分割和市场封锁，推动要素资源在"城市""省区""区域"等多层次空间尺度间流转。建立合作带不仅在经济发展领域内合作，也包含了生态、文化、教育、基础设施合作等更广泛、更丰富的内涵。此外，山东建设绿色低碳高质量发展先行区、宁夏打造黄河流域生态保护和高质量发展先行区、关中平原城市群发展进程加快，上游省区、下游省区在生态保护和高质量发展等领域合作增加，形成了点、线、面多层次发展合作的良好局面。

# 12.8　政策建议

黄河流域生态保护和高质量发展上升为国家重大战略之后，在水沙治理、环境保护、生态修复、经济高质量发展、民生改善、文化双创等方面取得了十分显著的成效。我国已经进入高质量发展新阶段，实施"双循环"发展战略、推动中国式现代化进程，都需要全面推动黄河流域生态保护和高质量发展。

一是继续推进区域协同合作。以战略协同、规划协调推动规则衔接、机制对接，实现黄河流域九省区之间的"软联通"。建立健全黄河流域省区之间生态保护治理的组织管理体系、协调参与机制、资金扶持机制、监督考核机制和财力保障机制，鼓励各省区协同合作，共同谱写生态保护和高质量发展的"黄河大合唱"。建议黄河流域九省区建立产业项目合作开发和协同发展机制，设立流域产业项目协调审批办公室，按照节水原则和绿色发展要求，共同商定产业项目落地标准；严格按照协同发展、利益共享、有效循环的原则推动黄河流域产业合作，避免恶性竞争，最大化产业的规模效益和范围经济；同时，鼓励上中游省份利用矿产、劳动力等要素资源优势在下游省份的产业园区投资建设产业项目，形成"产业飞地"，在产业布局上打破行政区划的界限。

二是加快生态产品的价值实现。黄河流域在"绿水青山"建设方面，成效十分显著，然而在如何将"绿水青山转化为金山银山"上，进展较为迟缓。如何将生态资源转换为生态要素，由生态要素转换为生态产品，由生态产品转化为生态价值，每一步都很艰难。主要原因在于体制机制的不配套，政策"一刀切"等僵化做法阻碍了生态产品的价值实现。积极探索将生态优势转化为产业优势的路径与机制，按照生态资源资产化、生态资产资本化、生态资本产品化、生态产品市场化的逻辑打造绿色供应链，推动生态资源、生态要素、生态产品、生态价值和生态品牌的有序转化，推动"两山"相互转化和生态产品价值实现，引导 GDP 向 GEP 转变。

三是提升水资源利用效率。黄河流域生态保护和高质量发展最大的制约因素是水资源短缺。在黄河流域生态保护和高质量发展中，要按照"四水四定"原则，将水资源作为最大的刚性约束，实施最严格的水资源保护利用制度，建立源头管控、过程监管、考核问责等全链条的水资源刚性约束体系。建设多源互补、引排得当、集约高效的区域供水系统，推进人口分散区域重点小型标准化供水设施建设，优化水资源调配体系和机制，全面增强供水保障能力、水旱灾害防御能力、水生态保护治理能力，提升水资源对区域经济社会发展的综合承载能力。积极开展"退耕还湿、退养还滩"试点工作，建立和健全政府引导、社会参与的新型生态补偿机制，筹备设立黄河流域绿色发展基金。

四是推动建设"三大走廊、两大基地"。加快建设黄河流域生态大走廊、科创大走廊、文化大走廊和高效农业生产基地和先进制造业基地。推动化工产业的迁建迁移和转型升级，用新一代信息技术推动产业数字化转型和生态化发展，在节能减排中实现提质增效和产品更新换代。大力培育资源节约型和环境友好型的战略性新兴产业，规划发展一批代表新工业革命发展方向的未来产业，为黄河流域主要城市的生态化转型提供产业支撑和发展动能。

五是强化流域基础设施建设。坚持区域"一盘棋"思想，按照规划蓝图推进防护林、廊道绿化、农田林网等工程建设，打造黄河三角洲森林湿地生态长廊。加大黄河三角洲湿地生态系统恢复力度，加快实施湿地修复、污水治理、节水利用等环境保护项目，提升黄河三角洲的环境质量。建议以实施黄河流域生态保护和高质量发展战略为契机，建立基础设施规划与建设的联动机制和工作小组，在科学论证的基础上布局流域基础设施建设，共同推动流域软硬件发展环境的改善，充分发挥基础设施的共建共享所带来的外溢效应。

六是进一步改善黄河流域的社会民生。以实现共同富裕为目标，扎实做好安居富民工作，统筹推进搬迁安置、产业就业、公共设施和社区服务体系建设，确保人民群众搬得出、稳得住、能发展、可致富。在滩区迁建中，要协调好生态保护与工农业生产关系，采取环境友好型发展模式，探索实现共同富裕的新途径。

# 参考文献

［1］Huang，Y.，Cai，M.，"Methodologies Guidelines：Vulnerability Assessment of Freshwater Resources to Environmental Change"，United Nations Environment Program（UNEP）& Peking University，China in Collaboration with Mongolian Water Authority and Asian Institute of Technology（AIT），Khlong Nueng，2009.

［2］Tone，K.，"A Slacks-based Measure of Efficiency in Data Envelopment Analysis"，*European Journal of Operational Research*，2001，130（3），pp. 498-509.

［3］单豪杰：《中国资本存量 K 的再估算：1952~2006 年》，《数量经济技术经济研究》2008 年第 10 期。

［4］董会忠、韩沉刚：《复合生态系统下城市高质量发展时空演化及驱动因素研究——以黄河流域 7 大城市群为例》，《人文地理》2021 年第 6 期。

［5］樊杰、王亚飞、王怡轩：《基于地理单元的区域高质量发展研究：兼论黄河流域同长江流域发展的条件差异及重点》，《经济地理》2020 年第 1 期。

［6］刘琳轲、梁流涛、高攀等：《黄河流域生态保护与高质量发展的耦合关系及交互响应》，《自然资源学报》2021 年第 1 期。

［7］金凤君、林英华、马丽等：《黄河流域战略地位演变与高质量发展方向》，《兰州大学学报（社会科学版）》2022 年第 1 期。

〔8〕习近平:《在黄河流域生态保护和高质量发展座谈会上的讲话》,《求是》2019 年第 20 期。

〔9〕余东华:《推动流域协同合作,共建美丽幸福黄河》,《光明日报》2021 年 10 月 28 日。

# 13

# 主体功能区战略
# 全面践行

# 13.1 主体功能区战略实施进展

## 13.1.1 主体功能区战略的提出

### 13.1.1.1 战略提出背景及意义

改革开放以来，中国区域经济发展取得了巨大成就，同时也出现了一些区域问题，如地区间的差距扩大，空间开发失衡，资源要素空间配置效率低下等问题，部分地区更不惜以破坏生态环境为代价发展经济，人与自然和谐相处的关系遭到破坏。目前我国经济社会进入高质量发展的新阶段，迫切要求解决上述问题，促进区域经济协调发展，实现人与自然的和谐相处。

2006 年，"十一五"规划纲要首次提出"将国土空间划分为优化开发、重点开发、限制开发和禁止开发四类主体功能区"。2010 年，国务院印发《全国主体功能区规划》，提出了四类主体功能区的范围，并按照开发内容进一步将主体功能区划分为城市化地区、农产品主产区和重点生态功能区。2011 年，"十二五"规划纲要明确提出"实施主体功能区战略"，将其上升到国家战略层面。此后，主体功能区战略一直是指导我国国土空间治理的重大战略。

实施主体功能区战略，依托不同地区资源禀赋和空间功能各异的特点，分区进行规划和管理，从而更好地服务于国土空间资源的开发利用，顺应了我国国土空间巨大差距和相对脆弱的基本国情，既是对新阶段中国区域发展战略完善的响应，也是中国转变经济发展方式在空间上的体现。既体现了人与自然的和谐发展，又明确了未来发展和保护的重点，有利于区域经济更加协调的发展。具体来说，一是有利于发挥各地区比较优势，促进地区间的合理分工、促进生产力布局和人口分布的协调，从而形成各具特色、功能互补的区域分工格局。二是有利于各地区空间发展机会的合理化，缓解区域发展的不平衡，有助于形成良性的区际互动关系，推动各地区共同进步和发展。三是有利于形成清洁发展方式和绿色消费方式，加强对于资源环境的保护，促进人与自然的和谐相处。四是有利于缩小地区间的经济差距和福利差距，推动主体功能区战略的成果共享，更加兼顾效率与公平。总之，实施主体功能区战略可以充分体现新发展理念，实现我国经济的高质量发展。

### 13.1.1.2 战略基本内涵及主体功能区的类型

主体功能区是基于不同区域的资源环境承载能力、现有开发密度和发展潜力等，将特定区域确定为特定主体功能定位类型的一种空间单元。主体功能区战略就是要根据城市化、生态安全、粮食安全和遗产保护等主体功能定位，按照优化开发、重点开发、限制开发和禁止开发的开发方式，优化国土空间开发格局。其基本内涵体现为：第一，人口、经济与环境的协调发展，走人与自然和谐相处、绿色发展的道路。第二，既要发挥地区特色和比较优势，又要服从"全国一盘棋"，以全国综合收益水平最大化为目标。第三，效率与公平兼顾的发展，不同功能区都要实现高质量发展，都要共享发展成果。第四，强调城市群在发展中的空间主体地位，同时筑牢生态安全屏障、保障农业生产。

主体功能区的类型可以按照主体功能区的开发内容和开发方式来划分，各类主体功能区的基本特征如表13-1所示。从开发内容来看，主体功能区划分为城市化地区、农产品主产区和重点生态功能区三种类型。其中，城市化地区的主体功能是提供工业品和服务品，发展关键在于提升综合承载能力和整体竞争力。农产品主产区的主体功能是提供农产品，发展重点是加大农业生产技术改造，提升农业现代化水平。重点生态功能区的主体功能是提供生态产品，发展重点是严格控制开发强度，加大生态综合补偿力度。

从开发方式来看，主体功能区划分为优化开发区、重点开发区、限制开发区和禁止开发区四种类型。优化开发和重点开发地区以发展为主导，与城市化地区对应；限制开发和禁止开发地区以保护为主导，与农业主产区和重点生态功能区对应。优化开发区开发密度较高、资源环境承载力较弱，发展应该更加突出质量、效益和可持续性。重点开发区资源环境承载力高、经济和人口集聚条件较好，重点在于推动工业化和城镇化高质量发展。限制开发区资源环境承载力低，应限制大规模开发活动，保障农产品和生态产品安全供给。禁止开发区指各类自然保护区，重点在于生态保护和建设投入。

表 13-1　主体功能区基本特征

| 主体功能区类型 | | 开发密度 | 资源环境承载力 | 发展潜力 | "十一五"发展方向 | "十二五"发展方向 |
|---|---|---|---|---|---|---|
| 城市化地区 | 优化开发区 | 高 | 较弱 | 较高 | 改变依靠大量土地、资源和大量排放污染发展经济的模式，提高增长质量 | 推动产业结构升级；优化城乡开发布局，控制建设用地增长，改善生态环境 |
| | 重点开发区 | 较高 | 高 | 高 | 充实基础设施，促进产业集群，加快工业化和城镇化，承接产业转移和人口转移 | 加强基础设施建设，统筹工业和城镇发展布局，促进经济集聚与人口集聚同步 |
| 农产品主产区 | 限制开发区 | 低 | 低 | 低 | 因地制宜发展资源环境可承载的特色产业，加强生态修复和环境保护，引导超载人口逐步有序转移 | 强化耕地保护，稳定农产品生产，发展现代农业，加强基础设施建设和公共服务 |
| | | | | | | 加大生态环境保护和修复投入力度，在西部地区优先启动国家重点生态功能区保护修复工程 |
| 重点生态功能区 | 禁止开发区 | 较低 | 很低 | 很低 | 实行强制性保护，控制人为因素对生态的干扰，严禁不符合主体功能定位的开发 | 实施强制性保护，控制人为因素对自然生态和文化自然遗产的干扰，严禁不符合主体功能定位的开发 |

资料来源：根据"十一五"规划纲要和"十二五"规划纲要整理。

## 13.1.2　主体功能区战略的实施现状

### 13.1.2.1　我国主体功能区战略实施历程

2006 年，"十一五"规划纲要首次提出"将国土空间划分为优化开发、重点开发、限制开发和禁止开发四类主体功能区"。2007年，《关于编制全国主体功能区规划的意见》明确制定国家和省级两级规划、划分四类主体功能区。2010年，《全国主体功能区规划》出台，明确构建"4+3+2"格局，即按开发强度划分为四类地区（优化开发区、重点开发区、限制开发区和禁止开发区），按主体功能划分为三类地区（城市化地区、农产品主产区和重点生态功能区），制定两级规划（国家和省级）。在全国规划颁布以后，各省份着手编制各自的主体功能区规划，并先后颁布实施。

2011年，"十二五"规划纲要明确提出"实施主体功能区战略"，将其上升到国家战略层面。2012年，党的十八大进一步明确要求加快实施主体功能区战略，并作出"构建国土空间开发保护制度，完善主体功能区配套政策"等战略部署。

2013年，国家发改委印发了《贯彻落实主体功能区战略推进主体功能区建设若干政策的意见》，完善了推进主体功能区建设的配套政策。党的十八届三中全会又提出"坚定不移实施主体功能区制度"，将主体功能区战略进一步上升至制度层面。2016年，"十三五"规划纲要强调，"加快完善主体功能区政策体系"。2017年，《中共中央国务院关于完善主体功能区战略和制度的若干意见》强调了差异化绩效考核、"三区三线"划定、空间用途管制、生态产品价值实现机制等内容。2022年，党的二十大报告就深入实施主体功能区战略作出部署，提出"健全主体功能区制度，优化国土空间发展格局"，强调了主体功能区战略在国家经济布局和国土空间治理体系中的关键地位。

主体功能区战略实施以来，政府部门加快构建主体功能区政策体系，推动主体功能区规划实施。《全国主体功能区规划》提出了财政、投资、产业、土地、农业、人口、民族、环境、应对气候变化等9方面的政策及差异化绩效考核。国家层面主体功能区政策如表13-2所示。可以看出，国家层面主体功能区政策体系趋于完善，"9+1"政策体系基本形成。尤其是重点生态功能区转移支付制度落实最好，2022年补助资金总额达到982亿元，累计投入超7000亿元。同时，广东、内蒙古等各个省份也出台了省级以下重点生态功能区补偿制度，引导地方加大生态保护力度。

表13-2 国家层面主体功能区政策梳理

| 政策类别 | 文件名称 |
|---|---|
| 财政 | 《国家重点生态功能区转移支付（试点）办法》《国家重点生态功能区转移支付办法》《关于深化生态保护补偿制度改革的意见》《中央对地方重点生态功能区转移支付办法》 |
| 投资 | 《国家发展改革委关于落实和完善主体功能区投资政策的实施意见的通知》 |
| 产业 | 《重点生态功能区产业准入负面清单编制实施办法》《关于建立国家重点生态功能区产业准入负面清单制度的通知》 |
| 土地 | 《关于建立城镇建设用地增加规模同吸纳农业转移人口落户数量挂钩机制的实施意见》《自然生态空间用途管制办法（试行）》《全国国土规划纲要（2016—2030年）》 |
| 农业 | 《特色农产品区域布局规划（2013—2020年）》《"十四五"全国农产品产地市场体系发展规划》《关于进一步加强农产品市场体系建设的指导意见》《关于建立粮食生产功能区和重要农产品生产保护区的指导意见》 |
| 人口 | 《关于印发国家人口发展规划（2016—2030年）的通知》《关于进一步推进户籍制度改革的意见》 |
| 民族 | 《"十三五"促进民族地区和人口较少民族发展规划》《民族贸易和民族特需商品生产贷款贴息管理办法》 |
| 环境 | 《关于贯彻实施国家主体功能区环境政策的若干意见》《关于加强国家重点生态功能区环境保护和管理的意见》《国家级自然保护区生态环境保护成效评估工作方案（2022—2026年）》 |
| 应对气候变化 | 《国家应对气候变化规划（2014—2020年）》 |
| 绩效考核 | 《关于改进地方党政领导班子和领导干部政绩考核工作的通知》《关于改进推动高质量发展的政绩考核的通知》《党政领导干部考核工作条例》 |

资料来源：根据有关政府网站政策文件整理。

### 13.1.2.2 国家层面主体功能区战略实施现状

实施主体功能区战略以来，国土空间根据自然地理格局、资源环境承载能力进行开发和布局，在2010年出台的《全国主体功能区规划》和2017年出台的《全国国土规划纲要（2016—2030）》中，主要针对国土开发强度、城市空间、农村居民点、各类用地面积和保有量等方面制定了约束性或预期性指标，根据表13-3和自然资源部相关文件可知，我国在2015年国土空间开发指标完成情况较好，但2020年开发强度和农村居民点指标完成难度较大，因此 2017 年又进一步调整了 2020 年的完成难度，并对 2030 年提出了更加合理的远景目标，体现了主体功能区战略已经进入精细化调整阶段。

表 13-3  全国陆地国土空间开发规划指标现状

| | 2008 年（基期年） | 2015 年（中期年） | 2020 年（目标年） | 2030 年（远景年） |
|---|---|---|---|---|
| 国土开发强度（%） | 3.48 | 4.02 | 3.91（4.24） | （4.62） |
| 城镇空间（万平方公里） | 8.21 | 8.90 | 10.65（10.21） | （11.67） |
| 农村居民点（万平方公里） | 16.53 | 19.12 | 16（—） | （—） |
| 耕地保有量（万平方公里） | 121.72 | 124.33 | 120.33（124.33） | （121.67） |
| 林地保有量（万平方公里） | 303.78 | 311 | 312（—） | （—） |
| 森林覆盖率（%） | 20.36 | 21.66 | 23（23） | （24） |

资料来源：2010 年出台的《全国主体功能区规划》；2017 年出台的《全国国土规划纲要（2016—2030）》；黄征学、潘彪：《主体功能区规划实施进展、问题及建议》，《中国国土资源经济》2020 年第 4 期；国家发展和改革委员会官网相关文件。

注：括号内的指标为 2017 年规划中的指标。

在主体功能区战略中，"开发"指的是大规模工业化和城市化活动，因此基于第二次和第三次全国国土调查数据，利用"城镇村及工矿用地""交通运输用地"和"水域及水利设施用地"的总和来表示国土开发面积。截至 2021 年，中国国土开发面积为 82.03 万平方公里，其中城市建设用地面积为 5.52 万平方公里，村庄用地面积为 21.28 万平方公里；从生态和农业用地面积来看，耕地面积为 127.52 万平方公里，园地面积为 20.26 万平方公里，林地面积为 283.55 万平方公里，草地面积为 264.45 万平方公里，湿地面积为 23.61 万平方公里。京津冀城市群、长三角城市群和珠三角城市群是优化开发区域和重点开发区域的主要组成部分，三大城市群的国土开发面积为 17.28 万平方公里，占全国国土开发面积的 21.06%，而三大城市群的农业和生态用地面积占比较小，反映了三大城市群以城市化、工业化功能为主体功能。

2006 年，"十一五"规划纲要仅初步划定了部分限制开发区和禁止开发区的范围。其中，限制开发区包括大小兴安岭森林等 22 个生态功能区，禁止开发区包括 243 个国家级自然保护区、31 个世界文化自然遗产、187 个国家重点风景名胜区、565 个国家森林公园、138 个国家地质公园。

2010 年,《全国主体功能区规划》进一步明确了国家层面四类主体功能区的范围。其中,城市化地区主要包括环渤海、长三角和珠三角 3 个优化开发区以及 18 个重点开发区域。限制开发区包括农产品主产区(七区二十三带)和全国重点生态功能区(25 个)两类。禁止开发区包括国家级自然保护区 319 个、世界文化自然遗产 40 个、国家级风景名胜区 208 个、国家森林公园 738 个、国家地质公园 138 个等,共 1443 个,总面积约 120 万平方公里,占全国陆地国土面积的 12.5%。

截至 2021 年,禁止开发区中的国家级自然保护区共有 474 个,新增 155 个;世界文化自然遗产 56 个,新增 16 个;国家级风景名胜区 244 个,新增 36 个;国家森林公园 906 个,新增 168 个;国家地质公园 219 个,新增 81 个。总体而言,主体功能区战略实施以来,禁止开发区的数量和所占国土面积不断上升,体现出生态环境保护和修复成效显著,与我国一直以来遵循的可持续发展道路与践行生态文明发展的理念一脉相承。

表 13-4 国家禁止开发区基本情况

单位:个

| 类型 | 2006 年 | 2010 年 | 2021 年 |
|---|---|---|---|
| 国家级自然保护区 | 243 | 319 | 474 |
| 世界文化自然遗产 | 31 | 40 | 56 |
| 国家级风景名胜区 | 187 | 208 | 244 |
| 国家森林公园 | 565 | 738 | 906 |
| 国家地质公园 | 138 | 138 | 219 |
| 合计 | 1164 | 1443 | 1899 |

资料来源:"十一五"规划纲要、《全国主体功能区规划》、国家统计局、国家林业和草原局。

### 13.1.2.3 省级层面主体功能区战略实施现状

在《全国主体功能区规划》颁布以后,各地纷纷编制省级主体功能区规划,明确了省级层面主体功能区的类型。北京市、上海市、天津市、福建省、甘肃省、广东省、湖北省、湖南省、广西壮族自治区、黑龙江省、内蒙古自治区、新疆维吾尔自治区在 2012 年出台了主体功能区规划文件，安徽省、重庆市、贵州省、海南省、河北省、吉林省、江西省、山东省、陕西省、四川省、浙江省在 2013 年出台了主体功能区规划文件，河南省、江苏省、辽宁省、宁夏回族自治区、青海省、山西省、西藏自治区、云南省则在 2014 年出台了主体功能区规划文件。

各省份在规划中根据国家主体功能区战略的引导，划定了省级主体功能区类型及范围。绝大部分省份依据国家层面的四种类型主体功能区进行分区，也有部分地区结合具体发展实际，在国家级分区的基础上进一步细化了功能分区。如上海在定位为国家级优化开发区的基础上，进一步划分为都市功能优化区、都市发展新区、新型城市化地区和综合生态发展区四类功能区域及限制开发区、禁止开发区；北京划分为首都功能核心区、城市功能拓展区、城市发展新区、生态涵养发展区四类功能区域和禁止开发区；四川在国家确定为重点开发区的基础上进一步细化为重点开发区、限制开发区和禁止开发区。根据占地面积统计，31 个省份重点开发区占地比重 1.48%，优化开发区占地比重 13.6%，农产品主产区占地比重 26.11%，重点生态功能区占地比重 58.81%。各省份详细的功能区占地面积比重见表 13-5。可以看出，以生态保护为主的重点生态功能区在国土占地面积上占据绝对优势。城市化地区以约 15% 的占地面积承担了主要的经济产出。

表 13-5 各省份主体功能区类型和占地面积比重

单位:%

| 省份 | 重点开发区 | 优化开发区 | 农产品主产区 | 重点生态功能区 | 省份 | 重点开发区 | 优化开发区 | 农产品主产区 | 重点生态功能区 |
|---|---|---|---|---|---|---|---|---|---|
| 北京 | 无 | 46.7 | 无 | 53.3 | 湖北 | 20.4 | 无 | 33.4 | 46.2 |
| 天津 | 16 | 63.4 | 无 | 20.6 | 湖南 | 20.4 | 无 | 32.3 | 47.3 |
| 河北 | 20.3 | 13.6 | 22.1 | 44 | 广东 | 24.4 | 13.4 | 32 | 30.1 |
| 山西 | 21.7 | 无 | 28.6 | 49.7 | 广西 | 29.6 | 无 | 39.6 | 30.9 |
| 内蒙古 | 11.9 | 无 | 13.9 | 74.3 | 海南 | 12.3 | 无 | 66.9 | 20.8 |
| 辽宁 | 33.3 | 7.1 | 28.3 | 31.3 | 重庆 | 56.7 | 无 | 43.3 | |

续表

| 省份 | 重点开发区 | 优化开发区 | 农产品主产区 | 重点生态功能区 | 省份 | 重点开发区 | 优化开发区 | 农产品主产区 | 重点生态功能区 |
|---|---|---|---|---|---|---|---|---|---|
| 吉林 | 11.3 | 无 | 57 | 31.7 | 四川 | 20.6 | 无 | 13.7 | 65.7 |
| 黑龙江 | 8.4 | 无 | 27.5 | 64.1 | 贵州 | 30.1 | 无 | 42.1 | 27.8 |
| 上海 | 无 | 81.3 | 无 | 18.7 | 云南 | 22.7 | 无 | 41.2 | 36 |
| 江苏 | 20.2 | 25.5 | 54.3 | 无 | 西藏 | 2.7 | 无 | 29.9 | 67.3 |
| 浙江 | 30.7 | 20.2 | 4 | 45.1 | 陕西 | 33.3 | 无 | 14.6 | 52.1 |
| 安徽 | 27.5 | 无 | 52.1 | 20.4 | 甘肃 | 11.1 | 无 | 24.8 | 64.1 |
| 福建 | 37.6 | 0.9 | 43.4 | 18.1 | 青海 | 0.9 | 无 | 1.9 | 97.2 |
| 江西 | 25.2 | 无 | 39.8 | 35 | 宁夏 | 15.4 | 无 | 17.9 | 66.6 |
| 山东 | 20.6 | 19.6 | 47.2 | 12.6 | 新疆 | 4.15 | 无 | 24.89 | 70.97 |
| 河南 | 30.4 | 无 | 51.7 | 17.8 | | | | | |
| 总计 | 重点开发区 | | 优化开发区 | | 农产品主产区 | | 重点生态功能区 | | |
| | 13.6 | | 1.48 | | 26.11 | | 56.81 | | |

资料来源：全国及各省份主体功能区规划文件；各省份统计年鉴；《中国环境统计年鉴》；靳利飞、刘天科、南锡康等：《面向区域协调发展的主体功能战略实施》，《宏观经济管理》2023年第1期。

各个省份根据自身实际发展情况，制定了2020年省级国土空间开发指标，部分省份指标如表13-6所示。由表13-6可知，长三角和京津冀作为优化开发和重点开发的城市化地区，仍然是工业化和城镇化的主要承载区，开发密度相对较大，而中西部地区的耕地、林地面积以及森林覆盖率都较高，体现了农产品主产区和重点生态功能区的主体功能。

相对国家层面而言，各省份还进一步划分了省级限制开发区和省级禁止开发区，其中省级禁止开发区主要包括省级的自然保护区、风景名胜区、森林公园、湿地公园、地质公园以及水源保护区等，这些禁止开发区往往分散在其他类型的主体功能区之中。各省份均划分了具体的禁止开发区名录，并规划了省级主体功能区的配套政策体系，与国家级规划和政策相辅相成，更好地促进主体功能区战略实施。

表 13-6　部分省份国土空间开发规划指标

| 省份 | 开发强度（%） | 城市空间（平方公里） | 农村居民点（平方公里） | 耕地保有量（平方公里） | 林地保有量（平方公里） | 森林覆盖率（%） |
|------|------|------|------|------|------|------|
| 上海 | 39 | — | — | 13274 | — | 18 |
| 浙江 | 10.7 | — | — | 18907 | 66600 | 61 |
| 江苏 | 22 | 8200 | — | — | — | — |
| 安徽 | 15 | 5000 | 10000 | 56933 | 48500 | 35 |
| 四川 | 3.75 | — | 10100 | 58900 | 235800 | 37 |
| 重庆 | 8.54 | 1945 | 3000 | 21700 | 37080 | 45 |
| 贵州 | 4.5 | 2060 | 3280 | 43700 | 88100 | 50 |
| 云南 | 2.85 | 3100 | 5053 | 59800 | 227814 | 60 |
| 湖南 | 7.2 | 3630 | 7768 | 37700 | 127000 | 57 |
| 湖北 | 8.38 | 2209.32 | 6941 | 46313 | 86067 | 43.5 |
| 吉林 | 6.14 | 2410 | 5510 | 55193 | 95787 | 45 |
| 黑龙江 | 3.64 | 4400 | — | 115827 | 236667 | 50 |
| 辽宁 | 10.51 | 4760 | 6554 | 40633 | 71673 | 42 |
| 北京 | — | — | — | 13436 | — | — |
| 天津 | 33.8 | — | 750 | 4373 | — | — |
| 河北 | 11.17 | 6977 | 11025 | 63027 | 73900 | 35 |

资料来源：各省份主体功能区规划文件。

# 13.2　主体功能区战略实施成效

## 13.2.1　国土空间管理趋于精细化与科学化

自 2010 年国务院印发《全国主体功能区规划》之后，各级政府陆续出台实施主体功能区规划的政策意见和具体措施，使我国国土空间管理逐渐精细化和科学化。主体功能区战略更加符合我国经济社会实际发展和生态保护的需求，不仅能够优化我国空间结构，提高空间利用效率，也能够同时促进城市与乡村发展、增进经济与环境协调性。第一，主体功能区战略是国土空间管理模式上的创新之举，弱化了省份、城市之间的行政边界效应，立足于国家和省级层面自上而下地管理国土空间，通过突出核心功能定位科学开发和保护国土空间，基于县区单位更加精细化地管理每一块国土。第二，国土空间管理的顶层设计不断优化。首先，2010 年后主体功能区战略已经成为中国国土空间开发与保护格局的规划蓝图，使国土空间管理更加规范化。其次，国土空间管理顶层设计不仅在最高层次寻求国土空间管理的最佳模式，也具备层次性，各省级地方政府结合地区发展特色与区位优势在 2012 年、2013 年和 2014 年陆续出台更有针对性的主体功能区规划文件并推动实施，上述文件主要基于省域范围进行县级行政区的主体功能区划分，也有部分省份还细化乡镇主体功能定位，对国土空间管理进一步精细化。东部地区在主体功能区的顶层设计中重点强调了优化开发区域和重点开发区域的发展方向和未来布局，中西部地区在主体功能区的顶层设计则更多地侧重于限制开发区域的空间结构调整与优化方向和禁止开发区域的保护措施。同时，省级主体功能规划中也提到要积极推进地区合作，近些年中国区域一体化取得了显著成就，地方政府在制度、经济、科技和生态保护等方面均开展了深度合作，极大地提高了经济区域开放和合作水平，促使 2020 年我国区域主体功能基本形成。最后，随着收缩城镇、精准扶贫等新问题、新要求的出现，主体功能区战略也要和土地利用规划、城乡规划等空间规划深度融合，开展"多规合一"试点工作，建设并完善全国统一、责权清晰、科学高效的国土空间管理体系。第三，主体功能区战略丰富了地方政府官员和城市整体的绩效评价模式，使绩效考核体系更加科学和全面，提高考核结果的应用性，又进一步促进了国土空间管理的精细化和科学化。现今针对地方政府官员政绩考核和城市经济社会发展水平的测度指标已经不再局限于经济增长，而是根据主体功能区战略目标，制定包含地区空间开发情况、环境资源承载能力和区域发展潜力等内容相关的全新指标体系，有效监测地方政府、不同功能区域的发展情况。

## 13.2.2 国土空间开发格局更加清晰

主体功能区战略实施以来，我国国土空间开发格局更加清晰，主体功能已经显现。从全国层面来看，图 13-1 显示我国国土开发面积较为稳定增长，而生态空间和农业空间格局不断优化。基于第二次（2009—2016年）和第三次（2019—2021 年）全国国土调查数据，利用"耕地面积"表示限制开发区域中的农产品主产区发展情况，利用"园地""林地"和"草地"面积之和表示生态功能区的发育情况，图 13-2 显示我国在主体功能区战略下仍然坚守住了"18 亿亩耕地红线"，但 2019 年以后耕地面积有所下降，对比图 13-3 可知，我国生态功能用地面积在 2019 年以后大幅提升，说明我国在保障了粮食生产的同时，积极退耕还林、注重生态治理，因此生态功能已经显现。

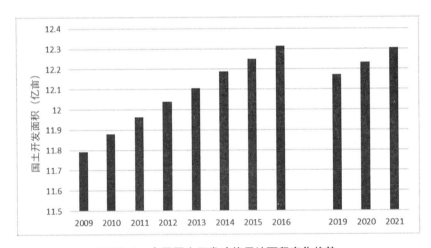

**图 13-1 全国国土开发功能用地面积变化趋势**

第一，我国以"两横三纵"为主体的城市化战略格局基本形成。东部地区是主体功能区战略中优化开发区域和重点开发区域分布较多、面积较大的区域，图 13-4 显示东部地区城市用地面积呈现大幅增长态势，城市化和工业化功能十分突出。以上海市为例，《上海市主体功能区规划》中提出要积极构建"两轴两带、多层多核"城市化格局，至 2020 年全市常住人口总量预期为 2650 万人左右。上海市 2020 年至 2022 年常住人口总量

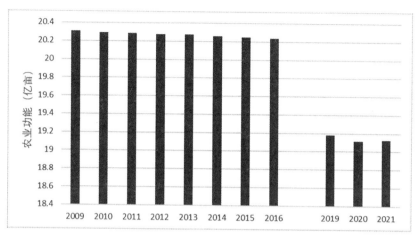

**图 13-2　全国农业功能用地面积变化趋势**

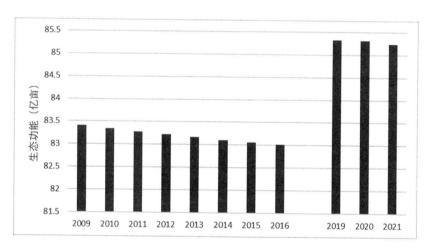

**图 13-3　全国生态功能用地面积变化趋势**

资料来源：国土调查成果共享应用服务平台的第二次和第三次全国国土调查数据。

分别为 2488.2 万、2489.4 万和 2475.9 万，尽管没有达到规划目标，但上海市城镇化率在 2020 年已经达到 89% 以上，城市化格局已经相当稳定。此外上海市各功能区域的主体功能更加突出，与国际经济、金融、贸易、航运中心和社会主义现代化国际大都市要求相适应的国土空间开发格局基本形成。同时，中部地区和西部地区的城市用地面积也缓慢增加，但图

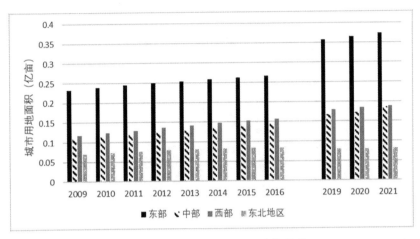

图 13-4　区域城市用地面积变化趋势

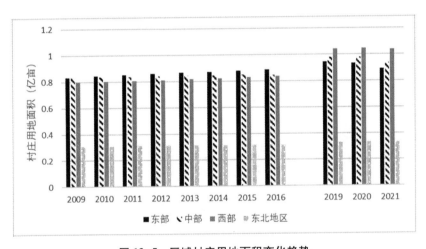

图 13-5　区域村庄用地面积变化趋势

资料来源：国土调查成果共享应用服务平台的第二次和第三次全国国土调查数据。

13-5 显示村庄用地面积正在快速增长，说明中西部地区以小城镇发展为主，充分挖掘了农村发展空间。安徽省属于"中部崛起战略"中的省份之一，《安徽省主体功能区规划》中将位于全国"两横三纵"城市化战略格局中沿长江横轴的东部地区划分为重点开发区域，通过建设全国承接产业转移的示范区、建立科研教育和科技创新基地，大力发展高新技术产业，实现重点开发区域的城市化与工业化发展，积极提高城镇化水平，同时也推动了现代农业和新农村建设示范区发展。总而言之，现今全国主要城市化地区集中了全国大部分人口和经济总量，城市化战略格局更加清晰。

第二，我国以"七区二十三带"为主体的农业战略格局基本形成，农产品供给安全得到切实保障；以"两屏三带"为主体的生态安全战略格局基本形成，生态安全得到有效保障。图 13-6 和图 13-7 显示，中西部和东北地区主要凸显生态功能和农业功能，其中西部地区的耕地面积占比 37%以上，生态功能用地面积占比 75%以上，而东部地区在 2019 年后耕地面积有所下降。例如，陕西省为"七区二十三带"中的汾渭平原农产品主产区，已经建设了杨凌农业高新技术产业示范区、华阴市"国家级小麦制种大县"等小麦和玉米生产基地，保障了国家粮食生产安全。同时，陕西省也是"两屏三带"生态安全战略格局的重要组成部分，截至 2020 年底，陕西省黄河流域累计治理水土流失面积 5.7 万平方公里，着力推进实施拦沙工程、淤地坝和坡改梯建设三大工程，生态环境持续改善。

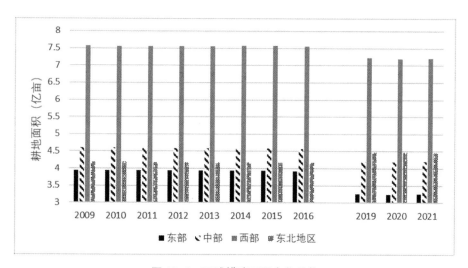

图 13-6 区域耕地面积变化趋势

第三，我国海洋主体功能区战略格局基本形成，海洋资源开发、海洋经济发展和海洋环境保护取得明显成效。《全国海洋主体功能区规划》是《全国主体功能区规划》的重要组成部分，沿海地区省份纷纷出台了省级

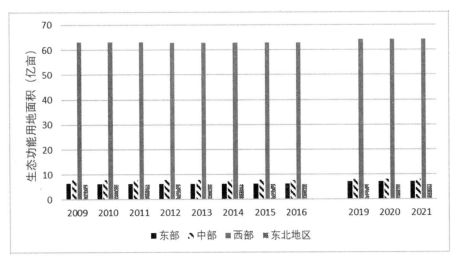

**图 13-7 区域生态功能用地面积变化趋势**

资料来源：国土调查成果共享应用服务平台的第二次和第三次全国国土调查数据。

海洋主体功能区规划。图 13-8 显示，我国海洋经济发展迅速，相较于 2010 年实现了两倍以上的增长。同时，2017 年中国海洋生态环境状况公报中显示我国海水环境得到明显改善，全国建立各级海洋自然保护区、海洋特别保护区 270 余个，重点支持沿海各省份开展"蓝色海湾"等海洋生态修复重大工程。以山东省为例，《山东省主体功能区规划》提到要打造山东半岛蓝色经济区，加大海水利用，加强海岸带保护，提高对海洋生物多样性的保护能力等，并出台了《山东省海洋主体功能区规划》，在两个主体功能区规划指导下，山东省实现了协同治理、精准治理海洋污染问题，2018—2021 年期间山东近岸海域优良水质比例分别为 82.15%、90.03%、91.5% 和 92.3%。黄河口、莱州湾、庙岛群岛等典型海洋生态系统健康状况整体呈改善趋势。

第四，我国国土空间更加节约集约，空间利用效率不断提高。首先，基于 2019 年度全国开发区土地集约利用监测统计数据可知，国家级开发区土地利用程度显著提高。参评国家级开发区的土地开发率为 88.53%，土地利用强度稳步提升，参评国家级开发区综合容积率为 0.96。尤其是东部地区开发区土地集约利用水平最高，用地效益相对较好。中部地区开发区

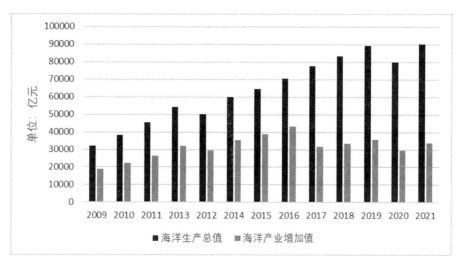

**图 13-8　全国海洋功能区发育情况**

资料来源：中国海洋经济统计公报和国泰安数据中心。

土地供应率最高，土地利用强度水平仅次于东部地区，但用地效益并不高。其次，国土空间利用效率显著提高。图 13-9 显示，我国四大区域单位建成区面积创造的生产总值均在主体功能区战略实施后大幅提升；图 13-10 显示，四大区域的城市人口密度在波动中上升，尤其是东部地区在 2017

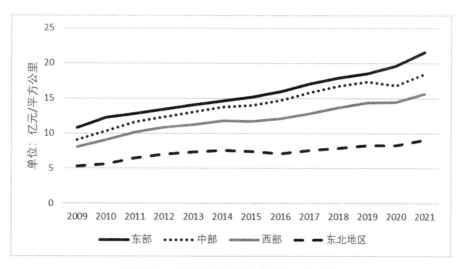

**图 13-9　区域单位面积生产总值变化趋势**

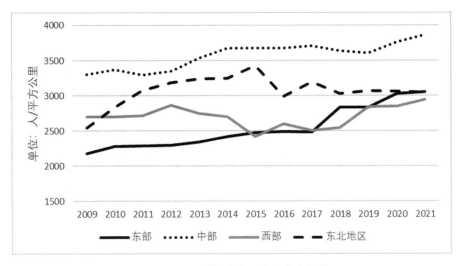

**图 13-10　区域城市人口密度变化趋势**

年以后人口密度快速增长，体现了大部分人口都逐渐集聚在城市地区；图 13-11 显示，四大区域的单位播种面积的粮食产量也在稳步提高，尤其是在 2010 年后，东北地区粮食单产出现激增。

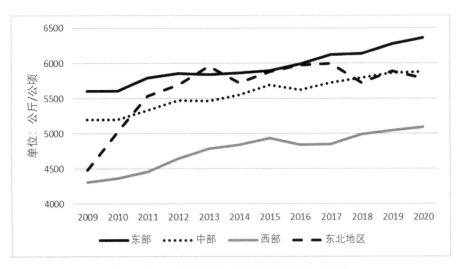

**图 13-11　区域单位播种面积粮食产量变化趋势**

资料来源：各省份统计年鉴和国泰安数据中心。

### 13.2.3　区域协调发展水平持续提高

#### 13.2.3.1　促进区域经济与资源环境的协调发展

主体功能区战略实施以来，国家以"三区三线"为基础，划定了城镇空间和城镇开发边界，也划定了生态空间和生态保护红线，促使区域经济快速发展的同时，资源环境也得到了较好的保护。图 13-12 显示，我国经济增长速度在近几年不断放缓，但加快了污染减排的速度，二者增速差距缩小，体现了我国经济发展与环境保护之间实现了较高的协调性。从区域层面来看，东部地区不仅重视优化开发区域和重点开发区域的经济发展，也注重在城镇和开发区周边留有开敞式绿色生态空间，在开发区域推行清洁生产、发展循环经济，减少工业化和城镇化对环境资源的负面影响。而中西部地区对限制开发区域和禁止开发区域进行了更细致的划分，青海省主体功能区规划中提到不仅要将生态保护作为主要任务，大力建设国家级生态保护综合试验区，也要加快推进重点生态功能区的城镇化建设，在保护生态的前提下积极发展生态畜牧业、高原生态旅游业和民族手工业，有效开发和利用本地优势资源，进而促进区域经济与资源环境的协调发展。

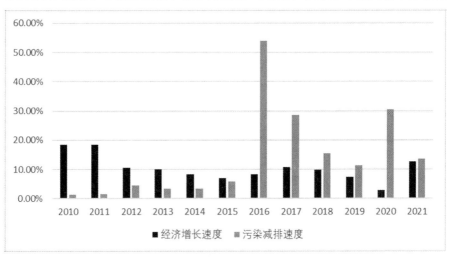

**图 13-12　全国经济增长速度与污染减排速度对比图**

资料来源：各省份统计年鉴。

在禁止开发区域，并不是完全不能发展，而是要在尊重群众意愿的前提下，逐步转移人口和生产，建设必要的交通等基础设施，适度开展生态畜牧业和生态旅游业。为了推进主体功能区战略，生态补偿也是十分重要的环节。国家重点生态功能区转移支付至今已实行 12 年，覆盖范围逐年扩大，中央财政下达重点生态功能区转移支付资金从 2008 年的 60.51 亿元至今累积至近 5903 亿元，并且我国重点生态功能区转移支付办法逐步完善，资金覆盖范围和资金分配方法不断优化。①

#### 13.2.3.2 进一步缩小地区间差距

主体功能区战略打破了地区间的行政壁垒，通过划分优化开发区域、重点开发区域、限制开发区域和禁止开发区域，进一步统筹资源、提高资源配置效率，也促进人口、资本等要素资源跨地区流动，进而缩小地区间差异，促进区域间协调发展。从经济发展来看，中部地区和西部地区生产总值占全国比重由 2010 年的 20.23% 和 18.19% 上升至 2021 年的 21.98% 和 21.07%，图 13-13 显示，东部地区和中西部地区生产总值之比已经从 2 倍降低至 1.5 倍左右。并且图 13-14 显示，中西部地区经济增长速度大多数时期高于东部地区，进一步说明区域发展差距逐步缩小。

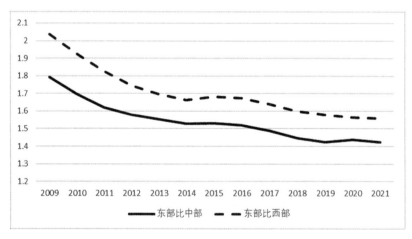

**图 13-13 东部与中西部生产总值之比的变化趋势**

---

① 靳利飞、刘天科、南锡康：《主体功能区生态补偿制度优化路径探析》，《地方财政研究》2021 年第 6 期。

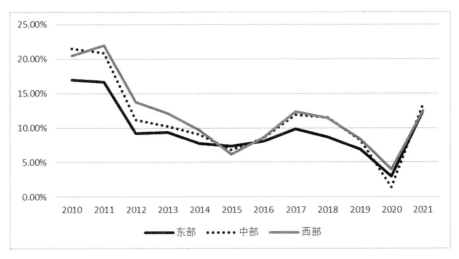

**图 13-14　区域经济增长速度的变化趋势**

资料来源：各省份统计年鉴和国泰安数据中心。

从人口分布来看，据第七次全国人口普查数据显示，我国东部地区人口占 39.93%，中部地区占 25.83%，西部地区占 27.12%，东北地区占6.98%。与 2010 年相比，东部地区人口所占比重上升 2.15 个百分点，中部地区下降 0.79 个百分点，西部地区上升 0.22 个百分点，东北地区下降1.20 个百分点。人口向经济发达区域、城市群进一步集聚。

从公共服务均等化来看，在主体功能区战略实施过程中，区域间、城乡间的公共服务差异也在不断缩小。优化开发区域和重点开发区域的公共服务水平较高，但这些区域的人口密度更大，人均公共服务水平仍然有待提高。限制开发区域不仅将财政支出倾斜至环境资源保护，也要积极提高当地的社会保障、医疗保障和教育等方面的公共服务水平。在主体功能区规划下，各省份根据比较优势和区位条件对社会经济等方面进行调整和引导，尤其是采用财政转移和财政补贴的方式直接改善限制开发区域和禁止开发区域的公共服务水平，进而促进区域间公共服务均等化。

### 13.2.3.3　推动城乡间协调发展

主体功能区战略立足于县域视角，优化主体功能区布局和区镇管理体制，通过集聚资源和力量，发挥不同功能区域的区位优势和发展特点，完善功能区域间的分工和合作，进一步推动城乡协调发展，促进城镇化水平提高。各省份主体功能区规划在积极引导农村人口进入城镇落户，图 13-15 显示，我国城镇化率平均水平从低于 50% 到接近 60%，并且东部地区城镇化水平遥遥领先，体现了东部地区以优化开发区域和重点开发区域为主，不断提高人口承载能力，引导农村人口城市化。例如，四川省在主体功能区战略实施中开创和谐宜居生活城市发展新路径，尤其是成都市将推动形成"东进、南拓、西控、北改、中优"差异化的空间功能布局，在成都市东部和南部进行经济开发和基础建设，在西部和北部探索绿色发展模式，建设多个乡村振兴和城乡融合发展示范区，在中部发展高端服务业和天府文化区域，应对城乡发展中所需要的服务需求，进一步缩小成都市的城乡发展差异。

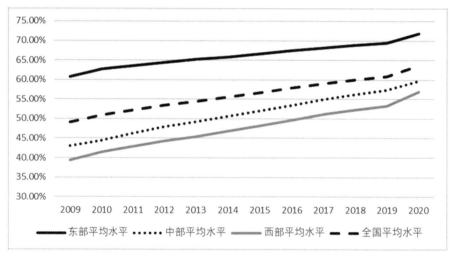

**图 13-15　区域城镇化率变化趋势**

资料来源：各省份统计年鉴和国泰安数据中心。

　　城乡收入差异是衡量城乡协调发展的重要指标。主体功能区战略实施以来，我国城市家庭可支配收入从 2010 年的 18068 元上涨至 2020 年的 42253 元，农村家庭可支配收入从 2010 年的 6237 元上涨至 2020 年的 17814 元。图 13-16 显示，城市与农村家庭可支配收入之比从近 3 倍下降至 2.3 倍左右，说明城乡收入差异大大降低。图 13-17 显示，农村收入增

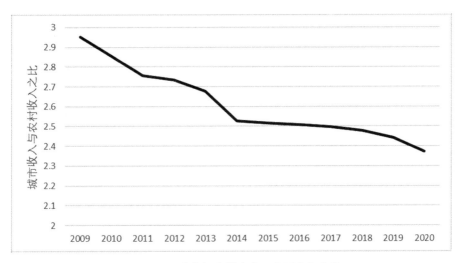

图 13-16　城市与农村家庭可支配收入之比

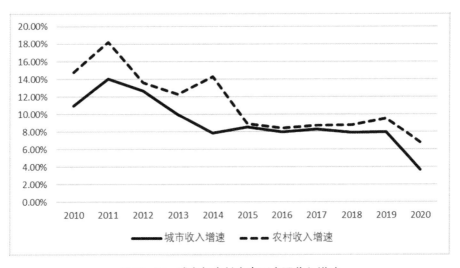

图 13-17　城市与农村家庭可支配收入增速

速一直以来高于城市收入增速，进一步缩小了城乡收入差异。基于城乡收入计算得出的泰尔指数可更准确地衡量城乡收入差距，图 13-18 显示，东、中、西部地区的泰尔指数均显著降低，尤其是中西部地区泰尔指数下降幅度较大。例如，安徽省在主体功能区战略实施过程中十分重视不同主体功能区及同类主体功能区不同地区之间城乡居民收入和生活条件的差距缩小，在农产品主产区注重保障和提高农民收入；湖南省也更加照顾到限制开发区域的少数民族群众，不断提高少数民族群众收入水平。

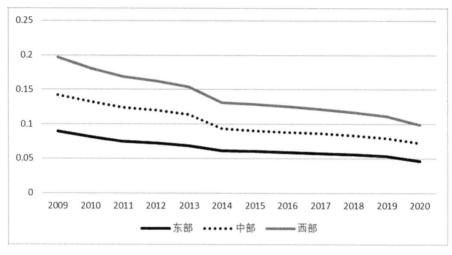

**图 13-18　区域城乡泰尔指数变化趋势**

资料来源：各省份统计年鉴和国泰安数据中心，作者根据原始数据计算得出泰尔指数。

## 13.2.4　可持续发展能力持续提升

主体功能区战略实施以来，国家和各省份主要针对 25 个限制开发区域进行生态保护，并列为国家重点生态功能区，主要从水土保持、防风固沙、水源涵养和生物多样性等方面开展工作，严格落实生态保护红线，进而提高区域和国家的可持续发展能力。国家重点生态功能区是主体功能区战略的重要组成部分，最主要的任务就是改善和保护生态环境，增强生态系统稳定性。

第一，草原、森林、湿地、河湖等自然生态系统保护成效良好。在《全国主体功能区规划》中规划 2020 年的森林覆盖率为 23% 以上，截至 2020 年底，我国森林覆盖率已经达到该水平。其中福建省、江西省和广西壮族自治区的森林覆盖率达到 60% 以上，浙江省、海南省、云南省和广东省的森林覆盖率达到 50% 以上，说明这些省份所管辖领域内的南岭山地森林及生物多样性生态功能区、桂黔滇喀斯特石漠化防治生态功能区、海南岛中部山区热带雨林生态功能区等国家重点生态功能区的保护较为到位。从国家林业和草原局网站相关新闻可知，我国高度重视湿地保护，尤其是在主体功能区战略实施以后，我国大力推进湿地保护修复工作，持续改善湿地生态状况，截至 2020 年，湿地保护率已经达到 52.7%。在水质方面，2020 年 1940 个国家地表水考核断面中，水质优良（Ⅰ—Ⅲ类）断面比例为 83.4%，也达到了《全国主体功能区规划》中的规划目标。

第二，资源利用更趋集约高效。自主体功能区战略实施以来，水资源利用率不断提高，图 13-19 显示，东、中、西部地区的单位地区生产总值可能消耗的水资源量不断下降，尤其是西部地区下降较快，说明西部地区对限制开发区域和禁止开发区域的水资源保护颇有成效。同理，图 13-20 显示，东、中、西部地区的单位地区生产总值的能源消费量也在不断下降，说明我国各地区能源利用率更加节约。

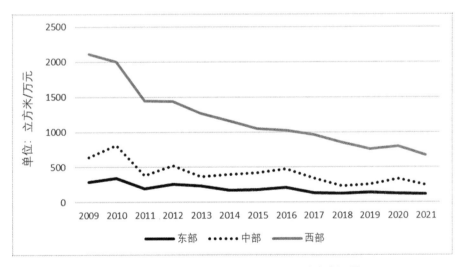

**图 13-19　区域单位地区生产总值消耗的水资源量**

第三，环境污染防治更趋有效。在主体功能区战略实施以后，各省份根据县域的资源环境承载能力重新制定发展目标，使不同功能区域的开发程度与资源环境容量相匹配，进而减少资源浪费和环境污染。图 13-21 显示，东、中、西部地区的二氧化硫排放量快速下降，尤其是东部地区，在优

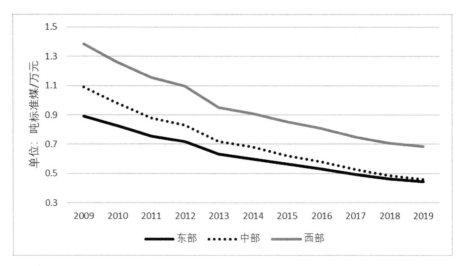

**图 13-20　区域单位地区生产总值的能源消费量**

资料来源：国泰安数据中心。

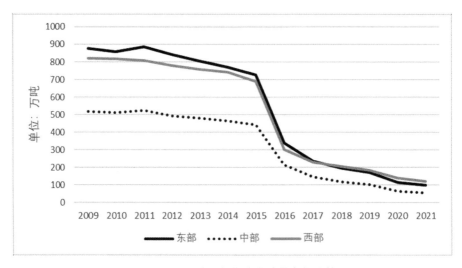

**图 13-21　区域二氧化硫排放量变化趋势**

资料来源：各省份统计年鉴。

化开发区域和重点开发区域也更加重视污染减排，例如长三角城市群、京津冀城市群和珠三角城市群开展了多年的环境合作治理，取得了良好的成效。

# 13.3 主体功能区战略实施中
# 存在的问题与建议

## 13.3.1  主体功能区战略实施中存在的问题

实施主体功能区战略，形成差异化的国土空间开发格局是党中央和国务院立足中国国情，作出的重大战略部署。近年来，随着国家、省级以及城市等多尺度主体功能区战略的实施与深入推进，逐渐构筑了区域经济优势互补、主体功能定位明确、空间利用效率提升以及人与自然和谐发展的国土开发新格局。然而，在主体功能区战略实施过程中，依然存在对主体功能区的认识有待于深化、空间治理尺度有待于细化、政策适用性与协调性不足、生态补偿机制不完善等问题，极大限制了主体功能区战略作用的发挥并阻碍了现代化国家空间治理体系的构建。

（1）对主体功能区的认识有待于深化

作为基础性工作，主体功能区的内涵及其科学识别直接关系战略的制定与实施。然而，在规划实践中，由于主体功能区内涵不明确、指标选取和评价体系不科学等原因，导致主体功能区的识别往往存在科学性不足的问题，甚至出现"重政策轻功能"的现象，极大限制了主体功能区战略作用的发挥。第一，在实践层面缺乏对主体功能区的明确界定，存在"重政策轻功能"的问题。在区域经济学中，功能区侧重强调地域功能联系及其空间结构。中国对于地域主体功能区识别虽然考虑区域自然特征与社会经济特征，并且将主体功能区认定为地理空间、政策空间以及生态空间的综合体。然而，主体功能区划分中缺乏考虑地域内部的社会经济联系特征及其功能结构，导致对主体功能区识别存在片面性并且难以充分揭示其本质。第二，在区域主体功能判断中，主要依赖行政区（如县区）的自然资源、产业发展与环境污染等常规统计数据，缺乏对相关指标进行动态更新与长期跟踪，难以适应区域不断发展的现实情况。尤其是部分地区仅采用当前的监测数据对区域资源环境承载力进行评价，而忽略区域国土空间开发与生态保护的不断发展实践，未能对区域主体功能的识别进行及时跟进，难以精细化防控资源环境风险。第三，在主体功能区战略实施中，尽管采用全国统一的评价体系有利于整体了解情况和地区间对比，但忽略不同地区的差异性及其特殊情况，导致政策存在"一刀切"的情况而不利于调动地区经济发展的积极性。第四，主体功能区空间类型的划分也存在不足。尽管在规划中将主体功能区划分为四种类型，但地区实际发展中因生产空间、生活空间以及生态空间往往相互交织，难以精确划分，影响主体功能区战略的落地及其效果发挥。尤其是部分地区甚至将限制开发区和限制发展区同等对待，将主体功能和唯一功能相混淆，尚未对主体功能区战略形成明确的认识，亟待在国家、省级以及县区等多尺度规划实践中形成共识，以推动不同尺度主体功能区战略的落实。

（2）政策单元较大，空间治理尺度有待于精细化

在新时代背景下，实现地区高质量发展对贯彻落实主体功能区战略提出了更加精细的要求。尽管中国主体功能区战略以县级行政区划作为基本的政策单元，有助于突出县级行政区的主体责任以推动该战略的具体执行，但依然存在政策单元较大、政策缺乏针对性以及局部难以协调整体等问题，导致主体功能区战略政策难以落地并阻碍现代化空间治理体系的形成与完善。第一，县级作为政策单元依然空间尺度较大，一定程度上违背了地域空间分异规律及其多样性，难以适应县域空间复杂性与多样性的实际情况。尤其是在经济发达的沿海地区，社会经济联系密切，城乡界限较为模糊，县区间往往形成了联系密切的地域功能综合体。因此，主体功能区战略以县区为政策单元划分四大类型空间单位往往容易出现偏差，难以为实现高质量国土开发提供强有力支撑。第二，高质量发展对国土空间开发提出更加精细化的要求，而主体功能区战略难以将政策传递到"每一寸国土"。在县区尺度划定主体功能区，难以对县区内部各种要素进行精细化管控，阻碍国土空间效率的提高及其高标准保护，亟待在乡镇或村庄等更小空间尺度对国土空间类型进行划分与精细化管控。第三，主体功能区战略以县区为政策单元，但部分县区通过将非主体功能转移到部分乡镇地

区，一定程度上缓解了该战略对其分区管制的刚性约束，存在局部矛盾并且对整体功能区战略政策效果产生了不良影响。尤其是部分中西部地区的县区通过让边缘乡镇承担生态功能，仍然进行了生产和生活活动，阻碍了国土空间高效率开发及其生态保护，不利于主体功能区战略的贯彻落实。

（3）主体功能区战略的配套政策协调性不足

在主体功能区战略实施中，中央政府强调需要有相应的配套政策，并且发挥政策的组合效应，以高效率开发国土空间格局并实现现代化国土空间治理。党的十八大以来，国家把生态文明建设作为"五位一体"总体布局的重要内容，并相继提出了"美丽中国"等一系列新理念、新战略，对主体功能区战略的制定与落实提出了新的时代要求。然而，主体功能区战略仍存在政策适用性较低、协调性较差以及差异性不足等问题，阻碍了主体功能区战略的实施及其区域可持续发展。第一，主体功能区战略未能主动对接新战略。近年来，中国政府相继出台了长三角、粤港澳大湾区以及京津冀等一系列城市群发展规划，但主体功能区战略未能与新时代国土空间规划体系进行有效衔接。第二，主体功能区战略配套政策不到位。在市县层面，地方政府更注重产业政策，而忽视了人口政策、农业政策以及应对气候变化政策，导致区域主体功能区战略的实施缺乏系统性政策配合。此外，部分地区主体功能区战略的制定与实施时间滞后于城乡发展规划和土地利用规划，导致土地管理、产业发展与城市建设和主体功能区战略存在严重的不协调性，尚未实现"一张蓝图绘到底"的政策目标。第三，主体功能区战略的政策组合效应较差，并且存在政策洼地。目前，大部分地区主体功能区战略的政策组合效应较差，未能以"组合拳"的方式进行落地，导致主体功能区战略的作用难以有效发挥。中央政府虽希望通过财政转移支付策略对生态功能区进行帮扶，但仍难以满足这些地区巨大的财政支出。为实现经济快速增长，这些地区仍新建工厂和开展工业生产活动，造成了严重的环境污染和生态破坏并阻碍了主体功能区战略的贯彻落实。第四，各级政府之间以及不同政府部门之间政策执行缺乏统筹和联动，政策碎片化问题严重，跨地区和跨部门的主体功能区战略实施存在严重障碍，极大降低了政策整体效果。

（4）主体功能区战略的激励与约束机制不足

尽管在《省级国土空间规划编制指南（试行）》中要求将地方国土空间规划嵌入主体功能区战略中，并开展差异化绩效考核与完善生态产品实现机制。然而，在具体实践中，主体功能区战略依然存在激励机制不足、考核机制不健全以及缺乏长期监督机制等问题，严重影响了主体功能区战略效果发挥与区域协调发展。第一，目前主体功能区战略虽对限制开发区和禁止开发区的环境保护制定了部分激励性政策，并尝试通过税收优惠、财政转移支付以及生态补偿等多种优惠政策提供资金扶持，但仍难以满足其社会经济发展需求，难以发挥激励政策的作用。第二，尽管中央要求各级地方国土空间规划要嵌入主体功能区战略，但资源环境承载力的具体指标仍难以进入地方政府的年度考核范围，对地方政府约束力度不足，难以有效发挥主体功能区战略的强有力约束作用。尤其是对于不同类型的分区管制政策缺乏精细化指标，考核重点也较为模糊，难以对县区生产空间、生活空间以及生态空间开展动态考核与长期监督。第三，主体功能区战略的激励与约束机制缺乏针对性和差异性，难以适应不同地区社会发展现状而阻碍了现代化国土空间治理体系的构建。尤其是东部地区的禁止开发区和西部地区的禁止开发区，亟待设置不同类型的激励和约束机制，避免"一刀切"而损害地区发展经济的积极性与主动性。因此，各级政府需将国土空间规划嵌入主体功能区战略，通过建立差异化与针对性的激励与约束机制并细化考核评价方法，长期与动态监督主体功能区战略的落实并实现区域高质量发展与现代化国土空间治理体系构建。

## 13.3.2　主体功能区战略实施的优化建议

在新时代背景下，针对前文提及主体功能区战略实施中的相关问题，需要通过厘清主体功能区战略的内涵、细化政策单元、完善配套政策体系以及健全考核机制等措施，贯彻落实主体功能区战略并构建现代化国土空间治理体系，从而优化国土空间开发格局并实现区域高质量发展。

（1）顺应新时代，厘清主体功能区战略的内涵和定位

在新时代背景下，需主动顺应新形势新要求，厘清主体功能区战略的理论内涵和科学前瞻性，并明确其在国土空间规划的定位和作用，以优化

国土空间开发和保护格局并实现现代化国土空间治理。第一，顺应新时代，主动对接美丽中国、国家治理现代化以及生态文明等新发展理念和新要求，深化主体功能区战略的内涵和外延，及时调整主体功能区战略目标与实施路径。尤其是在政策工具选择上，各级地方政府需要积极顺应新时代新形势，紧扣国土空间开发与保护的新问题，彰显生态文明、美丽中国以及国家治理现代化等新理念，以促进区域高质量发展。第二，厘清主体功能区战略的定位和作用，积极对接四大板块协调发展战略与长三角高质量一体化发展等区域重大战略。尤其是区域重大发展战略要以主体功能区战略为基础，科学规划和布局生产、生活以及生态活动，在自然资源承载力基础上因地制宜发展地区特色优势产业，实现社会经济发展和生态环境保护的双赢。第三，积极利用大数据技术和手段，推动主体功能区战略及其方案科学划定与精细分解，及时追踪主体功能区战略的实施情况并进行主动调整，以提高主体功能区战略的科学性与前瞻性。在主体功能区战略方案制定中，对建设用地、基本农田以及生态红线等指标需进行精细分解，并充分考虑经济发展、生态保护以及资源承载力等多方面因素，对评价指标与分区划定方案进行及时调整与修改。如利用夜间灯光、遥感以及POI 等大数据，及时了解区域内部与地区间社会经济联系及其地域功能结构，主动调整主体功能区战略的类型划分并采取差异化管控策略，以最大程度发挥主体功能区战略对国土空间治理的引导作用。

（2）细化政策单元，推动主体功能区战略落实

作为复杂的系统工程，主体功能区战略涉及中央、省级、城市、县区以及乡镇等多个级别政府间博弈，需要调动不同级别政府的积极性并采取尺度下移、尺度上移以及尺度跃迁等多种策略推动主体功能区战略的贯彻落实，将政策目标分解到"每一寸国土"以实现国土空间高质量开发与保护。第一，在贯彻落实主体功能区战略时，应以"五级三类"国土空间规划体系为传导机制，通过尺度下移策略将主体功能区的权力与责任下放到县区等较低级别的政府，提高县区政府执行主体功能区战略的积极性，让地方政府因地制宜选择特色优势产业发展经济并且保护环境。尤其是不同级别政府需要从中微观层面对政策意图和实施策略进行细化，并科学布局县区层面生产、生活以及生态活动，以精准传递并深入落实主体功能区的

战略意图。第二，在主体功能区战略执行过程中，县区政府需从功能区域的视角出发，立足于资源环境承载力和国土空间开发适应性的基底，动员高级别政府提供实施主体功能区战略配套扶持政策及其相应资金，从而加快优化开发区域和重点开发区域的发展。同时，对于重点生态功能区和禁止开发区，也需要积极争取国家、省级等高级别政府的财政转移支付、生态补偿以及对口支援等多项政策的支持，在保护生态环境基础上推动地区经济可持续发展。第三，主体功能区战略需打破行政区规划，鼓励优化开发区域采取尺度跃迁战略主动融入城市群、都市圈等国家重大战略区域，获取更高战略地位与资源支持以实现快速发展。尤其是在经济发达的沿海地区，主体功能区战略可细化到乡镇或街区，并鼓励这些优化开发区域主动融入到国家重大战略区域，以实现尺度跃迁并提高其国际竞争力与区域影响力。第四，各级政府也需要明确不同层次规划中不同类型主体功能区类型、建设用地比例以及生态保护红线的映射关系，将不同层次的主体功能区战略与国土空间规划体系相对应，并采取差异化的分区管制策略，推动主体功能区战略的细化落实。

（3）完善主体功能区战略的配套政策体系

尽管 2017 年中央印发了《关于完善主体功能区战略和制度的若干意见》并提出健全主体功能区战略的配套政策体系，但实施过程中该战略依然存在政策适用性较低、协调性较差与差异化不足等问题，阻碍了主体功能区战略作用的发挥以及现代化国土空间治理体系的构建。因此，在未来实践可通过以下一些措施完善主体功能区战略的配套政策体系，并形成政策组合效应，以推动优化国土空间开发和保护格局。第一，实施主体功能区战略需健全配套政策体系，增强配套政策体系的系统性并推动各项政策互联互通。尤其是各级政府需要以财政政策与产业政策为核心，建立涵盖资源保护、生态环境以及税收优惠政策等一系列配套政策体系，探索主体功能区战略高质量发展机制。在主体功能区战略的实施中，需要进一步增强不同政策之间的协调性，强化国土空间开发与保护的可持续发展观和韧性发展观，在保证生态环境质量不降低的情况下，开展生产、生活以及生态活动。第二，针对不同类型的主体功能区，各级政府需制定差别化的配套政策，提高配套政策体系的适用性。在城市发展区，重点利用产业、土地以及税收政策引导企业创新能力和竞争能力，以实现国土空间高效率开发与利用。在限制开发区，重点利用污染防护、生态补偿以及农业环境维护等政策探索绿色发展机制，以实现国土空间可持续开发与利用。第三，需依据不同地区的实际情况，制定针对性的配套政策体系。尤其是产业政策、土地政策以及财政政策需与时俱进、因地制宜，兼顾不同地方社会经济文化背景的差异，发挥地方自主性并积极探索适合本地区社会经济发展且具有针对性的配套政策体系，从而更好发挥主体功能区战略的引领作用。第四，主体功能区战略需妥善处理与其他国家发展战略与相关政策的关系，结合共同富裕、高质量发展等政策推动主体功能区之间优势互补与资源共享。尤其是在主体功能区战略实施中，需重点加强区域间合作、地区间生态补偿以及公共服务业均等化等制度建设，缩小地区间发展差距并实现区域协调发展。

（4）健全主体功能区战略的考核机制

目前亟待立足于新形势和新要求，建立一套激励与处罚相容的主体功能区战略考核机制，并开展动态评估和长期跟踪以优化国土空间开发和保护格局。第一，立足于新时代，以县区为基本空间载体，建立一套科学的主体功能区绩效考核指标体系，对不同级别政府进行动态考核以督促其贯彻落实主体功能区战略。通过将主体功能区战略的实施效果作为地方政府领导干部选拔任用的重要依据，并建立领导干部自然资源资产离任审计制度，提高领导干部的责任意识并高度重视主体功能区战略的贯彻落实。第二，基于主体功能区类型，建立差异化的奖励与处罚机制，增强主体功能区战略的针对性。对于优化开发区域，需建立城镇化治理与速度并重、高质量发展的相关指标，如地区资源承载力、公共服务供给能力以及工业用地产出效率等指标，推动地区优化发展。对于重点开发区域，重点考核国土空间开发效率相关指标，如工业用地效率、高新技术产业比值以及科技进步贡献率等。对于农产品主产区，则重点考核农业发展情况与农产品质量等相关指标，如耕地保有量、农民收入以及第一产业增加值等。对于生态功能区，建立生态保护优先的考核评价体系，弱化产业发展相关指标。第三，由于中国区域差异显著，也需要依据地区经济发展水平和资源承载力情况构建差异化的绩效考核指标体系。对于经济发达地区，需重点考核国土空间开发效率并适当提高产业与经济发展目标，以提高区域整体竞争力。对于中西部地区，由于经济发展水平较为落后且生态环境较脆弱，需适当降低产业发展要求并提高环境保护相关指标，以推动经济发展与环境保护的双赢。第四，政府需建立动态和长期化评估机制，跟踪主体功能区战略的实施成效。尤其是在主体功能区中，"三区三线"方案是否逾越了规划设定的阈值范围、资源环境承载力与污染排放总量和强度是否超标等一系列问题，均需要通过动态和长期的评估。因此，各级政府需建立主体功能区战略动态和长期监测指标体系，构建社会经济—自然生态系统耦合的物联网监测体系和技术标准，为国土空间开发和保护提供技术支持和长期保障。

# 参考文献

［1］黄征学、贾若祥、陈江龙等：《宣传阐释党的二十大精神之深入实施主体功能区战略》，《区域经济评论》2023 年第 1 期。

［2］马涛、高卓群、王晓磊：《北京主体功能区规划实施效果与城市开发边界变动关系研究》，《城市建筑》2018 年第 12 期。

［3］黄征学、潘彪：《主体功能区规划实施进展、问题及建议》，《中国国土资源经济》2020 年第 4 期。

［4］靳利飞、刘天科、南锡康等：《面向区域协调发展的主体功能区战略实施》，《宏观经济管理》2023 年第 1 期。

［5］王健：《完善发展成果考核评价体系　构建主体功能区政绩指标》，《行政管理改革》2014 年第 3 期。

［6］樊杰：《中国主体功能区划方案》，《地理学报》2015 年第 2 期。

［7］魏伟、张睿：《基于主体功能区、国土空间规划、三生空间的国土空间优化路径探索》，《城市建筑》2019 年第 15 期。

［8］王亚飞、郭锐、樊杰：《国土空间结构演变解析与主体功能区格局优化思路》，《中国科学院院刊》2020 年第 7 期。

［9］沈悦、刘天科、周璞、张红丽：《国土空间规划体系下主体功能

区优化与传导研究》，《国土资源情报》2021 年第 11 期。

［10］赵景华、李宇环：《国家主体功能区整体绩效评价模式研究》，《中国行政管理》2012 年第 12 期。

［11］李旭辉、张培钰：《重点开发主体功能区经济社会发展绩效评价体系构建》，《统计与决策》2019 年第 22 期。

［12］张路路、蔡玉梅、郑新奇：《省级主体功能区规划实施评价》，《国土资源科技管理》2016 年第 1 期。

［13］靳利飞、刘天科、南锡康：《主体功能区生态补偿制度优化路径探析》，《地方财政研究》2021 年第 6 期。

［14］李辉、苏昌贵、魏晓：《省级主体功能区规划实施效果评估与政策启示——以〈湖南省主体功能区规划〉实施为例》，《经济地理》2022 年第 5 期。

［15］侯孟阳、席增雷、张晓、姚顺波：《国家重点生态功能区的环境质量与经济增长效应评估》，《中国人口·资源与环境》2023 年第 1 期。

［16］樊杰：《我国主体功能区划的科学基础》，《地理学报》2007 年第 4 期。

［17］白世强、陈政民、霍盈睿：《主体功能区战略及政策的优化与完善》，《中国土地》2020 年第 11 期。

［18］曹前满：《主体功能区的价值取向与发展路径匡正》，《东南学术》2015 年第 2 期。

［19］陈明星、梁龙武、王振波等：《美丽中国与国土空间规划关系的地理学思考》，《地理学报》2019 年第 12 期。

［20］樊杰：《地域功能—结构的空间组织途径——对国土空间规划实施主体功能区战略的讨论》，《地理研究》2019 年第 10 期。

［21］解永庆、张婷、曾鹏：《省级国土空间规划中主体功能区细化方法初探》，《城市规划》2021 年第 4 期。

［22］罗彦、蒋国翔、陈少杰等：《基于"双评价"和主体功能区优化的国土空间规划探索》，《城市规划》2022 年第 1 期。

［23］王梓懿、张京祥、李镝：《空间政策分区的国际经验及对主体功能区战略完善的启示》，《国际城市规划》2022 年第 4 期。

［24］吴桐、岳文泽、夏皓轩等：《国土空间规划视域下主体功能区战略优化》，《经济地理》2022 年第 2 期。

［25］肖金成、杨开忠、安树伟等：《国家空间规划体系的构建与优化》，《区域经济评论》2018 年第 5 期。

［26］肖金成：《实施主体功能区战略　建立空间规划体系》，《区域经济评论》2018 年第 5 期。

［27］谢超：《完善主体功能区生态补偿机制——以江苏省仪征市为例》，《唯实》2017 年第 7 期。

［28］羊凡：《省级层面实施主体功能区战略：问题与对策》，《唯实（现代管理）》2017 年第 7 期。

［29］岳文泽、王田雨、甄延临：《"三区三线"为核心的统一国土空间用途管制分区》，《中国土地科学》2020 年第 5 期。

［30］张可云：《主体功能区的操作问题与解决办法》，《中国发展观察》2007 年第 3 期。

# 14

# 新型城镇化战略
# 纵深发展

2023 年是新型城镇化战略提出的第十一年。经过十多年的发展与建设，新型城镇化与中国的经济发展一样也进入了高质量的深化发展阶段。城镇化作为社会文明进程和经济发展的重要标志，其是一个既促进经济发展又从属于经济发展的自然历史过程。城镇连接着经济与生活、发展与社会，是国家经济运行和社会生活的重要空间载体。经过改革开放 40 多年来艰苦卓绝的奋斗，我国的城镇化取得了巨大成就。2022 年中国常住人口城镇化率达到 65.22%，公共服务供给量质稳步提升，人民生活水平不断提升。虽然我国城镇化建设取得了巨大成绩，但也面临着城镇空间无序扩张导致的土地利用效率低下和土地城镇化快于人口城镇化的"空城"问题、公共服务总体的供需不平衡、农村居民转化与融入以及资源消耗和环境恶化等问题。

　　传统城镇化的概念强调土地和人口的城市化进程，强调量上的粗放式扩张。一味强调这两点不仅与新发展格局下的中国发展情况不适应、不匹配，更会造成一系列的社会经济问题。"十面霾伏"、交通拥堵、房价高位难下、垃圾围城等一系列社会经济问题困扰着中国高质量发展的实现。同时，在中国城镇化不仅是扩大内需、实现国内国际双循环发展的重要空间载体，而且是提升居民获得感幸福感的重要场景，更是实现全体人民共同富裕的重要依托。因此，提出独具中国特色、符合中国国情的城镇化建设和发展总章程与总遵循成为各界关注的热点。由此，新型城镇化的概念应时而生。

　　新型城镇化最早是在党的十八大报告中提出的。十八大报告指出，未来中国应当走新型城镇化发展的道路，转变传统的"摊大饼"式城市发展模式，转向以人为核心、可持续发展、功能普遍提升的城镇化，从而在改善生活品质的同时实现以新型城镇化带动经济的高质量发展。新型城镇化建设的总体要求是："是以城乡统筹、城乡一体、产城互动、节约集约、生态宜居、和谐发展为基本特征的城镇化，是大中小城市、小城镇、新型农村社区协调发展、互促共进的城镇化。"然而，随着时情世情的变迁、新技术以及新一轮产业革命的悄然兴起，特别是新发展理念和中国式现代化建设新特征、新目标的提出赋予了新型城镇化更高的要求和使命。这就要求学界在继续深化理解新型城镇化战略目标和内涵的同时赋予新型城镇化战略新的特征和要求。在诠释新型城镇化战略纵深发展要求的基础上对过去中国新型城镇化建设的成效及建设质量进行科学的评价，从而实现明确问题，进而深入剖析问题背后的动因，为新时期实现新型城镇化战略纵深发展提供突破方向和可信的路径选择。

# 14.1 中国式现代化视角下的新型城镇化战略纵深发展

本部分从以人为本的新型城镇化基本理念出发，分别结合中国式现代化这一中国经济发展与建设的最新总结、最新论断和最新总遵循以及第四次产业革命下数字经济发展和居民数字生活对城镇数字建设的新要求，对新型城镇化战略纵深发展进行诠释，并为第二部分构建指标体系评价各地区新型城镇化质量提供理论基础。

## 14.1.1 中国式现代化赋予新型城镇化新要求、新使命

党的二十大报告提出了中国式现代化发展的总纲领和总遵循。中国式现代化是人口规模巨大的现代化，是全体人民共同富裕的现代化，是物质文明和精神文明相协调的现代化，是人与自然和谐共生的现代化，是走和平发展道路的现代化。这就要求我国新时期的城镇化建设要突出以下四个新特点。

第一，深化对于新型城镇化特征的理解，新型城镇化新时代特征是人口规模巨大，并且更为强调城市人口承载力的问题。中国的城镇化呈现以城市群为依托的土地资源相对有限、经济资源伴随着人口集中且规模巨大等典型特征。仅珠三角城市群、京津冀城市群和长三角城市群三大城市群就以7%的国土面积比重容纳了高达45%的国内生产总值和近30%的全国人口。因此，在新发展格局下，新型城镇化建设如何提升城市的资源人口

承载力成为重点突破方向。

第二，新型城镇化的建设目标继续深化，共同富裕成为终极使命。共同富裕不仅是中国式现代化建设的重要特征和总遵循，更是社会主义建设的终极使命。改革开放45年来，中国经济在高速增长的同时也带来了三大差距居高不下，居民基尼系数持续高于国际警戒线。以收入不平等为核心的三大差距阻碍了国内大循环的建设，迟滞了中国经济发展的进程。而发展"全体人民共同富裕"的新型城镇化，需要消除区域差距、城乡差距和人群收入差距三大差距。因此，高质量的城镇化发展是实现经济总量有效增长的同时兼顾分配公平的有效手段。

第三，新型城镇化的建设要求继续深化，物质文明和精神文明相协调的探索要求给新型城镇化建设提出了高要求。物质文明和精神文明相协调要求具有中国特色的彰显独特地域文化、空间特色和城市风貌的城市发展模式。一方面要持续提升公共服务供给的质量和水平；另一方面，遵循传统文化氛围，打破千城一律、跟风国际的建设老路。通过新型城镇化建设完成文化认同的实现，彰显文化特色、打造文化符号，树立文化自尊自信，实现精神文明与物质文明的高质量协同发展。

第四，新型城镇化的建设理念继续深化，从绿色发展升华到人与自然和谐共生。改革开放以来，中国在创造了举世瞩目的发展奇迹的同时也产生了严重的环境问题。"十面霾伏"、垃圾围城和水质退化等问题深深困扰着中国社会经济的良性发展。为了解决突出的环境问题，近年来国家大力治理环境污染，仅全国人大制定的相关法律就达到了31部，习近平总书记更是明确地指出"要像保护眼睛一样保护生态环境"。不仅如此，在2020年12月的中央经济工作会议上党中央明确将做好碳达峰、碳中和工作作为2021年的重点任务，并进一步在"十四五"规划纲要中明确要求"加快推动绿色低碳发展，持续改善环境质量"，在当今的中国，绿色与发展已经成为新时代的主旋律。而随着人与自然和谐共生的中国式现代化建设要求的提出，新型城镇化建设也需要进一步在绿色、人与自然和谐以及生态宜居上进一步发力。

总而言之，中国式现代化的提出为新型城镇化建设提出了更高的要求，因此，在新发展格局下，推进新型城镇化建设需要牢牢抓住"以人为本"的总遵循，围绕着中国式现代化的五项特征和要求展开，为中国社会主义现代化建设，为实现第二个百年奋斗目标打造高质量空间载体和发掘有效实践路径。

### 14.1.2 数字时代的新型城镇化

与中国式现代化发展成为时代主题相伴的是第四次产业革命下数字经济的悄然兴起。《中国数字经济发展白皮书（2020 年）》发布的数据表明，2019 年我国数字经济增加值规模达到 35.8 万亿元，占 GDP 比重达到了36.2%，对经济增长贡献率超过 50%，已经成为新发展格局下实现高质量发展的重要引擎和完成第二个百年奋斗目标的新动能。数字经济对社会经济发展的影响是全面且深刻的，这点在经济发展和城镇化建设上体现得尤为明显。一方面从《数字经济及核心产业统计分类（2021）》来看，数字经济以及数字产业本身就是低污染高附加值的产业，符合中国未来城市的发展方向；另一方面，数字经济不仅在规模结构上对我国的经济发展产生直接的影响，更为重要的是其重塑了社会的生活、生产和消费方式，能够在不断催生新产业、新业态、新模式的同时通过将数据这一新型生产要素不断扩大使用范围，并且渗透进资本劳动力等传统生产要素，实现提升要素质量、改善要素投入比例和优化生产方式，从而完成对传统产业的改造和升级，实现社会经济高质量发展。在数字经济生态下，诸多服务模式涌现，对于城市的数字基础设施和数字人口素养提出了更高的要求。因此，在数字经济时代新一轮产业和科技革命的现实背景下，数字基础设施建设也应当是评价新型城镇化发展水平的关键指标。因此，本报告在官方文件的基础上，将数字基础等指标也作为新型城镇化测算的重要指标纳入评级指标体系中。

## 14.2 中国式现代化视角下新型城镇化建设成效测算

本部分结合新型城镇化建设的内涵、中国式现代化发展的新要求以及数字经济时代对于城市基础设施的新要求，凝练出体现新型城镇化高质量和深化发展要求的人口城镇化、经济城镇化、空间城镇化、城市绿色化、公共服务均等化、城乡共同富裕和城市数字基础七个方面。同时，在现有研究选取的指标基础上，根据当前数字经济发展、人与自然和谐共生以及共同富裕等新要求、新使命对新型城镇化指标测算体系进行了调整。因而在前人研究的基础上有所完善。进一步地采取现有文献中广泛采取的最新方法 TOPSIS 熵权法进行指标测算，以期得到科学客观的各地区新型城镇化深化发展指数，为接下来的分析提供数据和方法基础。

## 14.2.1　新型城镇化纵深发展的指标体系设计

在新型城镇化的测算上，认为其是一个"以人为核心"的涉及经济、人口、环境、土地和社会等多方位多层次的复杂系统。特别是在中国式现代化这一新发展建设的总遵循下，对于新型城镇化的测算提出了更高的要求。因此，本部分基于 2022 年 7 月 8 日国家发改委公布的《"十四五"新型城镇化实施方案》以及在现有测算省域和城市新型城镇化水平文献的基础上，结合省份和城市层面数据的可得性，在现有文献从人口城镇化、经济城镇化、空间城镇化三个维度测算新型城镇化水平的基础上，进一步将城市绿色化、公共服务均等化、城乡共同富裕和城市数字基础四个代表性维度纳入新型城镇化水平的测算中，选取各个方面具有代表性的指标构建分层次的指标体系，对中国各区域新型城镇化建设质量进行测算。

14.2.1.1　人口城镇化质量测算

以人为本是新型城镇化的核心理念，因此，人口城镇化水平应当是新型城镇化纵深发展水平测算的重点和关键。同时，人口规模巨大的现代化也是中国式现代化建设的特征和要求。结合新型城镇化的核心理念、中国式现代化的第一特征和要求以及高质量发展和新发展理念的内涵，本报告从城镇化率、城镇人口、充分就业、就业结构、生育意愿、人口素质和资产投资总计七个方面选取指标，通过构建指标体系的方法来表征人口城镇化质量。

（1）城镇化率

以人为核心的城镇化首先表现在人口集中在城市中，因此，本书使用城镇人口占总人口比重表示城市人口城镇化率。

（2）人口承载

人口规模巨大作为中国式现代化重要的特征也是新型城镇化应该重点评估的方面。人口规模巨大不仅反映在人口总数上，更应该反映在人口密度上。单位面积的土地能够承载的人口越多，城市的人口承载力越强。因此，本书使用城镇人口密度，即城镇人口与行政区域面积的比值表示人口承载。

（3）充分就业

就业关乎着人民群众的饭碗，是民生的重中之重。高水平的城镇化应当有着高水平的就业。在稳增长、稳就业、稳物价的现实约束下，就业水平也应当是新型城镇化水平的重要表现。受到数据限制，本书使用就业的反向指标失业率来表示充分就业。在指标上选取了城镇登记失业率。

（4）就业结构

在关注到就业总量问题后，需要进一步关注就业结构的问题。根据新经济地理学相关理论，城市化发展必然伴随着制造业外迁和本地服务业的集聚发展。从发达国家经验来看，服务业比制造业具有更强的就业吸纳功能，那么服务业的就业比重也应当是衡量一个城市城镇化水平的关键。因此，本书选择了第三产业从业人员占全部从业人员的比重表示就业结构。

（5）生育意愿

当前我国面临着严重的老龄化问题。如何提升居民生育意愿，促进人口增长，摆脱老龄化问题成为全社会关注的重点。如果一个地区新型城镇化建设水平较好，那么当地的居民会享受到更好的公共服务，那么这些地区的年轻人的生育意愿应当更强。本书选择了人口出生率反映生育意愿。

（6）人口素质

人口不仅在于数量，还在于质量。在解释中国经济高速发展的理论中，高素质的劳动力被认为是中国取得成功的关键。因此，作为产业发展基础的人口素质也应当作为衡量新型城镇化水平的重要指标。受到现有数据的限制，本书选择了《中国统计年鉴》中各省份每十万人口中高等学校在校学生人数表示人口素质。

（7）资产投资

中国城镇化的一个重要问题在于土地城镇化和人口城镇化脱节。为了保证人口城镇化速度和质量相协调，城镇人口的投资也是需要重点关注的方面。在反映资产投资上，本书选取了城镇人均固定资产投资额，即城镇固定资产投资与城镇人口的比值表示资产投资。

表 14-1　人口城镇化质量测算指标体系

| 系统层 | 指标名称 | 指标测算 | 单位 | 类型 |
|---|---|---|---|---|
| 人口城镇化 | 城镇化率 | 城镇人口占总人口比重 | % | + |
| | 人口承载 | 城镇人口密度 | 万人/平方公里 | + |
| | 充分就业 | 城镇登记失业率 | % | − |
| | 就业结构 | 第三产业从业人员占全部从业人员比重 | % | + |
| | 生育意愿 | 人口出生率 | % | + |
| | 人口素质 | 每十万人口中高等学校在校学生人数 | 人 | + |
| | 资产投资 | 城镇人均固定资产投资额 | 元 | + |

### 14.2.1.2　经济城镇化质量测算

中国的经济建设以发展为核心诉求。无论是新型城镇化的发展要求、中国式现代化的五个特征、高质量发展和新发展理念的内涵，都将发展作为新型城镇化建设的基础。基于此，本书基于发展速度和质量的双要求出发，结合稳增长、提效率、低碳化和促创新的多经济发展目标出发，从经济增长、投资效率、经济开放、产业结构、财政支出、能源效率、电力消费、研发投入和科技支撑总计九个方面对 2003—2021 年间各省份的经济城镇化质量进行测算。

（1）经济增长

在反映经济增长上，本书选取了人均 GDP 作为代理变量。一方面，人均 GDP 是公认的代表经济发展水平的指标。另一方面，人均 GDP 也代表了居民收入水平和社会财富积累。同时，结合我国经济总量全球第二，而人均 GDP 仅排在全球中游的现实情况，本书选择了人均 GDP 作为经济增长水平的代理变量。

（2）投资效率

投资作为拉动经济增长的"三驾马车"之一，在推动经济发展的同时也对城镇的投资建设发挥了重要作用。作为经济发展和城市建设的重要引擎，投资的产出效率几乎决定了城市建设与发展的效率。因此，本书使用单位 GDP 的固定资产投资额来表示企业投资效率。

（3）经济开放

开放是发展的必由之路。对外开放不仅是我国基本国策，也是新发展格局下实现城市高质量发展的必由之路。对外开放不仅符合开放发展这一重要的新发展理念，更符合实现中国式现代化特征发展的内在要求。因次，本书选取人均实际利用外商投资额作为经济开放的代理变量①。

（4）产业结构

产业结构优化升级是经济发展水平提升的重要表现。对于城市来说，产业结构不断由制造业向服务业升级是产业结构升级的客观表现。因此，本书选择第三产业增加值占 GDP 比重来表示产业结构升级。

（5）财政支出

在中国式分权的背景下，地方政府对经济发展具有重要的影响，这点尤其表现在财政支出上。一般而言，财政支出越多的城市，政府拉动和撬动经济发展和建设地方城市的能力越强。因此，本书选择人均地方财政一般预算支出来表示财政支出。

（6）能源效率

新型城镇化的节约集约和生态宜居的基本特征要求在城镇化发展中降低能源消耗，提升能源效率。因此，本书选取单位 GDP 能耗来表示城镇化发展中的能源效率。

（7）电力消费

电力消费作为重要的二次能源消费在中国的能源消费中有着重要作用。同时，人与自然和谐共生的中国式现代化建设目标和特征也要求实现节能减排。因此，电力消费的总量深刻影响着城市整体的能源

---

① 用每年的汇率中间价转换为人民币。

消费水平。基于此，本书选取单位 GDP 电耗来表示城市的电力消费水平。

（8）研发投入

科技是立国之本。当前我国面临"卡脖子"的技术创新困境，增加技术投入，推动研发创新成为当前中国的必然选择。不仅如此，创新作为经济发展的动力和源泉，在城市经济发展扮演着核心动能的角色。因此，本书将 R&D 经费支出占 GDP 的比重作为研发投入的代理变量来刻画区域的研发投入水平。

（9）科技支撑

科技的进步与发展是一个群策群力的过程，不仅需要研究机构、企业加大科技投入，也需要政府的配套支持，特别是在中国式分权的体制下，政府的科技支出还具有杠杆效应。因此，本书将政府科技支撑作为经济城镇化的重要指标纳入评级体系。具体而言，使用科学技术支出占 GDP 比重来表示政府科技支撑。

**表 14-2　经济城镇化质量测算指标体系**

| 系统层 | 指标名称 | 指标测算 | 单位 | 类型 |
|---|---|---|---|---|
| 经济城镇化 | 经济增长 | 人均 GDP | 元 | + |
| | 投资效率 | 单位 GDP 的固定资产投资额 | 万元/万元 | + |
| | 经济开放 | 人均实际利用外商投资额 | 美元/人 | + |
| | 产业结构 | 第三产业增加值占 GDP 比重 | % | + |
| | 财政支出 | 人均地方财政一般预算支出 | 元/人 | + |
| | 能源效率 | 单位 GDP 能耗 | 吨标准煤/万元 | − |
| | 电力消费 | 单位 GDP 电耗 | 千瓦时/万元 | − |
| | 研发投入 | R&D 经费支出占 GDP 的比重 | % | + |
| | 科技支撑 | 科学技术支出占 GDP 比重 | % | + |

### 14.2.1.3　空间城镇化质量测算

城镇化在空间上的表现是从农业用地转换为非农业用地。经过多年的基础设施建设，中国的土地城镇化率已经处于较高的水平，然而土地利用率不高、亩均产出低等问题成为制约我国社会经济发展效率提升的现实问题。同时，高速城镇化带来的房价问题也制约着城市的发展与繁荣。因此，本部分在评价空间城镇化质量时，除了传统土地城镇化率、基础设施建设外，还增加了土地产出、房屋居住面积和房价相关指标，从城镇覆盖、基础设施、居住面积、地均产出和房价承担共五个方面构建指标体系进行评价。

（1）城镇覆盖

城镇化在空间上最直接的表现就是土地城市化的面积，即所谓的土地城镇化率。本部分结合土地城镇化的概念和现有数据限制选择了建成区面积占市辖区面积比重表示城镇覆盖。

（2）基础设施

土地城镇化除了城市面积扩张外还有一个重要特征——城市的基础设施建设。城市的基础设施建设水平尤其体现在道路面积上。因此，本部分选择道路面积作为城市基础设施建设的代理变量，具体而言，使用城镇人均道路面积表示基础设施建设水平。

（3）居住面积

以人为本的新型城镇化一个重要表现在于宜居性上。这点在中国自古以来对于家——房屋的追求上体现得特别明显。而今住房问题也是关乎国计民生的头等大事。因此，本部分在原有空间城镇化指标体系中加入了人均住宅面积作为空间宜居性的代理变量。具体而言，使用城镇常住人口人均住宅建筑面积表示居住面积。

（4）地均产出

长期以来，中国经济发展保持了高速的增长，然而，土地利用率不高、亩均产出低等问题成为制约我国社会经济发展效率提升的现实问题。因此，地均产出也应当成为衡量新型城镇化水平的重要指标。本部分选取地均产出即 GDP 与行政区域面积的比值作为衡量土地利用效率的代理变量。

（5）房价承担

高速城镇化带来的房价问题也制约着城市的发展与繁荣。许多年轻人受房价限制选择逃离"北上广"。因此，房价水平也是衡量城市发展与建设水平的重要指标。考虑到房价的绝对值意义相对有限，作为居民感知到的更多是房价收入比。因此，本部分使用城市平均房屋价格与城市居民人均收入表示房价承担水平。

表 14-3　空间城镇化质量测算指标体系

| 系统层 | 指标名称 | 指标测算 | 单位 | 类型 |
|---|---|---|---|---|
| 空间城镇化 | 城镇覆盖 | 建成区面积占市辖区面积比重 | % | + |
| | 基础设施 | 城镇人均道路面积 | 平方米/人 | + |
| | 居住面积 | 城镇常住人口人均住宅建筑面积 | 平方米/人 | + |
| | 地均产出 | GDP/行政区域面积 | 万元/平方千米 | + |
| | 房价承担 | 房价收入比 | 元/元 | − |

### 14.2.1.4　城市绿色化质量测算

绿色发展是新发展理念的核心内容，特别是新型城镇化"生态宜居、和谐发展"两大基本特征也对城市的绿色发展提出了更高的要求。同时，人与自然和谐共生的中国式现代化的建设要求也说明了绿色发展的重要地位。因此，本部分在评价新型城镇化质量时，单独将城市绿色发展提炼出来，从污水治理、保护成效、绿化建设、森林保护、休闲功能、污水排放、空气质量和环境规制共八个方面构建指标体系进行评价。

（1）污水治理

城市的建设和发展伴随着大量的污染物的产生，处理城市污染能力成为衡量城市绿色发展水平和居民生活幸福感的关键。基于此，本部分选择城市污水处理率作为城市污水处理的代理变量。

（2）保护成效

绿色发展的另一个重要方面是自然保护，如何化解人与自然的矛盾，实现高质量的协调绿色发展成为当今中国的一大挑战。一般而言，环境恶劣的地区会出现自然保护区面积的缩减。因此，本部分以自然保护区面积比重来衡量区域环境保护的成效，具体而言使用自然保护区占辖区面积比重表示。

（3）绿化建设

城市的绿化建设一直是城市绿色发展的重要部分，城市绿化面积越大，城区的生态环境越好，更加宜居，能够有效提升居民幸福感。因此，本部分将城市绿化建设作为新型城镇化的一个重要方面纳入评价指标体系中。具体而言，使用建成区绿化覆盖率表示城市绿化建设。

（4）森林保护

森林作为天然氧吧一直是调节气候、治理空气污染和沙尘以及提升居民生活舒适度的重要手段。加强森林保护，提升森林覆盖率，不仅符合新型城镇化建设"生态宜居"的总体要求，也符合中国式现代化建设人与自然和谐共生的特征。因此，本部分选取森林覆盖率来表示森林保护，并将其作为一个重要指标纳入新型城镇化指标体系中。

（5）休闲功能

新型城镇化要求以人为本进行城镇化建设。以人为本的建设目标要求新型城镇化建设过程中更关注居民的获得感。因此，居民的休闲生活应当作为新型城镇化关注的重点。因此，本部分选择人均公园绿地面积作为休闲功能的代理变量。

（6）污水排放

降低水污染排放是城市绿色化的重要体现。因此，本部分选取工业废水排放量作为污水排放的代理变量。

（7）空气质量

空气污染影响居民生命健康和幸福感提升，是实现人与自然和谐共生的中国式现代化发展的核心制约因素。有效降低空气污染是践行新型城镇化建设，实现绿色低碳发展的题中应有之义。基于此，本部分将空气质量纳入新型城镇化的评价指标体系中。具体而言，考虑工业污染是空气污染的主要来源，选取工业二氧化硫排放量作为空气质量的代理变量。

（8）环境规制

最后，城市绿色发展更体现在对环境污染的治理上，环境治理的强度最能体现地方政府实现绿色发展的意愿，更能体现区域城镇化绿色发展水平。因此，本部分将环境规则作为城镇绿色化发展的重要指标纳入新型城镇化评价指标体系中。具体而言，使用工业污染治理完成投资与工业增加值的比值表示环境规制强度。

表 14-4  城市绿色化质量测算指标体系

| 系统层 | 指标名称 | 指标测算 | 单位 | 类型 |
|---|---|---|---|---|
| 城市绿色化 | 污水治理 | 城市污水处理率 | % | + |
| | 保护成效 | 自然保护区占辖区面积比重 | % | + |
| | 绿化建设 | 建成区绿化覆盖率 | % | + |
| | 森林保护 | 森林覆盖率 | % | + |
| | 休闲功能 | 人均公园绿地面积 | 平方米/万人 | + |
| | 污水排放 | 工业废水排放量 | 万吨 | − |
| | 空气质量 | 工业二氧化硫排放量 | 万吨 | − |
| | 环境规制 | 工业污染治理完成投资/工业增加值（亿元） | 万元/亿元 | + |

### 14.2.1.5  公共服务均等化测算

以人为核心的新型城镇化核心要义在于提升人民群众的幸福感和获得感。而提升居民幸福感和获得感的有效途径是增加公共服务供给，提升公共服务均等化水平。实现公共服务均等化不仅符合"生态宜居"新型城镇化的总体建设要求，更与物质文明和精神文明相协调的中国式现代化建设要求遥相呼应，更与协调和共享的新发展理念相契合。因此，本部分在评价新型城镇化质量时，将公共服务均等化作为一个重要的二级指标提炼出来，从市容环境、教育投入、养老保障、医疗保障、失业保障、用水服务、燃气服务、公共交通、交通承载、垃圾清理、文化建设、医疗供给和医疗水平共十三个方面构建指标体系进行评价。

（1）市容环境

干净整洁的市容环境一直被视为城市发展繁荣的象征。市容环境作为公共服务供给的重要方面也应该纳入新型城镇化水平的测算中来。具体而言，本部分选择了生活垃圾清运量来表示城市的市容环境。

（2）教育投入

教育也是公共服务供给的一个重要方面，由于教育的公共属性，教育经费几乎由政府支出。因此，本部分将政府教育事业费与 GDP 比值作为教育投入的代理变量纳入新型城镇化的测算体系中。

（3）养老保障

养老保险是居民生活保障的重要方面，养老保险的覆盖率更能体现城市公共服务的供给水平。基于此，本部分将基本养老保险参保人数与城镇常住人口的比值即城镇常住人口基本养老保险覆盖率作为养老保障的代理变量纳入新型城镇化的测算指标体系中。

（4）医疗保障

医疗保险是居民生活保障的重要方面，医疗保险的覆盖率更能体现城市公共服务的供给水平。基于此，本部分将基本医疗保险参保人数与城镇常住人口的比值即城镇常住人口基本医疗保险覆盖率作为医疗保障的代理变量纳入新型城镇化的测算指标体系中。

（5）失业保障

失业保险是居民生活保障的重要方面，失业保险的覆盖率更能体现城市公共服务的供给水平。基于此，本部分将基本失业保险参保人数与城镇常住人口的比值即城镇常住人口基本失业保险覆盖率作为失业保障的代理变量纳入新型城镇化的测算指标体系中。

（6）用水服务

保障居民生活用水是城市生活的重要体现，也是城市公共服务的基本准则。因此，本部分选择用水普及率表示用水服务。

（7）燃气服务

保障居民生活用气不仅是城市生活的重要体现，还是实现低碳节能环保生活方式转变的有力手段。因此，本部分选择燃气普及率表示燃气服务，并将燃气服务作为重要公共服务指标纳入新型城镇化的测算指标体系中。

（8）公共交通

公共交通的便利程度在很大程度上影响了城市居民生活的便捷度。在以人为核心的新型城镇化建设体系下，生活便利程度也是衡量新型城镇化建设水平的重要指标。本部分选取了万人拥有公共汽车量作为反映公共交通水平的代理变量纳入新型城镇化的测算指标体系中。

（9）交通承载

除公共交通外，私人交通的便捷性也是城市公共服务供给的重中之重。私人交通的便利与否直接反映这一个城市的发展程度。基于此，本部分使用万人拥有私人汽车量作为交通承载能力的代理变量纳入新型城镇化的测算指标体系中。

（10）垃圾清理

干净整洁的市容环境也体现在垃圾清理上。因此，本部分也选取了生活垃圾无公害处理率来表示城市市容环境作为评价新型城镇化水平的三级指标。

（11）文化建设

文化建设也是城市生活的重要方面。文化建设不仅反映了城市的文明程度，更直接体现了物质文明和精神文明相协调的中国式现代化发展要求。因此，本部分选择人均拥有公共图书馆藏量作为文化建设的代理变量，将文化建设纳入新型城镇化的测算指标体系中。

（12）医疗供给

在后疫情时代，医疗供给的问题越发引起广泛的关注。"看病难，看病贵"等问题反映城镇化过程中医疗资源供给不足的问题。因此，在新型城镇化评价指标体系中应当将医疗供给作为重要的指标纳入评价标准中。因此，本部分选择每千人口医疗卫生机构床位数作为医疗供给的代理变量来科学评价新型城镇化水平。

（13）医疗水平

医疗供给除了床位数的问题还包含着医疗水平的问题。在解决"看病难，看病贵"的问题后，如何解决"看病快，看好病"成为新阶段优化公共服务供给的关键。基于此，本部分选择每万人卫生技术人员作为医疗水平的代理变量来科学评价新型城镇化水平。

表 14-5　公共服务均等化测算指标体系

| 系统层 | 指标名称 | 指标测算 | 单位 | 类型 |
|---|---|---|---|---|
| 公共服务均等化 | 市容环境 | 生活垃圾清运量 | 万吨 | + |
| | 教育投入 | 教育事业费占 GDP 比例 | % | + |
| | 养老保障 | 城镇常住人口基本养老保险覆盖率 | % | + |
| | 医疗保障 | 城镇常住人口基本医疗保险覆盖率 | % | + |
| | 失业保障 | 城镇常住人口基本失业保险覆盖率 | % | + |
| | 用水服务 | 用水普及率 | % | + |
| | 燃气服务 | 燃气普及率 | % | + |
| | 公共交通 | 万人拥有公共汽车量 | 辆/万人 | + |
| | 交通承载 | 万人拥有私人汽车量 | 辆/万人 | + |
| | 垃圾清理 | 生活垃圾无公害处理率 | % | + |
| | 文化建设 | 人均拥有公共图书馆藏量 | 册/万人 | + |
| | 医疗供给 | 每千人口医疗卫生机构床位数 | 张/千人 | + |
| | 医疗水平 | 每万人卫生技术人员 | 人/万人 | + |

### 14.2.1.6　城乡共同富裕水平测算

以人为核心的新型城镇化要求实现城乡统筹、城乡一体以及和谐发展，因此，城乡居民收入水平不断提升实现共同富裕是新型城镇化建设的核心诉求，同时也符合全体人民共同富裕的中国式现代化建设目标，更与协调和共享的新发展理念相契合。因此，本部分在评价新型城镇化质量时，将城乡共同富裕水平作为一个重要的二级指标提炼出来，从居民收入、居民消费、农民收入、农民消费、基础消费、基础差距、域内差距、收入差距和消费差距共计九个方面构建指标体系城乡共同富裕水平进行评价。

（1）居民收入

共同富裕首先反映在居民收入上，本部分选取了城镇居民可支配收入作为代理变量反映城市居民的收入水平。

（2）居民消费

城市的居民收入水平也反映在消费上，让居民能消费、敢消费才是通过新型城镇化乃至中国式现代化建设实现的目标——扩大内需，促进内循环。因此，本部分选择了城镇居民消费支出作为居民消费的代理变量。

（3）农民收入

经过多年城镇化建设，仍然有近 8 亿农民居住在农村，切实提升农民收入才是实现共同富裕的有效手段。因此，农民收入提升也应作为一个重要的指标纳入新型城镇化的评价指标体系中。具体而言，本部分选择了农村居民人均纯收入表示农民收入。

（4）农民消费

与城镇居民消费相一致，农村居民也是反映共同富裕的重要指标。因此，本部分选取农村居民人均消费支出作为农村居民消费的代理变量。

（5）基础消费

消费结构也是反映富裕程度的重要指标。一般而言，越富裕的地区在食品等生活必需品上消费的比重越低，恩格尔系数越小。因此，本部分选择城镇居民家庭恩格尔系数作为基础消费水平的代理变量来科学评价新型城镇化水平。

（6）基础差距

城乡居民恩格尔系数的差距也是城乡差距的重要表现。具体而言，使用城乡居民家庭恩格尔系数之比来表示基础消费差距。

（7）域内差距

本部分使用表示区域内收入差距常用的 GINI 系数表示域内差距。具体计算方法如下：

$$Gini_{ij} = 1 - \sum_{i=1}^{K} p_{ij}^{\ 2} \tag{14-1}$$

其中，$i$ 和 $j$ 表示省份内的城市和年份，$p_{ij}$ 表示第 $i$ 个城市在第 $j$ 年的 GDP 占该省份 GDP 的份额。

（8）收入差距

中国收入不平等的一个重要表现在于城乡收入差距，缩小城乡收入差距是新型城镇化和中国式现代化建设的重要目标。与现有文献相一致，本部分使用城镇居民人均可支配收入与农村居民人均可支配收入之比表示城乡可支配收入差距。

（9）消费差距

城乡收入差距的另一个重要表现是城乡消费水平的差距。除收入差距外，城乡消费差距也是常用来衡量城乡差距的指标。因此，本部分将城镇人均消费支出与农村居民人均消费支出的比值即城乡消费水平比作为消费差距的代理变量来科学评价新型城镇化水平。

表 14-6　城乡共同富裕水平测算指标体系

| 系统层 | 指标名称 | 指标测算 | 单位 | 类型 |
|---|---|---|---|---|
| 城乡共同富裕 | 居民收入 | 城镇居民可支配收入 | 元 | + |
| | 居民消费 | 城镇居民消费支出 | 元 | + |
| | 农民收入 | 农村居民人均纯收入 | 元 | + |
| | 农民消费 | 农村居民人均消费支出 | 元 | + |
| | 基础消费 | 城镇居民家庭恩格尔系数 | % | − |
| | 基础差距 | 城乡居民家庭恩格尔系数之比 | %/% | − |
| | 域内差距 | 区域内收入差距：GINI 系数 | % | − |
| | 收入差距 | 城乡可支配收入比 | 元/元 | − |
| | 消费差距 | 城乡消费水平比 | 元/元 | − |

### 14.2.1.7　城市数字基础水平测算

当前，世界经济已经进入了数字经济时代，数字经济应成为国民经济发展的支柱，城市化能否紧跟时代步伐实现智慧城市、数字城市建设成为各地政府的建设重点和难点。因此，本部分在评价新型城镇化质量时，将城市数字基础水平作为一个重要的二级指标提炼出来，从电信消费、移动应用、固定通信和网络接入共计四个方面构建指标体系对城市数字基础水平进行评价。

（1）电信消费

与现有研究相一致，本部分使用人均电信业务量表示城市电信业发展水平来刻画城市数字基础水平。

（2）移动应用

移动用户是数字生活的重要群体，因此，本部分选取以移动电话用户比总人口表示的移动电话用户覆盖率作为移动应用的代理变量从数字基础的视角来科学评价新型城镇化水平。

（3）固定通信

固定电话建设水平是表示一个地区的信息基础设施建设水平。因此，本部分选取以固定电话用户比总人口表示的固定电话用户覆盖率作为固定通信的代理变量从数字基础的视角来科学评价新型城镇化水平。

（4）网络接入

网络基础设施的建设水平是表示一个地区的数字发展水平的关键指标。因此，本部分选取以互联网接口数比总人口表示的人均互联网接口数作为网络接入的代理变量从数字基础的视角来科学评价新型城镇化水平。

表 14-7　城市数字基础水平测算指标体系

| 系统层 | 指标名称 | 指标测算 | 单位 | 类型 |
|---|---|---|---|---|
| 城市数字基础 | 电信消费 | 人均电信业务量 | 元/人 | + |
| | 移动应用 | 移动电话用户覆盖率 | % | + |
| | 固定通信 | 固定电话用户覆盖率 | % | + |
| | 网络接入 | 人均互联网接口数 | 个/万人 | + |

## 14.2.2　测算方法

为使得新型城镇化纵深发展水平的测度结果更具客观性和合理性，本部分将用人口城镇化、经济城镇化、空间城镇化、城市绿色化、公共服务均等化、城乡共同富裕和城市数字基础共计七个二级指标通过 TOPSIS 熵权法计算得出新型城镇化纵深发展水平的综合得分。由于上述七个二级指标分别由多个三级指标描述，因此本部分首先按照年份将七个二级指标分别由相应的三级指标进行一次 TOPSIS 熵权法分析计算出相应每年的二级指标得分，然后再次利用 TOPSIS 熵权法对每年的人口城镇化、经济城镇化、空间城镇化、城市绿色化、公共服务均等化、城乡共同富裕和城市数字基础七个二级指标进行分析，最终得出历年新型城镇化纵深发展水平综合得分。

为了得到更加准确可靠的结论，本章将熵权法与 TOPSIS 法结合起来，在对各测度指标进行标准化处理的基础上，采用熵权法赋予各测度指标权重值，然后利用 TOPSIS 法对各地区新型城镇化发展水平进行量化排序。熵权法的指标权重值基于各测度指标数据变异程度所反映的信息量得到，降低了指标赋权时主观人为因素的干扰。TOPSIS 法（Technique for Order Preferenceby Similarity to Ideal Solution），又称为"双基点法"，通过比较各测度对象与最优方案及最劣方案的相对距离进行量化排序，具有计算简单、结果合理的优势。TOPSIS 熵权法将熵权法和 TOPSIS 法两种方法的优点相结合，使得新型城镇化纵深发展水平测度结果更具合理性和客观性，其具体实施步骤如下。

第一步，为消除不同测度指标在数量级和量纲方面的不一致性，首先运用极差法对经济高质量发展水平测度体系中各测度指标作标准化处理：

$$Y_{ij} = \begin{cases} \dfrac{X_{ij} - \min(X_{ij})}{\max(X_{ij}) - \min(X_{ij})}, & X_{ij} \text{ 为正向指标} \\ \dfrac{\max(X_{ij}) - X_{ij}}{\max(X_{ij}) - \min(X_{ij})}, & X_{ij} \text{ 为负向指标} \end{cases} \tag{14-2}$$

其中，$i$ 表示地区，$j$ 表示测度指标；$X_{ij}$ 和 $Y_{ij}$ 分别表示原始的和标准化后的产业高质量发展水平测度指标值，$\max(X_{ij})$ 和 $\min(X_{ij})$ 分别表示 $X_{ij}$ 的最大值和最小值。

第二步，计算经济高质量发展水平测度体系中各测度指标 $Y_{ij}$ 的信息熵 $E_j$：

$$E_j = \ln \frac{1}{n} \sum_{i=1}^{n} \left[ \left( Y_{ij} / \sum_{i=1}^{n} Y_{ij} \right) \ln \left( Y_{ij} / \sum_{i=1}^{n} Y_{ij} \right) \right] \tag{14-3}$$

第三步，计算产业高质量发展水平测度体系中各测度指标 $Y_{ij}$ 的权重 $W_j$：

$$W_j = (1 - E_j) / \sum_{i=1}^{m} 1 - E_j) \tag{14-4}$$

第四步，构建经济高质量发展水平测度指标的加权矩阵 $R$：

$$R = (r_{ij})_{n \times m} \tag{14-5}$$

其中，$r_{ij} = W_j \times Y_{ij}$。

第五步，根据加权矩阵 $R$ 确定最优方案 $Q_j^+$ 与最劣方案 $Q_j^-$：

$$Q_j^+ = (\max r_{i1}, \max r_{i2}, \cdots, \max r_{im})$$
$$Q_j^- = (\min r_{i1}, \min r_{i2}, \cdots, \min r_{im}) \tag{14-6}$$

第六步，计算各测度方案与最优方案 $Q_j^+$ 与最劣方案 $Q_j^-$ 的欧氏距离 $d_i^+$ 和 $d_i^-$：

$$d_i^+ = \sqrt{\sum_{j=1}^{m} (Q_j^+ - r_{ij})^2}$$
$$d_i^- = \sqrt{\sum_{j=1}^{m} (Q_j^- - r_{ij})^2} \tag{14-7}$$

第七步，计算各测度方案与理想方案的相对接近度 $C_i$：

$$C_i = \frac{d_i^-}{d_i^+ + d_i^-} \tag{14-8}$$

其中，相对接近度 $C_i$ 介于 0—1，$C_i$ 值越大表明地区 $i$ 的新型城镇化建设水平越优；反之，地区 $i$ 的新型城镇化建设水平越差。

## 14.2.3　数据来源

本部分选取了 2003—2021 年我国 30 个省份以及各城市相关数据，其中数据主要来源于《中国统计年鉴》《中国城市统计年鉴》《中国能源统计年鉴》《中国区域经济年鉴》《中国人口和就业统计年鉴》《中国城乡建设统计年鉴》《中国科技统计年鉴》《中国教育统计年鉴》《中国环境统计年鉴》以及各省份历年的统计年鉴和 EPS 数据平台。由于部分指标数据存在缺失值，本书利用各省份各城市当年的统计年鉴和统计公报相关数据补齐。

# 14.3 新型城镇化纵深发展的
# 总体情况分析

为了分析中国 2003—2021 年整体以及各省份新型城镇化纵深发展的总体情况，在计算了各个省份新型城镇化纵深发展水平后，首先对全国整体新型城镇化水平变动进行分析，其次将 30 个省份分为东北及东中西四大区域分别进行分析，最后从近年来南北差距的视角出发分析新型城镇化南北方的演化趋势。

## 14.3.1 全国新型城镇化建设水平

基于上文测算出的新型城镇化发展质量指数，绘制了新型城镇化建设水平的发展趋势图，呈现在图 14-1 中。图 14-1 呈现了全国新型城镇化建设水平指数以及增长率。从全国整体来看，新型城镇化指数总体呈现上升的趋势，整体趋势明显以 2012 年为界限。2012 年前，中国新型城镇化指数加速提升。2013 年及以后，新型城镇化指数增速开始放缓，进入高质量发展时代。增长率及其拟合曲线的结果也支持这一判断。新型城镇化指数从 2013 年开始增速放缓。从增长率的拟合曲线来看，虽然在 2012 年退出四万亿元刺激计划后，新型城镇化指数增速有所下降，但在 2013 年后仍然呈现出上升态势。这表明了中国的新型城镇化建设已经从快车道进入了深水区。如何在新发展格局下寻找新型城镇化新动能，推动中国新型城镇化持续稳定的提升应当成为学界下一阶段研究的焦点和重点。

## 14.3.2 分区域新型城镇化建设水平

在分析中国新型城镇化整体情况后，本小节进一步将 30 个省份分为东北、东部、中部和西部四大区域，在比较四大区域整体变动趋势后，再分

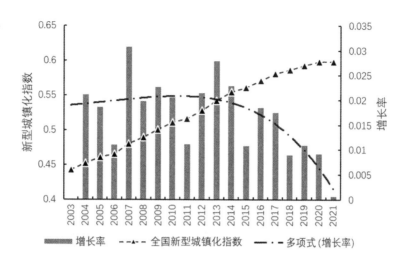

**图 14-1　全国新型城镇化建设水平演化**

别分析各区域新型城镇化建设水平的演化历程。

（1）四大区域新型城镇化建设水平演化

图 14-2 呈现了分四大区域计算的新型城镇化建设水平演化历程。从四大区域整体来看，新型城镇化指数均呈现出上升趋势，这表明从 2003 年开始，我国各级政府发力建设城镇化取得了成效。分时间段来看，2012 年前后四大区域新型城镇化水平出现了明显的降速，保持在稳定的增速区间上。在 2019 年后，由于受到新冠疫情的影响，四大区域的新型城镇化指数增长进入了明显的平台期。如何克服新冠疫情的不利影响，在新发展格局下的后疫情时代深入推进新型城镇化建设，为高质量城镇化发展赋能增效成为当今中国的一大挑战。

从四大区域的分化演变趋势来看，东部地区长期保持高水平的新型城镇化发展。由于受到 2018 年开始的中美贸易摩擦的影响，经济发展与出口紧密联系的东部地区新型城镇化建设受到了限制。加之新冠疫情对于东部地区的影响更大、持续时间更长、影响范围更广。因此，在 2019 年后，东部地区新型城镇化水平指数出现下跌趋势。东北地区由于受 2004 年开始的振兴东北政策影响，新型城镇化水平开始快速提升。2008 年后受国际金融危机的影响，增长趋势开始放缓。受到"四万亿"经济刺激计划的激

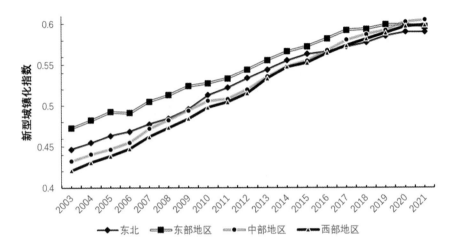

**图 14-2　四大区域新型城镇化建设水平演化**

励，东北地区新型城镇化指数在 2010—2015 年出现快速增长。随着国情世情的变化，以及南北差距的扩大，2016 年后，东北地区的新型城镇化水平出现了下降，到 2019 年已经从 2003 年四大板块第二位跌落到最后一位。中西部地区虽然初始新型城镇化建设水平较低，但抓住了西部大开发（2000 年）和中部崛起（2006 年）的发展契机，实现新型城镇化水平的快速提升。2010 年中部地区甚至超过了东北地区成为四大板块的第二名。2019 年中西部地区新型城镇化水平仅仅略低于东部地区，在新冠疫情期间，中西部地区实现了在平均水平上对东部地区的赶超。中西部城市在后疫情时代如何保持新型城镇化的建设热情和发展动能，继续深化新型城镇化建设成为当地政府重点关注的问题。

（2）东北地区新型城镇化建设水平演化

图 14-3 绘制了作者测算的东北三省新型城镇化建设水平演化的示意图。从整体来看，东北地区的平均新型城镇化水平从 2003 年的不到 0.45 增长到 2021 年近 0.6，新型城镇化建设取得了一定的成效。分时间段来开，2008 年、2015 年和 2019 年是三个关键的时间节点。2008 年前东北地区新型城镇化水平增长较为缓慢，在受 2008 年国际金融危机影响推出"四万亿"经济刺激计划后，东北地区借助投资新型城镇化水平得

到了快速提升。2015 年后，由于经济进入了高质量发展阶段以及新常态
的变化，在南北差距拉大的背景下，东北地区的新型城镇化水平提升速
度放缓。2019 年及此后，受到新冠疫情的影响，东北地区整体新型城镇
化建设水平出现了停滞。

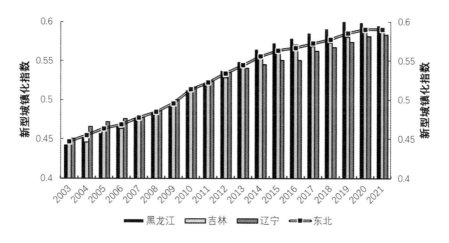

**图 14-3　东北地区新型城镇化建设水平演化**

从东北三省的演化趋势来看，2003 年辽宁省新型城镇化指数排名第
一、吉林次之，黑龙江省排名最后。在 2008 年后，黑龙江完成了对吉林
和辽宁的反超，升到第一位。而辽宁受到金融危机的影响较大，排名跌
到了第三位。2014 年后，辽宁新型城镇化建设进入平台期，与其他两个
省份差距拉大。在新冠疫情后，各省差距有所缩小，但整体位次没有
变化。

（3）东部地区新型城镇化建设水平演化

表 14-8 汇报了东部地区各省份的新型城镇化指数，为了更清楚直
观地展示东部地区各省份新型城镇化的演化趋势，图 14-4 绘制了东部
地区 2003—2021 年各省份以及东部地区平均新型城镇化建设水平演化
的趋势图。

表 14-8  东部地区新型城镇化建设水平

| 年份 | 北京 | 天津 | 河北 | 上海 | 江苏 | 浙江 | 福建 | 山东 | 广东 | 海南 | 东部地区 |
|------|------|------|------|------|------|------|------|------|------|------|----------|
| 2003 | 0.5264 | 0.4795 | 0.4444 | 0.5021 | 0.4720 | 0.4905 | 0.4659 | 0.4358 | 0.4519 | 0.4579 | 0.4726 |
| 2004 | 0.5380 | 0.4884 | 0.4471 | 0.5137 | 0.4801 | 0.4943 | 0.4797 | 0.4466 | 0.4587 | 0.4767 | 0.4823 |
| 2005 | 0.5554 | 0.5129 | 0.4567 | 0.5313 | 0.4805 | 0.5068 | 0.4885 | 0.4454 | 0.4705 | 0.4772 | 0.4925 |
| 2006 | 0.5602 | 0.5184 | 0.4540 | 0.5455 | 0.4812 | 0.4855 | 0.4630 | 0.4804 | 0.4501 | 0.4760 | 0.4914 |
| 2007 | 0.5556 | 0.5224 | 0.4693 | 0.5453 | 0.5105 | 0.5125 | 0.4956 | 0.4888 | 0.4716 | 0.4807 | 0.5052 |
| 2008 | 0.5576 | 0.5376 | 0.4832 | 0.5521 | 0.5097 | 0.5184 | 0.4993 | 0.4997 | 0.4886 | 0.4842 | 0.5130 |
| 2009 | 0.5667 | 0.5476 | 0.4926 | 0.5574 | 0.5203 | 0.5287 | 0.5141 | 0.5105 | 0.5052 | 0.4965 | 0.5240 |
| 2010 | 0.5596 | 0.5501 | 0.5076 | 0.5499 | 0.5267 | 0.5279 | 0.5206 | 0.5204 | 0.5119 | 0.5007 | 0.5275 |
| 2011 | 0.5730 | 0.5592 | 0.5097 | 0.5503 | 0.5327 | 0.5364 | 0.5206 | 0.5175 | 0.5079 | 0.5257 | 0.5333 |
| 2012 | 0.5865 | 0.5760 | 0.5226 | 0.5628 | 0.5365 | 0.5425 | 0.5322 | 0.5226 | 0.5259 | 0.5338 | 0.5442 |
| 2013 | 0.5909 | 0.5851 | 0.5337 | 0.5702 | 0.5481 | 0.5590 | 0.5526 | 0.5383 | 0.5319 | 0.5487 | 0.5559 |
| 2014 | 0.6072 | 0.5925 | 0.5455 | 0.5806 | 0.5706 | 0.5768 | 0.5611 | 0.5500 | 0.5452 | 0.5566 | 0.5686 |
| 2015 | 0.6068 | 0.5876 | 0.5514 | 0.5866 | 0.5718 | 0.5823 | 0.5757 | 0.5588 | 0.5441 | 0.5551 | 0.5720 |
| 2016 | 0.6060 | 0.6045 | 0.5654 | 0.5979 | 0.5831 | 0.5903 | 0.5777 | 0.5795 | 0.5621 | 0.5608 | 0.5827 |
| 2017 | 0.6134 | 0.6049 | 0.5811 | 0.6056 | 0.5867 | 0.5977 | 0.5937 | 0.5876 | 0.5743 | 0.5755 | 0.5921 |
| 2018 | 0.6122 | 0.6032 | 0.5849 | 0.6011 | 0.5967 | 0.6029 | 0.6014 | 0.5840 | 0.5847 | 0.5768 | 0.5948 |
| 2019 | 0.6154 | 0.6100 | 0.5879 | 0.6059 | 0.6138 | 0.6106 | 0.6060 | 0.5926 | 0.5898 | 0.5808 | 0.6013 |
| 2020 | 0.6216 | 0.6071 | 0.6015 | 0.6140 | 0.6190 | 0.6165 | 0.6029 | 0.5882 | 0.5970 | 0.5519 | 0.6020 |
| 2021 | 0.6287 | 0.6005 | 0.6057 | 0.6185 | 0.6177 | 0.6192 | 0.5965 | 0.5812 | 0.6042 | 0.5357 | 0.6008 |

从东部地区整体来看，东部地区的平均新型城镇化水平从 2003 年的 0.4726 增长到 2021 年的 0.6008，新型城镇化建设取得了一定的成效。分时间段来看，2010 年、2015 年和 2019 年是三个关键的时间节点。2008 年前东部地区新型城镇化水平增长较为迅速，在应对国际金融危机推出"四万亿"经济刺激计划后，东部地区借助投资实现了新型城镇化水平提升的"再出发"。2015 年后，由于经济进入了高质量发展阶段以及新常态的变化，东部地区的新型城镇化水平提升速度放缓。2019 年及此后，受到新冠疫情的影响东部地区整体新型城镇化建设水平出现了停滞。

为了更清楚地展示东部地区各省份各时间段新型城镇化发展水平的演

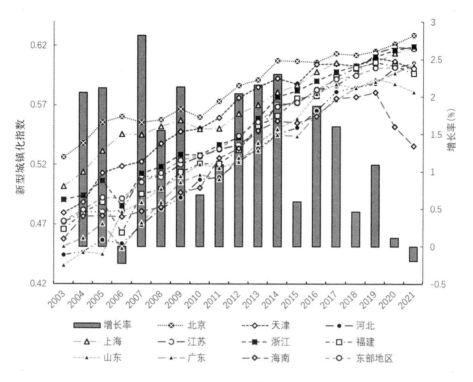

图 14-4　东部地区新型城镇化建设水平演化

化趋势，表 14-9 进一步汇报了对历年各省份新型城镇化指数进行排名后的结果。从排名来看，与经济发展水平相一致，北京、上海和天津稳居第一梯队，江苏、浙江、福建、广东、山东稳居第二梯队，河北和海南位列最后两名。东部地区各省份新型城镇化建设情况与经济发展情况基本一致。

表 14-9　东部地区新型城镇化建设水平排名

| 年份 | 北京 | 天津 | 河北 | 上海 | 江苏 | 浙江 | 福建 | 山东 | 广东 | 海南 |
|------|------|------|------|------|------|------|------|------|------|------|
| 2003 | 1 | 4 | 9 | 2 | 5 | 3 | 6 | 10 | 8 | 7 |
| 2004 | 1 | 4 | 9 | 2 | 5 | 3 | 6 | 10 | 8 | 7 |
| 2005 | 1 | 3 | 9 | 2 | 6 | 4 | 5 | 10 | 8 | 7 |
| 2006 | 1 | 3 | 9 | 2 | 5 | 4 | 8 | 6 | 10 | 7 |

续表

| 年份 | 北京 | 天津 | 河北 | 上海 | 江苏 | 浙江 | 福建 | 山东 | 广东 | 海南 |
|------|------|------|------|------|------|------|------|------|------|------|
| 2007 | 1 | 3 | 10 | 2 | 5 | 4 | 6 | 7 | 9 | 8 |
| 2008 | 1 | 3 | 10 | 2 | 5 | 4 | 7 | 6 | 8 | 9 |
| 2009 | 1 | 3 | 10 | 2 | 5 | 4 | 6 | 7 | 8 | 9 |
| 2010 | 1 | 2 | 9 | 3 | 5 | 4 | 6 | 7 | 8 | 10 |
| 2011 | 1 | 2 | 9 | 3 | 5 | 4 | 7 | 8 | 10 | 6 |
| 2012 | 1 | 2 | 10 | 3 | 5 | 4 | 7 | 9 | 8 | 6 |
| 2013 | 1 | 2 | 9 | 3 | 7 | 4 | 5 | 8 | 10 | 6 |
| 2014 | 1 | 2 | 9 | 3 | 5 | 4 | 6 | 8 | 10 | 7 |
| 2015 | 1 | 2 | 9 | 3 | 6 | 4 | 5 | 7 | 10 | 8 |
| 2016 | 1 | 2 | 8 | 3 | 5 | 4 | 7 | 6 | 9 | 10 |
| 2017 | 1 | 3 | 8 | 2 | 7 | 4 | 5 | 6 | 10 | 9 |
| 2018 | 1 | 2 | 7 | 5 | 6 | 3 | 4 | 9 | 8 | 10 |
| 2019 | 1 | 4 | 9 | 6 | 2 | 3 | 5 | 7 | 8 | 10 |
| 2020 | 1 | 5 | 7 | 4 | 2 | 3 | 6 | 9 | 8 | 10 |
| 2021 | 1 | 7 | 5 | 3 | 4 | 2 | 8 | 9 | 6 | 10 |

　　从各省份的历年排位变动来看，北京和上海的排名相对稳定在前两名，这与北京和上海的南北两大经济中心的地位相呼应。天津在2018年新型城镇化水平稳步提升，个别年份超越上海位居第二位。但在2019年之后，受到北方整体经济下行的影响，天津的新型城镇化水平呈现下降趋势。后疫情时代如何振兴天津新型城镇化建设，发掘新型城镇化新动能应当成为天津市政府的工作重点。江苏和浙江的新型城镇化建设排名相对稳定。在2018年后，江苏和浙江两省紧抓新型城镇化的建设机遇，实现了新型城镇化建设水平的有效提升，浙江2021年更是直接跃居到东部地区第二名。福建、山东和广东新型城镇化水平整体排名较为稳定，亟待当地政府发力新型城镇化建设，挖掘新型城镇化建设潜能，提升新型城镇化水平。河北与海南呈现出完全不同的情形。河北低开高走。受益于京津冀城市群和雄安新区的建设，近年来新型城镇化水平得到了长足的提升，2021年排名跃升到东部地区第五名。而海南高开低走。从2018年到2021年，海南

连续四年排名东部地区最后一名。海南需要紧抓自贸港建设东风，切实推动当地新型城镇化建设，挖掘新型城镇化新动能，提升人民福祉。

（4）中部地区新型城镇化建设水平演化

表14-10汇报了中部地区各省份的新型城镇化指数，为了更清楚直观地展示中部地区各省份新型城镇化的演化趋势，图14-4绘制了中部地区2003—2021年各省份以及中部地区平均新型城镇化建设水平演化的趋势图。

表14-10　中部地区新型城镇化建设水平

| 年份 | 山西 | 江西 | 安徽 | 河南 | 湖北 | 湖南 | 中部地区 |
|------|------|------|------|------|------|------|----------|
| 2003 | 0.4035 | 0.4214 | 0.4598 | 0.4387 | 0.4286 | 0.4416 | 0.4323 |
| 2004 | 0.4112 | 0.4302 | 0.4666 | 0.4460 | 0.4372 | 0.4534 | 0.4408 |
| 2005 | 0.4186 | 0.4375 | 0.4715 | 0.4534 | 0.4432 | 0.4565 | 0.4468 |
| 2006 | 0.4297 | 0.4445 | 0.4769 | 0.4491 | 0.4598 | 0.4710 | 0.4552 |
| 2007 | 0.4495 | 0.4714 | 0.4932 | 0.4683 | 0.4718 | 0.4791 | 0.4722 |
| 2008 | 0.4600 | 0.4826 | 0.5096 | 0.4761 | 0.4775 | 0.4901 | 0.4826 |
| 2009 | 0.4835 | 0.4897 | 0.5250 | 0.4796 | 0.4884 | 0.4998 | 0.4943 |
| 2010 | 0.4940 | 0.5058 | 0.5334 | 0.4926 | 0.4999 | 0.5103 | 0.5060 |
| 2011 | 0.4990 | 0.5105 | 0.5306 | 0.4933 | 0.4971 | 0.5208 | 0.5085 |
| 2012 | 0.5061 | 0.5263 | 0.5410 | 0.4991 | 0.5150 | 0.5324 | 0.5200 |
| 2013 | 0.5332 | 0.5369 | 0.5533 | 0.5120 | 0.5364 | 0.5411 | 0.5355 |
| 2014 | 0.5378 | 0.5535 | 0.5635 | 0.5271 | 0.5453 | 0.5607 | 0.5480 |
| 2015 | 0.5451 | 0.5573 | 0.5724 | 0.5406 | 0.5478 | 0.5679 | 0.5552 |
| 2016 | 0.5596 | 0.5709 | 0.5815 | 0.5533 | 0.5610 | 0.5797 | 0.5677 |
| 2017 | 0.5692 | 0.5773 | 0.6021 | 0.5733 | 0.5751 | 0.5860 | 0.5805 |
| 2018 | 0.5713 | 0.5888 | 0.6051 | 0.5799 | 0.5846 | 0.5933 | 0.5872 |
| 2019 | 0.5785 | 0.5940 | 0.6016 | 0.5876 | 0.5911 | 0.6013 | 0.5923 |
| 2020 | 0.5882 | 0.6029 | 0.6100 | 0.6034 | 0.5997 | 0.6115 | 0.6026 |
| 2021 | 0.5840 | 0.6047 | 0.6128 | 0.6127 | 0.6003 | 0.6152 | 0.6049 |

从中部地区整体来看，中部地区的平均新型城镇化水平从2003年的0.4323增长到2021年的0.6049，新型城镇化建设取得了一定的成效。分时间段来看，2010年和2017年是两个关键的时间节点。2008年前中部地

区新型城镇化水平增长较为迅速，在应对 2008 年国际金融危机推出"四万亿"经济刺激计划后，中部地区借助投资实现了新型城镇化水平提升的"再出发"。2017 年后，由于经济进入了高质量发展阶段以及新常态的变化，中部地区的新型城镇化水平提升速度放缓。2021 年，受到新冠疫情的影响中部地区整体新型城镇化建设水平增长出现了减速。

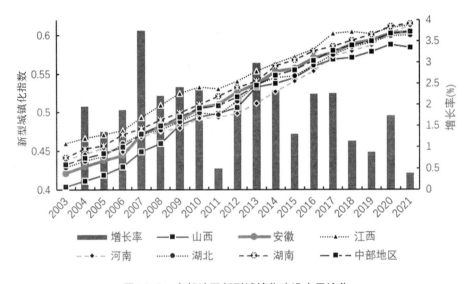

图 14-5　中部地区新型城镇化建设水平演化

为了更清楚地展示中部地区各省份各时间段新型城镇化发展水平的演化趋势，表 14-11 进一步汇报了对历年各省份新型城镇化指数进行排名后的结果。从排名来看，与经济发展水平相一致，安徽和湖南稳居中部地区第一梯队，江西和湖北紧追其后居第二梯队，河南和山西位列最后两名。中部地区各省份新型城镇化建设情况与经济发展情况基本一致。

表 14-11　中部地区新型城镇化建设水平排名

| 年份 | 山西 | 江西 | 安徽 | 河南 | 湖北 | 湖南 |
|------|------|------|------|------|------|------|
| 2003 | 6 | 5 | 1 | 3 | 4 | 2 |
| 2004 | 6 | 5 | 1 | 3 | 4 | 2 |

续表

| 年份 | 山西 | 江西 | 安徽 | 河南 | 湖北 | 湖南 |
|------|------|------|------|------|------|------|
| 2005 | 6 | 5 | 1 | 3 | 4 | 2 |
| 2006 | 6 | 5 | 1 | 4 | 3 | 2 |
| 2007 | 6 | 4 | 1 | 5 | 3 | 2 |
| 2008 | 6 | 3 | 1 | 5 | 4 | 2 |
| 2009 | 5 | 3 | 1 | 6 | 4 | 2 |
| 2010 | 5 | 3 | 1 | 6 | 4 | 2 |
| 2011 | 4 | 3 | 1 | 6 | 5 | 2 |
| 2012 | 5 | 3 | 1 | 6 | 4 | 2 |
| 2013 | 5 | 3 | 1 | 6 | 4 | 2 |
| 2014 | 5 | 3 | 1 | 6 | 4 | 2 |
| 2015 | 5 | 3 | 1 | 6 | 4 | 2 |
| 2016 | 5 | 3 | 1 | 6 | 4 | 2 |
| 2017 | 6 | 3 | 1 | 5 | 4 | 2 |
| 2018 | 6 | 3 | 1 | 5 | 4 | 2 |
| 2019 | 6 | 3 | 1 | 5 | 4 | 2 |
| 2020 | 6 | 4 | 2 | 3 | 5 | 1 |
| 2021 | 6 | 4 | 2 | 3 | 5 | 1 |

从各省份的历年排位变动来看，安徽和湖南的排名相对稳定在前两名，这与安徽和湖南紧靠长三角和珠三角两大世界级城市群，享受到了城市群的辐射和带动效应紧密相关。江西和湖北两省新型城镇化建设排名相对稳定，亟待当地政府发力新型城镇化建设，挖掘新型城镇化建设潜能，提升新型城镇化水平。河南低开高走。受益于京津冀城市群的辐射效应，近年来新型城镇化水平得到了长足的提升，2020 年排名跃升到中部地区第三名。而山西常年排名中部地区新型城镇化水平最后一名。山西需要紧抓"一带一路"建设机遇，切实推动当地新型城镇化建设。

（5）西部地区新型城镇化建设水平演化

表 14-12 汇报了西部地区各省份的新型城镇化指数，为了更清楚直观地展示西部地区各省份新型城镇化的演化趋势，图 14-6 绘制了西部地区

2003—2021 年各省份以及西部地区平均新型城镇化建设水平演化的趋势图。

表 14-12　西部地区新型城镇化建设水平

| 年份 | 内蒙古 | 广西 | 重庆 | 四川 | 贵州 | 云南 | 陕西 | 甘肃 | 青海 | 宁夏 | 新疆 | 西部地区 |
|---|---|---|---|---|---|---|---|---|---|---|---|---|
| 2003 | 0.4199 | 0.4069 | 0.4065 | 0.4339 | 0.3846 | 0.4330 | 0.4283 | 0.4126 | 0.4406 | 0.4008 | 0.4613 | 0.4208 |
| 2004 | 0.4292 | 0.4234 | 0.4239 | 0.4439 | 0.3982 | 0.4326 | 0.4326 | 0.4237 | 0.4555 | 0.4002 | 0.4734 | 0.4306 |
| 2005 | 0.4375 | 0.4376 | 0.4361 | 0.4533 | 0.4076 | 0.4391 | 0.4399 | 0.4283 | 0.4563 | 0.4156 | 0.4732 | 0.4386 |
| 2006 | 0.4445 | 0.4461 | 0.4426 | 0.4475 | 0.4135 | 0.4337 | 0.4587 | 0.4360 | 0.4656 | 0.4514 | 0.4834 | 0.4475 |
| 2007 | 0.4573 | 0.4616 | 0.4767 | 0.4552 | 0.4187 | 0.4635 | 0.4766 | 0.4433 | 0.4783 | 0.4526 | 0.5013 | 0.4623 |
| 2008 | 0.4695 | 0.4660 | 0.4880 | 0.4722 | 0.4372 | 0.4666 | 0.4929 | 0.4598 | 0.4799 | 0.4724 | 0.5043 | 0.4735 |
| 2009 | 0.4813 | 0.4857 | 0.5030 | 0.4804 | 0.4407 | 0.4797 | 0.5062 | 0.4680 | 0.4838 | 0.4835 | 0.5159 | 0.4844 |
| 2010 | 0.4940 | 0.4946 | 0.5089 | 0.4906 | 0.4618 | 0.5004 | 0.5206 | 0.4735 | 0.4954 | 0.5141 | 0.5241 | 0.4980 |
| 2011 | 0.5097 | 0.4952 | 0.5258 | 0.5046 | 0.4727 | 0.4952 | 0.5270 | 0.4785 | 0.5079 | 0.5056 | 0.5276 | 0.5045 |
| 2012 | 0.5179 | 0.5137 | 0.5293 | 0.5108 | 0.4815 | 0.5023 | 0.5368 | 0.5000 | 0.5173 | 0.5185 | 0.5410 | 0.5154 |
| 2013 | 0.5391 | 0.5237 | 0.5485 | 0.5404 | 0.5115 | 0.5145 | 0.5578 | 0.5077 | 0.5266 | 0.5494 | 0.5497 | 0.5335 |
| 2014 | 0.5531 | 0.5348 | 0.5611 | 0.5423 | 0.5258 | 0.5334 | 0.5764 | 0.5224 | 0.5452 | 0.5570 | 0.5613 | 0.5466 |
| 2015 | 0.5544 | 0.5466 | 0.5707 | 0.5505 | 0.5354 | 0.5385 | 0.5777 | 0.5294 | 0.5441 | 0.5672 | 0.5583 | 0.5521 |
| 2016 | 0.5746 | 0.5507 | 0.5788 | 0.5637 | 0.5471 | 0.5500 | 0.5864 | 0.5494 | 0.5621 | 0.5733 | 0.5642 | 0.5637 |
| 2017 | 0.5808 | 0.5645 | 0.5873 | 0.5796 | 0.5545 | 0.5613 | 0.5873 | 0.5695 | 0.5743 | 0.5807 | 0.5672 | 0.5734 |
| 2018 | 0.5813 | 0.5748 | 0.5918 | 0.5850 | 0.5777 | 0.5722 | 0.5991 | 0.5683 | 0.5847 | 0.5826 | 0.5680 | 0.5805 |
| 2019 | 0.5834 | 0.5819 | 0.5933 | 0.5900 | 0.5839 | 0.5735 | 0.6062 | 0.5828 | 0.5898 | 0.5891 | 0.5819 | 0.5869 |
| 2020 | 0.5908 | 0.5853 | 0.6051 | 0.6027 | 0.6004 | 0.5829 | 0.6131 | 0.5837 | 0.5970 | 0.5885 | 0.5898 | 0.5945 |
| 2021 | 0.5985 | 0.5860 | 0.6040 | 0.6065 | 0.5997 | 0.5805 | 0.6180 | 0.5829 | 0.5918 | 0.5942 | 0.5885 | 0.5955 |

从西部地区整体来看，西部地区的平均新型城镇化水平从 2003 年的 0.4208 增长到 2021 年的 0.5955，新型城镇化建设取得了一定的成效。分时间段来看，2010 年和 2015 年是两个关键的时间节点。2008 年前西部地区新型城镇化水平增长较为迅速，在应对国际金融危机推出"四万亿"经济刺激计划后，西部地区借助投资实现了新型城镇化水平提升的"再出

发"。2015 年后，由于经济进入了高质量发展阶段以及新常态的变化，西部地区的新型城镇化水平提升速度放缓。2021 年及以后，受到新冠疫情的影响西部地区整体新型城镇化建设水平出现了停滞。

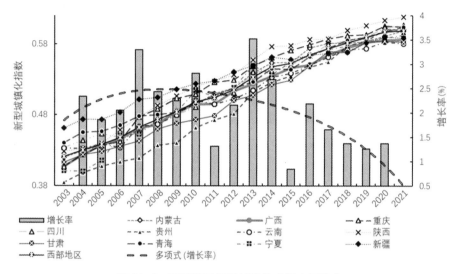

**图 14-6　西部地区新型城镇化建设水平演化**

为了更清楚地展示西部地区各省份各时间段新型城镇化发展水平的演化趋势，表 14-13 进一步汇报了对历年各省份新型城镇化指数进行排名后的结果。从排名来看，陕西、新疆、重庆和四川稳居西部地区第一梯队，青海、内蒙古、广西和宁夏紧追其后居第二梯队，贵州、云南和甘肃位列最后一个梯队。西部地区各省份新型城镇化建设情况与经济发展情况基本一致。

**表 14-13　西部地区新型城镇化建设水平排名**

| 年份 | 内蒙古 | 广西 | 重庆 | 四川 | 贵州 | 云南 | 陕西 | 甘肃 | 青海 | 宁夏 | 新疆 |
|------|--------|------|------|------|------|------|------|------|------|------|------|
| 2003 | 6 | 8 | 9 | 3 | 11 | 4 | 5 | 7 | 2 | 10 | 1 |
| 2004 | 6 | 9 | 7 | 3 | 11 | 5 | 4 | 8 | 2 | 10 | 1 |
| 2005 | 7 | 6 | 8 | 3 | 11 | 5 | 4 | 9 | 2 | 10 | 1 |
| 2006 | 7 | 6 | 8 | 5 | 11 | 10 | 3 | 9 | 2 | 4 | 1 |
| 2007 | 7 | 6 | 3 | 8 | 11 | 5 | 4 | 10 | 2 | 9 | 1 |

续表

| 年份 | 内蒙古 | 广西 | 重庆 | 四川 | 贵州 | 云南 | 陕西 | 甘肃 | 青海 | 宁夏 | 新疆 |
|------|--------|------|------|------|------|------|------|------|------|------|------|
| 2008 | 7 | 9 | 3 | 6 | 11 | 8 | 2 | 10 | 4 | 5 | 1 |
| 2009 | 7 | 4 | 3 | 8 | 11 | 9 | 2 | 10 | 5 | 6 | 1 |
| 2010 | 8 | 7 | 4 | 9 | 11 | 5 | 2 | 10 | 6 | 3 | 1 |
| 2011 | 4 | 9 | 3 | 7 | 11 | 8 | 2 | 10 | 5 | 6 | 1 |
| 2012 | 5 | 7 | 3 | 8 | 11 | 9 | 2 | 10 | 6 | 4 | 1 |
| 2013 | 6 | 8 | 4 | 5 | 10 | 9 | 1 | 11 | 7 | 3 | 2 |
| 2014 | 5 | 8 | 3 | 7 | 10 | 9 | 1 | 11 | 6 | 4 | 2 |
| 2015 | 5 | 7 | 2 | 6 | 10 | 9 | 1 | 11 | 8 | 3 | 4 |
| 2016 | 3 | 8 | 2 | 6 | 11 | 9 | 1 | 10 | 7 | 4 | 5 |
| 2017 | 3 | 9 | 2 | 5 | 11 | 10 | 1 | 7 | 6 | 4 | 8 |
| 2018 | 6 | 8 | 2 | 3 | 7 | 9 | 1 | 10 | 4 | 5 | 11 |
| 2019 | 7 | 9 | 2 | 3 | 6 | 11 | 1 | 8 | 4 | 5 | 10 |
| 2020 | 6 | 9 | 2 | 3 | 4 | 11 | 1 | 10 | 5 | 8 | 7 |
| 2021 | 5 | 9 | 3 | 2 | 4 | 11 | 1 | 10 | 7 | 6 | 8 |

从各省份的历年排位变动来看，在第一梯队中，陕西新型城镇化水平稳步提升，从 2003 年的西部地区第五名到 2008 年的第二名，在 2012 年后更是稳居西部地区的头把交椅。重庆新型城镇化建设历程与陕西类似，在 2003 年位于西部地区的第 9 名，在 2008 年国际金融危机前成功赶超到西部地区第三名，在经过几年的建设和发展后，2015 年后正式成为并且长期保持西部地区的第二名。四川与新疆呈现出完全不同的情形。四川新型城镇化建设波动前行，受益于重庆市和成渝城市群的建设，近年来新型城镇化水平得到了长足的提升，2018 年排名重回西部地区第三名。而新疆高开低走，从 2018 年到 2021 年，新疆连续四年排名西部地区最后几名。在第二梯队中，青海、内蒙古、广西和宁夏整体位置相对稳定，18 年间各省份排名变动不大。在第三梯队中，贵州、云南和甘肃稳定位于西部地区的最后几名。从整体上看，西部地区的新型城镇化建设极化格局较为明显。

### 14.3.3　南北视角下新型城镇化建设水平演化

为了比较新型城镇化建设水平的南北分异变化，表 14-7 分别绘制了南方和北方新型城镇化的指数趋势变动图，同时在图中以柱状图的形式描绘了南北方城市新型城镇化指数的差距值（北方—南方）以及差距值的拟合线。

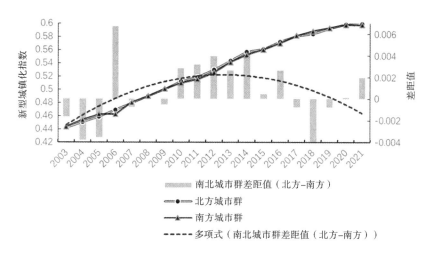

图 14-7　南北视角下新型城镇化建设水平演化

从整体来看，南北方的新型城镇化建设水平都得到了稳步提升，但南北方差距却呈现出先缩小、再扩大最后保持在低位波动的特征。总体来看，南北地区的新型城镇化水平差距在缩小。分时间段来看，2010 年和 2017 年是两个关键的时间节点。2010 年南方新型城镇化水平整体高于北方城市，在应对 2008 年国际金融危机推出"四万亿"经济刺激计划后，北方地区借助投资实现了新型城镇化水平对南方地区新型城镇化水平的反超。2017 年后，由于经济进入了高质量发展阶段以及新常态的变化，北方地区的新型城镇化水平提升速度放缓，南北差距再次拉大。2021 年，因新冠疫情南方地区受国际贸易波动影响较大，整体新型城镇化建设水平增长出现了减速，而北方地区抓住能源和大宗价格高涨的机遇，在新型城镇化建设水平上实现了反超。

# 14.4 各城市群新型城镇化
# 纵深发展情况分析

为了分析中国 2003—2021 年各城市群新型城镇化纵深发展的总体情况，在明确城市群范围的基础上，计算了各个城市群新型城镇化纵深发展水平后，首先对各个城市群整体新型城镇化水平变动进行分析。其次，着重对京津冀城市群、长三角城市群和珠三角城市群这三大城市群以及与其他城市群进行的对比分析。最后，从近年来南北差距的视角出发分析城市群新型城镇化南北方的演化趋势。

## 14.4.1 中国城市群发展历程及其空间范围

自 2006 年"十一五"规划纲要实施以来，我国政府已将城市群确定为城镇化的重要空间载体。"十一五"规划纲要中着重提及了已形成发展格局的长三角、珠三角以及京津冀三个大型城市群，但对于其他发展潜力较大的城市群在名称和范围上并未进行明确指出。其后，《全国主体功能区规划》与《国家新型城镇化规划（2014—2020 年）》明确指出城市群名称，然而并未给出各城市群内部所涵盖的地域范围。2016 年的"十三五"规划纲要中，提出以 19 个不同等级的城市群为重点建设目标，最终城市群的个数也随着此次规划纲要的实施，进一步得到拓展。

表 14-14 官方文件中提及的城市群

| 时间 | 文件 | 城市群名称 |
|------|------|-----------|
| 2006 年 | "十一五"规划纲要 | 已形成发展格局：长三角、珠三角、京津冀 |
| 2010 年 | 《全国主体功能区规划》 | 3 个特大城市群：长三角、珠三角、京津冀 |
|  |  | 新的大城市群和区域性的城市群：哈长、江淮、海峡西岸、中原、长江中游、北部湾、成渝、关中—天水 |

续表

| 时间 | 文件 | 城市群名称 | |
|---|---|---|---|
| 2014 年 | 《国家新型城镇化规划（2014—2020 年）》 | 东部：长三角、珠三角、京津冀、其他城市群 | |
| | | 中西部：成渝、中原、长江中游、哈长 | |
| 2016 年 | "十三五"规划纲要 | 东部：<br>京津冀、长三角、珠三角世界级城市群；山东半岛、海峡西岸城市群 | |
| | | 中西部：<br>东北地区、中原地区、长江中游、成渝地区、关中平原城市群；北部湾、山西中部、呼包鄂榆、黔中、滇中、兰州—西宁、宁夏沿黄、天山北坡城市群 | |

资料来源：作者研究整理。

综合考虑政策导向、学术研究、区划调整和数据支撑，本部分选择了 10 个国家明文批复的成熟或已初具形态的城市群。综上所述，本部分所研究的城市群具体范围如表 14-15 所示。

表 14-15　本部分研究的城市群范围

| 城市群 | 城市群范围 |
|---|---|
| 长江中游城市群① | 湖北：武汉、黄石、鄂州、黄冈、孝感、咸宁、仙桃、潜江、天门、襄阳、宜昌、荆州、荆门 |
| | 湖南：长沙、株洲、湘潭、岳阳、益阳、常德、衡阳、娄底 |
| | 江西：南昌、九江、景德镇、鹰潭、新余、宜春、萍乡、上饶 |
| 哈长城市群 | 黑龙江：哈尔滨、大庆、齐齐哈尔、绥化、牡丹江 |
| | 吉林：长春、吉林、四平、辽源、松原、延边朝鲜族自治州 |
| 成渝城市群 | 重庆：渝中、万州、黔江、涪陵、大渡口、江北、沙坪坝、九龙坡、南岸、北碚、綦江、大足、渝北、巴南、长寿、江津、合川、永川、南川、潼南、铜梁、荣昌、璧山、梁平、丰都、垫江、忠县、开县、云阳 |
| | 四川：成都、自贡、泸州、德阳、绵阳（除北川县、平武县）、遂宁、内江、乐山、南充、眉山、宜宾、广安、达州（除万源）、雅安（除天全县、宝兴县）、资阳 |

① 《长江中游城市群发展规划》中"抚州、吉安的部分县（区）"并没有具体指明，故将抚州和吉安从长江中游城市群中删去。

| 城市群 | 城市群范围 | |
|---|---|---|
| 长江三角洲城市群 | 上海 | |
| | 江苏：南京、无锡、常州、苏州、南通、盐城、扬州、镇江、泰州 | |
| | 浙江：杭州、宁波、嘉兴、湖州、绍兴、金华、舟山、台州 | |
| | 安徽：合肥、芜湖、马鞍山、铜陵、安庆、滁州、池州、宣城 | |
| 中原城市群 | 河南：郑州、开封、洛阳、平顶山、新乡、焦作、许昌、漯河、济源、鹤壁、商丘、周口 | |
| | 山西：晋城 | |
| | 安徽：亳州 | |
| 北部湾城市群 | 广西：南宁、北海、钦州、防城港、玉林、崇左 | |
| | 广东：湛江、茂名、阳江 | |
| | 海南：海口、儋州、东方、澄迈县、临高县、昌江县 | |
| 京津冀城市群 | 北京 | |
| | 天津 | |
| | 河北：保定、廊坊、唐山、邯郸、邢台、衡水、沧州、张家口、承德、秦皇岛、石家庄 | |
| 珠江三角洲城市群 | 香港、澳门 | |
| | 广东：广州、深圳、东莞、佛山、中山、珠海、惠州、江门、肇庆 | |
| 兰西城市群 | 甘肃：兰州市、定西市 | |
| | 青海：西宁市、海东市、海北藏族自治州 | |
| 关中城市群 | 陕西：西安、咸阳、宝鸡、渭南、商洛、铜川 | |

资料来源：根据长江中游城市群发展规划、哈长城市群发展规划、长江三角洲城市群发展规划、中原城市群发展规划、成渝城市群发展规划、北部湾城市群发展规划、京津冀协同发展规划纲要以及其他相关资料整理。

## 14.4.2 各城市群总体新型城镇化建设水平

### 14.4.2.1 各城市群总体新型城镇化建设水平

从十大城市群整体来看，新型城镇化指数均呈现出上升趋势，这表明从 2003 年开始，我国以城市群为载体各级政府发力建设中国的新型城镇化取得了成效。分时间段来看，2012 年前后十大城市群新型城镇化水平出现了明显的降速，保持在稳定的增速区间上。在 2017 年后，由于受到新冠疫情的影响，十大城市群的新型城镇化指数增长进入了明显的平台期。如何发挥好城市群的载体功能和发展优势，在新发展格局下实现"以群带面"深入推进新型城镇化建设，为中国经济大船行稳致远赋能增效成为当今中国的一大挑战。

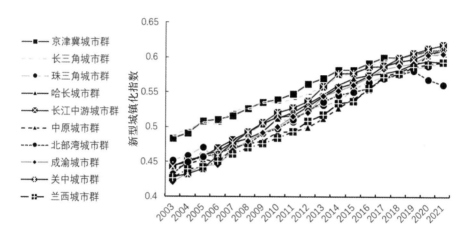

**图 14-8　十大城市群新型城镇化建设水平演化**

### 14.4.2.2　分区域新型城镇化建设水平

（1）三大城市群新型城镇化建设水平演化

图 14-9 绘制了作者测算的 2003—2021 年京津冀、珠三角和长三角三大世界级城市群新型城镇化建设水平演化的示意图。从整体来看，三大城市群的平均新型城镇化水平从 2003 年的不到 0.48 增长到 2021 年近 0.62，新型城镇化建设取得了长足的进步。但是，京津冀和长三角新型城镇化建设水平较为接近，珠三角地区在新型城镇化建设上尚需发力。分时间段来开，2006 年、2012 年和 2017 年是三个关键的时间节点。2008 年前三大城市群新型城镇化水平增长较为缓慢，在应对国际金融危机推出"四万亿"经济刺激计划后三大城市群借助投资新型城镇化水平得到了快速提升。2012 年后，由于经济进入了高质量发展阶段以及新常态的变化，三大城市群的新型城镇化水平提升速度放

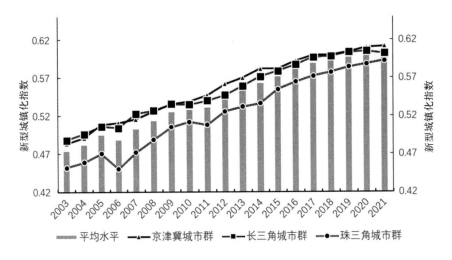

**图 14-9  三大城市群新型城镇化建设水平演化**

缓。2019 年及以后，受到新冠疫情的影响，三大城市群整体新型城镇化建设水平出现了放缓。

从三大城市群各自的演化趋势来看，2003 年长三角城市群新型城镇化指数排名第一，京津冀次之，珠三角排名最后。2009 年到 2015 年，京津冀城市群抓住机遇超过了长三角城市群新型城镇化水平并扩大了差距。2015 年到 2019 年受到南北经济发展差异的整体性影响，京津冀与长三角的差距有所缩小。2019 年后，各城市群的新型城镇化建设受到疫情影响进入平台期。珠三角从 2006 年开始发力新型城镇化建设，新型城镇化建设实现了快速提升，与京津冀和长三角的差距从 2006 年相差 25 个百分点缩小到 2021 年的 2 个百分点。

（2）非三大城市群新型城镇化建设水平

表 14-16 汇报了非三大城市群即七个国家已经批复的城市群的新型城镇化指数，为了更清楚直观地展示非三大城市群即七个国家已经批复的城市群的演化趋势，表 14-17 列出了对历年非三大城市群新型城镇化指数进行排名的结果。

表 14-16 非三大城市群新型城镇化建设水平

| 年份 | 哈长城市群 | 长江中游城市群 | 中原城市群 | 北部湾城市群 | 成渝城市群 | 关中城市群 | 兰西城市群 | 平均水平 |
|---|---|---|---|---|---|---|---|---|
| 2003 | 0.4447 | 0.4433 | 0.4387 | 0.4324 | 0.4202 | 0.4283 | 0.4266 | 0.4335 |
| 2004 | 0.4490 | 0.4524 | 0.4460 | 0.4500 | 0.4339 | 0.4326 | 0.4396 | 0.4434 |
| 2005 | 0.4595 | 0.4571 | 0.4534 | 0.4574 | 0.4447 | 0.4399 | 0.4423 | 0.4506 |
| 2006 | 0.4649 | 0.4692 | 0.4491 | 0.4611 | 0.4451 | 0.4587 | 0.4508 | 0.4570 |
| 2007 | 0.4777 | 0.4814 | 0.4683 | 0.4711 | 0.4660 | 0.4766 | 0.4608 | 0.4717 |
| 2008 | 0.4838 | 0.4924 | 0.4761 | 0.4751 | 0.4801 | 0.4929 | 0.4699 | 0.4815 |
| 2009 | 0.4936 | 0.5044 | 0.4796 | 0.4911 | 0.4917 | 0.5062 | 0.4759 | 0.4918 |
| 2010 | 0.5118 | 0.5145 | 0.4926 | 0.4977 | 0.4998 | 0.5206 | 0.4844 | 0.5031 |
| 2011 | 0.5210 | 0.5162 | 0.4933 | 0.5104 | 0.5152 | 0.5270 | 0.4932 | 0.5109 |
| 2012 | 0.5331 | 0.5295 | 0.4991 | 0.5238 | 0.5201 | 0.5368 | 0.5087 | 0.5216 |
| 2013 | 0.5462 | 0.5436 | 0.5120 | 0.5362 | 0.5445 | 0.5578 | 0.5172 | 0.5368 |
| 2014 | 0.5606 | 0.5565 | 0.5271 | 0.5457 | 0.5517 | 0.5764 | 0.5338 | 0.5503 |
| 2015 | 0.5699 | 0.5627 | 0.5406 | 0.5509 | 0.5606 | 0.5777 | 0.5367 | 0.5570 |
| 2016 | 0.5747 | 0.5741 | 0.5533 | 0.5558 | 0.5713 | 0.5864 | 0.5558 | 0.5673 |
| 2017 | 0.5773 | 0.5877 | 0.5733 | 0.5700 | 0.5835 | 0.5873 | 0.5719 | 0.5787 |
| 2018 | 0.5824 | 0.5943 | 0.5799 | 0.5758 | 0.5884 | 0.5991 | 0.5765 | 0.5852 |
| 2019 | 0.5911 | 0.5980 | 0.5876 | 0.5813 | 0.5917 | 0.6062 | 0.5863 | 0.5917 |
| 2020 | 0.5946 | 0.6070 | 0.6034 | 0.5686 | 0.6039 | 0.6131 | 0.5903 | 0.5973 |
| 2021 | 0.5937 | 0.6094 | 0.6127 | 0.5609 | 0.6052 | 0.6180 | 0.5935 | 0.5990 |

　　从排名来看，关中城市群、长江中游城市群和成渝城市群位于第一梯队，中原城市群、哈长城市群和兰西城市群紧追其后居第二梯队，北部湾城市群位列最后一个梯队。从平均发展水平来看，非三大城市群即七个国家已经批复的城市群新型城镇化指数稳步提升，各城市群的新型城镇化建设情况与其经济发展情况基本一致。

表 14-17　非三大城市群新型城镇化指数排名

| 年份 | 哈长城市群 | 长江中游城市群 | 中原城市群 | 北部湾城市群 | 成渝城市群 | 关中城市群 | 兰西城市群 |
|------|------|------|------|------|------|------|------|
| 2003 | 1 | 2 | 3 | 4 | 7 | 5 | 6 |
| 2004 | 3 | 1 | 4 | 2 | 6 | 7 | 5 |
| 2005 | 1 | 3 | 4 | 2 | 5 | 7 | 6 |
| 2006 | 2 | 1 | 6 | 3 | 7 | 4 | 5 |
| 2007 | 2 | 1 | 5 | 4 | 6 | 3 | 7 |
| 2008 | 3 | 2 | 5 | 6 | 4 | 1 | 7 |
| 2009 | 3 | 2 | 6 | 5 | 4 | 1 | 7 |
| 2010 | 3 | 2 | 6 | 5 | 4 | 1 | 7 |
| 2011 | 2 | 3 | 6 | 5 | 4 | 1 | 7 |
| 2012 | 2 | 3 | 7 | 4 | 5 | 1 | 6 |
| 2013 | 2 | 4 | 7 | 5 | 3 | 1 | 6 |
| 2014 | 2 | 3 | 7 | 5 | 4 | 1 | 6 |
| 2015 | 2 | 3 | 6 | 5 | 4 | 1 | 7 |
| 2016 | 2 | 3 | 7 | 6 | 4 | 1 | 5 |
| 2017 | 4 | 1 | 5 | 7 | 3 | 2 | 6 |
| 2018 | 4 | 2 | 5 | 7 | 3 | 1 | 6 |
| 2019 | 4 | 2 | 5 | 7 | 3 | 1 | 6 |
| 2020 | 5 | 2 | 4 | 7 | 3 | 1 | 6 |
| 2021 | 5 | 3 | 2 | 7 | 4 | 1 | 6 |

　　从各大城市群的历年排位变动来看，在第一梯队中，关中城市群新型城镇化建设稳步提升，从最低 2005 年的第七名提升到 2008 年的第一名。在 2008 年后更是稳居非三大城市群的头把交椅。成渝城市群新型城镇化建设历程与陕西类似，在 2003 年位居非三大城市群的第七名。在 2008 年国际金融危机前成功赶超到西部地区第四名，再经过几年的建设和发展后，2018 年后正式成为并且长期保持非三大城市群的第三名。长江中游城市群新型城镇化建设波动前行，近年来新型城镇化水平得到了长足的提升，2017 年排名重回非三大城市群的第一名。在第二梯队中，哈长城市群高开

低走，从 2017 年到 2021 年，哈长城市群连续四年排名非三大城市群的最后几名。中原城市群和兰西城市群整体位置相对稳定，18 年间各省份排名变动不大。在第三梯队中，北部湾城市群稳定位于非三大城市群的最后几名。从整体上看，非三大城市群的新型城镇化建设水平分异较大，亟待以城市群为发力主体，大力推动新型城镇化建设水平的量质双提。

（3）三大城市群与非三大城市群新型城镇化建设水平对比

为了比较三大城市群和非三大城市群新型城镇化建设的总体趋势，图 14-10 绘制了 2003—2021 年三大城市群与非三大城市群平均新型城镇化指数以及两者差异的趋势图。由图 14-10 可知，三大城市群与非三大城市群新型城镇化建设水平差距呈现逐渐收敛的趋势，彰显了近年来中国城市群发展与建设的成效。值得注意的是，三大城市群也应当挖掘新动能稳步提升新型城镇化水平，加速新型城镇化纵深发展。

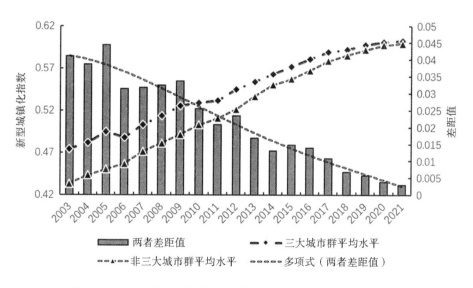

**图 14-10　三大城市群与非三大城市群新型城镇化建设水平对比**

### 14.4.2.3　南北视角下城市群新型城镇化建设水平演化

为了比较城市群新型城镇化建设水平的南北分异变化，图 14-11 分别绘制了 2003—2021 年南方和北方城市群新型城镇化的指数趋势变动图，同

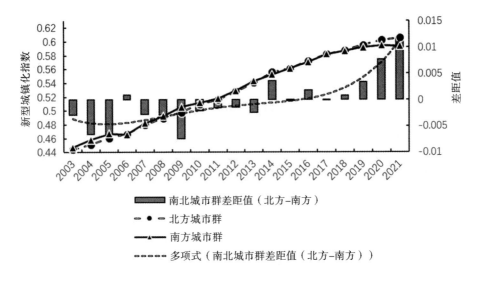

**图 14-11　南北城市群新型城镇化建设水平演化**

时在图中以柱状图的形式描绘了南北方城市群新型城镇化指数的差距值（北方—南方）以及差距值的拟合线。

从整体来看，南北方城市群的新型城镇化水平都得到了稳步提升，但南北城市群差距却呈现出先缩小、再扩大的特征。总体来看，南北城市群的新型城镇化水平差距在扩大。分时间段来看，2012 年是关键的时间节点。2012 年前南方城市群的新型城化水平整体高于北方城市，在应对 2008 年国际金融危机推出"四万亿"经济刺激计划后，北方城市群借助投资新型城镇化水平提升，实现了对南方城市群新型城镇化水平的反超。

# 14.5　小　结

城镇化作为一个国家文明水平和社会进步的标志，对于当今中国具有重要的意义。据此，本部分结合新型城镇化的内涵要求、中国式现代化的最新论断和数字经济发展背景下新一轮产业悄然兴起对于城市发展与建设的新要求，构建包含 7 个大方面、52 个分项的新型城镇化纵深发展指数对 2003—2021 年中国新型城镇化发展与建设水平进行科学评价。从总体来看，中国整体新型城镇化建设水平逐年提升，彰显了社会主义制度和集中力量办大事的政府动员能力的优越性。然而，值得注意的是，在新冠疫情后中国新型城镇化建设产生了明显的失速现象。如何在后疫情时代发掘新型城镇化新动能，实现新型城镇化的长足发展成为当今中国的一个重要问题。分区域来看，各区域的新型城镇化建设整体趋势一致，并且呈现出明显的收敛特征。这表明中国政府治理在缩小区域间新型城镇化差距上发挥了重要作用。从中央已经批复的城市群来看，京津冀、长三角、珠三角城市群新型城镇化建设水平持续走高，三大城市群之外地区的新型城镇化建设水平也在迎头赶上。中国新型城镇化建设整体呈现出齐头并进的趋势。然而，值得注意的是有部分省份新型城镇化建设出现了迟滞，动能转换出现了堵点、卡点。需要在下一阶段的中国新型城镇化建设中重点推进。最后，借用习近平总书记常引用的一句古诗"雄关漫道真如铁，而今迈步从头越"，中国的新型城镇化建设虽然取得了一定的成就，但仍然任重而道远。

# 参考文献

［1］陈明星、叶超、陆大道等：《中国特色新型城镇化理论内涵的认知与建构》，《地理学报》2019 年第 4 期。

［2］方创琳：《改革开放 40 年来中国城镇化与城市群取得的重要进展与展望》，《经济地理》2018 年第 9 期。

［3］方创琳：《中国城市群研究取得的重要进展与未来发展方向》，《地理学报》2014 年第 8 期。

［4］李国平、孙瑀：《以人为核心的新型城镇化建设探究》，《改革》2022 年第 12 期。

［5］李兰冰、高雪莲、黄玖立：《"十四五"时期中国新型城镇化发展

重大问题展望》,《管理世界》2020 年第 11 期。

　　[6] 李兰冰、刘秉镰:《"十四五"时期中国区域经济发展的重大问题展望》,《管理世界》2020 年第 5 期。

　　[7] 刘秉镰、范馨:《以经济建设为中心的区域协调理论逻辑与路径选择》,《北京社会科学》2023 年第 3 期。

　　[8] 刘秉镰、秦文晋:《中国经济高质量发展水平的空间格局与动态演进》,《中国软科学》2022 年第 1 期。

　　[9] 刘秉镰、孙鹏博:《新发展格局下中国城市高质量发展的重大问题展望》,《西安交通大学学报(社会科学版)》2021 年第 3 期。

　　[10] 吕丹、叶萌、杨琼:《新型城镇化质量评价指标体系综述与重构》,《财经问题研究》2014 年第 9 期。

　　[11] 王新越、秦素贞、吴宁宁:《新型城镇化的内涵、测度及其区域差异研究》,《地域研究与开发》2014 年第 4 期。

　　[12] 熊湘辉、徐璋勇:《中国新型城镇化水平及动力因素测度研究》,《数量经济技术经济研究》2018 年第 2 期。

　　[13] 于斌斌、陈露:《新型城镇化能化解产能过剩吗?》,《数量经济技术经济研究》2019 年第 1 期。

　　[14] 赵磊、方成:《中国省际新型城镇化发展水平地区差异及驱动机制》,《数量经济技术经济研究》2019 年第 5 期。

# 第三部分　数据分析

# 15

# 中国城市群基本格局的
# 时空动态演化

# 15.1 2020 年中国城市群基本情况

## 15.1.1 城市群范围

2022 年 7 月，国家发展改革委印发《"十四五"新型城镇化实施方案》，提出要推进以人为核心的新型城镇化战略的目标任务和政策举措，提升城市群一体化发展和都市圈同城化发展水平，促进大中小城市和小城镇协调发展，形成疏密有致、分工协作、功能完善的城镇化空间格局。

为分类推动城市群发展，增强城市群人口经济承载能力，建立健全多层次常态化协调推进机制，打造高质量发展的动力源和增长极。《"十四五"新型城镇化实施方案》提出，深入实施京津冀协同发展、长三角一体化发展、粤港澳大湾区建设等区域重大战略，加快打造世界一流城市群。积极推进成渝地区双城经济圈建设，显著提升经济实力和国际影响力。实施长江中游、北部湾等城市群发展"十四五"实施方案，推动山东半岛、粤闽浙沿海、中原、关中平原等城市群发展。引导哈长、辽中南、山西中部、黔中、滇中、呼包鄂榆、兰州—西宁、宁夏沿黄、天山北坡等城市群稳步发展。构筑城市间生态和安全屏障，构建布局合理、功能完备的城镇体系，形成多中心、多层级、多节点的网络型城市群结构。加强城市群对周边欠发达地区、革命老区、边境地区、生态退化地区、资源型地区、老工业城市等特殊类型地区发展的辐射带动。表 15-1 为各城市群的划分，各城市群包含的城市均依据已有规划文件得到。

表 15-1　中国主要城市群及其空间范围

| 分类 | 城市群名称 | 空间范围 |
|---|---|---|
| 优化提升 | 京津冀城市群 | 包括两个直辖市北京、天津以及河北省的石家庄、唐山、秦皇岛、邯郸、邢台、保定、张家口、承德、沧州、廊坊、衡水，共 13 个城市 |
| | 长三角城市群 | 包括一个直辖市上海以及江苏省的南京、无锡、徐州、常州、苏州、南通、连云港、淮安、盐城、扬州、镇江、泰州、宿迁，浙江省的杭州、宁波、温州、嘉兴、湖州、绍兴、金华、衢州、舟山、台州、丽水，安徽省的合肥、芜湖、蚌埠、淮南、马鞍山、淮北、铜陵、安庆、黄山、滁州、阜阳、宿州、六安、亳州、池州、宣城，共 41 个城市 |
| | 珠三角城市群 | 包括广东省的广州、深圳、珠海、佛山、江门、东莞、中山、惠州、肇庆，共 9 个城市 |
| | 成渝城市群 | 包括一个直辖市重庆以及四川省的成都、自贡、泸州、德阳、绵阳、遂宁、内江、乐山、南充、眉山、宜宾、广安、达州、雅安、资阳，共 16 个城市 |
| | 长江中游城市群 | 包括湖北省的武汉、黄石、鄂州、黄冈、孝感、咸宁、仙桃、潜江、天门、襄阳、宜昌、荆州、荆门，湖南省的长沙、株洲、湘潭、岳阳、益阳、常德、衡阳、娄底，江西省的南昌、九江、景德镇、鹰潭、新余、宜春、萍乡、上饶、抚州、吉安，共 31 个城市 |
| 发展壮大 | 山东半岛城市群 | 包括山东省的济南、青岛、烟台、威海、东营、淄博、潍坊、日照、菏泽、枣庄、德州、滨州、临沂、济宁、聊城、泰安，共 16 个城市 |
| | 粤闽浙沿海城市群 | 包括福建省的福州、厦门、莆田、三明、泉州、漳州、南平、龙岩、宁德，浙江省的温州、丽水、衢州，江西省的上饶、鹰潭、抚州、赣州，广东省的汕头、潮州、揭阳、梅州，共 20 个城市 |
| | 中原城市群 | 包括河南省的郑州、开封、洛阳、平顶山、新乡、焦作、许昌、漯河、济源、鹤壁、商丘、周口、安阳、濮阳、三门峡、南阳、信阳、驻马店，山西省的晋城、长治、运城，安徽省的亳州、宿州、阜阳、淮北、蚌埠，河北省的邯郸、邢台，山东省的聊城、菏泽，共 30 个城市 |
| | 关中平原城市群 | 包括陕西省的西安、宝鸡、咸阳、铜川、渭南、商洛，山西省的运城、临汾，甘肃省的天水、平凉、庆阳，共 11 个城市 |
| | 北部湾城市群 | 包括广西壮族自治区的南宁、北海、钦州、防城港、玉林、崇左、湛江、茂名、阳江，海南省的海口、儋州、东方市、澄迈县、临高县、昌江县，共 15 个城市 |

| 分类 | 城市群名称 | 空间范围 |
|---|---|---|
| 培育发展 | 哈长城市群 | 包括黑龙江省的哈尔滨、大庆、齐齐哈尔、绥化、牡丹江，吉林省的长春、吉林、四平、辽源、松原、延边朝鲜族自治州，共 11 个市州 |
| | 辽中南城市群 | 包括辽宁省的沈阳、大连、鞍山、抚顺、本溪、营口、辽阳、铁岭、盘锦，共 9 个城市 |
| | 山西中部城市群 | 包括山西省的太原、晋中、忻州、吕梁、阳泉，共 5 个城市 |
| | 黔中城市群 | 包括贵州省的贵阳、遵义、安顺、毕节、黔东南苗族侗族自治州、黔南布依族苗族州，共 6 个市州 |
| | 滇中城市群 | 包括云南省的昆明、曲靖、玉溪、楚雄彝族自治州、红河哈尼族彝族自治州，共 5 个市州 |
| | 呼包鄂榆城市群 | 包括内蒙古的呼和浩特、包头、鄂尔多斯和陕西省的榆林，共 4 个城市 |
| | 兰州—西宁城市群 | 包括甘肃省的兰州、白银、定西、临夏回族自治州，青海省的西宁、海东、海北藏族自治州、海南藏族自治州、黄南藏族自治州，共 9 个市州 |
| | 宁夏沿黄城市群 | 包括宁夏的银川、石嘴山、吴忠和中卫，共 4 个城市 |
| | 天山北坡城市群 | 包括新疆的乌鲁木齐、克拉玛依、吐鲁番、哈密、石河子、昌吉回族自治州、伊犁哈萨克自治州、博尔塔拉蒙古自治州、塔城地区，共 9 个市州地区 |

资料来源：《"十四五"新型城镇化实施方案》《全国主体功能区规划》及各地方政府规划。

## 15.1.2　城市群在中国经济中的重要作用

随着经济发展，城市群在区域发展中发挥着重要作用。城市群集中了区域的优势资源，带动了区域整体发展。2020 年，我国城市群总面积占全国面积的 36.27%，集中了全国 84.99% 的人口，创造了 91.27% 的 GDP，城市群的经济密度与土地利用效率（人均 GDP、地均 GDP）领先于全国平均水平。其中，第一产业增加值占全国的 79.17%，第二产业增加值占92.97%，第三产业增加值占 91.57%。此外，社会消费品零售总额占据全国的 91.98%，全国 45.12% 的公共财政收入来源于城市群地区，城市群的公共财政支出占全国的 62.20%。同时，城市群地区吸引了全国几乎全部的外商直接投资。由此可见，城市群在全国的生产建设上起到了举足轻重的作用。

表 15-2　2020 年城市群在中国经济发展中的重要地位分析

| | 土地面积（万 km²） | 常住人口（万人） | GDP（亿元） | 第一产业增加值（亿元） | 第二产业增加值（亿元） |
|---|---|---|---|---|---|
| 19 个城市群合计 | 3494553.81 | 120020.31 | 927302.33 | 61559.61 | 357226.26 |
| 占全国比重（%） | 36.27 | 84.99 | 91.27 | 79.17 | 92.97 |

| | 第三产业增加值（亿元） | 社会消费品零售总额（亿元） | 外商直接投资实际使用额（亿美元） | 公共财政收入（亿元） | 公共财政支出（亿元） |
|---|---|---|---|---|---|
| 19 个城市群合计 | 507285.91 | 360526.32 | 2919.67 | 82538.36 | 152811.99 |
| 占全国比重（%） | 91.57 | 91.98 | 100.00① | 45.12 | 62.20 |

资料来源：《中国城市统计年鉴（2021）》《中国统计年鉴 2021》。

# 15.2　2020 年中国城市群比较分析

## 15.2.1　经济总量比较分析

选取地区生产总值以及第一、第二和第三产业增加值、社会消费品零售总额、公共财政收入、外商直接投资实际使用额作为经济总量的衡量指标（见表 15-3）。

---

① 由于数据统计口径问题，各城市群加总数据已超过全国数据总和，因此占比为 100%。

表 15-3　2020 年中国城市群经济总量分析

| 城市群 | 地区生产总值（亿元） | 第一产业增加值（亿元） | 第二产业增加值（亿元） | 第三产业增加值（亿元） | 社会消费品零售总额（亿元） | 公共财政收入（亿元） | 外商直接投资实际使用额（亿美元） |
|---|---|---|---|---|---|---|---|
| 京津冀 | 86521 | 4197.93 | 24242.83 | 58078.50 | 30004.31 | 10571.71 | 408.98 |
| 长三角 | 246755 | 9888.32 | 98123.97 | 138741.62 | 97982.32 | 25875.53 | 827.26 |
| 珠三角 | 89522 | 1568.78 | 35768.16 | 52183.75 | 31212.07 | 8495.90 | 620.61 |
| 成渝 | 68229 | 6344.33 | 25636.44 | 36247.97 | 30586.34 | 5144.24 | 122.56 |
| 长江中游 | 93932 | 8125.36 | 38433.93 | 47371.48 | 36897.51 | 6217.12 | 389.03 |
| 山东半岛 | 73093 | 5364.32 | 28610.09 | 39119.50 | 29248.05 | 6376.27 | 176.48 |
| 粤闽浙沿海 | 69965 | 4774.01 | 30829.35 | 34363.83 | 30851.78 | 4757.93 | 99.22 |
| 中原 | 81266 | 8360.45 | 33384.97 | 39520.42 | 34454.04 | 5986.94 | 269.63 |
| 关中平原 | 22536 | 2090.05 | 8453.67 | 11991.31 | 9548.00 | 1392.27 | 82.06 |
| 北部湾 | 21447 | 3713.60 | 6086.66 | 11646.61 | 8558.83 | 1261.22 | 39.98 |
| 哈长 | 20468 | 3251.76 | 6668.88 | 11273.24 | 7174.67 | 1341.53 | 10.11 |
| 辽中南 | 21109 | 1454.48 | 8306.14 | 11349.30 | 7650.80 | 2185.13 | 20.79 |
| 山西中部 | 8937 | 312.15 | 3870.75 | 4752.81 | 3377.10 | 885.76 | 7.61 |
| 黔中 | 13806 | 1830.57 | 4815.93 | 6263.23 | 5611.62 | 1029.30 | 21.22 |
| 滇中 | 15541 | 1678.57 | 5548.43 | 7181.68 | 6197.26 | 1181.57 | 7.17 |
| 呼包鄂榆 | 13212 | 640.00 | 6530.65 | 6041.07 | 3240.50 | 1233.40 | 13.29 |
| 兰州—西宁 | 6430 | 565.19 | 1988.67 | 3952.69 | 2840.46 | 509.64 | 1.20 |
| 宁夏沿黄 | 3568 | 265.05 | 1539.94 | 1761.99 | 1180.56 | 235.53 | 2.72 |
| 天山北坡 | 9335 | 1011.67 | 3375.23 | 4948.87 | 1902.28 | 881.18 | 2.24 |

资料来源：《中国城市统计年鉴（2021）》①、《中国统计年鉴 2021》。

（1）地区生产总值方面，各城市群差距明显。长三角城市群优势突出，地区生产总值突破 20 万亿元；长江中游城市群分列第二位，地区生产总值超过 9 万亿元；珠三角城市群列第三位，地区生产总值接近 9 万亿元；

---

①　各城市群数据主要来自于《中国城市统计年鉴（2021）》，部分缺失数据来自于各省市统计年鉴、国民经济和社会发展统计公报等。由于数据缺失，少部分数据由 2019 年数据替代，但最终仍有部分数据缺失，本章以下各表同。

京津冀城市群和中原城市群分列第四、五位，地区生产总值分别超过 8.5 万亿元和 8 万亿元；山东半岛城市群列第六位，地区生产总值超过 7 万亿元；粤闽浙沿海城市群和成渝城市群分列第七、八位，地区生产总值均超过 6 万亿元；关中平原城市群、北部湾城市群、辽中南城市群和哈长城市群地区生产总值均超过 2 万亿元；滇中城市群、黔中城市群和呼包鄂榆城市群地区生产总值均在 1 万亿元以上；天山北坡城市群、山西中部城市群、兰州—西宁城市群和宁夏沿黄城市群经济规模较小，地区生产总值均不足 1 万亿元。

（2）第一产业增加值方面，长三角城市群第一产业增加值最高，达到 9888.32 亿元；中原城市群和长江中游城市群第一产业增加值均在 8000 亿元以上；成渝城市群、山东半岛城市群、粤闽浙沿海城市群和京津冀城市群第一产业增加值均超过 4000 亿元；北部湾城市群和哈长城市群第一产业增加值均在 3000 亿元以上；关中平原城市群第一产业增加值超过 2000 亿元；黔中城市群、滇中城市群、珠三角城市群、辽中南城市群和天山北坡城市群第一产业增加值均超过 1000 亿元；呼包鄂榆城市群、兰州—西宁城市群、山西中部城市群和宁夏沿黄城市群第一产业增加值则均不足 700 亿元。

（3）第二产业增加值方面，长三角城市群仍具备较大优势，第二产业增加值超过 9.8 万亿元，远高于其他城市群；长江中游城市群、珠三角城市群、中原城市群和粤闽浙沿海城市群的第二产业增加值均超过 3 万亿元，位于第二梯队；山东半岛城市群、成渝城市群和京津冀城市群第二产业增加值均在 2 万亿元以上，位于第三梯队；关中平原城市群、辽中南城市群、哈长城市群、呼包鄂榆城市群、北部湾城市群和滇中城市群与上述城市群差距较大，第二产业增加值在 5000 亿元至 9000 亿元之间，位于第四梯队；第二产业增加值排在最后五位的城市群是黔中城市群、山西中部城市群、天山北坡城市群、兰州—西宁城市群和宁夏沿黄城市群。

（4）第三产业增加值方面，以上海为核心的长三角城市群第三产业增加值高达 13.8 万亿元，在全国范围内占据绝对优势；以北京为核心的京津冀城市群和包含广州、深圳在内的珠三角城市群位于第二梯队，第三产业增加值均超过 5 万亿元；长江中游城市群、中原城市群、山东半岛城市群、成渝城市群和粤闽浙沿海城市群的第三产业增加值均超过 3 万亿元；关中平原城市群、北部湾城市群、辽中南城市群和哈长城市群的第三产业增加值均高于 1 万亿元；滇中城市群、黔中城市群和呼包鄂榆城市群的第三产业增加值均高于 6000 亿元；天山北坡城市群、山西中部城市群、兰州—西宁城市群、宁夏沿黄城市群的第三产业增加值则均低于 5000 亿元。

（5）社会消费品零售总额方面，长三角城市群的社会消费品零售总额（97982.32 亿元）远高于第二名长江中游城市群（36897.51 亿元）；长江中游城市群、中原城市群、珠三角城市群、粤闽浙沿海城市群、成渝城市群和京津冀城市群的社会消费品零售总额均超过 3 万亿元，处于较高水准；关中平原城市群、北部湾城市群、辽中南城市群、哈长城市群、滇中城市群和黔中城市群的社会消费品零售总额均超过 5000 亿元；社会消费品零售总额排名最后五个城市群是山西中部城市群、呼包鄂榆城市群、兰州—西宁城市群、天山北坡城市群和宁夏沿黄城市群。

（6）公共财政收入方面，长三角城市群最高（25875.53 亿元），京津冀城市群为 10571.71 亿元，排名其后的是珠三角城市群（8495.90 亿元）；山东半岛城市群和长江中游城市群均超过 6000 亿元；山西中部城市群、天山北坡城市群、兰州—西宁城市群和宁夏沿黄城市群地方财政收入水平较低。

（7）外商直接投资实际使用额方面，长三角城市群（827.26 亿美元）具备绝对优势；珠三角城市群（620.61 亿美元）、京津冀城市群（408.98 亿美元）和长江中游城市群（389.03 亿美元）位于第二梯队；中原城市群、山东半岛城市群和成渝城市群的外商直接投资实际使用额超过 100 亿美元，其余城市群则均处于较低水准。

### 15.2.2　经济发展水平比较分析

在表 15-4 中，我们选取了人均地区生产总值、地均地区生产总值和各产业比重来表示经济发展水平。

表 15-4　2020 年中国城市群经济发展水平

| 城市群 | 人均地区生产总值（元/人） | 地均地区生产总值（万元/km²） | 第一产业比重（%） | 第二产业比重（%） | 第三产业比重（%） |
|---|---|---|---|---|---|
| 京津冀 | 78370.47 | 3955.16 | 4.85 | 28.02 | 67.13 |

| 城市群 | 人均地区生产总值（元/人） | 地均地区生产总值（万元/km²） | 第一产业比重（%） | 第二产业比重（%） | 第三产业比重（%） |
|---|---|---|---|---|---|
| 长三角 | 104832.61 | 6891.12 | 4.01 | 39.77 | 56.23 |
| 珠三角 | 114434.36 | 16290.35 | 1.75 | 39.95 | 58.29 |
| 成渝 | 66383.54 | 2848.30 | 9.30 | 37.57 | 53.13 |
| 长江中游 | 74436.78 | 2681.54 | 8.65 | 40.92 | 50.43 |
| 山东半岛 | 71913.62 | 4613.61 | 7.34 | 39.14 | 53.52 |
| 粤闽浙沿海 | 74645.26 | 2563.61 | 6.82 | 44.06 | 49.12 |
| 中原 | 49360.33 | 2534.72 | 10.29 | 41.08 | 48.63 |
| 关中平原 | 51890.40 | 1393.72 | 9.27 | 37.51 | 53.21 |
| 北部湾 | 49255.57 | 1782.37 | 17.32 | 28.38 | 54.30 |
| 哈长 | 48002.65 | 633.24 | 15.89 | 32.58 | 55.08 |
| 辽中南 | 68893.60 | 2547.86 | 6.89 | 39.35 | 53.77 |
| 山西中部 | 55509.32 | 1200.98 | 3.49 | 43.31 | 53.21 |
| 黔中 | 54213.15 | 1365.33 | 13.26 | 34.88 | 45.37 |
| 滇中 | 66484.02 | 1222.91 | 10.80 | 35.70 | 46.21 |
| 呼包鄂榆 | 110560.67 | 756.02 | 4.84 | 49.43 | 45.72 |
| 兰州—西宁 | 41800.16 | 372.04 | 8.79 | 30.93 | 61.48 |
| 宁夏沿黄 | 58877.89 | 733.33 | 7.43 | 43.16 | 49.38 |
| 天山北坡 | 66159.40 | 267.80 | 8.99 | 41.14 | 49.88 |

资料来源：《中国城市统计年鉴（2021）》。

　　从人均地区生产总值来分析，19 个城市群的人均地区生产总值（77262.12 元/人）领先于全国平均水平（71947.58 元/人）。其中，珠三角城市群人均地区生产总值最高（114434.36 元/人）；受益于当地的自然资源优势，呼包鄂榆城市群人均地区生产总值超过 11 万元/人；长三角城市群作为经济发达区域，人均地区生产总值位列其后，超过 10 万元/人；京津冀城市群（78370.47 元/人）、粤闽浙沿海城市群（74645.26 元/人）和长江中游城市群（74436.78 元/人）的人均地区生产总值均高于全国平均值。

　　从地均地区生产总值来分析，第一梯队的珠三角城市群遥遥领先，地均地区生产总值为 16290.35 万元/平方千米。珠三角城市群是华南地区经济发展程度最高的地区，行政区的土地面积仅为广东省的 30.89%，但是产业的集聚效应非常强劲；排在第二梯队的是长三角城市群（6891.12 万元/平方千米）、山东半岛城市群（4613.61 万元/平方千米）和京津冀城市群（3955.16 万元/平方千米）；排在第三梯队的有成渝城市群（2848.30 万元/平方千米）、长江中游城市群（2681.54 万元/平方千米）、粤闽浙沿海城市群（2563.61 万元/平方千米）、辽中南城市群（2547.86 万元/平方千米）、中原城市群（2534.72 万元/平方千米）和北部湾城市群（1782.37 万元/平方千米）；地均地区生产总值不及全国平均值（1054.58 万元/平方千米）的城市群有关中平原城市群（1393.72 万元/平方千米）、黔中城市群（1365.33 万元/平方千米）、滇中城市群（1222.91 万元/平方千米）、山西中部城市群（1200.98 万元/平方千米）、呼包鄂榆城市群（756.02 万元/平方千米）、宁夏沿黄城市群（733.33 万元/平方千米）、哈长城市群（633.24 万元/平方千米）、兰州—西宁城市群（372.04 万元/平方千米）、天山北坡城市群（267.80 万元/平方千米）。

产业结构能够较好地反映一个地区在经济发展中所处的阶段。在城市群中，珠三角城市群第一产业比重最低（1.75%），北部湾城市群第一产业比重最高（17.32%）；京津冀城市群的第二产业比重最低（28.02%），其中 GDP 最高的城市是北京市（36103 亿元），第二产业比重仅为 15.83%，但河北省的第二产业比重较高，达到了 37.55%；第三产业比重最低的是黔中城市群（45.37%），比重最高的是京津冀城市群（67.13%）。各城市群中，除呼包鄂榆城市群外，其余城市群第三产业比重均已经超过第二产业，表现出一定的去工业化的特点。呼包鄂榆城市群第二产业比重较高，为 49.43%；受区域发展政策影响，兰州—西宁城市群第三产业比重处于较高水平，为 61.48%；北部湾城市群（17.32%）和哈长城市群（15.89%）第一产业比重最高，第二产业和第三产业比重低，处于经济发展初级阶段。

## 15.2.3 工业化进程比较分析

本报告选取规模以上工业企业数和工业企业所有制结构指标来表示工

业化进程（见表 15-5）。

规模以上工业企业数最多的是长三角城市群（125413 个），相较于其他城市群具备绝对优势，其中内资企业占比 86.63%，外商投资企业占比较高，高达 8.63%；珠三角城市群位列第二位，规模以上工业企业数为 49239 个，珠三角城市群的工业企业所有制结构与长三角城市群相比，内资企业占比较低（78.01%），外资投资企业占比接近，港澳台投资企业占比则高出 10 个百分点左右；粤闽浙沿海城市群、长江中游城市群和中原城市群规模以上工业企业数均超过 3 万个；山东半岛城市群、京津冀城市群和成渝城市群规模以上工业企业数均超过了 2 万个；宁夏沿黄城市群、兰州—西宁城市群和天山北坡城市群规模以上工业企业数最少，均不足 2000 个。

工业企业所有制结构方面，城市群与全国整体上差异最大的地方是内资企业比重低，而外商投资企业比重高。内资企业占比最低的三个城市群为珠三角城市群（78.01%）、辽中南城市群（82.77%）和长三角城市群（86.63%）；受地理位置邻近影响，港澳台投资企业占比排名前三的为珠三角城市群（14.65%）、粤闽浙沿海城市群（6.53%）和北部湾城市群（5.22%）；外资企业高比重现象在沿海区域尤为明显，例如辽中南城市群、长三角城市群和京津冀城市群的外资投资企业占比分别为 13.06%、8.63% 和 7.88%。相反，内陆地区则多为内资企业，且具有从沿海到内陆内资企业占比依次增多的趋势。珠三角城市群和辽中南城市群内资企业占比均不足 85%，而中原城市群、黔中城市群、山西中部城市群、兰州—西宁城市群、呼包鄂榆城市群和天山北坡城市群内资企业比重均超过 97%。

表 15-5　2020 年中国城市群工业化进程

| 城市群 | 规模以上工业企业数（个） | 所有制结构 | | |
| --- | --- | --- | --- | --- |
| | | 内资企业占比（%） | 港澳台投资企业占比（%） | 外资投资企业占比（%） |
| 京津冀 | 22382 | 89.64 | 2.48 | 7.88 |
| 长三角 | 125413 | 86.63 | 4.74 | 8.63 |
| 珠三角 | 49239 | 78.01 | 14.65 | 7.34 |
| 成渝 | 20436 | 95.28 | 1.58 | 3.15 |

续表

| 城市群 | 规模以上工业企业数（个） | 所有制结构 | | |
|---|---|---|---|---|
| | | 内资企业占比（%） | 港澳台投资企业占比（%） | 外资投资企业占比（%） |
| 长江中游 | 37334 | 96.17 | 1.59 | 2.04 |
| 山东半岛 | 29624 | 91.19 | 2.73 | 6.09 |
| 粤闽浙沿海 | 38260 | 89.68 | 6.53 | 3.80 |
| 中原 | 32426 | 97.61 | 1.07 | 1.33 |
| 关中平原 | 5748 | 96.19 | 0.87 | 2.97 |
| 北部湾 | 5034 | 91.34 | 5.22 | 3.44 |
| 哈长 | 4814 | 93.60 | 1.62 | 4.78 |
| 辽中南 | 6210 | 82.77 | 4.17 | 13.06 |
| 山西中部 | 2715 | 97.50 | 0.88 | 1.62 |
| 黔中 | 2243 | 97.59 | 1.11 | 1.29 |
| 滇中 | 2078 | 95.72 | 1.97 | 2.31 |
| 呼包鄂榆 | 2181 | 97.20 | 1.01 | 1.79 |
| 兰州—西宁 | 1055 | 97.25 | 1.23 | 1.52 |
| 宁夏沿黄 | 1180 | 96.78 | 1.19 | 2.03 |
| 天山北坡 | 851 | 97.18 | 1.53 | 1.29 |

资料来源：《中国城市统计年鉴（2021）》。

在表 15-6 中，我们选取规模以上工业企业的流动资产合计与利润总额来反映工业经济效益。综合这两项指标，可以看到，城市群的各个指标大致由沿海向内陆递减，综合来看，长三角城市群工业经济效益最高；珠三角城市群位列第二，京津冀城市群和山东半岛城市群工业经济效益水平相近，位于第二梯队；长江中游城市群、粤闽浙沿海城市群、京津冀城市群、中原城市群和山东半岛城市群的工业经济效益相当，位于第三梯队；紧随其后的成渝城市群、辽中南城市群、呼包鄂榆城市群、关中平原城市群和哈长城市群，位列第四梯队；黔中城市群、滇中城市群、北部湾城市群、山西中部城市群、天山北坡城市群、宁夏沿黄城市群和兰州—西宁城市群的工业发展空间较大，发展水平有待提升。

表 15-6  2020 年中国城市群工业经济效益

| 城市群 | 流动资产合计（亿元） | 利润总额（亿元） |
|---|---|---|
| 京津冀 | 55816.16 | 4878.34 |
| 长三角 | 182694.85 | 18741.54 |
| 珠三角 | 80317.28 | 8295.36 |
| 成渝 | 32137.62 | 4415.00 |
| 长江中游 | 37411.57 | 5873.05 |
| 山东半岛 | 53012.60 | 4341.28 |
| 粤闽浙沿海 | 34725.34 | 5800.42 |
| 中原 | 44264.48 | 4577.30 |
| 关中平原 | 13632.25 | 1242.02 |
| 北部湾 | 7754.88 | 930.24 |
| 哈长 | 12170.41 | 693.40 |
| 辽中南 | 18739.67 | 1280.90 |
| 山西中部 | 9012.05 | 397.76 |
| 黔中 | 5662.60 | 991.36 |
| 滇中 | 6500.39 | 974.55 |
| 呼包鄂榆 | 9698.87 | 1748.22 |
| 兰州—西宁 | 2711.07 | 80.52 |
| 宁夏沿黄 | 3245.05 | 257.29 |
| 天山北坡 | 4790.55 | 442.19 |

资料来源：《中国城市统计年鉴（2021）》。

## 15.2.4  城镇化进程比较分析

本报告选取全市常住人口、城镇常住人口和城镇非私营单位从业期末人数来表示城镇化进程（见表 15-7）。

表 15-7 2020 年中国城市群城镇化进程

| 城市群 | 全市常住人口（万人） | 城镇常住人口（万人） | 城镇非私营单位从业期末人数（万人） |
|---|---|---|---|
| 京津冀 | 11040.00 | 7574.00 | 1549.02 |
| 长三角 | 23538.00 | 16673.00 | 3498.74 |
| 珠三角 | 7823.00 | 6829.00 | 1719.68 |
| 成渝 | 10278.00 | 6410.00 | 1670.04 |
| 长江中游 | 12618.98 | 7940.24 | 1265.65 |
| 山东半岛 | 10164.00 | 6407.00 | 1078.67 |
| 粤闽浙沿海 | 9373.00 | 6003.00 | 949.27 |
| 中原 | 16463.86 | 8857.76 | 1376.70 |
| 关中平原 | 4343.00 | 2565.16 | 500.75 |
| 北部湾 | 4354.27 | 2387.56 | 371.68 |
| 哈长 | 4058.00 | 2377.00 | 403.22 |
| 辽中南 | 3064.00 | 2382.00 | 383.94 |
| 山西中部 | 1610.00 | 1095.00 | 220.10 |
| 黔中 | 2546.60 | 1261.00 | 216.08 |
| 滇中 | 2337.50 | 1399.91 | 165.14 |
| 呼包鄂榆 | 1195.00 | 898.00 | 159.45 |
| 兰州—西宁 | 1508.58 | 914.35 | 159.15 |
| 宁夏沿黄 | 606.00 | 419.00 | 59.93 |
| 天山北坡 | 1411.05 | 920.10 | 166.75 |

资料来源：《中国城市统计年鉴（2021）》。

从全市常住人口来看，长三角城市群常住人口超过 2 亿人，中原城市群、长江中游城市群、京津冀城市群、成渝城市群和山东半岛城市群的常住人口均已超过 1 亿人，6 个城市群相加共容纳了近 8.4 亿人。粤闽浙沿海城市群和珠三角城市群分别拥有 9373 万和 7823 万常住人口。北部湾城市群、关中平原城市群和哈长城市群均承载了 4000 万以上的常住人口。相较来看，西部地区的天山北坡城市群、呼包鄂榆城市群和宁夏沿黄城市群的常住人口最少，均不及 1500 万人。各城市群的城镇常住人口与全市常住人口情况基本相同，呈现从沿海城市群到内陆城市群递减的趋势。

从城镇非私营单位从业期末人数来看，与人口数量类似，长三角城市群具备绝对优势，容纳了 3498.74 万的城镇单位从业人员；珠三角城市群、成渝城市群、京津冀城市群均容纳了 1500 万以上的城镇非私营单位从业期末人员；中原城市群、长江中游城市群和山东半岛城市群均容纳了 1000 万以上的城镇非私营单位从业期末人员，粤闽浙沿海城市群的城镇非私营单位从业期末人员接近 1000 万人；关中平原城市群、哈长城市群、北部湾城市群、山西中部城市群和黔中城市群均容纳了 200 万以上 500 万以下的就业人员；西部地区的天山北坡城市群、滇中城市群、呼包鄂榆城市群、兰州—西宁城市群和宁夏沿黄城市群的就业人员数均不足 200 万人。

## 15.2.5 国际化进程比较分析

在表 15-8 中，我们选取了外商直接投资实际使用额、人均外商直接投资实际使用额和货物进出口额来表示各城市群国际化进程。人均外商直接投资实际使用额利用外商直接投资实际使用额除以常住人口所得。

从外商直接投资实际使用额来看，东部沿海地区的外商直接投资实际使用额均较高。其中，我国外商直接投资最集中的城市群为长三角城市群，高达 827.26 亿美元；位列第二的是珠三角城市群，达到 620.61 亿美元；京津冀城市群和长江中游城市群分别达到了 408.98 亿美元、389.03 亿美元；山东半岛城市群和成渝城市群有超过 100 亿美元的外商投资；而西部地区如宁夏沿黄城市群、天山北坡城市群和兰州—西宁城市群则不足 3 亿美元，由此可见，各城市群对外商的吸引力差距巨大。与总额指标排名不同，从人均外商直接投资实际使用额来看，外商投资密度最高的地区为珠三角城市群（793.32 美元/人），为第二名京津冀城市群（370.45 美元/人）的两倍以上，长三角城市群（351.46 美元/人）和长江中游城市群（308.29 美元/人）均达到人均外商直接投资实际使用额 300 美元/人以上。

从货物进出口额来看，长三角城市群遥遥领先，货物进口额近 5 万亿元，货物出口额近 7 万亿元；京津冀城市群和珠三角城市群的货物进口额均超过 2 万亿元；珠三角城市群的货物出口额超过 4 万亿元，山东半岛城市群、粤闽浙沿海城市群和京津冀城市群的货物出口额均高于 1 万亿元。

内陆地区的城市群货物进出口较少，如黔中城市群、呼包鄂榆城市群、兰州—西宁城市群和宁夏沿黄城市群，进出口总额均低于400亿元。

表 15-8　2020 年中国城市群国际化进程

| 城市群 | 外商直接投资实际使用额（亿美元） | 人均外商直接投资实际使用额（美元/人） | 货物进口额（亿元） | 货物出口额（亿元） |
|---|---|---|---|---|
| 京津冀 | 408.98 | 370.45 | 28937.49 | 10251.93 |
| 长三角 | 827.26 | 351.46 | 49082.83 | 69506.13 |
| 珠三角 | 620.61 | 793.32 | 26330.76 | 41346.06 |
| 成渝 | 122.56 | 119.24 | 5734.10 | 8818.54 |
| 长江中游 | 389.03 | 308.29 | 4197.48 | 7648.04 |
| 山东半岛 | 176.48 | 173.63 | 9027.02 | 13052.75 |
| 粤闽浙沿海 | 99.22 | 105.85 | 6814.02 | 12695.56 |
| 中原 | 269.63 | 163.77 | 4326.96 | 5227.03 |
| 关中平原 | 82.06 | 188.94 | 1857.73 | 1959.68 |
| 北部湾 | 39.98 | 91.81 | 2691.13 | 2950.28 |
| 哈长 | 10.11 | 24.93 | 2038.40 | 543.34 |
| 辽中南 | 20.79 | 67.85 | 3918.07 | 2411.12 |
| 山西中部 | 7.61 | 47.26 | 524.65 | 779.15 |
| 黔中 | 21.22 | 83.31 | 91.98 | 384.59 |
| 滇中 | 7.17 | 30.67 | 743.73 | 1117.38 |
| 呼包鄂榆 | 13.29 | 111.22 | 191.70 | 170.70 |
| 兰州—西宁 | 1.20 | 7.97 | 140.54 | 50.52 |
| 宁夏沿黄 | 2.72 | 44.95 | 36.49 | 86.53 |
| 天山北坡 | 2.24 | 15.85 | 374.34 | 908.68 |

资料来源：《中国城市统计年鉴（2021）》。

## 15.2.6　财政金融比较分析

　　表 15-9 提供了 2020 年我国城市群年末金融机构人民币各项存款余额、年末金融机构人民币各项贷款余额、公共财政支出、科学技术支出和

教育支出等指标，来反映城市群金融和财政的收支状况。

表 15-9  2020 年中国城市群地区财政金融状况

| 城市群 | 年末金融机构人民币各项存款余额（亿元） | 年末金融机构人民币各项贷款余额（亿元） | 公共财政支出（亿元） | 科学技术支出（亿元） | 教育支出（亿元） |
|---|---|---|---|---|---|
| 京津冀 | 293939.46 | 175661.04 | 18212.93 | 602.72 | 3005.17 |
| 长三角 | 524245.01 | 425733.72 | 36537.63 | 1738.82 | 5938.23 |
| 珠三角 | 227884.58 | 169936.15 | 11537.31 | 823.41 | 2273.32 |
| 成渝 | 122952.79 | 105049.41 | 11881.70 | 235.42 | 1897.34 |
| 长江中游 | 141023.22 | 129185.66 | 15788.38 | 545.09 | 2399.96 |
| 山东半岛 | 115953.71 | 95143.63 | 10205.57 | 224.53 | 2006.86 |
| 粤闽浙沿海 | 99877.05 | 91318.85 | 10625.68 | 271.42 | 2072.68 |
| 中原 | 121097.67 | 93906.99 | 14739.08 | 287.10 | 2669.58 |
| 关中平原 | 47506.03 | 37980.99 | 4781.66 | 41.02 | 811.16 |
| 北部湾 | 33418.02 | 34095.92 | 3771.49 | 28.77 | 736.77 |
| 哈长 | 47110.68 | 37755.27 | 5427.07 | 39.05 | 603.50 |
| 辽中南 | 54498.76 | 43256.41 | 3751.65 | 51.98 | 430.29 |
| 山西中部 | 24764.59 | 20549.61 | 2068.08 | 40.81 | 291.64 |
| 黔中 | 23944.10 | 27303.28 | 2478.04 | 60.38 | 512.29 |
| 滇中 | 24709.27 | 25721.21 | 1708.86 | 28.48 | 316.46 |
| 呼包鄂榆 | 18188.37 | 17122.28 | 2184.05 | 19.58 | 321.43 |
| 兰州—西宁 | 17301.30 | 21177.71 | 1447.39 | 12.42 | 275.67 |
| 宁夏沿黄 | 6602.03 | 7335.88 | 868.17 | 13.45 | 130.88 |
| 天山北坡 | 17807.11 | 14906.07 | 891.23 | 11.74 | 149.44 |

资料来源：《中国城市统计年鉴（2021）》。

金融方面，我国城市群的金融机构人民币存款额和贷款额体量前五位均为长三角城市群、京津冀城市群、珠三角城市群、长江中游城市群和成渝城市群，其中长三角城市群的年末金融机构人民币各项存贷款余额显著高于其他城市群。中原城市群、山东半岛城市群和粤闽浙沿海城市群存贷款余额相近，均在 10 万亿元左右。中西部城市群的年末金融机构人民币各项存贷款余额均低于 5 万亿元，仍有较大发展空间。

财政方面，2020 年公共财政支出前三位为长三角城市群（36537.63 亿元）、京津冀城市群（18212.93 亿元）和长江中游城市群（15788.38 亿元）；中原城市群、成渝城市群、珠三角城市群、粤闽浙沿海城市群和山东半岛城市群的公共财政支出也超过了 1 万亿元。财政支出水平较高的城市群大多位于东部沿海地区，而西部地区如滇中城市群、兰州—西宁城市群、天山北坡城市群和宁夏沿黄城市群的公共财政支出均不足 2000 亿元。从表 15-9 可以看出，各城市群的教育支出明显高于科学技术支出，其中教育支出排名靠前的有长三角城市群、京津冀城市群、中原城市群、长江中游城市群、珠三角城市群、粤闽浙沿海城市群和山东半岛城市群，均超过 2000 亿元；而科学技术支出排名靠前的有长三角城市群、珠三角城市群和京津冀城市群，均超过 600 亿元。

## 15.2.7　城市建设比较分析

我们采用人口密度、人均城市道路面积、人均液化石油气用量、万人公交车拥有量、建成区绿化覆盖率、污水处理厂集中处理率、生活垃圾无害化处理率来表示城市建设水平，具体数据见表 15-10。人均变量均是相应总体指标除以常住人口所得。

城市群中珠三角的人口密度最高，超过了 1400 人/km²；长三角城市群（657.34 人/km²）、山东半岛城市群（641.55 人/km²）、中原城市群（513.51 人/km²）和京津冀城市群（504.67 人/km²）均超过了 500 人/km²；成渝城市群达到 429.07 人/km²，其余城市群的人口密度均低于 400 人/km²。兰州—西宁城市群（89.00 人/km²）、呼包鄂榆城市群（68.38 人/km²）和天山北坡城市群（40.48 人/km²）是人口密度最低的三个城市群，没有超过 100 人/km²。

表 15-10　2020 年中国城市群基础设施状况

| 城市群 | 人口密度（人/km²） | 人均城市道路面积（m²/人） | 人均液化石油气用量（吨/万人） | 万人公交车拥有量（辆） | 建成区绿化覆盖率（%） | 污水处理厂集中处理率（%） | 生活垃圾无害化处理率（%） |
|---|---|---|---|---|---|---|---|
| 京津冀 | 504.67 | 5.43 | 39.87 | 4.96 | 42.97 | 98.15 | 100.00 |

| 城市群 | 人口密度（人/km²） | 人均城市道路面积（m²/人） | 人均液化石油气用量（吨/万人） | 万人公交车拥有量（辆） | 建成区绿化覆盖率（%） | 污水处理厂集中处理率（%） | 生活垃圾无害化处理率（%） |
|---|---|---|---|---|---|---|---|
| 长三角 | 657.34 | 7.68 | 55.11 | 4.25 | 42.85 | 94.99 | 100 |
| 珠三角 | 1423.55 | 5.50 | 215.64 | 8.63 | 44.46 | 97.26 | 100.00 |
| 成渝 | 429.07 | 4.55 | 21.95 | 3.26 | 41.80 | 95.69 | 99.37 |
| 长江中游 | 360.24 | 5.20 | 36.36 | 3.66 | 44.19 | 95.85 | 100.00 |
| 山东半岛 | 641.55 | 7.73 | 21.35 | 4.01 | 41.89 | 98.00 | 100.00 |
| 粤闽浙沿海 | 343.44 | 4.24 | 67.91 | 2.70 | 44.62 | 95.01 | 99.98 |
| 中原 | 513.51 | 3.54 | 12.85 | 2.31 | 42.36 | 97.38 | 99.91 |
| 关中平原 | 268.59 | 4.34 | 7.19 | 3.37 | 40.10 | 96.96 | 99.55 |
| 北部湾 | 361.86 | 4.05 | 71.19 | 2.06 | 41.51 | 90.61 | 99.94 |
| 哈长 | 131.92 | 5.14 | 35.08 | 4.42 | 32.67 | 95.58 | 98.89 |
| 辽中南 | 369.82 | 8.45 | 154.44 | 5.73 | 43.16 | 97.03 | 100.00 |
| 山西中部 | 216.36 | 5.12 | 22.36 | 3.63 | 43.47 | 96.89 | 99.97 |
| 黔中 | 251.84 | 2.47 | 30.70 | 1.94 | 41.20 | 94.88 | 92.49 |
| 滇中 | 183.94 | 3.34 | 43.69 | 3.27 | 40.93 | 96.54 | 98.66 |
| 呼包鄂榆 | 68.38 | 9.12 | 135.44 | 4.30 | 40.99 | 97.07 | 99.50 |
| 兰州—西宁 | 89.00 | 2.80 | 18.92 | 2.47 | 30.56 | 95.35 | 98.95 |
| 宁夏沿黄 | 124.55 | 12.09 | 21.25 | 4.32 | 42.78 | 89.32 | 99.81 |
| 天山北坡 | 40.48 | 8.56 | 24.39 | 3.75 | 43.48 | 96.95 | 100.00 |

资料来源：《中国城市统计年鉴（2021）》。

人均城市道路面积方面，人均城市道路面积排名最高的是宁夏沿黄城市群（12.09m²/人）和呼包鄂榆城市群（9.12m²/人）；天山北坡城市群（8.56m²/人）和辽中南城市群（8.45m²/人）的人均城市道路面积也在8m²/人以上；山东半岛城市群和长三角城市群的人均城市道路面积也较高，超过了7m²/人。人均城市道路面积较低的多为我国中南部的城市群，排名靠后的有中原城市群、滇中城市群、兰州—西宁城市群和黔中城市群，人均城市道路面积均低于4m²/人。

人均液化石油气用量方面，相较于其他城市群，珠三角城市群的人均液化石油气用量最高，为 215.64 吨/万人；辽中南城市群和呼包鄂榆城市群的人均液化石油气用量均高于 100 吨/万人；北部湾城市群、粤闽浙沿海城市群和长三角城市群的人均液化石油气用量均高于全国城市群平均水平（54.11 吨/万人）。

城市交通方面，公交车拥有量第一的地区为珠三角城市群（8.63 辆/万人），远远高于随后的辽中南城市群（5.73 辆/万人）、京津冀城市群（4.96 辆/万人），其余城市群均低于 5 辆/万人。而全国万人公交车拥有量较低的区域为粤闽浙沿海城市群（2.70 辆/万人）、兰州—西宁城市群（2.47 辆/万人）、中原城市群（2.31 辆/万人）、北部湾城市群（2.06 辆/万人）和黔中城市群（1.94 辆/万人），其公交系统配备还有待完善。

城市绿化方面，粤闽浙沿海城市群、珠三角城市群、长江中游城市群、天山北坡城市群、山西中部城市群和辽中南城市群的建成区绿化覆盖率较高，分别达到 44.62%、44.46%、44.19%、43.48%、43.47% 和 43.16%；较差的是哈长城市群和兰州—西宁城市群，建成区绿化覆盖率仅为 32.67% 和 30.56%。

城市生活污水和生活垃圾处理率反映出对环境的重视，绝大多数城市群的生活垃圾无害化处理率在 99% 以上，黔中城市群（92.49%）的生活垃圾无害化处理率最低。而污水处理厂集中处理率排名靠前的京津冀城市群、山东半岛城市群、中原城市群、珠三角城市群、呼包鄂榆城市群和辽中南城市群，处理率均在 97% 以上；值得注意的是，长三角地区污水处理厂集中处理率较低，仅为 94.99%，需进一步提高污水处理能力。

## 15.2.8  交通运输设施比较分析

交通运输设施是基础设施的重要方面，我们用境内公路总里程、高速公路总里程以及公路的客运量和货运量来表示，如表 15-11 所示。

表 15-11  2020 年中国城市群交通设施状况

| 城市群 | 境内公路总里程（公里） | 高速公路里程（公里） | 公路客运量（万人） | 公路货运量（万吨） |
|---|---|---|---|---|
| 京津冀 | 243413 | 10307 | 43049 | 265992 |

| 城市群 | 境内公路总里程（公里） | 高速公路里程（公里） | 公路客运量（万人） | 公路货运量（万吨） |
|---|---|---|---|---|
| 长三角 | 530584 | 15773 | 130633 | 653785 |
| 珠三角 | 62524 | 4893 | 34216 | 151639 |
| 成渝 | 436405 | 10113 | 67301 | 226442 |
| 长江中游 | 506513 | 14119 | 65878 | 250525 |
| 山东半岛 | 269663 | 6984 | 18915 | 270580 |
| 粤闽浙沿海 | 284886 | 11691 | 48605 | 196862 |
| 中原 | 464895 | 11237 | 58314 | 383040 |
| 关中平原 | 165332 | 4847 | 30819 | 100695 |
| 北部湾 | 107535 | 3799 | 21161 | 115093 |
| 哈长 | 162194 | 5265 | 11798 | 59632 |
| 辽中南 | 71272 | 2807 | 19860 | 99446 |
| 山西中部 | 64111 | 2653 | 700 | 2100 |
| 黔中 | 61313 | 3330 | 108782 | 100463 |
| 滇中 | 66636 | 2769 | 9018 | 58927 |
| 呼包鄂榆 | 76283 | 3123 | 2282 | 110415 |
| 兰州—西宁 | 40349 | 1661 | 8820 | 36688 |
| 宁夏沿黄 | 26063 | 1505 | 2903 | 34216 |
| 天山北坡 | 18480 | 1572 | 643 | 14273 |

资料来源：《中国城市统计年鉴（2021）》。

可以看到，长三角城市群和长江中游城市群的公路与高速公路里程数均较高，公路总里程超过 50 万公里，高速公路里程超过 14 万公里；天山北坡城市群和宁夏沿黄城市群的公路和高速公路建设处于末位，与其他城市群存在较大差距。全国范围内客运总量较高的城市群包括长三角城市群和黔中城市群，客运总量均超过 10 亿人；成渝城市群和长江中游城市群客运总量均超过 6 亿人；山西中部城市群和天山北坡城市群公路客运量较少，不高于 700 万人。长三角城市群的公路货运量最多，超过 65 亿吨；中原城市群位列第二，公路货运量高于 38 亿吨；山东半岛城市群、京津冀城市群和长江中游城市群公路货运量相当，均超过 25 亿吨。排名靠后的城市群有兰州—西宁城市群、宁夏沿黄城市群、天山北坡城市群和山西中部城市群。

## 15.2.9 科教文卫事业比较分析

科教文卫事业是基础的公共服务，能够体现一个地区现代化程度和软实力，我们选取了人均地方财政科学支出、人均地方财政教育支出、普通小学和普通中学的师生比、百万人博物馆数、人均图书馆图书藏量和万人医生数来表示科教文卫事业的发展情况，各项人均指标均由常住人口数据计算得出，具体指标见表 15-12。

表 15-12　2020 年中国城市群科教文卫事业状况

| 城市群 | 人均地方财政科学支出（元） | 人均地方财政教育支出（元） | 普通小学师生比（人/万人） | 普通中学师生比（人/万人） | 百万人博物馆数（个/百万人） | 人均图书馆图书藏量（册） | 万人医生数（人/万人） |
|---|---|---|---|---|---|---|---|
| 京津冀 | 545.94 | 2722.07 | 953.31 | 797.13 | 3.46 | 1.13 | 36.95 |
| 长三角 | 738.73 | 2522.83 | 875.90 | 828.53 | 4.95 | 1.37 | 30.94 |
| 珠三角 | 1052.54 | 2905.94 | 1030.37 | 764.64 | 3.12 | 1.61 | 25.84 |
| 成渝 | 229.05 | 1846.02 | 724.45 | 765.76 | 3.77 | 2.17 | 27.70 |
| 长江中游 | 431.96 | 1901.87 | 739.34 | 746.70 | 3.42 | 0.68 | 26.93 |
| 山东半岛 | 220.90 | 1974.48 | 810.59 | 837.24 | 4.91 | 0.74 | 32.41 |
| 粤闽浙沿海 | 289.57 | 2211.33 | 790.92 | 743.99 | 3.49 | 0.96 | 25.01 |
| 中原 | 174.38 | 1621.48 | 820.10 | 736.45 | 3.21 | 0.43 | 27.34 |
| 关中平原 | 94.46 | 1867.74 | 916.38 | 993.72 | 6.84 | 2.23 | 29.44 |
| 北部湾 | 66.07 | 1692.06 | 882.11 | 721.55 | 1.42 | 0.69 | 24.16 |
| 哈长 | 96.23 | 1487.18 | 728.49 | 971.80 | 4.43 | 0.72 | 32.86 |
| 辽中南 | 169.64 | 1404.35 | 852.44 | 969.88 | 2.38 | 1.27 | 30.80 |
| 山西中部 | 253.46 | 1811.43 | 868.06 | 989.88 | 4.22 | 0.77 | 32.51 |
| 黔中 | 237.11 | 2011.68 | 763.15 | 734.83 | 1.22 | 0.31 | 23.57 |
| 滇中 | 121.85 | 1353.82 | 832.83 | 771.26 | 2.70 | 0.28 | 22.41 |
| 呼包鄂榆 | 163.87 | 2689.82 | 887.78 | 961.63 | 7.95 | 2.15 | 31.35 |
| 兰州—西宁 | 82.33 | 1827.37 | 944.57 | 1029.59 | 4.10 | 0.42 | 24.85 |

续表

| 城市群 | 人均地方财政科学支出（元） | 人均地方财政教育支出（元） | 普通小学师生比（人/万人） | 普通中学师生比（人/万人） | 百万人博物馆数（个/百万人） | 人均图书馆图书藏量（册） | 万人医生数（人/万人） |
|---|---|---|---|---|---|---|---|
| 宁夏沿黄 | 221.91 | 2159.72 | 687.56 | 707.94 | 3.30 | 0.91 | 31.71 |
| 天山北坡 | 83.22 | 1059.09 | 925.23 | 837.77 | 0.99 | 0.42 | 15.34 |

资料来源：《中国城市统计年鉴（2021）》。

科教事业方面，长三角、珠三角和京津冀三大城市群的人均地方财政科学支出、人均地方财政教育支出综合水平都位于前列，体现了这三个区域全国领先的科技文教实力；人均地方财政科学支出较高的还有长江中游城市群（431.96元/人）和粤闽浙沿海城市群（289.57元/人）；人均地方财政教育支出较高的还有呼包鄂榆城市群、粤闽浙沿海城市群、宁夏沿黄城市群和黔中城市群，均超过2000元/人。

师生比方面，普通小学师生比最高的是珠三角城市群（1030.37人/万人）、京津冀城市群（953.31人/万人）、兰州—西宁城市群（944.57人/万人）、天山北坡城市群（925.23人/万人）和关中平原城市群（916.38人/万人），而长三角城市群的小学师生比只排在中游。从普通中学师生比来看，兰州—西宁城市群（1029.59人/万人）、关中平原城市群（993.72人/万人）和山西中部城市群（989.88人/万人）位列前三，黔中城市群、北部湾城市群和宁夏沿黄城市群最低。这种情况一方面是因为城市群内不同城市对教育的重视程度不同，另一方面也与近年来人口大规模流入与流出和新生代数量减少有很大关系。

文化事业方面，由于常住人口数量较少，百万人博物馆数最多的城市群为呼包鄂榆城市群（7.95个/百万人）和关中平原城市群（6.84个/百万人），但其博物馆总数却处在中下水平。博物馆总数最多的是长三角城市群（1165个），其百万人博物馆数位列第三，为4.95个/百万人。人均图书馆图书藏量最高的为关中平原城市群，达2.23册，成渝城市群（2.17册）、呼包鄂榆城市群（2.15册）、珠三角城市群（1.61册）、长三角城市群（1.37册）、辽中南城市群（1.27册）和京津冀城市群（1.13

册）的人均图书馆图书藏量也有较高水平。

卫生事业方面，各城市群的万人医生数差距不大，有 8 个城市群每万人拥有超过 30 名医生，排名最高的是京津冀城市群（36.95 人/万人）和哈长城市群（32.86 人/万人）；天山北坡城市群这一数据仅为 15.34 人/万人，其余城市群都在 20—35 人/万人之间。

从科教文卫事业的比较中我们发现人均公共设施配置没有明显的东强西弱的划分，一方面是因为本节数据更多是从人均数量层面进行分析，在质量上各地区之间的差异并没有得到体现；另一方面，大量的人口迁入也稀释了东部城市群的人均公共服务指标。

## 15.2.10 环境污染程度比较分析

在表 15-13 中，我们选取工业废水排放量、工业二氧化硫排放量、工业烟（粉）尘排放量、可吸入细颗粒物年平均浓度、污水处理厂集中处理率和生活垃圾无害化处理率来表示城市群环境污染情况。

表 15-13　2020 年中国城市群环境污染程度比较

| 城市群 | 工业废水排放量（万吨） | 工业二氧化硫排放量（吨） | 工业烟（粉）尘排放量（吨） | 可吸入细颗粒物年平均浓度（微克/立方米） | 污水处理厂集中处理率（%） | 生活垃圾无害化处理率（%） |
|---|---|---|---|---|---|---|
| 京津冀 | 182605 | 133533 | 340025 | 44.46 | 97.95 | 100.00 |
| 长三角 | 312934 | 267683 | 502343 | 34.39 | 95.32 | 100.00 |
| 珠三角 | 44624 | 47400 | 105898 | 21.22 | 97.26 | 100.00 |
| 成渝 | 157214 | 114838 | 172648 | 36.86 | 95.69 | 99.37 |
| 长江中游 | 256401 | 174038 | 311420 | 35.29 | 95.85 | 100.00 |
| 山东半岛 | 114416 | 132362 | 247658 | 45.19 | 98.00 | 100.00 |
| 粤闽浙沿海 | 172769 | 116673 | 223108 | 22.15 | 95.01 | 99.98 |
| 中原 | 122422 | 125041 | 222761 | 51.36 | 97.38 | 99.91 |
| 关中平原 | 175328 | 44215 | 85015 | 42.18 | 96.96 | 99.55 |
| 北部湾 | 43913 | 36719 | 90905 | 22.45 | 90.61 | 99.94 |
| 哈长 | 146700 | 71626 | 113046 | 35.71 | 95.58 | 98.89 |

续表

| 城市群 | 工业废水排放量（万吨） | 工业二氧化硫排放量（吨） | 工业烟（粉）尘排放量（吨） | 可吸入细颗粒物年平均浓度（微克/立方米） | 污水处理厂集中处理率（%） | 生活垃圾无害化处理率（%） |
|---|---|---|---|---|---|---|
| 辽中南 | 63030 | 90947 | 186172 | 38.63 | 97.03 | 100.00 |
| 山西中部 | 43661 | 33243 | 185700 | 43.80 | 96.11 | 99.96 |
| 黔中 | 89843 | 86521 | 68615 | 26.00 | 94.88 | 92.49 |
| 滇中 | 79737 | 66181 | 80426 | 22.00 | 96.54 | 98.66 |
| 呼包鄂榆 | 81505 | 86811 | 103306 | 35.25 | 97.07 | 99.50 |
| 兰州—西宁 | 39528 | 56312 | 45034 | 31.80 | 95.35 | 98.95 |
| 宁夏沿黄 | 77372 | 58238 | 65415 | 36.25 | 89.32 | 99.81 |
| 天山北坡 | 193527 | 20630 | 38537 | 34.00 | 96.95 | 100.00 |

资料来源：《中国城市统计年鉴（2021）》《中国环境统计年鉴2021》。

总体来看，经济体量越大、工业比重越高的城市群排污量越多，长三角城市群和京津冀城市群在工业废水排放量上排名前四，在工业二氧化硫排放量和工业烟（粉）尘排放量上排名前三；而西部地区各城市群排放量均较少；相较来看，珠三角城市群的工业废水排放量、二氧化硫排放量和工业烟（粉）尘排放量均处于中下水平。这也提醒我们，在发展经济的同时，应当注重环境保护和污染治理，走出"先污染，后治理"的困境。长三角城市群和京津冀城市群的三项排放量都远高于其他城市群，除了工业产值高这一因素外，也暴露了当前环境保护实际举措仍有待加强的问题。从可吸入细颗粒物年平均浓度来看，中原城市群、山东半岛城市群、京津冀城市群、山西中部城市群和关中平原城市群排名靠前，这与当地产业结构和地理环境有关。

从生活垃圾治理角度来看，长三角城市群、京津冀城市群、珠三角城市群、山东半岛城市群、辽中南城市群、长江中游城市群和天山北坡城市群的生活垃圾无害化处理率达到100%，除黔中城市群（92.49%）外，其余城市群生活垃圾无害化处理率均达到98%以上，具有较强的污染治理意识。但长三角城市群和粤闽浙沿海城市群等较为发达的地区，污水处理厂集中处理率比较低，污水防护和治理体系建设方面还应进一步加强。

# 15.3 各城市群基本统计要素省域比重分析

《"十四五"新型城镇化实施方案》中的城市群覆盖了我国除西藏以外的22个省、4个直辖市和4个自治区。接下来介绍一下各城市群在人口、经济、城镇化和产业结构等方面对它所属的省、自治区或直辖市发挥的作用。

表15-14中,从土地面积来看,各城市群占所在省份的比重从12.59%到100%不等,其中京津冀城市群为北京市、天津市、河北省的全部地区,长三角城市群为上海市、江苏省、浙江省、安徽省的全部地区,山东半岛城市群为山东全省地区,占比均为100%;而呼包鄂榆城市群所占土地面积仅为内蒙古自治区和山西省之和的5.15%。常住人口方面,西部城市群的人口占所在省份的比重较土地面积比重更大,人口集聚更为显著,特别是成渝城市群、兰州—西宁城市群和天山北坡城市群,常住人口占所在省份比例比土地面积所占比例高出30个百分点以上;相反,东部城市群如粤闽浙沿海城市群的常住人口占所在省份比重反而低于土地面积占比。其原因在于我国当前按照行政区划分城市群,即把一个地市级行政单位所属的全部地区都纳入到城市群中,西部地区土地广袤,地市州的行政区域范围普遍很大,适宜居住的、基础设施较完善的地区较为集中,因此人口分布主要在面积占比很小的城区或聚居地中。

经济发展方面,关中平原城市群、中原城市群、呼包鄂榆城市群、粤闽浙沿海城市群和北部湾城市群的地区生产总值占所在省份比例较低,其余城市群占比均高于50%。与所在省份相比,人均地区生产总值比值最高的是呼包鄂榆城市群(1.61),地均地区生产总值比值最高的是兰州—西宁城市群(3.64);除粤闽浙沿海城市群、中原城市群和北部湾城市群三个城市群外,其他各城市群的人均地区生产总值与地均地区生产总值上所在省的比值均大于 1 或接近 1。粤闽浙沿海城市群和中原城市群的比值较低可能是因为两个城市群涉及省份较多，而部分省份只有少数城市纳入城市群统计范围；北部湾城市群则可能是因为城市多为少数民族聚集城市，城市建设与经济发展基础较弱，其竞争力和发展速度不具备明显的优势。

表 15-14　2020 年各城市群土地面积、人口、GDP 占
所在省、自治区或直辖市比重

| 城市群 | 土地面积占比（%） | 常住人口占比（%） | 地区生产总值占比（%） | 人均地区生产总值 | | 地均地区生产总值 | |
|---|---|---|---|---|---|---|---|
| | | | | 绝对值（万元/人） | 与所在省份相比 | 绝对值（万元/km²） | 与所在省份相比 |
| 京津冀 | 100.00 | 100.00 | 100.00 | 7.84 | 1.00 | 3955.16 | 1.00 |
| 长三角 | 100.00 | 100.00 | 100.00 | 10.48 | 1.00 | 6891.12 | 1.00 |
| 珠三角 | 30.89 | 61.97 | 80.82 | 11.44 | 1.30 | 16290.35 | 2.62 |
| 成渝 | 42.17 | 88.76 | 92.70 | 6.64 | 1.04 | 2848.30 | 2.20 |
| 长江中游 | 62.04 | 74.63 | 84.69 | 7.44 | 1.13 | 2681.54 | 1.36 |
| 山东半岛 | 100.00 | 100.00 | 100.00 | 7.19 | 1.00 | 4613.61 | 1.00 |
| 粤闽浙沿海 | 48.05 | 33.75 | 28.56 | 7.46 | 0.85 | 2563.61 | 0.59 |
| 中原 | 39.71 | 44.30 | 36.83 | 4.94 | 0.83 | 2534.72 | 0.93 |
| 关中平原 | 19.82 | 43.67 | 42.64 | 5.19 | 0.98 | 1393.72 | 2.15 |
| 北部湾 | 26.87 | 23.34 | 15.49 | 4.93 | 0.66 | 1782.37 | 0.58 |
| 哈长 | 50.35 | 72.85 | 78.69 | 4.80 | 1.03 | 633.24 | 1.56 |
| 辽中南 | 56.79 | 72.01 | 84.05 | 6.89 | 1.17 | 2547.86 | 1.48 |
| 山西中部 | 47.61 | 46.13 | 50.63 | 5.55 | 1.10 | 1200.98 | 1.06 |
| 黔中 | 57.45 | 66.01 | 77.45 | 5.42 | 1.17 | 1365.33 | 1.35 |
| 滇中 | 32.25 | 49.50 | 63.37 | 6.65 | 1.28 | 1222.91 | 1.96 |
| 呼包鄂榆 | 12.59 | 18.80 | 30.34 | 11.06 | 1.61 | 756.02 | 2.41 |
| 兰州—西宁 | 14.71 | 48.76 | 53.48 | 4.18 | 1.08 | 372.04 | 3.64 |
| 宁夏沿黄 | 93.93 | 84.05 | 91.01 | 5.89 | 1.08 | 733.33 | 0.97 |
| 天山北坡 | 21.13 | 54.48 | 67.66 | 6.62 | 1.24 | 267.80 | 3.20 |

资料来源：《中国城市统计年鉴（2021）》。

从产业结构来看（见表 15-2、表 15-15），我国城市群第二产业产值

（92.97%）和第三产业产值（91.57%）在全国所占比重均高于地区生产总值所占比重（91.27%），而第一产业在全国所占比重（79.17%）远低于地区生产总值所占比重，体现了城市群在二、三产业的集聚作用。具体来看，第一产业方面，北部湾城市群、粤闽浙沿海城市群、中原城市群和关中平原城市群的第一产业占所在省份的比重均高于地区生产总值占所在省份的比重，而其他城市群则相反。第二产业方面，城市群的第二产业占所在省份的比重与地区生产总值所占的比重相差不大，多数城市群的第二产业占所在省份的比重略高于其地区生产总值所占的比重，其中，差异最大的哈长城市群，其第二产业占所在省份的比重比地区生产总值占所在省份的比重高出 6.70 个百分点，关中平原城市群第二产业占所在省份的比重则比地区生产总值占所在省份的比重低 4.02 个百分点。与第二产业类似，半数城市群的第三产业占所在省份的比重高于其地区生产总值所占的比重，这也说明了第二产业和第三产业是经济的主要组成部分。很明显地，我们能够从表 15-15 中看出城市群吸纳了更多的第二、第三产业，而相应减少了第一产业的比重，第二、第三产业能够产生集聚效益，而城市群则促成了集聚效应的发挥。

表 15-15　2020 年各城市群三次产业产值占所在省、自治区或直辖市比重

| 城市群 | 地区生产总值占所在省份比重（%） | 第一产业占所在省份比重（%） | 第二产业占所在省份比重（%） | 第三产业占所在省份比重（%） |
|---|---|---|---|---|
| 京津冀 | 100.00 | 100.00 | 100.00 | 100.00 |
| 长三角 | 100.00 | 100.00 | 100.00 | 100.00 |
| 珠三角 | 80.82 | 32.89 | 82.32 | 83.44 |
| 成渝 | 92.70 | 86.20 | 93.01 | 93.72 |
| 长江中游 | 84.69 | 76.55 | 87.26 | 84.21 |
| 山东半岛 | 100.00 | 100.00 | 100.00 | 100.00 |
| 粤闽浙沿海 | 28.56 | 40.07 | 30.44 | 26.08 |
| 中原 | 36.83 | 44.64 | 37.75 | 34.82 |
| 关中平原 | 42.64 | 47.37 | 38.62 | 45.17 |
| 北部湾 | 15.49 | 39.25 | 11.79 | 15.05 |

| 城市群 | 地区生产总值占所在省份比重（％） | 第一产业占所在省份比重（％） | 第二产业占所在省份比重（％） | 第三产业占所在省份比重（％） |
|---|---|---|---|---|
| 哈长 | 78.69 | 65.15 | 85.39 | 85.35 |
| 辽中南 | 84.05 | 63.66 | 88.35 | 84.51 |
| 山西中部 | 50.63 | 32.97 | 50.43 | 52.63 |
| 黔中 | 77.45 | 72.07 | 77.53 | 69.02 |
| 滇中 | 63.37 | 46.64 | 66.95 | 56.84 |
| 呼包鄂榆 | 30.34 | 14.91 | 35.82 | 28.74 |
| 兰州—西宁 | 53.48 | 36.88 | 49.77 | 60.86 |
| 宁夏沿黄 | 91.01 | 78.42 | 95.71 | 89.28 |
| 天山北坡 | 67.66 | 51.06 | 71.14 | 69.98 |

资料来源：《中国城市统计年鉴（2021）》。

# 15.4　2020 年中国城市群发展水平

前面三节简单描述了各城市群的基本情况，本节用更加合理的综合指标来刻画城市群的发育水平，各指标的名称及计算方法见表 15-16，城市群计算数据如表 15-17 所示。

表 15-16　城市群发育程度衡量指标

| 符号 | 指标名称 | 计算方法 |
|---|---|---|
| CFD1 | 城市群经济发展总体水平指数 | 该城市群人均 GDP 占所有城市群人均 GDP 比例与该城市群经济密度占所有城市群经济密度比例之积的平方根 |
| CFD2 | 城市群交通运输条件指数 | 该城市群货运量占所有城市群货运量比例、客运量比例、人均客运量比例和人均货运量比例之积的四次方根 |

续表

| 符号 | 指标名称 | 计算方法 |
|------|----------|----------|
| CFD3 | 城市群内部建成区面积指数 | 该城市群建成区面积占城市群总面积的比例 |
| CFD4 | 城市群内部商品流通量指数 | 该城市群人均限额以上批发零售贸易业商品销售额占所有城市群的比例与社会消费品总额所占比例之积的平方根 |
| CFD5 | 城市群的产业熵指数 | 第一、第二、第三产业的区位熵之积的立方根 |

资料来源：方创林、姚士谋等：《2010 中国城市群发展报告》，科学出版社 2011 年版。由于部分指标数据缺失，对个别指标进行了替换。

（1）城市群经济发展总体水平指数。珠三角城市群（3.0847）在经济发展总体水平上远远高出其他城市群；排在第二梯队的是长三角城市群（1.9203）和山东半岛城市群（1.3014）；再次是京津冀城市群和长江中游城市群，经济发展总体水平指数均超过 1；排在末位的三个城市群是哈长城市群、天山北坡城市群和兰州—西宁城市群。

（2）城市群交通运输条件指数。排在第一梯队的是黔中城市群和长三角城市群，交通运输条件指数均在 0.45 以上；排在第二梯队的是成渝城市群、中原城市群和长江中游城市群，交通运输条件指数接近 0.3；排在第三梯队的有京津冀城市群、粤闽浙沿海城市群和关中平原城市群。本指数排在后三位的城市群为宁夏沿黄城市群、天山北坡城市群和山西中部城市群，交通运输条件指数均在 0.1 以下。

（3）城市群内部建成区面积指数。珠三角城市群（0.0381）的建成区面积指数最高，山东半岛城市群（0.0278）超越长三角城市群（0.0244），位列第二。建成区面积指数最低的五个城市群是哈长城市群、滇中城市群、呼包鄂榆城市群、兰州—西宁城市群和天山北坡城市群，这些城市群要在合理规划的基础上，适度加快城市建设进程。

（4）城市群内部商品流通量指数。这个指标反映了城市群的商品供需规模。排在最前面的是长三角城市群（0.7315）、珠三角城市群（0.4021）和京津冀城市群（0.3665），排在第二梯队的是粤闽浙沿海城市群、山东半岛城市群和成渝城市群。呼包鄂榆城市群、兰州—西宁城市群、黔中城市群、天山北坡城市群和宁夏沿黄城市群本指数得分最低。

（5）城市群的产业熵指数。一般来说，三次产业比重差异越大，本指数得分也就越小。可以看到珠三角城市群、山西中部城市群、长三角城市群和京津冀城市群的产业熵指数均低于 0.9，这些城市群的第一产业比重非常低，而第二、三产业比重则较高。中原城市群、天山北坡城市群、黔中城市群、北部湾城市群和哈长城市群本指数较高，表明第一产业的比重相对较高，三次产业分布差异较小。

表 15-17　中国城市群发育水平比较分析（2020 年）

| 城市群 | CFD1 | CFD2 | CFD3 | CFD4 | CFD5 |
|---|---|---|---|---|---|
| 京津冀 | 1.2579 | 0.2494 | 0.0131 | 0.3665 | 0.8620 |
| 长三角 | 1.9203 | 0.4664 | 0.0244 | 0.7315 | 0.8567 |
| 珠三角 | 3.0847 | 0.1994 | 0.0381 | 0.4021 | 0.6592 |
| 成渝 | 0.9824 | 0.2982 | 0.0168 | 0.2026 | 1.0922 |
| 长江中游 | 1.0094 | 0.2800 | 0.0122 | 0.1959 | 1.0780 |
| 山东半岛 | 1.3014 | 0.1738 | 0.0278 | 0.2320 | 1.0257 |
| 粤闽浙沿海 | 0.9883 | 0.2474 | 0.0089 | 0.2814 | 1.0120 |
| 中原 | 0.7992 | 0.2852 | 0.0111 | 0.1518 | 1.1299 |
| 关中平原 | 0.6076 | 0.2070 | 0.0081 | 0.1188 | 1.0912 |
| 北部湾 | 0.6694 | 0.1831 | 0.0101 | 0.1080 | 1.2326 |
| 哈长 | 0.3939 | 0.1020 | 0.0051 | 0.0784 | 1.2601 |
| 辽中南 | 0.9466 | 0.1966 | 0.0230 | 0.1344 | 1.0076 |
| 山西中部 | 0.5833 | 0.0074 | 0.0071 | 0.0805 | 0.8265 |
| 黔中 | 0.6147 | 0.5072 | 0.0072 | 0.0704 | 1.1377 |
| 滇中 | 0.6442 | 0.1167 | 0.0049 | 0.0977 | 1.0774 |
| 呼包鄂榆 | 0.6532 | 0.1124 | 0.0039 | 0.0737 | 0.9159 |
| 兰州—西宁 | 0.2817 | 0.1134 | 0.0027 | 0.0715 | 1.0547 |
| 宁夏沿黄 | 0.4695 | 0.0991 | 0.0079 | 0.0326 | 1.0358 |
| 天山北坡 | 0.3007 | 0.0197 | 0.0023 | 0.0593 | 1.1339 |

资料来源：《中国城市统计年鉴（2021）》。

# 15.5 2000—2020 年中国城市群演进情况

由于我国城市群在 2000—2020 年期间存在较大变动，为了更好地考察城市群二十年间的演变趋势，使得结果更加具有可比性，因此以 2020 年城市群范围为标准。由于 2020 年城市群范围中的城市在 2000—2020 年期间存在变动情况，为了尽可能减小因城市变动造成的总量指标波动，本部分将 2000—2020 年每五年划分一个周期，分别测算了 2000—2005 年、2006—2010 年、2011—2015 年、2016—2020 年四个时间段的均值与年均增长率，从经济总量、三次产业总量、消费总量、财政收支和科教支出 5 个维度共计 9 个指标对 2000—2020 年中国城市群发展趋势展开分析。

## 15.5.1 2000—2020 年经济总量比较分析

党的二十大报告指出，我国提出并贯彻新发展理念，着力推进高质量发展，推动构建新发展格局，实施供给侧结构性改革，制定一系列具有全局性意义的区域重大战略，我国经济实力实现历史性跃升，国内生产总值从 54 万亿元增长到 114 万亿元，我国经济总量占世界经济的比重达 18.5%，提高 7.2 个百分点，稳居世界第二位。以地区生产总值作为经济总量的衡量指标，2000—2020 年中国城市群经济总量分析如表 15-18 所示。

表 15-18  2000—2020 年中国城市群地区生产总值

单位：亿元

| 城市群 | 2000—2005 年 | | 2006—2010 年 | | 2011—2015 年 | | 2016—2020 年 | |
|---|---|---|---|---|---|---|---|---|
| | 均值 | 年均增长率 | 均值 | 年均增长率 | 均值 | 年均增长率 | 均值 | 年均增长率 |
| 京津冀 | 13626.89 | 17.09% | 33355.73 | 16.34% | 61705.12 | 7.62% | 78513.58 | 3.11% |

续表

| 城市群 | 2000—2005 年 | | 2006—2010 年 | | 2011—2015 年 | | 2016—2020 年 | |
|---|---|---|---|---|---|---|---|---|
| | 均值 | 年均增长率 | 均值 | 年均增长率 | 均值 | 年均增长率 | 均值 | 年均增长率 |
| 长三角 | 31968.12 | 15.72% | 74343.69 | 16.33% | 139752.11 | 8.79% | 200538.22 | 8.44% |
| 珠三角 | 11491.60 | 19.39% | 29358.17 | 14.89% | 52969.75 | 9.01% | 77264.41 | 7.18% |
| 成渝 | 7191.27 | 12.95% | 16631.51 | 20.14% | 36717.36 | 11.04% | 51777.19 | 8.99% |
| 长江中游 | 9892.07 | 12.63% | 23704.93 | 22.18% | 53944.31 | 12.45% | 76447.67 | 7.29% |
| 山东半岛 | 9250.12 | 10.49% | 18976.22 | 16.82% | 37127.58 | 9.68% | 53836.33 | 9.87% |
| 粤闽浙沿海 | 10913.37 | 16.31% | 26616.56 | 16.49% | 48860.89 | 7.74% | 62816.60 | 7.68% |
| 中原 | 2701.37 | 20.06% | 6689.13 | 19.01% | 13945.68 | 9.17% | 18572.35 | 7.20% |
| 关中平原 | 2783.08 | 14.15% | 6246.35 | 17.38% | 12829.74 | 10.95% | 17668.58 | 6.27% |
| 北部湾 | 12659.39 | 17.36% | 30882.47 | 15.41% | 54425.99 | 8.20% | 64978.75 | 2.52% |
| 哈长 | 5844.05 | 10.71% | 12136.39 | 18.02% | 22873.12 | 4.84% | 21285.86 | -4.66% |
| 辽中南 | 5484.78 | 13.27% | 12889.76 | 18.77% | 23447.91 | 4.01% | 19544.97 | 2.86% |
| 山西中部 | 1089.32 | 23.42% | 3206.73 | 17.43% | 5770.03 | 3.78% | 7319.43 | 8.79% |
| 黔中 | 760.39 | 13.16% | 1682.88 | 17.41% | 5249.72 | 19.30% | 8883.18 | 15.02% |
| 滇中 | 1405.19 | 10.53% | 2958.62 | 15.64% | 5903.84 | 10.54% | 8868.05 | 12.31% |
| 呼包鄂榆 | 1272.63 | 38.79% | 5808.28 | 29.02% | 12617.52 | 6.31% | 12041.35 | -1.84% |
| 兰州—西宁 | 709.45 | 16.40% | 1639.60 | 16.88% | 3618.84 | 12.74% | 5131.15 | 8.10% |
| 宁夏沿黄 | 353.65 | 18.82% | 1027.41 | 21.93% | 2316.76 | 9.92% | 3038.82 | 5.20% |
| 天山北坡 | 629.10 | 18.05% | 1553.84 | 16.12% | 2986.53 | 6.96% | 5322.44 | 11.49% |

资料来源:《中国城市统计年鉴》。

(1) 长三角城市群在 2000—2020 年呈现出显著增长态势,经济总量一骑绝尘远超其他城市群。分阶段来看,2000—2020 年四个时间段长三角城市群均值分别为 31968.12 亿元、74343.69 亿元、139752.11 亿元、2000538.22 亿元,增长速度呈现下降趋势,年均增长率在 2006—2010 年(16.33%)最快,其次是 2000—2005 年(15.72%),在 2011—2020 年增速虽有所下降,但仍然保持在 8.00% 以上。

(2) 京津冀、珠三角、长江中游、粤闽浙沿海和北部湾城市群地区生产总值差距相对较小,属于第二梯队。2000—2005 年这五大城市群地区生产总值均值均在 1 万亿元以上，呈现增长态势；2016—2020 年京津冀、珠三角和长江中游城市群地区生产总值均值均高于 7.5 万亿元，北部湾城市群（64978.75 亿元）和粤闽浙沿海城市群（62816.60 亿元）地区生产总值均值相对落后。从增速来看，京津冀和珠三角城市群地区生产总值年均增长率呈现明显下降趋势，且降幅较大；长江中游城市群地区生产总值年均增长率先增后降，2006—2010 年地区生产总值年均增长率达到 22.18%，逐渐缩小与京津冀、珠三角城市群之间的差距；北部湾城市群地区生产总值年均增长率逐渐下降，2016—2020 年增速（2.52%）略有不足；粤闽浙沿海城市群地区生产总值增速在 2000—2011 年期间较快，年均增长率约为 16.40%，在 2011—2020 年年均增长率约为 7.60%，增速相对减缓。

（3）山东半岛和成渝城市群地区生产总值属于第三梯队，山东半岛城市群地区生产总值高于成渝城市群，二者在 2005—2010 年地区生产总值均值介于 7000 亿元至 1 万亿元之间，此后不断上升，在 2016—2020 年地区生产总值均值均高于 5 万亿元。从增长速度来看，山东半岛城市群地区生产总值年均增长率呈现先上升后降低再上升的演变趋势，成渝城市群地区生产总值年均增长率先上升后下降，二者在 2006—2010 年地区生产总值增速（16.82%）较快，年均增长率分别达到 16.82%、20.14%，呈现快速追赶态势。

（4）哈长、辽中南、中原、关中平原和呼包鄂榆城市群地区生产总值属于第四梯队，2000—2020 年整体均值介于 7000 亿元至 1.5 万亿元之间，其中哈长和辽中南城市群地区生产总值均值约 1.5 万亿元，中原和关中平原城市群地区生产总值均值约 1 万亿元，呼包鄂榆城市群（7617.60 亿元）地区生产总值均值相对落后。

（5）滇中、山西中部、黔中、兰州—西宁、天山北坡和宁夏沿黄城市群地区生产总值与其他城市群对比相对较低，但年均增长率相对较高。2000—2005 年这六大城市群地区生产总值均值均低于 1500 亿元，随后地区生产总值呈现快速增长趋势，2016—2020 年六大城市群地区生产总值均值介于 3000 亿元到 9000 亿元之间，其中黔中城市群增速较快，由 2000—2005 年均值 760.39 亿元增长至 2016—2020 年均值 8883.18 亿元。

## 15.5.2 2000—2020 年三次产业总量比较分析

大国竞争，产业为要。现代化产业体系是实现高质量发展的重要条件，坚持三次产业融合发展，推动先进制造业、现代服务业、现代农业深度融合。以第一产业、第二产业、第三产业增加值作为三次产业总量衡量指标，2000—2020 年中国城市群三次产业总量分析如表 15-19 至表 15-21 所示。

表 15-19 2000—2020 年中国城市群第一产业增加值

单位：亿元

| 城市群 | 2000—2005 年 | | 2006—2010 年 | | 2011—2015 年 | | 2016—2020 年 | |
|---|---|---|---|---|---|---|---|---|
| | 均值 | 年均增长率 | 均值 | 年均增长率 | 均值 | 年均增长率 | 均值 | 年均增长率 |
| 京津冀 | 1316.89 | 8.87% | 2236.77 | 11.96% | 3636.71 | 4.03% | 3276.28 | 1.46% |
| 长三角 | 2783.42 | 6.21% | 4334.88 | 11.97% | 7291.70 | 5.52% | 7793.34 | 4.37% |
| 珠三角 | 545.93 | 3.16% | 693.05 | 8.00% | 1031.07 | 4.84% | 1213.59 | 6.83% |
| 成渝 | 1331.93 | 9.72% | 2320.42 | 11.96% | 3813.48 | 6.54% | 4459.30 | 8.53% |
| 长江中游 | 1664.00 | 8.01% | 3062.95 | 15.58% | 5485.11 | 9.70% | 5961.70 | 4.71% |
| 山东半岛 | 1318.89 | 5.24% | 2009.82 | 10.96% | 3310.91 | 6.61% | 3649.62 | 3.99% |
| 粤闽浙沿海 | 2254.53 | 10.96% | 4031.13 | 11.56% | 6308.19 | 4.81% | 6079.82 | 4.86% |
| 中原 | 330.95 | 13.46% | 732.44 | 19.61% | 1458.29 | 6.92% | 1542.09 | 5.60% |
| 关中平原 | 707.07 | 9.91% | 1235.77 | 12.40% | 2143.04 | 6.85% | 2675.35 | 8.79% |
| 北部湾 | 1619.05 | 7.27% | 2708.74 | 11.29% | 4108.75 | 5.61% | 4266.99 | 3.42% |
| 哈长 | 904.68 | 9.92% | 1587.53 | 12.96% | 2827.09 | 7.40% | 2444.60 | 0.56% |
| 辽中南 | 461.04 | 10.56% | 893.12 | 13.80% | 1514.41 | 4.96% | 1201.29 | 0.97% |
| 山西中部 | 77.34 | 13.20% | 141.50 | 17.91% | 258.45 | 5.42% | 251.78 | 3.28% |
| 黔中 | 140.18 | 4.88% | 195.89 | 10.31% | 606.07 | 23.62% | 1030.60 | 17.03% |
| 滇中 | 158.37 | 9.60% | 305.15 | 13.56% | 555.62 | 9.39% | 702.48 | 12.43% |
| 呼包鄂榆 | 106.48 | 20.07% | 241.40 | 17.98% | 444.59 | 5.11% | 466.61 | 7.51% |
| 兰州—西宁 | 57.41 | 18.43% | 115.56 | 12.57% | 234.89 | 14.89% | 285.97 | 11.66% |
| 宁夏沿黄 | 46.46 | 8.08% | 94.34 | 18.87% | 170.78 | 6.26% | 194.07 | 8.32% |
| 天山北坡 | 6.48 | 17.33% | 18.67 | 21.49% | 31.17 | 8.71% | 227.95 | 93.42% |

资料来源：《中国城市统计年鉴》。

（1）长三角、粤闽浙沿海、长江中游城市群第一产业增加值相对较高，2000—2020 年第一产业增加值均值分别为 5419.06 亿元、4553.47 亿元、3930.13 亿元，长三角城市群第一产业增加值始终保持上升趋势，粤闽浙沿海和长江中游城市群第一产业增加值整体呈现快速增长态势，但在2016 年出现小幅下降。分阶段来看，2000—2005 年长三角城市群（2783.42 亿元）和粤闽浙沿海城市群（2254.53 亿元）第一产业增加值均值相对较高，长江中游城市群（1664.00 亿元）第一产业增加值均值相对较低；2016—2020 年长三角城市群第一产业增加值均值达到 7793.34 亿元，超过粤闽浙沿海城市群（6079.82 亿元）和长江中游城市群（5961.70亿元）第一产业增加值，粤闽浙沿海和长江中游城市群之间差距明显缩小。

（2）北部湾、成渝、京津冀、山东半岛、哈长和关中平原城市群第一产业增加值属于第二梯队，2000—2020 年第一产业增加值均值介于 1500亿元至 3200 亿元之间，其中北部湾城市群（2902.74 亿元）和成渝城市群（2902.74 亿元）第一产业增加值均值相对较高，京津冀和山东半岛城市群第一产业增加值均值约 2500 亿元，哈长城市群（1891.63 亿元）和关中平原城市群（1643.49 亿元）第一产业增加值相对落后。从增长幅度来看，关中平原与成渝城市群第一产业增加值涨幅较大，2016—2020 年关中平原与成渝城市群第一产业增加值均值分别是 2000—2005 年均值的 3.78 倍、3.35 倍，山东半岛、哈长和北部湾城市群增幅约 2.70 倍，京津冀城市群（2.49 倍）增幅相对较小。

（3）辽中南、中原、珠三角、黔中、滇中、呼包鄂榆、山西中部、兰州—西宁、宁夏沿黄和天山北坡城市群第一产业增加值均值在 2000—2020年小于 1000 亿元，其中辽中南城市群（990.97 亿元）、中原城市群（983.32 亿元）和珠三角城市群（855.43 亿元）第一产业增加值均值相对较高，黔中、滇中城市群第一产业增加值均值为 400 多亿元，呼包鄂榆城市群第一产业增加值均值为 304.85 亿元，山西中部城市群（177.27 亿元）、兰州—西宁城市群（167.93 亿元）和宁夏沿黄城市群（122.61 亿元）第一产业增加值均值介于 100 亿元至 200 亿元之间，天山北坡城市群第一产业增加值（67.99 亿元）小于 100 亿元。

## 表 15-20　2000—2020 年中国城市群第二产业增加值

单位：亿元

| 城市群 | 2000—2005 年 | | 2006—2010 年 | | 2011—2015 年 | | 2016—2020 年 | |
|---|---|---|---|---|---|---|---|---|
| | 均值 | 年均增长率 | 均值 | 年均增长率 | 均值 | 年均增长率 | 均值 | 年均增长率 |
| 京津冀 | 6249.95 | 16.77% | 14757.73 | 15.10% | 25626.21 | 4.01% | 24887.36 | -3.70% |
| 长三角 | 16603.04 | 16.87% | 38501.20 | 15.15% | 66815.32 | 5.45% | 82936.76 | 6.20% |
| 珠三角 | 5839.88 | 20.08% | 14572.59 | 13.31% | 24096.67 | 6.28% | 31662.28 | 5.76% |
| 成渝 | 3031.28 | 13.37% | 8129.90 | 25.20% | 18782.32 | 8.39% | 21409.99 | 2.99% |
| 长江中游 | 4333.72 | 12.93% | 11585.10 | 25.58% | 28378.88 | 10.57% | 33611.51 | 2.87% |
| 山东半岛 | 4419.63 | 11.47% | 9570.42 | 17.83% | 19023.65 | 8.12% | 24700.22 | 7.79% |
| 粤闽浙沿海 | 5293.01 | 19.41% | 14498.02 | 18.20% | 25942.59 | 3.93% | 27658.83 | 3.74% |
| 中原 | 1247.28 | 18.78% | 3309.21 | 18.80% | 6930.24 | 6.08% | 7598.35 | 2.69% |
| 关中平原 | 945.49 | 16.35% | 2408.17 | 18.31% | 5225.71 | 10.61% | 6014.13 | -2.07% |
| 北部湾 | 6752.26 | 21.00% | 17378.87 | 13.78% | 27735.49 | 5.30% | 28077.72 | -1.84% |
| 哈长 | 2825.14 | 10.20% | 6076.19 | 18.98% | 11160.09 | 0.31% | 7914.45 | -10.91% |
| 辽中南 | 2780.53 | 13.17% | 6830.94 | 20.24% | 12142.32 | 0.05% | 7977.25 | 1.99% |
| 山西中部 | 563.11 | 24.63% | 1717.00 | 17.37% | 2926.29 | -2.22% | 3145.74 | 9.36% |
| 黔中 | 336.86 | 13.51% | 726.73 | 14.19% | 2202.30 | 16.77% | 3281.18 | 11.40% |
| 滇中 | 714.24 | 9.28% | 1488.63 | 15.52% | 2872.59 | 7.34% | 3431.48 | 5.92% |
| 呼包鄂榆 | 656.98 | 37.62% | 3146.57 | 30.64% | 6729.34 | 2.74% | 5728.45 | -1.18% |
| 兰州—西宁 | 346.11 | 12.90% | 779.78 | 18.44% | 1655.71 | 7.45% | 1739.18 | 0.37% |
| 宁夏沿黄 | 175.68 | 18.88% | 539.19 | 22.70% | 1266.54 | 9.75% | 1427.54 | -0.14% |
| 天山北坡 | 345.69 | 20.33% | 916.58 | 16.61% | 1458.66 | -5.07% | 2023.08 | 9.38% |

资料来源：《中国城市统计年鉴》。

（1）长三角城市群第二产业增加值远超于其他城市群，且随着时间的推移，差距呈现明显扩大趋势。2000—2005 年长三角城市群第二产业增加值均值为 16603.04 亿元，年均增长率 16.87%，2006—2010 年第二产业增加值均值上升至 38501.20 亿元，年均增长率 15.15%；2011—2015 年长三角城市群第二产业增加值均值（66815.32 亿元）继续增加，年均增长率（5.45%）有所下降；2016—2020 年长三角第二产业增加值均值增至

82936.76 亿元,年均增长率(6.20%)有所回升。

(2)北部湾、长江中游、珠三角、粤闽浙沿海、京津冀、山东半岛和成渝城市群第二产业增加值属于第二梯队,2000—2020 年第二产业增加值均值均介于 1 万亿元至 2 万亿元之间。长江中游和成渝城市群第二产业增加值增速较快,二者 2016—2020 年第二产业增加值均值分别是 2000—2005 年均值的 7.76 倍、7.06 倍,特别在 2006—2010 年期间二者第二产业增加值年均增长率分别达到 25.58%、25.20%,长江中游城市群第二产业增加值在 2014 年超过其他六个城市群,位居第二梯队城市群首位。珠三角、粤闽浙沿海和山东半岛城市群第二产业增加值增速居中,2016—2020 年第二产业增加值均值约是 2000—2005 年均值的 5.50 倍;北部湾城市群(4.16 倍)和京津冀城市群(3.98 倍)第二产业增加值增速相对较慢,二者在 2011—2020 年年均增长率呈现明显下降趋势,北部湾与京津冀城市群第二产业增加值在 2020 年出现明显下降趋势。

(3)辽中南、哈长、中原、呼包鄂榆、关中平原、滇中、山西中部、黔中、天山北坡、兰州—西宁和宁夏沿海城市群第二产业增加值相对较小,2000—2020 年第二产业增加值均值均在 1 万亿元以下。辽中南和哈长城市群第二产业增加值呈现先增长后下降的变化趋势,在 2011—2015 年第二产业增加值均值较高;其他城市群第二产业增加值整体上呈现上升趋势,呼包鄂榆、关中平原和宁夏沿黄城市群第二产业增加值在 2016—2020 年年均增长率为负值,山西中部和天山北坡城市群第二产业增加值在 2011—2015 年增速为负;黔中、呼包鄂榆和宁夏沿黄城市群第二产业增加值涨幅较大,2016—2020 年第二产业增加值均值分别是 2000—2005 年第二产业增加值的 9.74 倍、8.72 倍、8.13 倍。

表 15-21　2000—2020 年中国城市群第三产业增加值

单位:亿元

| 城市群 | 2000—2005 年 | | 2006—2010 年 | | 2011—2015 年 | | 2016—2020 年 | |
|---|---|---|---|---|---|---|---|---|
| | 均值 | 年均增长率 | 均值 | 年均增长率 | 均值 | 年均增长率 | 均值 | 年均增长率 |
| 京津冀 | 6059.90 | 19.29% | 16361.33 | 18.13% | 32442.00 | 10.91% | 50349.63 | 6.94% |

续表

| 城市群 | 2000—2005 年 | | 2006—2010 年 | | 2011—2015 年 | | 2016—2020 年 | |
|---|---|---|---|---|---|---|---|---|
| | 均值 | 年均增长率 | 均值 | 年均增长率 | 均值 | 年均增长率 | 均值 | 年均增长率 |
| 长三角 | 12580.71 | 16.47% | 31507.56 | 18.44% | 65646.11 | 12.68% | 109807.87 | 10.53% |
| 珠三角 | 5105.61 | 20.42% | 14092.40 | 16.96% | 27842.61 | 11.64% | 44387.36 | 8.22% |
| 成渝 | 2828.17 | 14.10% | 6181.08 | 16.93% | 14121.91 | 16.00% | 25907.99 | 14.62% |
| 长江中游 | 3870.51 | 13.79% | 9056.95 | 20.28% | 20080.19 | 15.88% | 36780.80 | 12.72% |
| 山东半岛 | 3511.33 | 11.38% | 7395.64 | 17.18% | 14793.16 | 12.41% | 25486.66 | 12.97% |
| 粤闽浙沿海 | 3377.66 | 15.65% | 8087.30 | 16.06% | 16610.14 | 15.04% | 29078.43 | 12.45% |
| 中原 | 1097.69 | 23.46% | 2647.45 | 19.13% | 5557.36 | 13.59% | 9431.63 | 11.42% |
| 关中平原 | 1108.46 | 15.09% | 2602.31 | 19.00% | 5460.88 | 12.95% | 8979.10 | 11.46% |
| 北部湾 | 4287.39 | 15.88% | 10794.72 | 19.19% | 22581.10 | 12.37% | 32634.04 | 6.29% |
| 哈长 | 2087.87 | 10.43% | 4472.65 | 18.57% | 8886.09 | 9.73% | 10926.89 | -1.33% |
| 辽中南 | 2243.12 | 13.97% | 5165.81 | 17.75% | 9791.00 | 8.73% | 10366.90 | 3.79% |
| 山西中部 | 448.86 | 23.70% | 1348.22 | 17.47% | 2585.47 | 10.48% | 3921.41 | 8.73% |
| 黔中 | 283.39 | 17.15% | 760.25 | 22.64% | 2441.44 | 20.51% | 4392.24 | 13.41% |
| 滇中 | 532.63 | 12.47% | 1164.84 | 16.32% | 2475.70 | 14.63% | 4733.98 | 17.36% |
| 呼包鄂榆 | 509.18 | 44.64% | 2420.29 | 28.20% | 5443.51 | 10.88% | 5846.71 | -3.29% |
| 兰州—西宁 | 305.88 | 19.87% | 744.24 | 15.97% | 1728.21 | 17.62% | 3018.16 | 9.26% |
| 宁夏沿黄 | 131.52 | 22.69% | 393.87 | 21.68% | 879.42 | 10.90% | 1416.99 | 10.74% |
| 天山北坡 | 276.91 | 15.23% | 618.59 | 15.22% | 1496.78 | 19.60% | 3071.47 | 8.62% |

资料来源:《中国城市统计年鉴》。

(1) 与第二产业增加值结果相似,长三角城市群第三产业增加值高于其他城市群,且增长速度相对较快,2016—2020 年长三角城市群第三产业增加值年均增长率(10.53%)高于京津冀城市群(6.94%)、珠三角城市群(8.22%)和北部湾城市群(6.29%),与第二梯队之间第三产业增加值差距逐渐拉大。

(2) 京津冀城市群(25339.25 亿元)、珠三角城市群(22011.69 亿元)、北部湾城市群(16941.60 亿元)、长江中游城市群(16800.61 亿元)、粤闽浙沿海城市群(13768.82 亿元)、山东半岛城市群(12354.54

亿元）和成渝城市群（11810.66 亿元）在 2000—2020 年第三产业增加值均值高于 1 万亿元且低于 2.5 万亿元，属于第二梯队，这与第二产业增加值分类结果一致。其中京津冀和珠三角城市群的第三产业增加值相对较高，且 2000—2005 年年均增长率（19.29%、20.42%）较高，但2016—2020 年增速明显变缓。长江中游城市群第三产业增加值增速相对较快，2006—2010 年年均增长率大于 20.00%，在 2018 年长江中游城市群第三产业增加值超过北部湾。北部湾城市群第三产业增加值在 2000—2018 年保持增长态势，但 2018—2020 年增速明显降低，走势较为平缓。粤闽浙沿海、山东半岛和成渝城市群第三产业增加值始终保持较高增速，2000—2020 年四个阶段的年均增长率均保持在 10.00%以上。

（3）剩余 11 个城市群构成第三产业增加值的第三梯队，2000—2020年第三产业增加值均值由高到低排序城市群依次为辽中南城市群（6670.34 亿元）、哈长城市群（6378.83 亿元）、中原城市群（4512.78 亿元）、关中平原城市群（4374.39 亿元）、呼包鄂榆城市群（3409.89 亿元）、滇中城市群（2146.11 亿元）、山西中部城市群（1998.51 亿元）、黔中城市群（1889.05 亿元）、兰州—西宁城市群（1394.68 亿元）、天山北坡城市群（1314.08 亿元）、宁夏沿黄城市群（678.12 亿元）。从增幅来看，黔中、呼包鄂榆、天山北坡和宁夏沿黄城市群 2016—2020 年第三产业增加值均值是 2000—2005 年均值的 10 余倍；兰州—西宁、山西中部、滇中、关中平原和中原城市群第三产业增加值涨幅约为 9 倍；辽中南和哈长城市群第三产业增加值涨幅较小仅为 5 倍左右。从分阶段年均增长率来看，呼包鄂榆城市群在 2000—2005 年、2006—2010 年第三产业增加值增长速度较快，年均增长率分别达到 44.64%、28.20%，超过其他 18 个城市群，但在 2016—2020 年第三产业增加值呈现下降趋势，年均增长率为-3.29%；除此之外哈长城市群在 2016—2020 年第三产业增加值也有所下降，年均增长率为-1.33%。

### 15.5.3 2000—2020 年消费总量比较分析

党的二十大报告提出"着力扩大内需"，消费是最终需求，是畅通国内大循环的关键环节和重要引擎，不仅关联着经济增长，对经济具有持久拉动力，还事关民生福祉，关联着人民群众对美好生活的向往。以社会消费品零售总额作为消费总量的衡量指标，2000—2020 年中国城市群消费总量分析如表 10-22 所示。

表 15-22　2000—2020 年中国城市群社会消费品零售总额

单位：亿元

| 城市群 | 2000—2005 年 | | 2006—2010 年 | | 2011—2015 年 | | 2016—2020 年 | |
|---|---|---|---|---|---|---|---|---|
| | 均值 | 年均增长率 | 均值 | 年均增长率 | 均值 | 年均增长率 | 均值 | 年均增长率 |
| 京津冀 | 5609.84 | -0.63% | 11688.81 | 18.37% | 23364.36 | 11.61% | 31963.66 | -0.82% |
| 长三角 | 11825.67 | -1.93% | 24852.42 | 18.33% | 51801.56 | 13.00% | 85912.64 | 8.15% |
| 珠三角 | 4498.05 | -0.92% | 9526.34 | 18.33% | 18813.11 | 10.61% | 28750.43 | 5.65% |
| 成渝 | 2749.61 | 12.26% | 6343.26 | 19.50% | 14420.97 | 15.72% | 26104.59 | 9.58% |
| 长江中游 | 3843.10 | 16.28% | 9002.53 | 21.16% | 19849.93 | 15.67% | 34377.44 | 6.18% |
| 山东半岛 | 3670.41 | 1.21% | 7464.64 | 19.00% | 15635.04 | 12.39% | 26675.99 | 9.41% |
| 粤闽浙沿海 | 3602.01 | 16.69% | 8865.03 | 19.63% | 19046.65 | 13.71% | 31789.06 | 6.40% |
| 中原 | 991.59 | 11.58% | 2559.98 | 17.76% | 5657.45 | 16.25% | 9255.93 | 4.47% |
| 关中平原 | 1118.32 | 3.49% | 2627.67 | 18.62% | 5588.73 | 12.12% | 8336.48 | 2.94% |
| 北部湾 | 4016.06 | 8.82% | 10439.38 | 19.55% | 22102.71 | 12.94% | 31701.00 | -0.88% |
| 哈长 | 1915.98 | 11.08% | 4291.24 | 19.27% | 9134.39 | 12.58% | 11720.65 | -12.68% |
| 辽中南 | 2228.05 | -4.03% | 4164.73 | 18.25% | 8634.09 | 12.42% | 10683.29 | -8.80% |
| 山西中部 | 415.79 | 20.85% | 1210.78 | 19.05% | 2568.95 | 12.31% | 3548.06 | 0.48% |
| 黔中 | 300.58 | -5.10% | 609.76 | 19.96% | 1615.07 | 16.55% | 3349.68 | 23.21% |
| 滇中 | 537.66 | -10.85% | 949.82 | 19.26% | 2275.00 | 12.24% | 4068.66 | 10.63% |
| 呼包鄂榆 | 380.29 | 33.98% | 1477.80 | 20.76% | 3070.11 | 11.10% | 3932.94 | -5.31% |
| 兰州—西宁 | 334.26 | 0.76% | 683.88 | 17.32% | 1487.62 | 16.45% | 2460.11 | 5.14% |
| 宁夏沿黄 | 201.43 | 14.24% | 267.42 | 19.47% | 570.69 | 13.49% | 966.36 | 10.74% |
| 天山北坡 | 196.62 | 3.77% | 439.10 | 19.55% | 996.12 | 13.14% | 1560.52 | 6.60% |

资料来源：《中国城市统计年鉴》。

（1）长三角城市群社会消费品零售总额稳居首位，在 2002 年有所下降，此后呈现快速增长态势。2000—2005 年社会消费品零售总额均值为 11825.67 亿元；2006—2010 年社会消费品零售总额均值上升至 24852.42

亿元，期间年均增长率达到18.33%；2011—2015年社会消费品零售总额均值进一步增加至51801.56亿元，期间年均增长率13.00%；2016—2020年社会消费品零售总额均值达到85912.64亿元，期间年均增长率8.15%，保持在较高增速水平，与其他城市群社会消费品零售总额之间差距逐渐拉大。长三角城市群2016—2020年社会消费品零售总额均值是2000—2005年均值的7.26倍，2016—2020年社会消费品零售总额均值排名第二的是京津冀城市群（31963.66亿元），二者差值达到53948.98亿元，长三角城市群消费能力十分强劲。

（2）京津冀、北部湾、长江中游、粤闽浙沿海、珠三角、山东半岛和成渝城市群社会消费品零售总额属于第二梯队，2000—2020年社会消费品零售总额均值介于1万亿元至2万亿元之间。京津冀和珠三角城市群社会消费品零售总额在2002年也有所下滑，此后逐年增加，二者在2000—2005年期间社会消费品零售总额呈现负增长趋势，年均增长率分别为-0.63%、-0.92%；长江中游、粤闽浙沿海和成渝城市群社会消费品零售总额增长速度相对较快，这三个城市群在2000—2005年年均增长率高于12.00%。2006—2010年长江中游、粤闽浙沿海和成渝城市群社会消费品零售总额年均增长率约为20.00%，而北部湾（19.55%）和山东半岛城市群社会消费品零售总额年均增长率（19.00%）有追赶趋势。2011—2015年第二梯队城市群社会消费品零售总额均呈现较快增速。2016—2020年山东半岛和成渝城市群社会消费品零售总额保持9.00%以上增长速度，长江中游、粤闽浙沿海和珠三角城市群社会消费品零售总额增速约为6.00%，京津冀和北部湾城市群社会消费品零售总额在2018年出现下降趋势，因此2016—2020年二者社会消费品零售总额年均增长率均为负值。

（3）哈长和辽中南城市群2000—2020年社会消费品零售总额均值分别为6534.65亿元、6227.56亿元，属于第三梯队。哈长城市群社会消费品零售总额在2000—2018年呈现上升趋势，2018—2020年下降；辽中南城市群社会消费品零售总额呈现先下降后上升再下降的演变趋势，2000—2020年与其他城市群相比涨幅较小。

（4）中原和关中平原城市群2000—2020年社会消费品零售总额均值分别为4443.63亿元、4260.58亿元，属于第四梯队。中原城市群社会消

费品零售总额涨幅较大，2000—2005 年社会消费品零售总额均值低于 1000
亿元（991.59 亿元），2016—2020 年社会消费品零售总额均值增至
9255.93 亿元，是 2000—2005 年均值的 9.33 倍；关中平原城市群社会消
费品零售总额虽然在 2000—2014 年高于中原城市群，但增速略低于中原城
市群，在 2014 年被中原城市群反超，此后社会消费品零售总额低于中原城
市群。

（5）2000—2020 年社会消费品零售总额均值小于 2200 亿元的城市群，
按均值从高到低排序为呼包鄂榆（2172.90 亿元）、滇中（1890.16 亿元）、
山西中部（1863.51 亿元）、黔中（1413.15 亿元）、兰州—西宁（1198.27
亿元）、天山北坡（769.45 亿元）、宁夏沿黄城市群（487.19 亿元）。呼包
鄂榆城市群社会消费品零售总额在 2000—2018 年呈现快速增长趋势，
2018—2020 年有所下降；黔中城市群社会消费品零售总额在 2002 年有所
下降，随后不断上升，并且在 2018—2020 年快速升高，社会消费品零售总
额超过呼包鄂榆、滇中和山西中部城市群，黔中城市群社会消费品零售总
额 2016—2020 年年均增长率高达 23.21%，位居城市群增速首位。

### 15.5.4　2000—2020 年财政收支比较分析

以公共财政收入和公共财政支出作为财政收支的衡量指标，表 15-23
展示了 2000—2020 年中国城市群公共财政收入情况，表 15-24 展示了
2000—2020 年中国城市群公共财政支出情况。

表 15-23　2000—2020 年中国城市群公共财政收入

单位：亿元

| 城市群 | 2000—2005 年 | | 2006—2010 年 | | 2011—2015 年 | | 2016—2020 年 | |
|---|---|---|---|---|---|---|---|---|
| | 均值 | 年均增长率 | 均值 | 年均增长率 | 均值 | 年均增长率 | 均值 | 年均增长率 |
| 京津冀 | 987.07 | 34.23% | 3185.55 | 22.40% | 7657.36 | 13.36% | 10552.92 | 1.09% |
| 长三角 | 2147.18 | 32.33% | 7163.64 | 21.66% | 15698.27 | 12.24% | 23869.91 | 5.04% |
| 珠三角 | 823.67 | 18.52% | 2250.56 | 21.08% | 4847.89 | 14.84% | 7813.66 | 5.25% |
| 成渝 | 308.06 | 29.88% | 1247.65 | 30.90% | 3549.08 | 12.07% | 4899.32 | 3.18% |

| 城市群 | 2000—2005 年 | | 2006—2010 年 | | 2011—2015 年 | | 2016—2020 年 | |
|---|---|---|---|---|---|---|---|---|
| | 均值 | 年均增长率 | 均值 | 年均增长率 | 均值 | 年均增长率 | 均值 | 年均增长率 |
| 长江中游 | 383.85 | 27.96% | 1399.62 | 27.69% | 4672.79 | 21.46% | 6478.38 | -1.01% |
| 山东半岛 | 381.21 | 30.14% | 1264.48 | 21.29% | 3117.80 | 14.36% | 4475.26 | 4.01% |
| 粤闽浙沿海 | 372.18 | 35.41% | 1370.55 | 20.54% | 3396.75 | 14.61% | 5230.20 | 7.94% |
| 中原 | 114.58 | 23.58% | 364.30 | 26.65% | 1000.48 | 13.95% | 1293.00 | 4.48% |
| 关中平原 | 108.28 | 22.96% | 355.50 | 27.12% | 825.91 | 14.42% | 1166.18 | 4.90% |
| 北部湾 | 507.33 | 32.99% | 1720.00 | 20.37% | 4184.92 | 15.19% | 6052.20 | 3.24% |
| 哈长 | 189.97 | 18.65% | 558.90 | 22.75% | 1332.09 | 6.13% | 1385.68 | -0.99% |
| 辽中南 | 298.18 | 18.97% | 1013.04 | 30.40% | 2337.49 | -4.83% | 2053.64 | 4.51% |
| 山西中部 | 58.56 | 36.40% | 259.73 | 22.74% | 579.65 | 6.48% | 777.97 | 10.99% |
| 黔中 | 52.11 | 31.06% | 151.44 | 21.04% | 572.54 | 17.78% | 831.06 | 8.72% |
| 滇中 | 89.67 | 24.39% | 276.58 | 22.56% | 637.26 | 11.43% | 875.43 | 3.78% |
| 呼包鄂榆 | 72.52 | 44.62% | 390.48 | 32.80% | 1062.31 | 10.26% | 1179.85 | 0.18% |
| 兰州—西宁 | 34.09 | 16.64% | 88.86 | 22.78% | 250.71 | 21.97% | 408.67 | 6.51% |
| 宁夏沿黄 | 20.10 | 25.09% | 72.53 | 22.36% | 213.56 | 12.41% | 249.85 | -3.11% |
| 天山北坡 | 53.05 | 16.93% | 134.62 | 22.04% | 363.08 | 12.14% | 641.02 | 6.56% |

资料来源:《中国城市统计年鉴》。

（1）长三角、京津冀、珠三角城市群公共财政收入排名前三，2000—2005 年长三角城市群公共财政收入均值 2147.18 亿元、京津冀城市群 987.07 亿元、珠三角 823.67 亿元，2016—2020 年长三角城市群公共财政收入均值增至 23869.91 亿元、京津冀城市群增至 10552.92 亿元、珠三角城市群增至 7813.66 亿元，分别增加了 11.12 倍、10.69 倍、9.49 倍。长三角和京津冀城市群公共财政收入增速在 2000—2010 年较快，2011—2020 年有所减慢，其中京津冀城市群公共财政收入增速在 2016—2020 年仅为 1.09%；珠三角城市群公共财政收入增速在 2000—2010 年低于长三角和京津冀城市群，但 2011—2020 年增速高于长三角和京津冀城市群，珠三角城市群在 2020 年明显缩小了与京津冀城市群在公共财政收入上的差距。

（2）长江中游、北部湾、粤闽浙沿海、成渝和山东半岛城市群公共财政收入属于第二梯队，整体来看均呈现增长态势，2016—2020 年公共财政收入均值是 2000—2005 年均值的 10 余倍。长江中游城市群公共财政收入在 2000—2016 年不断增长，2016—2020 年出现明显下降趋势，年均下降率为 1.01%。粤闽浙沿海城市群公共财政收入在 2016—2020 年涨幅较快，年均增长率为 7.94%，在 2020 年与长江中游、北部湾城市群公共财政收入的差距缩小态势显著。辽中南城市群公共财政收入在 2000—2012 年与第二梯队的城市群走势基本一致，但 2012—2016 年公共财政收入明显下降，2016—2020 年呈现缓慢增长态势。

（3）哈长、中原、呼包鄂榆、关中平原、滇中、山西中部、黔中、天山北坡、兰州—西宁、宁夏沿黄城市群 2000—2020 年公共财政收入均值均在 1000 亿元以下，但公共财政收入增长速度相对较快。呼包鄂榆城市群 2000—2005 年公共财政收入均值仅为 72.52 亿元，2016—2020 年公共财政收入均值增长至 1179.85 亿元，扩大了 16.27 倍；其次是黔中城市群（15.95 倍）、山西中部城市群（13.29 倍）、宁夏沿黄城市群（12.43 倍）、天山北坡城市群（12.08 倍）、兰州—宁夏城市群（11.99 倍）、中原城市群（11.28 倍）、关中平原城市群（10.77 倍）涨幅均在 10 倍以上；涨幅最低的是滇中城市群（9.76 倍）和哈长城市群（7.29 倍）。

表 15-24 2000—2020 年中国城市群公共财政支出

单位：亿元

| 城市群 | 2000—2005 年 | | 2006—2010 年 | | 2011—2015 年 | | 2016—2020 年 | |
|---|---|---|---|---|---|---|---|---|
| | 均值 | 年均增长率 | 均值 | 年均增长率 | 均值 | 年均增长率 | 均值 | 年均增长率 |
| 京津冀 | 1367.58 | 35.49% | 4456.46 | 23.33% | 10573.68 | 14.76% | 16904.48 | 4.40% |
| 长三角 | 2641.07 | 33.17% | 9071.78 | 27.04% | 19763.26 | 13.01% | 32337.61 | 7.58% |
| 珠三角 | 1020.58 | 21.91% | 2587.53 | 20.82% | 5774.59 | 17.32% | 10679.66 | 5.58% |
| 成渝 | 631.79 | 36.41% | 2881.14 | 32.39% | 7157.15 | 12.19% | 10669.07 | 6.44% |
| 长江中游 | 664.32 | 35.86% | 2869.25 | 30.69% | 8046.67 | 17.72% | 13844.84 | 7.70% |
| 山东半岛 | 537.90 | 37.09% | 2037.08 | 24.82% | 5263.50 | 17.29% | 9314.81 | 8.07% |

| 城市群 | 2000—2005 年 | | 2006—2010 年 | | 2011—2015 年 | | 2016—2020 年 | |
|---|---|---|---|---|---|---|---|---|
| | 均值 | 年均增长率 | 均值 | 年均增长率 | 均值 | 年均增长率 | 均值 | 年均增长率 |
| 粤闽浙沿海 | 694.64 | 43.10% | 3040.53 | 24.50% | 7594.72 | 14.44% | 12735.64 | 9.28% |
| 中原 | 205.85 | 39.77% | 977.81 | 32.75% | 2624.16 | 13.73% | 4127.28 | 8.54% |
| 关中平原 | 187.23 | 35.15% | 720.05 | 27.46% | 1879.47 | 18.10% | 3295.68 | 8.05% |
| 北部湾 | 675.10 | 36.28% | 2414.58 | 23.33% | 5814.75 | 14.07% | 9005.25 | 7.01% |
| 哈长 | 355.24 | 30.49% | 1283.29 | 25.16% | 2968.74 | 11.73% | 4530.33 | 4.75% |
| 辽中南 | 461.26 | 21.70% | 1456.52 | 23.19% | 3104.20 | 4.06% | 3383.03 | 5.90% |
| 山西中部 | 103.73 | 49.09% | 469.38 | 21.97% | 1057.18 | 12.19% | 1691.34 | 12.52% |
| 黔中 | 82.35 | 37.25% | 324.87 | 25.58% | 1244.30 | 15.72% | 2083.97 | 9.53% |
| 滇中 | 119.29 | 28.53% | 425.13 | 26.04% | 1040.91 | 10.59% | 1535.66 | 6.63% |
| 呼包鄂榆 | 119.79 | 47.85% | 605.23 | 31.03% | 1547.18 | 9.07% | 1984.47 | 4.00% |
| 兰州—西宁 | 141.59 | 80.88% | 273.02 | 29.61% | 847.91 | 21.80% | 1378.92 | 3.15% |
| 宁夏沿黄 | 36.99 | 38.91% | 184.73 | 35.02% | 543.30 | 13.70% | 820.28 | 3.53% |
| 天山北坡 | 47.71 | 19.11% | 146.46 | 26.28% | 427.12 | 15.46% | 876.98 | 4.86% |

资料来源:《中国城市统计年鉴》。

（1）长三角城市群 2000—2020 年公共财政支出均值（15319.51 亿元）排名第一，京津冀城市群 2000—2020 年公共财政支出均值（7994.22 亿元）位居第二，长三角与京津冀城市群公共财政支出与其他城市群之间存在明显差距，2000—2015 年长三角与京津冀城市群公共财政支出增长速度差距不大，2016—2020 年长三角城市群公共财政支出年均增长率（7.58%）高于京津冀城市群（4.40%），二者差距逐渐拉大。

（2）长江中游城市群公共财政支出排名第三，2000—2020 年公共财政支出呈现增长趋势，由 2000—2005 年公共财政支出均值 664.32 亿元增加至 2016—2020 年公共财政支出均值 13844.84 亿元，扩大了 20.84 倍。2000—2020 年分阶段来看，长江中游城市群公共财政支出年均增长率均高于长三角和京津冀城市群，在 2016—2020 年长江中游城市群公共财政支出与京津冀城市群公共财政支出间的差值不断缩小，长江中游城市群在公共财政支出方面呈现追赶态势。

（3）粤闽浙沿海城市群（5762.97 亿元）、成渝城市群（5110.83 亿元）、珠三角城市群（4825.35 亿元）、北部湾城市群（4296.35 亿元）、山东半岛城市群（4109.73 亿元）2000—2020 年公共财政支出均值介于 4000 亿元至 6000 亿元之间，城市群公共财政支出整体上不断升高，但不同城市群之间公共财政支出增长速度存在差异。粤闽浙沿海城市群公共财政支出自 2014 年起呈现快速增长态势，2016—2020 年公共财政支出增速超过多数城市群，2018—2020 年粤闽浙沿海城市群公共财政支出与长江中游城市群公共财政支出间的差距缩小。珠三角城市群公共财政支出在 2014—2016 年明显增加，2016 年珠三角城市群公共财政支出追上成渝城市群，此后超过成渝城市群，2016—2020 年珠三角城市群公共财政支出均值（10679.66 亿元）高于成渝城市群（10669.07 亿元）。山东半岛城市群公共财政支出 2014—2016 年快速升高，在 2016 年与北部湾城市群公共财政支出基本持平，2018—2020 年山东半岛城市群公共财政支出超过北部湾城市群。

（4）哈长城市群（2192.54 亿元）、辽中南城市群（2023.16 亿元）、中原城市群（1899.11 亿元）和关中平原城市群（1457.11 亿元）2000—2020 年公共财政支出均值在 1400 亿元至 2200 亿元之间，2000—2014 年这四个城市群公共财政支出不断增加，按公共财政支出数值排序顺序不变，从大到小依次为辽中南、哈长、中原、关中平原城市群，2014—2016 年辽中南城市群公共财政支出突降，哈长和中原城市群公共财政支出超过辽中南，2016—2020 年关中平原城市群公共财政支出年均增长率（8.05%）高于辽中南城市群（5.09%），表现出追赶趋势。哈长城市群公共财政支出在 2016—2020 年增速缓慢，其年均增长率（4.75%）小于中原城市群（8.54%），二者差距减小。

（5）呼包鄂榆、黔中、山西中部、滇中、兰州—西宁、宁夏沿黄、天山北坡城市群公共财政支出相对较低，排在末尾。其中，黔中与宁夏沿黄城市群公共财政支出增幅较大，2016—2020 年均值较 2000—2005 年均值分别增加了 25.31 倍、22.18 倍，是城市群中涨幅最大的两个城市群。兰州—西宁、山西中部、呼包鄂榆城市群 2000—2005 年公共财政支出增长速度较快，年均增长率达到 50.00%以上；山西中部城市群 2016—2020 年公共财政支出增速仍保持在 12.00% 以上，远超其他城市群增速；与山西中部城市群相反，兰州—西宁、宁夏沿黄、呼包鄂榆城市群 2016—2020 年公共财政支出增速缓慢，年均增长率均低于 4.00%。

## 15.5.5　2000—2020 年科教支出比较分析

以科学事业支出和教育事业支出作为科教支出的衡量指标，2000—2020 年中国城市群科学事业支出情况如表 15-25 所示，2000—2020 年中国城市群教育事业支出情况如表 15-26 所示。

### 表 15-25　2000—2020 年中国城市群科学事业支出

单位：亿元

| 城市群 | 2000—2005 年 | | 2006—2010 年 | | 2011—2015 年 | | 2016—2020 年 | |
|---|---|---|---|---|---|---|---|---|
| | 均值 | 年均增长率 | 均值 | 年均增长率 | 均值 | 年均增长率 | 均值 | 年均增长率 |
| 京津冀 | 53.78 | 17.37% | 146.42 | 77.02% | 363.72 | 13.23% | 558.06 | 6.78% |
| 长三角 | 96.39 | 17.58% | 286.07 | 93.77% | 791.02 | 13.45% | 1486.48 | 10.28% |
| 珠三角 | 29.42 | 23.78% | 107.03 | 112.44% | 257.36 | 30.65% | 845.18 | 4.98% |
| 成渝 | 21.65 | 22.55% | 26.71 | 85.46% | 84.69 | 20.38% | 184.92 | 17.51% |
| 长江中游 | 26.56 | 15.59% | 34.65 | 95.78% | 146.64 | 23.50% | 425.44 | 19.58% |
| 山东半岛 | 30.57 | 20.12% | 29.56 | 72.74% | 86.27 | 20.52% | 207.80 | 19.25% |
| 粤闽浙沿海 | 32.69 | 2.74% | 32.95 | 95.82% | 93.40 | 10.93% | 195.24 | 23.71% |
| 中原 | 9.79 | 30.81% | 7.03 | 85.70% | 23.39 | 29.32% | 54.07 | -0.56% |
| 关中平原 | 8.84 | 20.22% | 4.93 | 72.18% | 17.54 | 14.66% | 27.37 | 4.00% |
| 北部湾 | 29.89 | 1.41% | 41.68 | 100.75% | 115.50 | 12.51% | 197.06 | 12.28% |
| 哈长 | 14.42 | 6.62% | 13.41 | 81.99% | 29.29 | 2.26% | 32.04 | 12.97% |
| 辽中南 | 11.55 | 4.91% | 30.97 | 110.46% | 76.65 | -7.25% | 48.71 | 1.92% |
| 山西中部 | 4.65 | 28.82% | 5.50 | 97.99% | 16.53 | 8.93% | 28.28 | 32.87% |
| 黔中 | 3.51 | 22.78% | 3.47 | 103.95% | 15.61 | 25.16% | 47.81 | 20.65% |
| 滇中 | 4.91 | 20.00% | 4.35 | 82.59% | 15.68 | 16.14% | 24.52 | 8.14% |
| 呼包鄂榆 | 3.83 | 7.12% | 6.68 | 91.76% | 15.77 | -4.70% | 18.34 | 2.37% |
| 兰州—西宁 | 2.91 | 19.60% | 3.03 | 70.05% | 6.40 | 20.60% | 10.73 | 10.87% |

续表

| 城市群 | 2000—2005 年 | | 2006—2010 年 | | 2011—2015 年 | | 2016—2020 年 | |
|---|---|---|---|---|---|---|---|---|
| | 均值 | 年均增长率 | 均值 | 年均增长率 | 均值 | 年均增长率 | 均值 | 年均增长率 |
| 宁夏沿黄 | 1.22 | 23.51% | 1.22 | 84.79% | 5.25 | 14.90% | 13.14 | 14.06% |
| 天山北坡 | 1.20 | 0.13% | 2.33 | 133.15% | 7.73 | 25.49% | 12.67 | -4.38% |

资料来源:《中国城市统计年鉴》。

(1) 长三角城市群科学事业支出位居首位,2000—2006 年与其他城市群科学事业支出相差不大。自 2006 年起长三角城市群科学事业支出呈现出迅猛增长态势,逐渐拉大与其他城市群之间的差距,2016—2020 年长三角城市群科学事业支出均值(1486.48 亿元)是 2000—2005 年均值(96.39 亿元)的 15.42 倍,增速较快。京津冀城市群科学事业支出整体呈现出稳定增长态势,2000—2014 年京津冀城市群科学事业支出排名第二,仅次于长三角城市群,此后被珠三角城市群超越位居第三。珠三角城市群科学事业支出走势相对特殊,2000—2014 年保持增长趋势,2014—2018 年出现猛增并超过京津冀城市群排名第二,2018—2020 年呈现出下降趋势。

(2) 长江中游城市群科学事业支出综合排名第四位,2000—2012 年长江中游城市群科学事业支出与长三角、京津冀、珠三角城市群之间存在较大差距,2012—2020 年长江中游城市群科学事业支出快速增加,在 2016—2020 年年均增长率 19.58% 显著高于长三角城市群(10.28%)、京津冀城市群(6.78%)、珠三角城市群(4.98%),2020 年长江中游城市群与京津冀城市群之间科学事业支出差距显著小于之前年份。

(3) 北部湾、粤闽浙沿海、山东半岛、成渝城市群 2000—2020 年科学事业支出均值介于 70 亿元至 100 亿元之间,城市群之间增速不同,存在互相超越现象。2000—2005 年粤闽浙沿海城市群科学事业支出均值(32.69 亿元)高于山东半岛城市群(30.57 亿元)、北部湾城市群(29.89 亿元)和成渝城市群(21.65 亿元);2006—2010 年北部湾城市群科学事业支出均值(41.68 亿元)超过粤闽浙沿海城市群(32.95 亿元)、山东半岛城市群(29.56 亿元)和成渝城市群(26.71 亿元);2016—2020 年山东半岛城市群科学事业支出均值（207.80 亿元）超过北部湾城市群（197.06 亿元）、粤闽浙沿海城市群（195.24 亿元）和成渝城市群（184.92 亿元）。

（4）2000—2020 年科学事业支出均值低于 50 亿元的城市群有辽中南城市群（40.52 亿元）、中原城市群（22.92 亿元）、哈长城市群（21.92 亿元）、黔中城市群（16.93 亿元）、关中平原城市群（14.39 亿元）、山西中部城市群（13.31 亿元）、滇中城市群（12.01 亿元）、呼包鄂榆城市群（10.80 亿元）、天山北坡城市群（5.75 亿元）、兰州—西宁城市群（5.63 亿元）、宁夏沿黄城市群（5.02 亿元）。其中，辽中南和呼包鄂榆城市群科学事业支出在 2011—2015 年呈现负增长，中原和天山北坡城市群科学事业支出在 2016—2020 年出现负增长，其他情况下各城市群科学事业支出均呈现正增长趋势。

表 15-26　2000—2020 年中国城市群教育事业支出

单位：亿元

| 城市群 | 2000—2005 年 | | 2006—2010 年 | | 2011—2015 年 | | 2016—2020 年 | |
|---|---|---|---|---|---|---|---|---|
| | 均值 | 年均增长率 | 均值 | 年均增长率 | 均值 | 年均增长率 | 均值 | 年均增长率 |
| 京津冀 | 179.26 | 26.28% | 790.24 | 27.77% | 1870.94 | 13.16% | 2720.74 | 5.76% |
| 长三角 | 311.52 | 37.13% | 1416.80 | 25.05% | 3398.31 | 11.78% | 5179.51 | 7.57% |
| 珠三角 | 97.08 | 36.55% | 382.58 | 24.01% | 992.50 | 12.14% | 1794.29 | 13.87% |
| 成渝 | 65.26 | 44.35% | 412.09 | 31.71% | 1130.73 | 15.77% | 1680.58 | 6.84% |
| 长江中游 | 81.43 | 45.20% | 463.93 | 29.55% | 1318.10 | 17.93% | 2127.43 | 6.67% |
| 山东半岛 | 86.72 | 50.06% | 437.44 | 24.92% | 1119.78 | 16.26% | 1804.78 | 7.65% |
| 粤闽浙沿海 | 98.44 | 56.59% | 629.85 | 27.48% | 1554.38 | 10.37% | 2309.14 | 8.65% |
| 中原 | 29.57 | 58.41% | 198.17 | 30.74% | 523.07 | 11.29% | 707.42 | 6.86% |
| 关中平原 | 25.58 | 53.77% | 151.42 | 27.18% | 400.11 | 17.73% | 665.97 | 5.86% |
| 北部湾 | 97.20 | 47.74% | 468.89 | 27.56% | 1205.94 | 12.80% | 1780.55 | 5.71% |
| 哈长 | 44.30 | 39.72% | 233.50 | 23.97% | 486.74 | 11.17% | 593.09 | 0.69% |
| 辽中南 | 42.35 | 27.93% | 188.69 | 25.49% | 397.73 | 1.51% | 400.54 | 2.98% |
| 山西中部 | 14.31 | 54.94% | 89.98 | 28.28% | 210.85 | 9.02% | 269.93 | 4.86% |
| 黔中 | 11.18 | 52.49% | 66.88 | 26.64% | 265.75 | 19.81% | 437.21 | 7.30% |

续表

| 城市群 | 2000—2005 年 | | 2006—2010 年 | | 2011—2015 年 | | 2016—2020 年 | |
|---|---|---|---|---|---|---|---|---|
| | 均值 | 年均增长率 | 均值 | 年均增长率 | 均值 | 年均增长率 | 均值 | 年均增长率 |
| 滇中 | 15.10 | 46.75% | 72.70 | 21.40% | 187.95 | 10.72% | 288.35 | 6.60% |
| 呼包鄂榆 | 11.93 | 50.89% | 91.53 | 39.68% | 213.14 | -1.85% | 285.08 | 5.97% |
| 兰州—西宁 | 9.61 | 41.93% | 58.48 | 29.54% | 150.64 | 19.99% | 254.59 | 4.94% |
| 宁夏沿黄 | 4.32 | 51.87% | 33.32 | 36.11% | 69.72 | 12.45% | 108.09 | 9.25% |
| 天山北坡 | 5.21 | 16.74% | 26.49 | 36.65% | 75.51 | 13.63% | 141.20 | 3.44% |

资料来源:《中国城市统计年鉴》。

（1）长三角城市群教育事业支出远超其他城市群，而且增长态势显著，2000—2005 年长三角城市群教育事业支出均值 311.52 亿元，2016—2020 年均值扩大了 16.63 倍，达到 5179.51 亿元。2000—2010 年长三角城市群教育事业支出年均增长率相对较快，高于 25.00%，2011—2020 年年均增长率有所下降。

（2）京津冀和粤闽浙沿海城市群教育事业支出分别排名第二位和第三位，2000—2020 年教育事业支出均值介于 1000 亿元至 1500 亿元之间。与京津冀城市群相比，粤闽浙沿海城市群教育事业支出涨幅更大，粤闽浙沿海城市群 2016—2020 年教育事业支出均值是 2000—2005 年均值的 23.46 倍，超过京津冀城市群（15.18 倍）。京津冀城市群教育事业支出在 2016—2020 年增速略微缓慢；粤闽浙沿海城市群教育事业支出 2010—2012 年增速较快，2014 年教育事业支出有所下降，2014—2020 年教育事业支出呈现增长态势，且增速快于京津冀城市群。

（3）长江中游、北部湾、山东半岛、成渝、珠三角城市群教育事业支出在 2000—2010 年差距相对较小，均呈现增长态势。2010—2020 年长江中游城市群教育事业支出增速较快，逐渐与北部湾等城市群拉开差距；珠三角城市群在 2016—2020 年教育事业支出年均增长率 13.87%，超远其他城市群年均增长率，增长速度排名第一，2020 年在这几个城市群中仅次于长江中游城市群教育事业支出。

（4）中原、哈长、关中平原、辽中南城市群 2000—2020 年教育事业支出均值低于 350 亿元且高于 250 亿元，呈现不同变化趋势。中原和关中平原城市群教育事业支出一直保持上升趋势；哈长和辽中南城市群教育事业支出 2000—2012 年不断上升，2012—2016 年先下降后上升，此后变化较为平稳。

　　（5）黔中、呼包鄂榆、山西中部、滇中、兰州—西宁、天山北坡、宁夏沿黄城市群教育事业支出处于较低水平，2000—2020 年教育事业支出均值低于 200 亿元，但增长速度相对较快。从 2016—2020 年与 2000—2005 年教育事业支出均值对比来看，山西中部城市群（18.87 倍）和滇中城市群（19.10 倍）涨幅在 19 倍左右，呼包鄂榆、宁夏沿黄、兰州—西宁、天山北坡城市群涨幅介于 23.90 倍至 27.10 倍之间，黔中城市群涨幅最高（39.09 倍）。

# 图表索引

责任编辑:陈　登
封面设计:林芝玉

**图书在版编目(CIP)数据**

2022—2023 中国区域经济发展报告:区域协调发展与中国式现代化/
　上海财经大学长三角与长江经济带发展研究院,国家区域重大战略
　高校智库联盟,张学良 主编. —北京:人民出版社,2023.10
ISBN 978－7－01－026065－5

Ⅰ.①2…　Ⅱ.①上…②国…③张　Ⅲ.①区域经济发展-研究报告-
　中国－2022—2023　Ⅳ.①F127

中国国家版本馆 CIP 数据核字(2023)第 199366 号

**2022—2023 中国区域经济发展报告**

2022—2023 ZHONGGUO QUYU JINGJI FAZHAN BAOGAO
——区域协调发展与中国式现代化

上海财经大学长三角与长江经济带发展研究院
国 家 区 域 重 大 战 略 高 校 智 库 联 盟　　张学良　主编

**人 民 出 版 社** 出版发行
(100706　北京市东城区隆福寺街 99 号)

北京盛通印刷股份有限公司　新华书店经销

2023 年 10 月第 1 版　2023 年 10 月北京第 1 次印刷
开本:710 毫米×1000 毫米 1/16　印张:30.75
字数:472 千字

ISBN 978－7－01－026065－5　定价:98.00 元

邮购地址 100706　北京市东城区隆福寺街 99 号
人民东方图书销售中心　电话 (010)65250042　65289539